Otto von Corvin

Pfaffenspiegel

Historische Denkmale des Fanatismus in der römisch-katholischen Kirche

Otto von Corvin

Pfaffenspiegel

Historische Denkmale des Fanatismus in der römisch-katholischen Kirche

ISBN/EAN: 9783741167539

Hergestellt in Europa, USA, Kanada, Australien, Japan

Cover: Foto ©Lupo / pixelio.de

Manufactured and distributed by brebook publishing software (www.brebook.com)

Otto von Corvin

Pfaffenspiegel

Pfaffenspiegel.

Historische Denkmale
des
Fanatismus in der römisch-katholischen Kirche
von
Corvin.

Dritte neu durchgesehene Auflage.

> Dem Roß eine Peitsche, dem Esel einen
> Zaum und dem Narren eine Ruthe auf den
> Rücken.
>
> Sprüchw. Salom. Kap. 26, V. 3.

Stuttgart.

Vogler & Beinhauer.

1870.

Pio Nono!

„Sollte Dir, heiligster Vater, dieses Büchlein gefallen und Du mir solches öffentlich zu erkennen geben, so will ich mich bemühen, mit ähnlichen Geschenken aufzuwarten."

Ulrich von Hutten.

Vorrede zur zweiten Auflage.

> „Welchen nun diese Bienen werden
> stechen, der mag schreien und sich rechen,
> so werden sie ihn noch mehr stechen."
> Philipp von Marnix,
> Herr von St. Albegonda.

Es sind nun mehr als zwanzig Jahre verflossen, seit die erste Auflage dieses Buches in Leipzig erschien. Es begann damals sich überall zu regen. Der sich mündig fühlende Geist der Menschheit empörte sich gegen die ihm von dem Despotismus vergangener Jahrhunderte aufgezwängten Formen und die Regierungen wandten die schon oft erprobten Mittel an, ihn zur Unterwürfigkeit zu bringen. Die Censur übte ihr Amt mit bornirter Strenge; Zeitungen wurden widerrechtlich unterdrückt und Schriftsteller gemaßregelt und eingesperrt, denn durch sie sprach der Geist der Zeit zum Volk, welches nicht wissen sollte, daß es der Kinderstube entwachsen war.

Die Kirche blieb nicht zurück. Die alten und bereits bei Seite gestellten Dogmen und Reliquien wurden aus der römischen Rumpelkammer wieder vorgesucht und mit mitleidsvollem Zorn sah der Genius des neunzehnten Jahrhunderts die gläubige Heerde zu Hunderttausenden nach Trier wallfahrten, einen von dem dortigen Bischof ausgestellten, angeblichen Rock Christi anzubeten.

Leipzig war zu jener Zeit noch die ziemlich unbestrittene Metropole des deutschen Buchhandels und in ihr vereinigte sich ein Kreis tüchtiger, strebsamer Männer, deren Namen zum Theil schon damals ruhmvoll bekannt waren, oder es seitdem geworden sind. In dem neu entstandenen deutschen Schriftsteller-Verein fanden sie einen Vereinigungspunkt, wo mancher Gedanke geboren wurde, der später zur That reifte.

Ich war einer der vierzehn Stifter dieses Vereins und kein unthätiges Mitglied. Wir erlebten das Jahr 1848. Ich hatte den fünften Band meiner Geschichte der großen niederländischen Revolution vollendet und mit Held die illustrirte Weltgeschichte begonnen. Zu meiner geistigen Erfrischung diente mir die Theilnahme an Helds Wochenschrift „Die Lokomotive," deren scharfer Pfiff dem verschlafenen Volk verkündete, daß die Zeit der geistigen Hauderer und Landkutscher vorüber sei, daß der Genius der Freiheit mit neuer Kraft durch die Welt brause und daß die abgetriebenen Mähren des geistlichen und weltlichen Despotismus dem Abdecker verfallen seien.

Die Rockfahrt nach Trier empörte selbst die gebildete katholische

Welt. In den von Robert Blum inspirirten sächsischen Vaterlandsblättern erschien der bekannte Absagebrief von Johannes Ronge. Es entstand eine große Bewegung, von der man sich viel versprach, und die auch bedeutendere Folgen gehabt haben würde, wenn die Leiter derselben ihrer Aufgabe mehr gewachsen gewesen wären. Sie hatten guten Willen, aber zu wenig Talent.

Ich theilte die Hoffnungen Vieler und beschloß mein Theil zur Erfüllung derselben beizutragen. Meine historischen Quellenstudien, namentlich die für meine Geschichte der niederländischen Revolution gegen Philipp II. von Spanien, in welcher das religiöse Element eine Hauptrolle spielte, hatten mich mit Dingen näher bekannt gemacht, welche dem Volk von den seine Erziehung eifersüchtig bewachenden Priestern sorgfältig verhehlt, oder nur verstümmelt oder kirchlich zurechtgemacht mitgetheilt wurden. Ich hatte die Schriften der „Kirchenväter" und die der geachtetsten Kirchenschriftsteller zu lesen und je mehr ich las und forschte, desto mehr wurde mir die Nichtswürdigkeit des entsetzlichen Verbrechens klar, welches die römische Kirche an der Menschheit verübt hatte, desto mehr erstaunte ich über die unerhörte Dreistigkeit und Perfidie, mit welcher es begangen wurde und noch immer begangen wird. Ich sah immer mehr ein, daß die Knechtschaft, unter welcher das Menschengeschlecht seufzt, in der Kirche wurzelte und daß all unsere Bestrebungen zur Freiheit ohnmächtig sein würden, wenn wir uns nicht zuerst von den Fesseln befreiten, in welche die Kirche den Geist der Menschen geschlagen hatte. Dieser Erkenntniß entsprang der Entschluß, ein Buch zu schreiben, welches dem von den Priestern bethörten Volk die Decke von den Augen nahm und ihm gestatten sollte, einen Blick in die Werkstatt zu thun, in welcher seine Fesseln geschmiedet worden.

Der religiösem Glauben entspringende Fanatismus zeigte sich überall als der entsetzlichste Feind der Freiheit, und um ihn zu bekämpfen und zu vernichten schien es mir nöthig, dem Volke nicht allein die gräßlichen Folgen des Fanatismus durch historische Beispiele vorzuführen, sondern auch zugleich die trüben Quellen des Glaubens selbst nachzuweisen, dessen Folge er ist. Da nun dieser Glauben auf angeblichen Thatsachen beruht, an deren Wahrheit das Volk deßhalb nicht zweifelt, selbst wenn sie der Erfahrung und Vernunft widersprechen, weil sie von Priestern erzählt werden, an deren größeren Verstand, Wahrheitsliebe, Uneigennützigkeit und sittlichen Charakter das Volk glaubt: so habe ich es zur Bekämpfung dieses Autoritätenglaubens ebenfalls für nöthig gehalten, die Natur dieser Autoritäten, das heißt der Päpste und Priester, historisch zu beleuchten und nachzuweisen, daß das gläubige Volk in dieser Hinsicht von durchaus falschen Voraussetzungen ausgeht.

Um diese verschiedenen Zwecke zu erreichen beschloß ich, in einer Einleitung darzulegen, wie sich die Macht der Päpste und Priester im Laufe der Zeit entwickelte, welche Mittel sie dazu benutzten und welche Wirkung diese Mittel auf die Gesellschaft im Allgemeinen und auf die Priester selbst hatten. Dann sollte die Geschichte der Geißler, der Albigenser und Waldenser, der

Wiedertäufer, der Inquisition, der Juden-Verfolgungen ꝛc. nachfolgen.

Die Einleitung bot sehr große Schwierigkeiten, denn ein seit Jahrhunderten angesammeltes Material sollte in den engen Rahmen eines mäßigen Bandes gezwängt werden. Ferner geboten die Umstände ganz besondere Sorgfalt und Vorsicht in der Auswahl dieses Materials. Die Censur existirte noch und abgesehen von dieser Beschränkung durfte ich nur solche Thatsachen benutzen und anführen, deren Wahrheit nicht allein mir als unzweifelhaft schien, sondern die auch von den römischen Priestern selbst nicht angefochten werden konnten.

Der damalige Censor in Leipzig war ein Professor Harbenstern. Er sandte mir häufig mein Manuskript mit dicken Strichen versehen zurück, allein er hatte die mißliebigen Stellen meistens wieder frei zu geben, wenn ich ihm bewies, daß sie dem von der römischen Kirche approbirten Buche eines Heiligen oder andern großen Kirchenlichtes entnommen waren.

So erschien also die Einleitung zu meinem Werk, gewissermaßen bestätigt durch die sächsische Regierung, an deren Spitze ein römisch-katholischer König stand. Das Buch wurde auch, außer in Oesterreich, nirgends confiszirt und die Wahrheit nicht einer einzigen der darin angegebenen Thatsachen ist selbst von der römischen Geistlichkeit, obwohl sie das Buch wie begreiflich höchlich verdammte, angefochten oder gar widerlegt worden.

Von der Kritik wurde mein Buch durchweg äußerst günstig

aufgenommen und meinem Fleiß und Bestreben die vollste Anerkennung zu Theil. —

Einige wohlmeinende Freunde sprachen gegen mich die Meinung aus, daß mein Buch eine noch bessere Wirkung hervorgebracht haben würde, wenn ich die empörendsten Thatsachen weggelassen und bei Beurtheilung der mitgetheilten mehr Mäßigung beobachtet hätte.

Gegen diese Ansicht muß ich mich entschieden erklären. Wollte ich handeln, wie diese Wohlmeinenden es verlangen, so handelte ich jesuitisch. Eine Linie, die nicht gerade ist, ist krumm und entstellte Wahrheit ist Lüge.

Es ist allerdings möglich, daß einigen Katholiken die von mir mitgetheilten Thatsachen so unglaublich scheinen, daß sie dieselben für böswillige Erfindungen halten, worin sie natürlich von ihren Geistlichen bestärkt werden; allein sollte ich aus diesem Grunde mich gerade der wirksamsten Waffen berauben? Wer mich der Lüge beschuldigt, der mag offen auftreten; ich will ihm beweisen, daß, was er als Lüge bezeichnet, den Schriften eines verehrten Heiligen, Bischofs oder Prälaten wörtlich entnommen ist.

Was nun meine Urtheile anbetrifft, so sind sie allerdings oft in herben und derben Worten ausgedrückt, allein ich frage, welche Ansprüche hat denn die römische Kirche auf eine rücksichtsvolle und zarte Behandlung? Die Wahrheit sagen ist in der That nicht so grob, als Jemand verbrennen, weil er an eine handgreifliche Lüge nicht glauben kann! Nein! was ich für schlecht halte, das werde ich schlecht nennen. Der Ausbruck meiner Entrüstung über diese oder jene römische Niederträchtigkeit muß dieser Entrüstung angemessen sein, und ist dies absichtlich nicht der Fall, dann lüge ich und bin ebenso verächtlich wie diejenigen, welche ich table.

Die römische Kirche ist kein Freund der Menschheit, dessen Schwächen und Gebrechen aufzudecken und zu verhöhnen mir Schande bringen könnte; sie ist der noch immer starke, freche und gewissenlose Feind unserer Freiheit, der die empörendsten Mittel nicht verschmäht, seine Zwecke zu erreichen; Thorheit und Schwäche wäre es, im offenen und ehrlichen Kampfe mit dem Todfeinde dieser Freiheit die Blößen nicht zu benützen, die er bietet: ich stoße hinein mit aller Kraft, und wenn ich kann, nach dem Herzen.

Das Buch ist nicht für den Gelehrten, auch nicht für den Salon bestimmt, es ist für das Volk geschrieben, und damit dasselbe es lese, ist es geschrieben wie es geschrieben ist. Sind darin vorkommende Thatsachen und Worte nicht immer anständig, dann halte man sich deßhalb an diejenigen Heiligen, Päpste oder Priester, welche solche unanständige Handlungen begingen, oder unanständige Worte gebrauchten; — auf die zarten Nerven parfümirter Dandy's kann man nicht Rücksicht nehmen, wenn man gegen einen frechen, unverschämten Feind und für die Wahrheit kämpft.

Der zweite Band, „die Geißler" folgte bald dem ersten; allein ehe der dritte noch erscheinen konnte, brach der Sturm von 1848 los, der mich in Paris fand, wo ich Zeuge der Februar-Revolution wurde. Die Zeit des Schreibens war nun vorläufig vorüber und mit Tausenden Gleichgesinnter griff ich zum Schwert. Ich focht in erster Reihe und bis zuletzt. Die fürstliche Gewalt hatte bereits überall in Deutschland gesiegt, als wir die Festung Rastatt übergaben, deren Vertheidigung ich als Chef des Generalstabes geleitet hatte.

Ich ward zum Tode verurtheilt, aber nicht einstimmig. Die eine dissentirende Stimme, die Anwendung eines in Bezug darauf erlassenen Gesetzes und ein Zusammentreffen anderer glücklicher Umstände erretteten mich vom Tode; allein ich ward volle sechs Jahre in der einsamen Zelle eines pennsylvanischen Gefängnisses lebendig begraben.

Wen die Einsamkeit eines solchen Gefängnisses nicht geistig zertrümmert, den läutert und kräftigt sie. Manche meiner Leidensgefährten starben, manche kehrten mit zerstörtem Körper und Geist hülflos in die Welt zurück. Es war im Herbst 1855, als ich mein Grab verließ. Weder mein Geist noch meine Gesundheit hatten gelitten; im Gegentheil, was Andere zerstörte, hatte mich gekräftigt.

Von der regierenden Gewalt verfolgt und von Ort zu Ort getrieben, hatte ich nach England zu fliehen, „to eat the bitter bread of banishment" — das bittere Brod der Verbannung zu essen.

Der große Bürgerkrieg in Amerika brach aus und im Herbst 1861 schiffte ich hinüber, als Special-Correspondent der Augsburger Allgemeinen Zeitung und Correspondent der London Times.

Ich sah dort viel und lernte viel. In der sechsjährigen Einsamkeit des Gefängnisses machte ich innere Entdeckungen und Erfahrungen, und durch den sechsjährigen Aufenthalt mitten in dem jugendkräftigen Leben und Treiben der großen Republik wurde mir reichliche Gelegenheit gegeben, die praktischen Resultate der Prinzipien zu beobachten und zu prüfen, für deren Verwirklichung wir in Europa Gut und Blut daran gesetzt hatten.

In Amerika wird man häufig von Amerikanern und Deutschen hören „um Amerika und die Amerikaner zu verstehen, muß man wenigstens fünf Jahre im Lande gelebt haben" und ich kann das zur Beherzigung für die Leute hier bestätigen, welche so schnell und absprechend über amerikanische Zustände urtheilen.

Vertrieben aus meinem Vaterlande wurde ich zwar ein Bürger der großen Republik, in welcher meine Ansichten und Ueberzeugungen mich nicht zum Verbrecher stempelten; allein wenn auch dem erweiterten Verstande die ganze Welt als Vaterland nicht zu klein ist, so hängt doch das Herz jedes Menschen mehr oder weniger an dem Lande, in welchem seine Wiege stand und in welchem er seine Jugend verlebte. Das Herz des Deutschen bleibt überall deutsch, wenn auch seine Zunge englisch redet, und Jeder sehnt sich danach, Deutschland wiederzusehen.

Diese Sehnsucht erfaßte auch mich und es verlangte mich, an Ort und Stelle zu sehen, wie die Saat ständt, welche wir vor zwanzig Jahren mit Blut und Thränen eingesäet hatten. Ich kehrte daher im vorigen Jahre als Correspondent der New-Yorker

„Times" für „Deutschland und angränzende Länder" in mein Geburtsland zurück.

„Der aus dem Jahr 1848 bekannte Corvin ist aus Amerika zurückgekehrt" berichtete eine befreundete Zeitung und die andern druckten es nach. Als ich diese brillante Anerkennung für ein der Freiheit und dem Volke gewidmetes Leben las, lachte ich hell auf; nicht bitter, sondern mit dem glücklichen, heitern Sinn, der mich in den Stand setzte, ruhigen Auges den standrechtlichen Kugeln entgegenzusehen, in der wehedurchzitterten, brodsuppendurchdufteten Einsamkeit der entsetzlichen Zuchthauszelle geistig und körperlich gesund zu bleiben; die großen und kleinen Miseren des Flüchtlingslebens mit Humor zu tragen; in des „Schiffbruchs Knirschen", wo die Gläubigen zittern, ruhig zu schlafen und mitten im „Schlachtendonnerwetter" meinen Zeitungsbericht zu schreiben.

Wer kümmert sich heute noch um die Leute, welche die Bäume pflanzten, die uns Schatten und Nutzen gewähren! — Ich war mit dem zufrieden, was ich in Deutschland sah. Das Blut der Märtyrer von 1848 und 49 und die Thränen ihrer Weiber und Kinder sind nicht umsonst geflossen. Die Veränderungen in der menschlichen Gesellschaft entwickeln sich eben in ähnlicher Weise wie die in der Natur, — allmälig und langsam und es ist unvernünftig von denen, die doch sonst die Wunder leugnen, Wunder zu verlangen.

Von den politischen Folgen der Jahre 1848 und 49 will ich

indessen hier nicht reden; ich habe mit ihnen hier nichts zu thun, ich will nur den geistigen Fortschritt in Betracht ziehen.

Der unvernünftige Glauben hat in diesen zwanzig Jahren viel Terrain verloren und die Hauptstütze desselben, das Papstthum hängt noch an einem schwachen Lebensfaden. Die Macht der Pfaffen ist unterwühlt selbst in Oesterreich, Italien und Spanien und die ungeheuren Anstrengungen, die gemacht werden, die aufrecht zu erhalten, sind nutzlos. Die Presse ist frei und sogar die dem Papstthum treuesten Regierungen sind von der öffentlichen Meinung gezwungen worden, die Wissenschaft gewähren zu lassen, und selbst in die Nothwendigkeit versetzt, die Anmaßung der Pfaffen zu bekämpfen.

Unsere Aufgabe ist es, die errungenen Vortheile zu benützen und der zweckmäßigste Weg dazu, das Wissen unter dem Volke zu verbreiten und vor Allem danach zu streben, den Pfaffen mit und ohne Tonsur die Erziehung der Jugend aus den Händen zu winden.

Wohl weiß ich, daß die protestantischen orthodoxen Pfarrherrn eben so fanatisch sind, wie die dummgläubigen Mönche, und daß sie, wenn sie die Macht hätten, ihre despotischen Gelüste zu befriedigen, dies mit ähnlichen Mitteln thun würden, wie sie die römische Kirche gebrauchte; allein wir können Herrn Knaak und ähnliche Stillstandshelden ruhig ihre Glaubensdummheiten zu Markte bringen lassen, das protestantische Volk lacht darüber und die Paar alten Weiber, die ihnen glauben, thun wenig Schaden. Ich lasse daher die innerhalb der protestantischen Kirche auftauchenden Dummheiten unberücksichtigt, wenigstens sind sie nicht der Hauptgegenstand dieses Buches. Ich habe es hier speziell mit den von Rom ausgehenden Dummheiten und Nichtswürdigkeiten zu thun und zeige dem Volk das Gesicht der römischen Pfaffheit, wie es in dem Spiegel der Geschichte erscheint.

Die erste Auflage dieses Buches war bald vergriffen und meine lange Abwesenheit von Deutschland hinderte mich daran, eine zweite zu veranstalten. Als ich jedoch im vorigen Jahr von Amerika zurückkehrte, wurde ich von sehr verschiedenen Seiten dringend dazu aufgefordert. Im Buchhändler-Börsenblatt wurde das Buch fast wöchentlich gesucht und es war selbst antiquarisch nirgends zu haben. Ich selbst konnte kein Exemplar auftreiben und hatte es mir von einem Privatmanne zu borgen, welcher es an Jemand verliehen, der es wiederum einem Freunde in einer andern Stadt mitgetheilt hatte!

Obwohl mit mancherlei Arbeiten überhäuft, entschloß ich mich nun zu einer zweiten Auflage. Die Veränderungen, welche während dieser zwanzig Jahre in Deutschland stattgefunden hatten, machten eine theilweise Umarbeitung nothwendig. Die ganze Einleitung paßte nicht mehr und ich schrieb eine andere. Zeitanspielungen durchzogen das ganze Buch und ich hatte es durchaus zu revidiren und vermehrte dasselbe durch ein Kapitel, welches ich hauptsächlich dem zweiten Bande entnahm. Ich veränderte auch den Titel, da mir christlicher Fanatismus eine contradictio in adjecto schien.

Wenn ich an den mitgetheilten Thatsachen nichts änderte,

höchstens einige hinzufügte, und eben so wenig an dem Styl und Ton des Buches, so that ich das mit voller Ueberlegung. „Narren muß man mit Kolben lausen" heißt das derbe deutsche Sprichwort und wie ein Anatom, der zum Besten der Menschheit in faulen Körpern wühlt, keine Handschuhe anziehen kann, so kann auch ich den faulen Pfaffenkörper nicht mit Glacéhandschuhen anfassen. Daß ich mir aber bei dem ekelhaften Geschäft eine humoristische Cigarre anstecke, kann mir kein Mensch übel nehmen, und sie kommt ja auch dem Leser zu gut. Ebenso wenig halte ich es für angemessen es aufzugeben, die Dinge beim rechten Namen zu nennen. Wenn ich einen für unanständig gehaltenen Gegenstand überhaupt so bezeichnen muß, daß man versteht, was ich meine, so wird der Gegenstand dadurch nicht anständiger, daß ich umschreibe, was ich mit einem deutschen Wort bezeichnen kann.

Hoffentlich wird mein Buch noch zur Kirchenversammlung fertig, von der sich der Papst die Wiederherstellung der römischen Herrlichkeit verspricht; mein Buch mag den Herren zum Nachschlagen dienen, wenn sie vielleicht vergessen haben sollten, was die römische Kirche vorschreibt und glaubt.

1868 im Oktober.

Corvin.

Vorrede zur dritten Auflage.

Ich war freilich vollständig davon überzeugt, daß mein Pfaffenspiegel ein zeitgemäßes Buch sei; allein dennoch überraschte es mich sehr angenehm, daß bereits nach einigen Wochen eine dritte Auflage nöthig wurde, welche hoffentlich nicht die letzte sein wird.

Ein günstiges Geschick unterstützte die in dem Buche vertretene gute Sache dadurch, daß es gerade um die Zeit seines Erscheinens Dinge an das Tageslicht brachte, welche die in demselben aufgestellte Behauptung bewahrheiteten, daß die in früheren Zeiten innerhalb der römischen Kirche, namentlich in den Klöstern, verübten Ruchlosigkeiten und himmelschreienden Verbrechen keineswegs allein barbarischen Zeitaltern angehörten, sondern daß sie eine natürliche Folge des in der römischen Kirche herrschenden, unwandelbaren Princips sind, und heute noch eben so vorkommen, wie vor tausend Jahren, nur in vielleicht noch schrecklicherer und mehr raffinirter Nichtswürdigkeit.

Als die römische Kirche noch über Kaiser, Könige und Volk unumschränkt gebot, hielten es die Pfaffen kaum für der Mühe werth, ihre Gewaltthätigkeiten zu verbergen, da die Kirche selten den Willen, und das weltliche Gesetz nicht die Macht hatte, die unter dem Deckmantel der Religion verübten Scheußlichkeiten zu verhindern, oder zu bestrafen. Das hat sich indessen seit der Reformation und den aus derselben sich entwickelnden Revolutionen geändert. Selbst solche Kaiser und Könige, welche noch sehr geneigt wären, die römische Kirche gewähren zu lassen, weil die durch dieselbe beförderte Verdummung der Despotie günstig ist, — sind von der öffentlichen Meinung, welche durch den Arm des Volks manchmal Throne zertrümmert und Kronen, — sammt den Köpfen — herunterschlägt, gezwungen worden, ihrer unumschränkten Gewalt feierlich zu entsagen und ihre despotischen Gelüste hinter sogenannten Konstitutionen zu verbergen, über welche sie lachen mögen, die aber das Volk sicher zur Wahrheit machen wird, wenn es sich erst von der geistigen Knechtschaft der Kirche befreit und damit unehrlichen Fürsten alle Hoffnung auf die Rückkehr zur alten despotischen Herrlichkeit abgeschnitten hat.

Die Fürsten, die sich jetzt selbst dem Gesetz fügen müssen, können die Pfaffen nicht länger schützen, welche verfassungsmäßige Gesetze verletzen, denn die öffentliche Meinung verlangt gleiches Recht für alle und will Privilegien der Kirche und ihrer Diener nicht länger dulden.

Die römische Kirche hält jedoch ihre Grundsätze und Gesetze für vollkommen und erklärt, daß der Zeitgeist auf Abwegen sei und durch ein Konzil wieder in das althergebrachte Geleise gebracht werden müsse; und die einzige Konzession die sie, aus Nothwendigkeit, macht, ist, daß sie die ihr unberechtigt erscheinende staatliche Gewalt, welche ihren ungesetzlichen Handlungen Schranken setzen und gar bestrafen will, betrügt und als Verbrechen denuncirte Vorgänge mit der dreistesten Unverschämtheit ableugnet und alle Beweise möglichst schnell vernichtet oder sonst aus dem Wege räumt. Daß bei einem solchen Zustande die Opfer kirchlicher Tyrannei nicht besser wegkommen, als im Mittelalter, liegt auf der Hand.

Nach den Enthüllungen, welche innerhalb der letzten zwanzig Jahre gemacht worden sind, läßt es sich mit Bestimmtheit annehmen daß alle Verbrechen, welche in meinem „Pfaffenspiegel" nach authentischen Quellen berichtet sind, auch noch heutzutage innerhalb der römischen Kirche und namentlich in den Klöstern begangen, aber nur sorgfältiger geheim gehalten werden und daß es daher eine von der Menschlichkeit gebotene Pflicht ist, die Regierungen auf dem gesetzlichen Wege zu veranlassen, die strengsten Untersuchungen anzuordnen, und ferner alle Ausnahmsgesetze für Priester, oder die Kirche im Allgemeinen, aufzuheben und die Gleichheit vor dem Gesetz eine Wahrheit werden zu lassen.

Schließlich ersuche ich nochmals alle Leser, welche es mit der Menschheit wohl meinen, mir unter der Adresse der Verlagshandlung Mittheilungen über pfäffische Nichtswürdigkeiten zu machen, die zu ihrer Kenntniß kommen, und deren Untersuchung an geeigneter

Stelle angeregt werden soll, ohne den Namen der Mittheiler zu nennen. Unzweifelhafte Fälle sollen dann in folgenden Auflagen und auch durch die Zeitungen zur Kenntniß des Publikums gebracht werden.

Rorschach am Bodensee, August 1869.

Corvin.

Inhalt.

	Seite
Vorrede zur zweiten Auflage	V
Vorrede zur dritten Auflage	XVIII
Einleitung	1
Wie die Pfaffen entstanden sind	31
Die lieben, guten Heiligen	61
Die heilige Trödelbude	97
Die Statthalterei Gottes in Rom	143
Sodom und Gomorrha	257
Die Möncherei	319
Der Beichtstuhl	391

Einleitung.

„Je erhabener göttliche Dinge sind, je ferner sie von der Sinnenwelt abliegen, desto mehr muß sich das Streben unserer Vernunft nach ihnen richten; der Mensch wird wegen der ihn auszeichnenden Vernunft mit dem Bilde Gottes verglichen; daher soll der Mensch sie auf nichts lieber richten, als auf den, dessen Bild er durch sie vorstellt."

Abälard.

Wenn der schwache Mensch sich unter den Schlägen des Unglücks erliegen fühlt und weder in sich selbst, noch in Andern, noch überhaupt irgend wo auf Erden Trost und Hülfe für seine Leiden findet, dann treibt ihn ein natürlicher Hang dazu, sich mit der in Gefühlen, Gedanken oder Worten ausgedrückten Bitte an die von Jedem geahnte, wenn auch nicht begriffene Macht zu wenden, welcher er den Ursprung und die Erhaltung alles Bestehenden, der Welt, zuschreibt und die wir mit dem allgemeinen Namen Gott bezeichnen.

Es kann nur eine Welturfache, einen Gott geben, aber das Wesen — die Beschaffenheit und Art dieser schaffenden und erhaltenden Kraft ist das große Weltgeheimniß, welches nie ergründet wurde, nie ergründet werden wird und nie ergründet werden kann.

Jeder Mensch, der überhaupt eines Gedankens fähig ist, macht sich indessen von diesem Wesen eine Vorstellung, welche dem Grade der Ausbildung der ihm mit der Geburt gegebenen Vernunft angemessen ist. Diese Vorstellung ist sein Gott, und somit ist jeder Mensch der Schöpfer seines Gottes.

Die Vernunft entwickelt sich in Folge sehr mannigfaltiger Einflüsse sehr verschieden, und wie es kaum zwei Menschen gibt, die durchaus körperlich gleich sind, so gibt es auch nicht zwei, deren geistige Ausbildung oder Entwicklung genau dieselbe ist.

Daraus folgt, daß es, strenge genommen, eben so viele Götter als Menschen gibt, — das heißt Vorstellungen von Gott.

Was verschiedene Menschen für eine Ansicht über die Natur der Sonne haben, ändert die Sonne nicht, und Gott bleibt derselbe, wie verschieden sich auch die Vorstellung der Menschen gestalten mag. Der Neger, der vor dem von ihm selbst geschnitzten Fetisch kniet, welcher der verkörperte Ausdruck seiner Gott-Vorstellung ist, wie der Indier, der Feueranbeter, der Muhametaner, Jude oder Christ, — alle beten zu demselben Gott, und die sogenannten Materialisten und Atheisten, die nicht beten, haben nur eine von der mehr allgemeinen abweichende Ansicht. Die sogenannten Gottesläugner verneinen nicht eigentlich das Vorhandensein Gottes, was eine absolute Dummheit wäre, sondern erklären sich nur gegen die Vorstellung von einem **persönlichen** Gott.

Alle Gottvorstellungen sind zwar aus ein und derselben Urquelle geschöpft; allein je nach den Einfluß übenden verschiedenen Verhältnissen bildeten sie sich verschieden und oft zu so seltsam und wunderlich erscheinenden Formen aus, daß es selbst dem kundigen, denkenden Forscher schwer wird, den gemeinschaftlichen Ursprung nachzuweisen.

Da nun die Gottvorstellung die Grundlage jeder Religion ist, so erklärt sich einerseits das Vorhandensein so vieler verschiedener Religionen und andrerseits wieder der Umstand, daß Völker, die sich unter denselben oder ähnlichen Verhältnissen entwickelten, dieselbe Religion haben.

Das Nachweisen des gemeinschaftlichen Ursprunges der verschiedenen Religionen würde ein eigenes Werk erfordern, und da es für den mir vorliegenden Zweck genügt, so beschränke ich mich darauf, eine Skizze von dem allgemeinen Entwicklungsgange aller Religionen zu geben.

Als die Erde in ihrer Entwicklung auf dem dazu geeigneten

Punkt angelangt war, entstanden Menschen. Diese empfanden die angenehmen und unangenehmen Wirkungen der verschiedenen Naturerscheinungen zum ersten Mal, und da sie mit Vernunft begabt waren, so forschten sie bald, oder vielmehr machten sich Gedanken über deren Ursprung.

Die unmittelbarsten Eindrücke empfanden sie von der Witterung, und Regen, Wind, Gewitter, Hitze und Kälte waren um so mehr geeignet, ihre Neugierde zu erregen, als deren Urheber ihren Augen verborgen waren.

Die Veränderungen, welche vor Regen und Gewitter am Himmel vorgingen, konnten sie indessen sehen, und da der Regen und der Blitz aus den Wolken kamen, so lag es sehr nahe, die verborgenen Urheber „im Himmel," das heißt in den Wolken zu suchen.

Die Sonne, von welcher Tag und Nacht, Hitze und Kälte mit ihren Wirkungen abhängen, mußte natürlich ebenfalls ein hauptsächlicher Gegenstand ihrer verwunderten Betrachtung werden.

Auch der Wechsel der Jahreszeiten mit seinen Annehmlichkeiten und Unannehmlichkeiten mußte die Frage nach dessen Ursache erzeugen.

Da die Erfahrung, die Mutter aller Wissenschaft, noch in der Kindheit war, so bewegte sich die Phantasie, das ungeregelte Spiel der Vernunft, nur in dem sehr beschränkten Kreise des Sichtbaren und knüpfte daran ihre Schlüsse in Bezug auf das Verborgene. Als handelnde Wesen kannte man nur Thiere und Menschen und die Geschöpfe der Phantasie, die man als die Urheber der genannten Naturerscheinungen dachte, konnten nur thier- oder menschenähnliche Wesen sein.

In manchen Menschen ist die Phantasie reger als in andern, und sie theilten mit, was sie über die Handlungen und Verhältnisse dieser Wesen zu einander dachten und aus den Aeußerungen der ihnen zugeschriebenen Thätigkeit erfanden. So entstanden Märchen und Sagen, welche durch die mit besonders lebhafter Phantasie begabten Menschen, Dichter, immer weiter ausgesponnen, in mehr oder minder vernünftigen Zusammenhang gebracht und mit Personen bevölkert wurden.

Solche in der Kinderstube des Menschengeschlechts entstandene Märchen pflanzten sich als wirklich geschehen, von Geschlecht zu Geschlecht fort, und ihre Spuren sind noch nach Jahrtausenden selbst unter den am weitesten entwickelten Völkern nachzuweisen, und üben noch heute einen gewissen Einfluß. Das wird einem Jeden begreiflich sein, der sich über seine eigenen Gefühle und Empfindungen Rechenschaft gibt. Selbst der aufgeklärteste und gebildetste Mann wird noch am Ende seines Lebens Anklänge der Eindrücke entdecken, die er in seiner Kinderstube empfing; es wird keinem gelingen, sich absolut von dem Ammenmärchen loszumachen.

Da sich die Urmenschen die in den Wolken oder an andern ihnen unzugänglichen Orten vermutheten Urheber der Naturerscheinungen — „Götter" — nur als mächtigere Thiere oder Menschen dachten, so schrieb man ihnen natürlich auch dieser Vorstellung angemessene Empfindungen zu, wie Zorn, Haß, Rache, Wohlwollen, Güte u. s. w. Da sich nun der Zorn von Menschen besänftigen und dessen Aeußerung abwenden läßt, so lag der Gedanke nahe, dies auch mit den Göttern zu versuchen, und so entstanden die Opfer.

Diese Opfer bestanden in Gegenständen, die Menschen angenehm waren, und da die Götter im Himmel wohnten und diese Opfer nicht abholten, so mußte man sie ihnen in den Himmel senden, was in keiner andern Weise geschehen konnte als dadurch, daß man sie verbrannte, da doch wenigstens der Geruch und Rauch zum Himmel aufstiegen.

Die geschäftige Phantasie bildete sich bald eine Theorie über die Wirkung dieser Opfer, und da man dabei nie den menschlichen, oder rein sinnlichen Standpunkt verließ, so kam man natürlich zu dem Schluß, daß das, was Menschen ganz besonders angenehm, was selten und daher schwer zu verschaffen, was ihnen vorzüglich lieb war, den Göttern das angenehmste Opfer sein müsse.

Da nun aber der Zorn der Götter oft schwer zu besänftigen war, das heißt da unangenehme Naturerscheinungen oft lange dauerten und man viele Opfer gebrauchte, bis sie mit ihren Wirkungen aufhörten, solche seltene den Göttern besonders angenehme Opfer aber schwer zu verschaffen waren und dem Einzelnen oft fehlten, so vereinigten sich Viele, den Bedarf für die Götter herbeizuschaffen, da Alle den Wunsch haben mußten, sie zu versöhnen. So bildeten sich Opfervereine, die wohl als der Anfang der Religion bezeichnet werden können.

Die herbeigeschafften Opfervorräthe mußten aufbewahrt und endlich den Göttern dargebracht werden, und es wurden bald besondere Personen mit diesem Geschäft beauftragt. So entstanden Priester.

Da diese Priester diejenigen Personen waren, welche den Göttern, die man sich stets als mehr oder weniger idealisirte Menschen dachte, die Opfer darbrachten, also mit ihnen in unmittelbare Verbindung traten, so lag der Gedanke nahe, daß die Götter ihnen als den wirklichen Spendern besonders günstig seien und ihnen zunächst ihre Wünsche mittheilten. Daraus folgte wieder, daß man ihnen einen gewissen Einfluß auf die Entschlüsse der Götter zuschrieb und sich um ihre Gunst bemühte, damit sie diesen vorausgesetzten Einfluß für diejenigen anwendeten, welche sich ihre Zuneigung zu erwerben verstanden.

Herrschsucht liegt aber in der Natur jedes Menschen, und es ist begreiflich, daß den Priestern der von ihnen erlangte Einfluß angenehm war und sie denselben zu erhalten und zu vermehren trachteten. Sie mußten freilich, daß die in Bezug auf ihr Verhältniß zu den Göttern gehegten Voraussetzungen irrthümliche waren; allein der Irrthum hatte dieselbe Wirkung wie ihn die Wahrheit gehabt haben würde, und es lag in ihrem Interesse, denselben zu erhalten und zu vermehren.

Die Priester in dieser Kinderperiode der Menschheit glaubten übrigens selbst an die Götter und hatten von ihrer Natur im Hauptsächlichen dieselbe Vorstellung wie die übrigen Menschen; sie hielten daher eine unmittelbare Verbindung mit denselben für keineswegs unerhört oder unmöglich, und Träume und Visionen, über deren Ursprung und Natur die Erfahrungen noch gering waren, mochten sie darin bestärken, daß ein solcher Verkehr mit den Göttern nicht nur möglich sei, sondern auch wirklich stattfinde.

So entstand denn allmälig in Folge unabsichtlicher und absichtlicher Täuschung über die Beziehung zwischen Göttern, Priestern und den andern Menschen ein System, welches auf dem Glauben beruhte, den das Volk den Aussagen der Priester schenkte. Diese, die vertraut mit den Göttern waren, wußten was diesen angenehm und unangenehm war, und sie verstanden es, die Sprache zu deuten, durch welche sie sich den Erdenkindern mittheilten. Die Priester ordneten die Art und Weise an, wie die Opfer gebracht werden sollten, und daß sie bei all diesen Anordnungen sich selbst nicht vergaßen, versteht sich wohl von selbst. So wuchs das Ansehen der Priester von einem Menschenalter zum andern immer mehr, und sie waren die eigentlichen Herrscher des Volks.

Außer den im Himmel, das heißt in den Wolken, wohnenden Göttern gab es aber auch auf der Erde dem Menschen mehr oder weniger furchtbare Gewalten; zunächst starke und reißende Thiere und endlich Menschen, die ihre größere körperliche Kraft zum Nachtheil Anderer anwandten. Gegen diese mußte man sich schützen, und es ist begreiflich, daß Diejenigen, welche vermöge größerer Kraft, größeren Muthes und Geschicklichkeit sich bei der Jagd und im Kriege auszeichneten, Einfluß und Macht unter ihren Mitmenschen erwarben. Sie wurden Häuptlinge, — Fürsten.

Verstand und Körperkraft sind nur selten in gleichem Maße in denselben Menschen vereinigt, und als im Laufe der Zeit die Verhältnisse der Gesellschaft verwickelter wurden, ward auch das Herrschen schwieriger, und Fürsten und Priester fanden es zweckmäßig, sich gegenseitig zu unterstützen, wobei je nach den Umständen bald die Gewalt der Fürsten, bald die der Priester überwog.

Die Religion wurde daher die Stütze der Despotie und umgekehrt.

Viele sind stärker als Einer, und da sich die Interessen des Einen nicht immer mit denen der Vielen vertragen, so würde es noch häufiger vorkommen, als es der Fall war und ist, daß die Vielen den Einen zwingen, nach ihrem Willen zu regieren, wenn nicht die Religion, die auf die Furcht vor den verborgenen, mächtigen Göttern gegründet war, ein solches Auflehnen durch den Mund ihrer anerkannten Vertreter, der Priester, als ein Verbrechen gegen diese Macht schon deshalb gestempelt hätte, weil durch die Verminderung der Macht der Despoten die der Priester gefährdet wurde, indem diese sie dazu gebrauchten, den gefährlichsten Feind der von ihnen erfundenen Religion zu bekämpfen.

Dieser Feind ist die Vernunft, das Denken und die daraus folgende Erkenntniß, die Wissenschaft.

Die Macht der Priester und alle Religion beruhte auf der Phantasie, welche in der Kinderperiode der Menschheit die Götter erschuf. Die Spekulation der Priester bildete diesen traditionellen Glauben zu einem complizirten System aus, welches aus Täuschungen und Erdichtungen zusammengesetzt und von vorn herein auf Einbildungen erbaut war.

Je mehr sich in den Menschen die Vernunft entwickelte und sie anfingen zu beobachten und zu denken, das heißt aus Erfahrungen Schlüsse zu ziehen, desto häufiger entdeckten sie, daß manche von den Priestern als positive Wahrheiten ausgegebene Dinge gerade das

Gegentheil waren, was natürlich Mißtrauen gegen andre Behauptungen erzeugte, auf denen die Priestergewalt hauptsächlich gestützt war. Jeder Schritt, den die Wissenschaft vorwärts that, trat irgend einer Priesterlüge auf den Kopf.

Es war daher eine Lebensfrage für das Ansehen der Priester, oder was sie mit sich selbst zu identifiziren verstanden, der Religion, die Entwicklung der Vernunft nach Kräften zu hemmen und die Verbreitung der unvertilgbaren Resultate der Wissenschaft zu verhindern, was zunächst durch die despotische Macht geschehen konnte.

Da nun aber häufig Conflicte zwischen der Herrschsucht der Priester und derjenigen der Fürsten entstanden, so waren die ersteren darauf bedacht, für ihre Macht eine noch festere Begründung zu schaffen, als sie das sie mit den Despoten verbindende gemeinschaftliche Interesse darbot, welches nur bis zu einer gewissen Grenze gemeinschaftlich war. Das Verfahren der Priester, um diesen selbstsüchtigen Zweck zu erreichen, war eben so praktisch als für die Menschheit und deren geistige Entwicklung verderblich; der menschliche Geist mußte der Aufklärung möglichst unzugänglich und schon von Kindheit an in eine Form gezwängt werden, welche ihn nöthigte, sich in der gewünschten Weise zu entwickeln. Zu diesem Ende bemächtigten sie sich der Erziehung der Jugend.

Das genügte indessen ihrer Vorsicht noch nicht. Dieses Lehrerverhältniß mußte für das ganze Leben beibehalten und die Herrschaft der Priester über die Seele der Menschen in solcher Weise ausgedehnt werden, daß diese von der Wiege bis zum Tode keinen Gedanken denken konnten, von dem die Priester nicht Kenntniß erhielten.

Das Mittel dies vollkommen zu erreichen war, in den Menschen die Furcht zu pflanzen vor entsetzlichen Gefahren (die einzig in dem Gehirn der Priester ihren Ursprung fanden) und gegen welche allein die Priester die Mittel zu vergeben hatten.

Es ist hiermit keineswegs gesagt, daß alle Priester bewußte Betrüger waren. Das wohlersonnene und consequent durchgeführte System verfehlte seine Wirkung auf die Priester selbst nicht, welche aus dem Volk hervorgingen und nach der als zweckmäßig und nothwendig erkannten Art erzogen worden waren. Ein großer Theil der Priester glaubte wirklich, was sie lehrten, und diejenigen, die nicht glaubten, begriffen bald den Vortheil, den es ihnen brachte, den Glauben im Volke zu erhalten.

Der Glaube war der Hauptpfeiler des ganzen von den Priestern erbauten Religionsgebäudes, und da mit seiner Zerstörung dasselbe durchaus fallen mußte, so war es die Hauptsorge aller Priester, diesen Glauben als das Heiligste und Unantastbarste hinzustellen und schon den bloßen Zweifel, welcher der Vernunft den Weg bahnte, als ein Verbrechen darzustellen, welches die Götter als das schrecklichste von allen bestraften.

Dieser Gedanke, welcher schon seit Jahrtausenden von Priestern aller Religionen den Kindern eingeprägt wurde und sich von Generation zu Generation forterbte, behauptete sich unter den Menschen mit solcher Gewalt, daß noch heute, nachdem die Vernunft und die trotz aller Hemmnisse unaufhaltsam fortschreitende Wissenschaft die Abgeschmacktheit aller auf den Glauben gegründeten Religionen erkannt hatte, selbst Nichtgläubige es nicht wagen dürfen zu sagen: ich glaube nicht an Gott, ohne unter Millionen Entsetzen zu erregen, obwohl mit diesen Worten doch weiter nichts ausgedrückt ist als: die Vorstellung, welche ich, ein Kind des neunzehnten Jahrhunderts, von der Welturfache, von Gott, habe, ist eine durchaus andere als diejenige, welche die Mehrzahl der Menschen vor Jahrtausenden hatte, und welche noch die Basis der heutigen herrschenden Religion bildet.

Da nun der Glaube sich als der Hauptfeind des menschlichen

Fortschritts erwies und noch erweist, und es Zweck dieses Buches ist, zu der Wegräumung dieses mächtigen Hindernisses beizutragen, so wird es nöthig sein, die Natur desselben zu untersuchen.

Was ich aus eigener Erfahrung kenne, brauche ich nicht zu glauben, das **weiß ich**; ich kann nur **glauben** oder **nicht glauben**, was ich aus dieser Erfahrung schließe, oder was mir Andere als ihre Erfahrung, oder als Schlüsse, die aus derselben gezogen sind, mittheilen.

„Es gibt zwei Arten von Glauben: der vernünftige und der unvernünftige und ihre Erklärung liegt schon im Beiwort. Was meine Vernunft als **möglich** annimmt, kann ich glauben ohne unvernünftig zu sein, selbst wenn das mir als Faktum mitgetheilte nicht wahr sein sollte; glaube ich aber an das Geschehensein einer Handlung, welche meine Vernunft als unmöglich erkennen muß, so ist mein Glaube ein unvernünftiger.

Der Maßstab, den die Vernunft für die Möglichkeit einer Sache hat, ist ursprünglich einzig und allein die Erfahrung. Beispiele werden meine Ansicht klarer machen als Definitionen.

Erzählt mir Jemand, er habe im Oktober einen Kastanienbaum blühen gesehen und ich glaube ihm, so ist mein Glaube ein vernünftiger, selbst wenn derjenige, der mir die Sache erzählt, eine Unwahrheit sagen sollte. Ich selbst habe Kastanienbäume oder andere Pflanzen um diese Zeit blühen gesehen, welche sonst nur im Frühjahr zu blühen pflegen und dasselbe ist mir von vielen Personen bekannt, von denen ich keinen Grund habe anzunehmen, daß sie eine Unwahrheit sagen.

Man sagt, die Sonne sei einundzwanzig Millionen Meilen entfernt. Ich glaube es, und mein Glaube ist kein unvernünftiger, obwohl ich die Entfernung nicht gemessen habe, da mir dazu die Mittel, das heißt die nöthigen Kenntnisse fehlen. Ich habe aber Kenntnisse genug, um durch Berechnung der Entfernung von mir zu Punkten zu messen, zu denen ich nicht mit dem Maßstab ge-

langen kann und habe die Richtigkeit meiner Rechnung durch Ab=
schreiten oder mit dem Maßstab nicht selten geprüft, wenn das Hin=
derniß, welches mich von dem Gegenstand trennte, vielleicht später
hinweggeräumt wurde. Ich weiß daher, daß die Wissenschaft
Mittel bietet die Entfernung von Punkten zu messen, zu denen man
nicht gelangen kann. Mein Glaube ist daher auf Erfahrung be=
gründet, also vernünftig.

Es theilt mir Jemand mit, ein Mensch sei von Liverpool nach
New=York durch die Luft geflogen. Wenn ich es glaube, so mag
man mich leichtgläubig nennen, allein mein Glaube ist kein ab=
solut unvernünftiger, denn ich weiß aus Erfahrung, daß der Unter=
schied zwischen der Schwere des Körpers und der Luft durch ver=
schiedene Mittel ausgeglichen werden kann und sehe Vögel fliegen
mit Hülfe einer mechanischen Vorrichtung, der Flügel.

Sagt man mir, es habe ein Mensch durch sein Wort einen
Körper geschaffen, das heißt ohne andere vorhandene Stoffe zur
Hülfe zu nehmen, aus dem Nichts hervorgerufen, und ich glaube es,
so ist mein Glaube ein unvernünftiger, denn ich selbst kann
durch meinen Willen nicht einmal ein Staubkorn schaffen, noch ist
es jemals bewiesen worden, daß es von einem Menschen ge=
schehen ist.

Glaubt man, daß ein Gemälde oder ein Steinbild geredet
oder eine willkürliche Bewegung gemacht habe, so ist dieser Glaube
ein unvernünftiger, da eine solche That allen Erfahrungen wider=
spricht. Trotzdem mögen Personen, welche behaupten Aehnliches
erlebt zu haben, nicht absolut Lügner zu nennen sein, da die Er=
fahrung lehrt, daß es Seelenzustände gibt, in denen sich Menschen
so fest einbilden, Dinge zu sehen oder zu hören, daß sie dieselben
für Wahrheit halten, während sie in der That nur auf Sinnen=
täuschung beruhen.

Der Kreis unserer persönlichen Erfahrung kann wegen der
Kürze unseres Lebens selbst bei den Gebildetsten nur beschränkt

sein und wir würden uns gewissermaßen in die hülflose Lage der ersten Menschen versetzen, wenn wir allein das als wahr annehmen oder glauben wollten, was wir von unsern eigenen Erfahrungen und den daraus gefolgerten Möglichkeiten auf dem Wege des vernünftigen Denkens ableiten. Die wirklich festgestellten Erfahrungen vor uns lebender Beobachter sind das kostbarste, nie wieder zu verlierende Erbtheil des lebenden Geschlechtes.

Die Vernünftigkeit des Glaubens an diese die Erfahrung begründenden Thatsachen hängt von den Gründen ab, welche wir haben, an die Wahrhaftigkeit der Personen zu glauben, von welchen sie uns mitgetheilt wurden, wie auch von dem Grad ihrer geistigen Ausbildung, ihrem Charakter und ob sie fähig sind, eine absichtliche Unwahrheit zu sagen, wenn es ihrem Interesse dienen kann; ferner ob die berichtete Thatsache isolirt dasteht; ob gleichartige von Andern beobachtet wurden; ob sie ganz bekannten Naturgesetzen in bestimmter Weise zuwider sind und von vielen andern Gründen. Die Glaubwürdigkeit einer mitgetheilten Thatsache beruht daher zunächst auf der Autorität der Person, von welcher sie berichtet wird, und ob sie wirklich als selbst gesehen oder erfahren, oder als geglaubt, von Hörensagen angegeben wird.

Auf Erfahrung beruht die Wissenschaft; die Thatsachen sind die Sprossen der Leiter, welche unsere Vernunft zur Erkenntniß der Wahrheit führen und daher ist die Wissenschaft der Todfeind des unvernünftigen Glaubens, da sie ihn als solchen erkennen lehrt und mit dieser Erkenntniß vernichtet.

Unvernünftigen Glauben nennt man gewöhnlich Aberglauben und nach der Erklärung, die ich von der Entstehung der Religion gegeben habe, kann ich ohne alles Bedenken den religiösen Glauben als unvernünftigen oder Aberglauben bezeichnen. Dies gilt nicht nur von den Religionen der ersten Menschen, sondern von allen noch jetzt auf der Erde bestehenden Religionen, von denen sich ohne Schwierigkeit nachweisen läßt, daß sie nur eine in der Form veränderte Erweiterung der „vom Himmel," das heißt aus den Wolken gekommenen Urreligion sind.

„Das Wunder ist des Glaubens liebstes Kind."

Wenn wir die vergangenen und bestehenden Religionen untersuchen, so finden wir, daß sie alle, ohne Ausnahme, auf Wunder gegründet sind, welche der Dichter sehr richtig als das Kind des (religiösen) Glaubens bezeichnet.

Im Allgemeinen nennt man Wunder jede Erscheinung, Handlung oder Thatsache, deren Ursprung die Wissenschaft nicht angeben und nachweisen kann; ja wir dehnen den Begriff dieses Wortes auch auf solche Erscheinungen aus, deren Ursachen wir wohl kennen, die uns aber als ungewöhnlich oder besonders merkwürdig auffallen, und in diesem Sinn reden wir zum Beispiel von Naturwundern.

Obwohl nun auch die Religion, das heißt die Priester, solche natürliche Wunder zu ihren Zwecken benutzte, als deren Ursachen dem Volk noch unbekannt waren, so ist doch das eigentliche religiöse Wunder ganz anderer Art und charakterisirt sich dadurch, daß es gegen die Natur ist, das heißt eine Aufhebung der bekannten Naturgesetze vorausgesetzt.

Den Völkern früherer Zeiten erschien eine Sonnen- oder Mondfinsterniß, oder ein Komet als ein Wunder, und derselbe Fall war es mit einer Menge von Erscheinungen, deren Ursprung die jetzige Wissenschaft nicht nur ganz klar nachweist, sondern auch ganz genau im Voraus berechnet. — Manchen wilden Völkern ist ein Streichhölzchen noch ein Wunder und selbst unsern eigenen niedern Volksklassen erscheint Manches als Wunder, was dem Gebildeten eine alltägliche Erscheinung ist.

Die Priester, welche hauptsächlich mit den Göttern zu verkehren und ihren Willen zu erforschen hatten, der sich, wie wir gesehen haben, für sie in Naturerscheinungen äußerte, mußten durch Beobachtung wohl zunächst mit der Thatsache bekannt werden, daß es bestimmte Naturgesetze gebe. Indem sie ihre Erfahrungen von Priestergeschlecht zu Priestergeschlecht fortpflanzten, kamen sie auf dem Wege der Wissenschaft allmälig zur Kenntniß von Dingen die sie für sich behielten, da sie diese Kenntniß zur Erhöhung ihres Ansehens beim Volke äußerst brauchbar fanden. Einen Beweis dafür finden wir in dem Verhalten der alten egyptischen Priester, die in der Erkenntniß der Natur und der Eigenschaft vorhandener Dinge sehr weit vorgeschritten waren und Erfindungen und Entdeckungen machten, die erst nach sehr vielen Jahrhunderten auf andern Wegen ebenfalls entdeckt und allgemein bekannt wurden. Man fand z. B. in egyptischen Gräbern metallene Gegenstände, deren Hervorbringung man sich gar nicht erklären konnte, bis man erst in diesem Jahrhundert durch die Erfindung der Galvanoplastik in den Stand gesetzt wurde, zu erkennen, daß sie auf galvanoplastischem Wege gemacht waren. Diese Kunst setzt aber schon bedeutende andere Erfahrungen und Entdeckungen in Bezug auf die Eigenschaften natürlicher Substanzen voraus.

Daß die egyptischen Priester die Wissenschaft zu dem eben ausgeführten Zwecke benutzten, wissen wir mit Bestimmtheit. Sie verrichteten Handlungen, welche die übrigen Menschen als Wunder betrachteten und viele Schriftsteller der alten Zeit berichten von egyptischen Künsten und egyptischer Wissenschaft.

Ich erwähne diese egyptische Wissenschaft insbesondere deßhalb, weil sie die Mutter der in der Bibel erzählten Wunder ist, die wieder die Veranlassung zu den Wundern der römisch-katholischen Kirche wurden, welche jedoch meistens keineswegs mit Hülfe der Wissenschaften hervorgebracht, sondern von den Priestern erfunden wurden. Wunder, wie sie die Egypter thaten, setzten Kenntnisse voraus, die schwer zu erlangen waren; allein die Priester fanden, daß sich noch wunderbarere Dinge erfinden ließen, die mit Rücksicht auf ihren Zweck, ganz dieselbe Wirkung hervorbrachten, da sie geglaubt wurden; geglaubt, weil sie als Thatsachen von Männern erzählt wurden, an deren Autorität man nicht zweifelte und die zum Theil selbst glaubten.

Eigentliche Wunder, das heißt Dinge, welche gegen die Naturgesetze sind, kann es nicht geben; was geschieht, geschieht auf natürliche Weise und entspringt aus natürlichen Ursachen und wenn wir diese Ursachen nicht erkennen können, da unsere Kenntniß von den Eigenschaften und Kräften der Natur noch beschränkt ist, so ist die Annahme doch eine durchaus vernünftige, wie aus den folgenden Auseinandersetzungen hervorgehen wird.

Viele gebildete Leser werden sich darüber wundern, daß ich mich bei den Wundern so lange aufhalte, da dies, um eine Modephrase zu gebrauchen, „ein längst überwundener Standpunkt ist; allein wenn dies auch in Bezug auf den Gebildeten der Fall sein mag, so hat doch das Volk im Allgemeinen diesen Standpunkt noch keineswegs überwunden und selbst der größte Theil derer, die sich zu den Gebildeten zählen, werden aus den folgenden Beweisen erkennen, daß sie an Wunder glauben.

Die Vertheidiger des Wunderglaubens sagen zum Beispiel: Gott ist allmächtig; aus Nichts hat Gott die Welt gemacht; und Millionen nehmen das als eine so unumstößliche Wahrheit an, daß sie es mit Abscheu als ein Verbrechen betrachten, wenn Jemand sagt: „Gott ist nicht allmächtig; Gott hat nicht die Welt aus Nichts gemacht; denn ein solcher Glaube ist unvernünftig."

Daß das Weltall, welches aus getrennten Körpern besteht, die nach bestimmten Gesetzen zusammengesetzt und vermöge der jedem Körper innewohnenden Eigenschaften mit einander zu dem großen Ganzen vereinigt sind, einen Ursprung, eine Ursache haben muß, muß jeder mit Vernunft begabte Mensch zugeben. Die Ursache oder Macht, welche das was ist bewegt und erhält, ist Gott; und was ich in dem hier Folgenden sage, bezieht sich durchaus auf diesen Begriff und auf keine subjektive Vorstellung der Welturfache, wie sie irgend einer der bestehenden oder vergangenen Religionen zu Grunde liegt.

Ich rede auch nicht von der Vorstellung, die ich mir selbst von Gott mache, denn diese, so vernünftig sie auch sein oder erscheinen mag, hat doch immer nur einen subjektiven Werth wie jede andere Gottvorstellung; ich untersuchte mit meiner Vernunft einfach, in wie weit sich die Idee der Allmacht und einer Erschaffung aus dem Nichts mit dem von mir oben benutzten Begriff Gott verträgt. Ein Streben, das Wesen Gottes zu erkennen, ist gewiß der erhabenste Gebrauch, den der Mensch von dieser ihm von Gott gegebenen Vernunft machen kann.

Wir erkennen die Beschaffenheit einer Ursache einzig aus ihrer Wirkung, und zunächst erscheint uns als eine solche das Weltall mit den Gesetzen, die es erhalten und bewegen. Wir haben keinen andern Anhaltspunkt für die Beurtheilung dieser Kraft, welche den Stoff zu organischen Körpern vereinigt, als unsern eigenen Gedanken, kraft dessen wir im Stande sind, aus vorhandenem Material, dessen Eigenschaften wir aus Erfahrung kennen, Zusammensetzungen herzustellen, durch deren Aufeinanderwirken ein bestimmter Zweck erreicht wird, wie es durch eine Maschine oder durch ein chemisches Präparat geschieht.

Vergleichen wir eine Sperlingsfalle, die sich ein Kind aus Ziegelsteinen erbaut, mit einer Dampfmaschine, die ein Schiff bewegt, so ist es klar, daß ein bedeutend mehr ausgebildeter Geist dazu gehörte diese letztere zu erdenken, allein die Thätigkeit oder Kraft, durch die beide hervorgebracht wurden, die Ursache, ist gleichartig.

Vergleichen wir nun aber den gewöhnlichen Organismus, der einen Theil des großen Ganzen, der Welt bildet, zum Beispiel eine Blume, oder einen Baum, mit der allervollkommensten Maschine, welche der menschliche Gedanke hervorbrachte, so sieht auch der oberflächliche Beobachter, daß beide in Bezug auf Vollkommenheit noch

unendlich verschiedener sind als die Falle des Kindes und die Dampf=
maschine; allein trotzdem ist der Schluß vernünftig, daß der Organis=
mus, den wir bewundern, seinen Ursprung einer geistigen Thätig=
keit verdankt, die derjenigen ähnlich ist, welche die Sperlingsfalle
und die Dampfmaschine zusammensetzte.

Wenn wir aber den wunderbaren Organismus der ganzen Welt
betrachten, so weit wir denselben erkennen können, so schließen wir
aus der Vollkommenheit, die wir überall entdecken, daß der Geist,
welchem dieser Organismus seinen Ursprung verdankt, die höchste
Potenz geistiger Vollkommenheit sein müsse.

Manches in der Welt erscheint dem Beobachter allerdings un=
zweckmäßig und unvernünftig, also unvollkommen; allein die Er=
fahrung lehrt uns, daß eine unendliche Menge von Einrichtungen
und Dingen, die früher den Menschen so erschienen, später als be=
wundernswürdig und vollkommen erkannt wurden, nachdem man den
Zweck entdeckt hatte. Diese Erfahrung ist so häufig gemacht und
die Menschen sind so oft von ihrem Irrthum überführt worden, daß
es vollkommen vernünftig ist anzunehmen, daß der Weltorganismus
vollkommen, daß er der angewandte Gedanke der höchsten Vernunft,
und daß Alles, was ist, vernünftig ist.

Wir sind zu dem Schluß gekommen, daß die geistige Ursache
der Weltorganisation, von der wir selbst einen Theil bilden, also
Gott, dem menschlichen Geiste ähnlich sei und sind daher vernunft=
gemäß berechtigt, von diesem Anhaltspunkt weiter zu schließen.

Der menschliche Geist kann vorhandenen Stoff zu bestimmten
Zwecken zusammensetzen, allein er kann durch seinen Gedanken oder
Willen keinen Körper aus dem Nichts hervorrufen oder schaffen,
auch nicht einmal das kleinste Sandkörnchen. Da nun unser Geist
der einzige Anhaltspunkt für das Verständniß geistiger Kraft ist,
und wir aus der erkannten Gleichartigkeit des menschlichen
Geistes mit Gott auf die Eigenschaften Gottes nur von denen
schließen, die wir selbst besitzen, so kommen wir zu dem Logischen

Schluß, daß Gott die Welt, das heißt den Stoff, nicht ge=
schaffen haben kann.

Da wir aber wissen, daß Alles was innerhalb dieser Welt —
von einem darüber Hinausliegenden können wir überhaupt gar keinen
Begriff haben, — geschieht und ist, eine Ursache hat, so fragen wir
natürlich, welches ist die Ursache des Stoffes? — und um sie zu
lösen, sind wir wieder auf unsere Erfahrung und Vernunft ange=
wiesen, die jedes Urtheil überhaupt begründen.

Kein Mensch kann einen Körper aus dem Nichts schaffen;
allein ebenso wenig vermag er es, den Stoff zu vernichten. Die
Form, in welcher sich der Stoff zeitweilig darstellt, sehen wir täg=
lich zerstören und wir vermögen das ebenfalls; allein von dem
Stoff selbst, aus dem irgend ein Körper zusammengesetzt ist, geht
auch nicht das kleinste Theilchen verloren, wie jeder Chemiker am
besten weiß, der sich täglich damit beschäftigt, Körper in seine ver=
schiedenen Bestandtheile zu zersetzen.

Unser eigener Körper kehrt nach dem Tode „zur Erde zurück."
Das heißt die Bestandtheile, aus denen er besteht, zersetzen sich und
werden wieder Bestandtheile anderer Körper. Legen wir Silber in
Salpetersäure, so löst dieselbe das Metall auf und verwandelt das=
selbe in eine Flüssigkeit, in der das Silber durch das Auge nicht
zu erkennen ist; allein wir wissen, daß es darin steckt und haben
Mittel, es wieder in seiner Gestalt als Metall herzustellen. — Ver=
brennen wir einen Körper, das heißt zerstören wir seine Form durch
Feuer, so zersetzt er sich in Asche, Rauch und Gase, in andere Kör=
per; denn wenn auch das Gas unsichtbar ist, so ist es doch andern
Sinnen wahrnehmbar, zum Beispiel dem Geruch, und wir können
es messen und wiegen und aus der Verbindung von Gasen sogar
wieder sichtbare Körper herstellen, wovon das Wasser das bekannteste
Beispiel ist.

Da unsere Erfahrung keinen aus dem Nichts entstandenen
Körper kennt und ebensowenig von der absoluten Vernichtung eines

solchen weiß, so kommen wir zu dem Schluß, daß der Stoff, das Körperliche, die Materie weder geschaffen wurde noch vernichtet werden kann, also vorwärts und rückwärts ewig ist.

Der Begriff Ewigkeit ist für uns unfaßbar, weil wir zu ihrer Beurtheilung nur die Zeit haben, welche ein endlicher Begriff ist. Ob wir zu der Ewigkeit eine Minute oder eine Million Jahrhunderte hinzuthun oder davon hinwegthun, ist gleichgültig, denn es bleibt immer Ewigkeit.

Noch unfaßbarer, weil wir dafür auch nicht den Schein eines Anhaltspunktes haben, ist für uns ein **absoluter Geist**, oder absolute geistige Kraft; denn jeder Geist und jede geistige Aeußerung, die wir kennen, steht in Verbindung mit der Körperwelt, und ebenso ist uns ein Körper undenkbar ohne geistige Beeinflussung, denn selbst der Stein ist gewissen Gesetzen unterworfen.

Wir kommen daher zu dem Schluß, daß der Stoff und der ihn belebende Geist ewig verbunden waren, und daß ein von der Welt abgesonderter Gott undenkbar und unmöglich ist.

Da Gott die höchste Potenz der Vernunft und der zur Welt zusammengesetzte Stoff das Werk derselben ist, so ist Alles, was ist, vernünftig, vollkommen und keiner Verbesserung fähig, wie auch keiner Aenderung, die nicht nach den ewigen, absolut vollkommenen Gesetzen vor sich geht. Da nun ein **Wunder**, nach der früher gegebenen Erklärung eine Handlung oder ein Ereigniß ist, welches den Naturgesetzen widerspricht, so ist ein solches selbst Gott unmöglich, denn die höchste Vernunft kann nicht irren.

Gott kann also kein Wunder thun und kann keinen Stoff aus dem Nichts erschaffen, ist also nicht allmächtig, und die Vorstellung von einem Wunder thuenden, allmächtigen Gott ist eine in sich selbst zerfallende. Diejenigen, welche damit ihrer Verehrung vor dem höchsten Wesen den höchstmöglichen Ausdruck gegeben zu haben meinen, sind im Irrthum, da wie eben gezeigt wurde, diese Vorstellung von Gott eine zu geringe ist.

Sie würde für die Welt im Allgemeinen keine größere Bedeutung haben, wie irgend welche andere, wenn sie nicht einer Religion zu Grunde läge, welche als Hauptstütze des Despotismus gilt und seit Jahrhunderten zu diesem Zwecke benutzt wurde.

Die Regierungen selbst der als aufgeklärt geltenden Staaten gehen noch immer von der Idee aus, welche ursprünglich Priester und Despoten verband, daß nur Furcht vor der unsichtbaren Macht, welche doch der Hauptfaktor der Religion der Religiösen ist, im Staube sei, die Achtung vor dem Gesetz und dem Fürsten zu erhalten. Aus diesem Grunde wird die Erziehung der Jugend auf das Strengste vom Staat überwacht und der Kontrole der Priester überlassen, damit diese die Kinderseele bereits mit dem Glauben vergiften, welcher zur Erhaltung der Religion absolut nöthig ist.

Der Grund dieser Religionspflege, dieser Sorge für den religiösen Sinn von Seiten der Regierungen ist eine mehr oder weniger bewußte Maßregel despotischer Gelüste und Tendenzen und das Vorgeben, daß der religiöse Sinn zum individuellen Wohl der Unterthanen mit solcher Strenge aufrecht erhalten werde, eine offenbare Heuchelei und handgreifliche Lüge.

Königin Christine von Schweden, die Tochter Gustav Adolfs, war katholisch geworden und hielt sich viel in Rom auf. Als sie den alten Oxenstierna einlud dorthin zu kommen, entsetzte sich der orthodoxe Protestant bei dem Gedanken, daß der Papst es auf seine Seele abgesehen habe. Christine, die den Papst und seine Absichten besser kannte, antwortete lachend: „Glaubt mir, der Papst gibt nicht vier Thaler für Eure Seele." Ich glaube kaum, daß irgend eine Regierung aus bloßer väterlicher Theilnahme für das Schicksal einer Seele, nachdem deren Inhaber durch den Tod aus dem Unterthanenverband ausgeschieden ist, — vier Silbergroschen geben würde.

Ich habe nicht nöthig, über diesen Vorwand für den ausgeübten Religionszwang noch ein Wort zu sagen und darf dreist behaupten: je sorgfältiger eine Regierung die Religion durch

Zwangsmaßregeln unterstützt, je ängstlicher sie darauf bedacht ist, die Erziehung in der Hand der Priester zu lassen, desto despotischer sind ihre Neigungen.

Die Behauptung, daß der Religionszwang zur Erreichung des vernünftigen Staatszwecks noch immer nothwendig sei, daß ohne denselben die Gesetze nicht hinreichen würden, Verbrechen zu verhindern, ist eine falsche, welche durch die Erfahrung widerlegt wird. Diese lehrt, daß in denjenigen Ländern, in welchen durch die Reformation ein Theil des religiösen Glaubenswustes hinweggeräumt und der durch die Wissenschaft verbreiteten Aufklärung mehr Spielraum gewährt wurde, weit weniger Verbrechen begangen werden, als in den katholischen. Wilberforce beweist uns, daß bereits dreißig Jahr nach der Reformation die Zahl der in England hingerichteten Verbrecher sich von 2000 auf 200 jährlich verminderte.

Seit die Reformation der „Freiheit eine Gasse" bahnte, sind aber über drei Jahrhunderte vergangen, und wenn auch die reformirten Fürsten und Priester über die Nützlichkeit des Religionszwanges ganz dieselben Ansichten hatten wie die katholischen, so war die Organisation der reformirten Kirche doch nicht so geeignet wie die der katholischen, der Entwicklung der Wissenschaft hindernd in den Weg zu treten, obwohl es an dem aufrichtigen Willen hierzu besonders bei den Geistlichen wahrhaftig nicht fehlte. Die Wissenschaft hat der That nach den Aberglauben vollständig überwunden und trotz aller Bemühungen der Finsterlinge, trotz aller Hausmittel der Despoten, wie Censur, Lehrzwang u. s. w., gewinnt sie täglich mehr und mehr Einfluß im Volk und dasselbe sieht täglich klarer, daß es seit Jahrhunderten das Opfer des grandiosesten Schwindels war, den die Geschichte kennt; und daß der Eigennutz der Priester und Despoten an der Menschheit ein Verbrechen beging, welches an Schlechtigkeit und Gemeinschädlichkeit jedes andere übertrifft.

Wäre die Ansicht richtig, daß der kirchliche Glaube nöthig sei, die Achtung vor dem Gesetz zu erhalten, dann müßte die größte Zahl der Verbrecher aus den gebildeten Ständen kommen, die, wenn sie sich aufrichtig prüfen, gestehen müssen, daß sie von dem was im Katechismus gelehrt wird, sehr wenig oder gar nichts so glauben, wie es die Kirche verlangt.

Der wirklich gebildete verletzt nicht das Gesetz, weil er sich vor irgend welcher Strafe fürchtet, die ihn hier oder nach dem Tode treffen könne, sondern einfach, weil das Gefühl für Recht und Unrecht in ihm Fleisch und Blut geworden ist. Je ausgebildeter der Verstand eines Menschen ist, desto weniger wird er selbst der Versuchung ausgesetzt sein, ein Verbrechen zu begehen; und durch ein Befördern der Mittel, welche die Bildung erzeugen, würde die Regierung am besten dazu gelangen, in Bezug auf die zur Erreichung des vernünftigen Staatszweckes nöthigen Gesetze einen Zustand herzustellen, wie er bereits faktisch in Bezug auf die Anstandsgesetze besteht. Selbst wenn die Polizei es gestattete, würde es doch unter tausend Menschen kaum einem einfallen, entblößt durch die Straßen zu gehen, und wenn es Jemand thut, so bedarf es meistens nicht der gesetzlichen Gewalt ihn daran zu verhindern, oder dafür zu bestrafen, denn es geschieht durch die Gesellschaft selbst.

Mag die Religion auch in früheren Jahrhunderten einen guten Einfluß geübt und nicht allein zur Unterdrückung der Despotie, sondern überhaupt der gesellschaftlichen Ordnung gedient haben; im gegenwärtigen Jahrhundert ist sie für den Staatszweck nicht nur durchaus unnütz, sondern geradezu schädlich, da sie der Entwickelung der Wissenschaft und der durch sie erzeugten Bildung hinderlich ist.

Die tägliche Erfahrung lehrt, daß heutzutage die Menschen, selbst der ungebildeten Klassen, nicht durch religiöse Furcht von Verbrechen abgehalten werden. Man frage nur einen Polizei- oder Kriminalbeamten auf sein Gewissen, und jeder wird gestehen müssen, daß — mit äußerst seltenen Ausnahmen — selbst der dümmste Bauer, einen Gensdarmen, also das Gesetz und die durch dasselbe biktirte Strafe mehr fürchtet, als Gott oder den Teufel. Alles, was die Regierungen durch ihre Zwangsmaßregeln in Bezug auf Religion erzeugen, ist einerseits **Gleichgültigkeit** dagegen, wenn nicht Haß und Verachtung gegen die bornirte oder despotische Zwecke verfolgende Regierung, oder eine zur Gewohnheit gewordene, alle Schichten der Gesellschaft durchbringende und sie demoralisirende **Heuchelei**.

Was wir von unseren Regierungen verlangen, ist, daß sie als solche von der Religion gar keine Notiz nehmen und sie nicht, wie es jetzt fast noch überall der Fall ist, den Aberglauben aussäen und sein Wachsthum befördern zu können glauben. Wer das Bedürfniß der Religion fühlt, mag dieselbe ausüben und sich mit Andern zu diesem Zwecke vereinigen; das Gesetz wird ihn in dieser Ausübung beschützen und sich erst dann hindernd einmischen, wenn durch diese Ausübung die gesetzlichen Rechte Anderer beeinträchtigt werden. Ist die Religion durch sich selbst stark, so braucht sie keine Unterstützung und Begünstigung von Seiten der Regierung; hat sie aber Grund, die Wissenschaft zu fürchten, so beruht sie auf Aberglauben, und je eher sie dem Feinde desselben unterliegt, desto besser ist es für die Menschheit.

Wie wir allmälig die Regierungen gezwungen haben, den Despotismus aufzugeben, oder wenigstens seine Unberechtigung dadurch anzuerkennen, daß sie ihn unter konstitutionellen und andern Masken verstecken, so werden sie auch durch die Macht der öffentlichen Meinung gezwungen werden, ihre schützende Hand von dem Aberglauben abzuziehen und seine Ausrottung der Wissenschaft zu überlassen.

Wir wissen sehr wohl, daß die Trennung von Kirche und Staat nicht ohne Schwierigkeiten von Statten geht und können die Natur derselben nach denen beurtheilen, mit welchen in diesem Augenblick die österreichische Regierung nur deßhalb zu kämpfen hat, weil sie die zu anmaßend gewordene Dienstmagd in ihre

Schranken zurückzuweisen gezwungen wurde. Der Widerstand geht nicht allein von den Pfaffen aus, sondern er wird durch das von ihnen im Aberglauben erzogene und erhaltene Volk theilweise unterstützt. Nun rächt sich „der Fluch der bösen That" an der Regierung, welche, als sie es noch wagen durfte, despotisch zu sein, mit allem Eifer den Pfaffen die Waffen schmieden half, welche dieselben nun gegen sie anwenden.

Die Kampf gegen die Anmaßungen der in ihren Ansprüchen durchaus logischen römischen Kirche würde ohne besondere Schwierigkeiten zu Ende geführt werden können, wenn die Regierungen sich entschließen könnten, ehrlich mit dem Aberglauben zu brechen; allein sie wünschen von demselben zu behalten, was den despotischen Tendenzen ihrer Leiter nützt, welche freiere Institutionen meistens nicht deßhalb bewilligen, weil sie von der Berechtigung des Volkes zur Freiheit und Selbstregierung überzeugt, sondern einfach, weil sie zu Konzessionen und Aufgabe eines Theils ihrer Macht gezwungen sind, um nicht Alles zu verlieren. Sie fühlen, daß der religiöse und politische Aberglaube Zweige desselben Stammes sind, deßhalb hüten sie sorgfältig die Wurzel.

Die Erfahrung lehrt, daß das Wissen den Aberglauben jeder Art zerstört und daß es unmöglich ist, seiner Verbreitung gänzlich Einhalt zu thun, denn wie Luft und Licht dringt das Wissen durch kaum wahrnehmbare Poren in den geistigen Körper des Volks und entwickelt in ihm die latenten, natürlichen Kräfte, welche den Aberglauben zersetzen und ausscheiden.

Es hat Zeiten gegeben, wo der dem Eindringen des Wissens entgegengesetzte Widerstand bedeutend stärker war, als es jetzt der Fall ist und wo die Männer, die sich seine Verbreitung zur Lebensaufgabe stellten, ihr Streben mit Leben und Freiheit zu bezahlen hatten; dennoch ließen sie nicht ab und das Wissen schritt fort. Es wäre thörichte Feigheit, den Kampf nicht kräftiger fortzuführen, da der endliche Sieg des Wissens über den Aberglauben, von keinem mit gesundem Sinne begabten Menschen mehr bezweifelt werden kann.

Obwohl Jeder allgemein für die Verbreitung des Wissens wirken kann, so ist es doch zweckmäßig, wenn die Kämpfer ihre Wirksamkeit auf besondere Punkte in der feindlichen Schlachtlinie richten, welche andere Situationen beherrschen.

Einer der Schlüsselpunkte der feindlichen Stellung ist der persönliche Einfluß der römischen Priester auf das Volk, denn der Aberglaube desselben wurzelt ursprünglich in Autoritätenglauben. Das Volk glaubt, daß die Männer, welche ihm die Lehre der römischen Kirche erklären, achtungswerthe Männer sind, die nicht allein selbst glauben, was sie sagen, sondern auch einzig und allein das Wohl der Menschen im Auge haben, wenn sie von ihnen unbedingten Glauben, und ein Befolgen der von der römischen Kirche verlangten Handlungen fordern. Es wird daher ein verdienstliches Werk sein, dem Volke zu beweisen, so weit dies durch die Geschichte möglich ist, daß die ehrlichen Priester, das heißt diejenigen, die selbst glauben, von unehrlichen Priestern betrogen wurden; daß Aussagen und Fakta, die als wirklich geschehene berichtet werden, zu diesem oder jenem selbstsüchtigen Zwecke erfunden wurden, und daß das ganze Gebäude der Kirche auf einem Fundament von greifbaren Lügen erbaut wurde. Es wird daher verdienstlich sein, historisch nachzuweisen, daß die größte Zahl der Päpste und ihrer Priester bewußte Betrüger waren, welche nicht entfernt das Wohl des Menschen, sondern einzig und allein ihren eigenen Vortheil im Auge hatten und zur Erreichung dieses nichtswürdigen Zweckes die allernichtswürdigsten Mittel anwendeten.

Dies historisch nachzuweisen, ist der spezielle Zweck des nachfolgenden Buches. Mich treibt dazu kein eigennütziger Zweck, denn welcher persönliche Vortheil ließe sich dadurch erzielen? Mich treibt einzig die Liebe zur Wahrheit und der Wunsch vielleicht einige Menschen, die sich von den Fesseln des Aberglaubens bedrückt fühlen, davon zu befreien, indem ich ihnen zeige, daß diese Fesseln Einbildungen sind; mit dieser Erkenntniß wird der Geist frei.

Da ich nun keinen eigennützigen Zweck mit der Verbreitung der Wahrheit verbinden kann, so dürfte ich gewiß ebensoviel Anspruch auf Glaubwürdigkeit machen, wie irgend ein Priester, der, so ehrlich er auch sein mag, doch immer zu derjenigen Klasse gehört, welche von dem, was ich als Lüge bloslege, Nutzen zieht; allein ich verlange gar keinen Glauben; es stehen ja Jedem dieselben Quellen zu Gebot, aus denen ich diejenigen Thatsachen schöpfte, die mir als Beweise dienen und denen ich Glauben schenke, weil ich keinen vernünftigen Grund habe ihnen zu mißtrauen; wer meint, daß ich im Stande sei, irgend welche Aussagen einem Heiligen oder hochgeachteten katholischen Kirchenlehrer unterzuschieben, kann sich ja leicht davon überzeugen, indem er die von der Kirche selbst anerkannten und veröffentlichten Werke dieser Männer nachliest.

Katholische Priester, welche von Leuten befragt werden, die dieses Buch lesen, werden höchst wahrscheinlich alle oder viele von mir gemachte Angaben als Lügen bezeichnen und Viele werden ihnen glauben, wie sie ihnen andere Dinge glauben. Viele Priester werden meine Angaben wirklich für Lügen halten, weil sie eben unwissend sind. Wenn sie im Stande sind, ihre Faulheit zu überwinden und ihnen an der Wahrheit liegt, so mögen sie sich belehren. Dies Buch, welches unendliche Mühe und großen Fleiß erforderte, ist ebensowohl für ehrlich strebende unwissende Priester, wie für diejenigen geschrieben, welche von ihnen ebenso betrogen werden, wie sie selbst es von Unwissenden oder von bewußten Lügnern wurden.

Das in Rom sich vorbereitende Konzil könnte den Glauben erwecken, als sei es die Absicht des Papstes, die römisch-katholische Religion den Erfordernissen der Gegenwart anzupassen. Es wird sich diese Ansicht jedoch sehr bald als eine irrthümliche herausstellen. Die ganze Handlungsweise sowohl des vorigen, wie des jetzigen

Papstes liefert den klaren Beweis, daß beide im Gegentheil darnach streben, die Glaubensherrlichkeit des Mittelalters wieder herzustellen und daß sogar die Hoffnung gehegt wird, sämmtliche Protestanten in den Schooß der „alleinseligmachenden" Kirche zurückzuführen. Es liegt dieser Zuversicht eine wunderbare Verblendung, ein gänzliches Verkennen des Zeitgeistes zu Grunde, und wir hegen die wohlbegründete Erwartung, daß diese Kirchenversammlung, welche die Aufmerksamkeit selbst der Gleichgültigen auf religiöse Gegenstände lenken muß, durch die von ihr zu Tag geförderte Glaubensdummheiten der römisch-katholischen Kirche einen härtern Stoß versetzen wird, als es in den letzten hundert Jahren selbst durch die Wissenschaft geschehen ist.

I.

Wie die Pfaffen entstanden sind.

> Hüte dich vor dem Hintertheil des Maulthiers, vor dem Vordertheil des Weibes, vor den Seiten des Wagens und vor allen Seiten eines Pfaffen.
>
> Altes Sprüchwort.

Zur Zeit als Augustus sich zum römischen Kaiser gemacht hatte, schmachtete die ganze damals bekannte Welt unter dem Joch der Römerherrschaft. Geldgierige und gewaltthätige Statthalter des Kaisers sogen die Länder des Orients aus und nahmen den Bewohnern noch das Wenige, was ihnen von ihren einheimischen Fürsten gelassen wurde, welche die Römer aus Gründen einer klugen Politik nicht überall abschafften. Freiheit, Leben und Eigenthum der Menschen waren der Willkür der Herrschenden preisgegeben; ihr Zustand war ein trostloser, und der unterdrückte Orient seufzte nach Erlösung von dem harten Joch.

Alle unterdrückten Völker hoffen auf einen Helden, welcher sie aus der Knechtschaft erlösen wird, und die Dichter schaffen eine Sage und werden Propheten. Die aus dem Gefühl und Bedürfniß des Volkes hervorgegangene Prophezeiung wird häufig Ursache ihrer Erfüllung.

Die geknechteten Völker des Orients hofften auf einen solchen Befreiungshelden, den Messias, unter welchem sie sich eine Art von Washington oder Garibaldi dachten, der sie von dem verhaßten Römerjoche befreien sollte.

An diese Messiashoffnung klammerten sich die Menschen jener Zeit um so fester und inbrünstiger, als sie sonst keine Hoffnung und keinen Trost nach irgend einer Richtung hin hatten, und von ihrer eigenen Ohnmacht sich selbst zu helfen vollständig überzeugt waren. Sogar außerhalb der Erde fanden ihre trostlosen Herzen keinen Stützpunkt. Die Götter hatten ihren Credit verloren, und der Glaube an ihre Hülfe und unparteiische Gerechtigkeit war niemals besonders groß gewesen. Der Olymp verkehrte wenig mit dem Plebs, sondern hielt sich zur Aristokratie. Die von Homer und Hesiod erfundenen Götter, denen die Griechen und ihre Geistesvasallen Tempel bauten, waren der gebildeteren Klasse ein Spott geworden. Der Glaube des Volkes an ihre Hülfe erstreckte sich vielleicht ungefähr so weit, als der norddeutscher Katholiken an die der Heiligen.

Die Hoffnung auf den Messias war unter den Juden noch lebhafter und ungeduldiger, weil ihnen die Herrschaft der Römer noch verhaßter war als andern Völkern. Sie hatten eine Vergangenheit, auf welche sie mit Stolz zurückblickten; sie glaubten das auserwählte Volk Jehovahs zu sein, welcher als ihr unsichtbarer König galt, der stets seit Moses durch die Propheten mit ihnen verkehrte. Die Knechtschaft, in welche sie verfielen, betrachteten sie als eine für ihren Ungehorsam von Jehovah über sie verhängte Strafe, und da diese schon lange dauerte und hart empfunden wurde, so war es natürlich, daß ihre Dichter, die Stimmen des Volksherzens, an Prophezeiungen reich waren. Die Römer waren den Juden als Heiden ein besonderer Gräuel; sie meinten, ihre Noth und Demüthigung könne keinen höhern Grad erreichen und die Zeit des Erscheinens des Messias müsse nahe sein. David und sein Sohn waren ihre größten Könige gewesen, und die Propheten hatten verkündet, daß der Messias aus dem Geschlechte Davids entstehen solle. Die Religion der Juden, die schon von Anbeginn hauptsächlich in der Beobachtung von bestimmten Vorschriften bestand, die Moses mit klugem Sinn für die Regenerirung des jüdischen Volkes gab und als unmittelbare Gebote Jehovahs darzustellen für zweckmäßig fand, war im Laufe der Jahrhunderte zu einem leeren Ceremoniendienst ausgeartet.

Die Zeit war reif für das Erscheinen des Messias. Der Erlöser erschien; allein er erschien in einer andern Gestalt, als ihn das Volk träumte; das Volk erkannte ihn nicht an und die Aristokratie verachtete, verfolgte und kreuzigte ihn; denn kamen seine Grundsätze zur Geltung, so zerstörten sie nicht sowohl die Herrschaft der Römer, sondern machten der i h r i g e n ein Ende. Jesus war ein Revolutionär, der auch in unserer Zeit, wenn nicht gekreuzigt, doch standrechtlich erschossen oder in ein Zuchthaus gesperrt werden würde.

Der als der von den Propheten verheißene Messias auftretende Jesus, der Sohn eines kleinen Handwerkers aus einem Landflecken, lehrte: „Es gibt nur einen Gott; er ist ein Gott der Liebe und kein zorniges, racheburstiges Wesen, sondern ein gütiger Vater aller Menschen. Das Leben auf dieser Erde ist nur eine Vorbereitung für ein ewiges Leben mit Gott, und es ist in die Hand eines Jeden gegeben, dasselbe zu einem freudenreichen zu machen. Könige und Sklaven sind vor Gott gleich, und er richtet und belohnt die Menschen nicht nach ihrem Ansehen auf Erden, sondern nach ihren Handlungen und Absichten. Die Letzten und Geringsten, die ihre Leiden und Entbehrungen am geduldigsten tragen und tugendhaft bleiben, werden im ewigen Leben die Ersten, die Glücklichsten sein."

Diese Lehre war Balsam für die verzweifelnden Herzen der Armen; wer an sie glaubte, fest und innig glaubte, dem gab sie Kraft, alle und selbst die herbsten Leiden nicht nur zu ertragen, sondern selbst mit Freuden zu tragen und dem Tod ohne Furcht entgegen zu gehen, denn derselbe war eine Erlösung, die Pforte zu einem ewigen Leben voll Glück. Der Glaube an diese Lehre raubte in der That „dem Tod den Stachel," er erlöste die Menschheit.

So trostreich diese Verheißung auch klang, so wenig ließ sich ihre Wahrheit b e w e i s e n; denn vor der prüfenden V e r n u n f t besteht sie eben so wenig wie irgend eine andere, die über den Tod hinausreicht. Jesus substituirte nur eine Behauptung durch eine andere; da aber der Glaube an seine Behauptung die Menschheit glücklicher machte, als jeder andere, da er sie von den Leiden der Erde und der Furcht vor dem Tode erlöste, so war es ein sehr verdienstliches Werk, dessen Glauben zu erzeugen. Der in der Lehre enthaltene Trost machte die Menschen diesem Glauben sehr geneigt; allein der alte Glaube der Juden beruhte auf der Autorität von Männern, die als Propheten galten, mit Gott in direktem Verkehr zu stehen vorgegeben und dieses Vorgeben durch wunderbare Handlungen unterstützt hatten.

Aller Glaube ist Autoritätenglaube; wollte der Sohn des Zimmermanns aus Nazareth, dessen Eltern und Geschwister man kannte, Glauben an seine Autorität gewinnen und als Prophet, als der Messias anerkannt werden, so mußte er Handlungen verrichten, wie sie die Propheten verrichtet hatten. Alle Propheten von Moses an hatten „Wunder" gethan; also mußte Jesus Wunder verrichten und verrichtete sie.

Selbst eine auf dem Wege vernünftiger Untersuchung gefundene Wahrheit kommt noch heutigen Tages nicht zur Geltung, wenn sie nicht durch äußere Umstände unterstützt wird und nicht in zeitgemäßem Gewande auftritt, besonders wenn sie viele Interessen verletzt, und selbst Aberglauben hat weit größere Aussicht auf augenblicklichen Erfolg, wenn er diesen Interessen schmeichelt.

Der Glaube, den Jesus erzeugen wollte, obwohl dem Armen und Unterdrückten Heil verheißend, verletzte die Interessen der herrschenden Klasse. Auf ihre Mithülfe konnte Jesus nicht rechnen, und durch Wunder waren sie nicht zum Glauben zu bringen; denn die Wissenden und Eingeweihten wußten, was sie von Wundern zu halten hatten. Die Heilsamkeit des Glaubens für das Volk, den Jesus predigte, konnte sie nicht bewegen, ihn zu unterstützen, selbst wenn sie ihn einsahen; ihr Egoismus veranlaßte sie vielmehr, diesen Glauben womöglich im Keim zu unterdrücken und dessen Urheber zu vernichten. Die heutigen hohen Priester und Pharisäer handeln eben so wie die unter den Juden in jener Zeit.

Jesus mußte sich also gänzlich auf das Volk stützen. Er verfuhr dabei auf durchaus praktische, ich möchte sagen mathematische Weise, die zwar keinen augenblicklichen, aber einen sichern Erfolg haben mußte. Er wählte sich als „Jünger" zwölf schlichte, ungebildete Leute aus dem Volk, welchen er durch Beobachtung seines Handelns und seines reinen Wandelns persönliche Liebe und Anhänglichkeit und unbegrenztes Vertrauen einzuflößen verstand, woraus der feste Glaube an Alles, was er sagte und verhieß, in ihnen erzeugt wurde. Wenn jeder von diesen Jüngern auf ähnliche Weise verfuhr und dieses System fortgesetzt wurde, so mußte sich die Zahl der Gläubigen nach einer bestimmten Progression vermehren.

Diese Jünger sahen die Wunder Jesu; sie glaubten an ihn und deshalb an seine Verheißung und lebten nach seiner Vorschrift. Seine Lehre war so einfach, daß Jesus es nicht für nöthig hielt, sie niederzuschreiben; er vertraute dem lebendigen Worte der Jünger, in deren Herzen er diese Lehre niederlegte.

Derselbe Weg, den Jesus zur Ausbreitung seiner Lehre einschlug, hatte sich schon sechs Jahrhunderte vor dem Auftreten Jesu als praktisch bewährt. Buddha, der Reformator der indischen Religion, hatte ihn angewandt. Der Erfolg war derselbe und, wie wir jetzt beurtheilen können, sogar in seinen Ausartungen und deren Folgen. Europäer, welche zum ersten Mal in einen modernen buddhistischen Tempel in China treten, sind erstaunt über die Aehnlichkeit, die sie überall in den Gebräuchen mit denen der römischen Kirche finden. Die Buddhisten haben ihre Rosenkränze, Reliquien und Klöster so gut wie die römischen Katholiken.

Buddha war jedoch der Sohn eines Königs, Christus der Sohn eines Handwerkers, und diese Verschiedenheit bedingte schon eine

Verschiedenheit der Handlungsweise. Während dem Prinzen ein tugendhaftes Leben genügte, den Braminen gegenüber seiner revolutionären, den Kastenunterschied aufhebenden Lehre Erfolg zu sichern, mußte der unter den Juden als Prophet auftretende Handwerkerssohn außerdem „Wunder" thun und, damit „die Prophezeiungen der Propheten erfüllt würden," für seine Lehre sterben.

Dieser Opfertod erschien Jesus als eine Nothwendigkeit; er war eine reiflicher Ueberlegung entsprungene Handlung. Daß dieses Opfer ein sehr schweres war und Jesus unter Herzensangst darüber nachdachte, ob sich nicht ein anderer Weg finden lasse, geht aus den Evangelien ganz klar hervor. Am Oelberg betete er „Vater, willst du, so nimm diesen Kelch von mir; doch nicht mein, sondern dein Wille geschehe."

Wir sind es gewohnt, wenn wir an Jesus denken, ihn uns mit der Glorie vorzustellen, mit der ihn der Erfolg und neunzehn Jahrhunderte bekleideten; allein wenn er auch die Aufmerksamkeit seiner Zeitgenossen, das heißt der Juden und der in ihrem Lande befindlichen Römer, erregte, so war er doch vom Volke sehr bald vergessen und sein Andenken lebte nur in dem sehr beschränkten Kreise seiner Jünger und deren Anhänger. Philo, der ungefähr zwanzig Jahre nach dem Tode Christi starb, erwähnt ihn gar nicht. Josephus, der einige Jahre später geboren wurde und sein Geschichtswerk in den letzten Jahren des ersten Jahrhunderts schrieb, erwähnt ganz beiläufig mit wenigen Worten seine Hinrichtung; allein die Zahl der Anhänger seiner Lehre war noch so gering und unbedeutend, daß dieser Geschichtsschreiber, der alle Sekten aufzählt, die zu seiner Zeit bestanden, die Christen gar nicht mitnennt. Erst in den Schriften späterer Jahrhunderte wird Jesus als der Stifter der christlichen Religion genannt.

Alles, was wir von Jesus wissen, wissen wir durch die Schriften seiner Jünger, die aus der Erinnerung aufzeichneten, was sich das Volk von der Jugend Jesu erzählte und was sie mit ihm erlebt und er bei dieser oder jener Gelegenheit gesagt hatte. Diese Jünger waren Leute aus dem Volk, ohne besondere Bildung und Talent, die Jesus liebten und an ihn glaubten, ihn aber nur sehr unvollkommen verstanden und von seiner Seelengröße keinen Begriff hatten. Die Evangelien wurden viele Jahre nach dem Tode Jesu niedergeschrieben, und selbst das des Matthäus, welches das älteste ist, entstand erst etwa vierzehn Jahre danach. Es ist daher sehr begreiflich, daß die Reden Christi nicht so wiederholt werden konnten, wie er sie sprach, sondern meist in der Weise wiedergegeben wurden, wie sie von den Jüngern verstanden wurden. Die natürliche Folge davon ist, daß die verschiedenen Erzählungen nicht nur von einander abweichen, sondern auch Irrthümer und Widersinnigkeiten enthalten, welche späterhin zu den wahnwitzigsten Auslegungen und Folgerungen Veranlassung gaben, wovon wir im Verlaufe dieses Werkes zahlreiche Beispiele finden werden.

Hier wollen wir nur zwei Hauptmomente in Betracht ziehen, auf welche die römische Kirche den allergrößten Werth legt, indem sie weit mehr auf diese als auf die Lehre Christi selbst basirt ist. Es sind dies die **Wunder** und die **Göttlichkeit** Christi.

In der Einleitung haben wir uns über die Wunder ausgesprochen. Sind die dort ausgeführten Folgerungen richtig, so konnte Christus keine Wunder verrichten und die ihm zugeschriebenen wunderbaren Handlungen geschahen auf eine natürliche Weise. Die Jünger, welche darüber als Augenzeugen berichten, sprachen die Wahrheit, das heißt, sie erzählten, was sie sahen, wie sie es verstanden. Sie kannten die Mittel nicht, durch welche diese Handlungen bewirkt wurden, denn wäre dies der Fall gewesen, so würden die Wunder ihnen nicht als solche erschienen sein und gerade die damit bezweckte Absicht, Glauben an Jesus zu erwecken, verfehlt haben. Was nun die Art der Erzählung der Jünger von dem Geschehenen selbst anbetrifft, so wird man sie leicht begreifen und beurtheilen können, wenn man die Erzählung eines ungebildeten

Mannes, zum Beispiel eines in sein Dorf zurückgekehrten Bauern anhört, der in der Residenz den Vorstellungen eines „Zauberers" beiwohnte, welcher sein Publikum durch geschickte und sinnreiche Anwendung von mehr oder weniger bekannten natürlichen Kräften in Erstaunen versetzt.

Die Hinweisung auf sogenannte Taschenspielerkünste in Verbindung mit den von Christus verrichteten Wundern hat für Christen etwas Widerwärtiges und Abstoßendes; allein das liegt mehr in der besondern Ansicht, die sich in Bezug auf die Person Jesu Geltung verschafft hat, und in der verhältnißmäßig geringen Achtung, in welcher moderne Zauberer in einer Zeit stehen, in welcher die Wissenschaft schon so weit vorgeschritten ist, daß ihre Resultate zu Spielereien und zur bloßen Unterhaltung des Publikums benutzt werden können, ohne dasselbe wirklich zu täuschen.

Was den Enkeln kindisch und trivial erscheint, wurde aber oft von unsern Großeltern mit dem größten und furchtbarsten Ernst behandelt, wovon zum Beispiel das Hexenwesen einen betrübenden Beweis liefert, da diesem Aberglauben Hunderttausende unschuldiger Menschen zum Opfer fielen.

Wenn wir als wahr annehmen, daß Jesus wunderbare Handlungen verrichtete, und zu dem vernünftigen Schluß gekommen sind, daß sie keine Wunder waren, so müssen wir auch erstlich zugeben, daß sie zu einem bestimmten Zweck verrichtet wurden und andererseits, daß sie „mit natürlichen Dingen" zugingen.

Der Zweck war offenbar der, die Jünger und Andere zu überzeugen, daß Jesus mit höhern Kräften begabt sei, als die gewöhnlichen Menschen, was durchaus nöthig war, um ihn als Propheten, als den verheißenen Messias zu legitimiren und Glauben an seine göttliche Sendung zu erwecken, ohne welchen das große, die Menschheit erlösende Werk absolut nicht zu vollbringen war und zu welchem erhabenen Zwecke Jesus selbst sein Leben opferte.

Gingen die Wunder aber „mit natürlichen Dingen" zu, so mußte Jesus eine Kenntniß dieser natürlichen Dinge und diese auf irgend eine natürliche Weise erworben haben, da es auf eine wunderbare, das heißt naturwidrige Weise, nicht geschehen sein konnte.

Diese Kenntnisse verborgener natürlicher Kräfte sind Resultate der forschenden Wissenschaft und es drängt sich uns natürlich die Frage auf: wo erwarb der Sohn eines Handwerkers diese Kenntnisse, welche selbst den Gebildetsten unter den Juden verborgen waren?

Ein römischer Schriftsteller, welcher beiläufig sagt, daß in Judäa ein Mann Namens Jesus hingerichtet worden sei, welcher wunderbare Handlungen verrichtete, die er in Egypten erlernte, gibt uns einen Anhaltepunkt, da die Evangelien über die Erziehungs= periode Jesu gänzlich schweigen und uns über sein Leben von seinem zwölften bis zu seinem dreißigsten Jahr gänzlich im Dunkeln lassen.

Schon in der Einleitung haben wir erwähnt, daß die egyptischen Priester in den Naturwissenschaften weit vorgeschritten waren und ihre Kenntnisse für sich behielten, da die Wissenschaft ihnen die Herrschaft über das Volk sicherte. Diese Wissenschaft gab ihnen natürlich auch andere Anschauungen über das Wesen Gottes und die Religion, und diejenige, welche sie selbst hatten, war sehr verschieden von derjenigen, welche sie für das Volk für zweckmäßig hielten und demselben lehrten.

Egyptische Künste waren in der damaligen Welt weit und breit berühmt und man belegte mit diesem Namen fast alle wunder= baren Handlungen, die man sich auf natürliche Weise nicht erklären konnte. Wenn daher der römische Schriftsteller sagt, daß Jesus die wunderbaren Handlungen, die er verrichtete, in Egypten er= lernte, so ist das wohl noch nicht gerade als ein Beweis zu be= trachten, daß Jesus in Egypten erzogen wurde; allein die Wahr=

scheinlichkeit dieser Behauptung wird durch andere Umstände bedeutend vermehrt, — und am Ende mußte doch Jesus irgendwo zu dem Manne erzogen sein, der er war, was in Nazareth, wo seine Eltern lebten, ganz sicher nicht möglich war.

Die Aehnlichkeit der Wunder, welche Moses und nach ihm die Propheten verrichteten, mit denen Christi, macht es wahrscheinlich, daß sie aus derselben Quelle, Egypten, stammten.

Moses war von der Tochter Pharaos gerettet, und durch ihre Vermittlung mit der Erlaubniß des Königs von den Priestern so gut erzogen worden, wie es nur der Sohn des Königs selbst hätte wünschen können. Wie uns der jüdische Schriftsteller Josephus erzählt, offenbarte der Knabe einen sehr kräftigen Sinn und es ist wahrscheinlich, daß man ihn mit großer Sorgfalt und Liebe in die Geheimnisse egyptischer Wissenschaft einweihte und daß er in den erlernten Künsten selbst die egyptischen Priester übertraf, welche ihm der König entgegenstellte, als er seine Wissenschaft zur Befreiung der Juden aus der egyptischen Knechtschaft anwandte.

Seit jener Zeit vererbte sich die Wissenschaft unter den Juden, allein nur an Einzelne, an Propheten, da sie sonst ihren Zweck verfehlt haben würde. Als die Könige der Juden gegen das Volk tyrannisch wurden und sahen, daß ihnen die Propheten widerstrebten, verfolgte sie dieselben, rotteten sie aus, wo sie konnten, und zerstörten ihre Schulen. Die geheimen Wissenschaften kamen in Verfall durch diese Verfolgungen und die an Unmöglichkeit grenzende Schwierigkeit, sie zu lehren. Waren doch sogar die Gesetzbücher des Moses gänzlich verloren gegangen und selbst unter den Königen und Priestern hatten sie sich einzig auf dem Wege der Tradition nur unvollkommen erhalten. Der Priester Hilkia, unter der Regierung des Königs Josias, fand endlich eine Abschrift der Bücher Mosis durch Zufall im Tempel.

Die Geburt Jesu erregte ein vorübergehendes Aufsehen durch die damit verknüpften Umstände, welche den mißtrauischen und tyrannischen Herodes veranlaßten, alle in Bethlehem innerhalb zwei Jahren geborene Kinder ermorden zu lassen. Joseph, der Vater Jesu, floh mit seiner Frau und dem Kinde nach Egypten, ein Land, welches seit den ältesten Zeiten von hebräischen Handelsleuten besucht wurde und in dem eine Menge Juden wohnten, von denen viele stets zum Osterfeste nach Jerusalem kamen.

Joseph blieb ungefähr zwei Jahre in Egypten, nämlich bis zum Tode des Herodes, und es ist natürlich, daß unter den Freunden, die ihm zur Flucht halfen und in Egypten unterstützten, der Grund dieser Flucht viel besprochen wurde und daß man für das Kind stets ein besonderes Interesse behielt.

Als Jesus zwölf Jahre alt war, finden wir den Knaben im Tempel, wo er durch seine klugen Fragen und Antworten die Priester und Schriftgelehrten in Erstaunen setzt. Der aufgeweckte Geist des Knaben mochte einige der vornehmen Leute interessiren und Nachfragen nach seiner Herkunft veranlassen, wobei die bei seiner Geburt stattgehabten Vorfälle gewiß wieder zur Sprache kamen. Es ist nicht unwahrscheinlich, daß sich irgend Jemand unter diesen Vornehmen veranlaßt fühlte, für die Erziehung Jesu Sorge zu tragen und daß dies in Folge der bei der Flucht nach Egypten angeknüpften Bekanntschaften in Egypten geschah.

Die Talente, die Jesus zeigte, mochten Veranlassung werden, daß er zu einer besondern Rolle ausersehen wurde, welche die Befreiung der Juden vom römischen Joche bezweckte, wie einst Moses dieselben vom Joche der Egypter befreit hatte.

Die eigenthümliche Weise, in welcher sich der Charakter Jesu entwickelte, mochte Andern, oder wahrscheinlich ihm selbst, den weit höheren Gedanken eingeben, diese Erlösung von der Knechtschaft geistiger aufzufassen und durch Schöpfung eines neuen Glaubens die Menschen von der Last des Lebens und der Furcht vor dem Tode zu befreien.

Um diesen Zweck zu erreichen, hielt er es für unumgänglich

nothwendig, sein Leben zu opfern und große Leiden zu erdulden. Er fand die Kraft dazu in seiner Liebe zu der Menschheit; allein begreiflich ist es, daß die Versuchung ihm nahe trat, die ihm innewohnende geistige Kraft und die erlangte Wissenschaft auf eine andere weniger aufopfernde Weise anzuwenden, indem er als Held und Befreier des Volks von der Römerherrschaft auftrat. Die Erzählung von der Versuchung durch den Teufel, der ihn auf einen hohen Berg führte und alle Reiche der Erde zeigte, kann schwerlich einen andern Sinn haben.

Die Wunder des Moses, der Propheten und Jesu aus den in der Bibel enthaltenen Erzählungen erklären zu wollen, wäre ein ganz nutzloses Unternehmen.

Die römische Kirche und andere Wundergläubige werden eine solche Erklärung auch ganz überflüssig finden; sie sagen Jesus war Gottessohn, Gott selbst, und Gott ist allmächtig. Darauf haben wir schon früher geantwortet; allein es wird nöthig sein, auf die Göttlichkeit Christi etwas näher einzugehen, ehe wir diese Abschweifung von dem eigentlichen, historischen Zweck dieses Kapitels schließen.

Als Jesus auftrat, war der Glaube an die Götter der Griechen unter den in der Nähe der Juden und unter ihnen vorhandenen Fremden noch nicht gänzlich erloschen und es war von jeher geglaubt, daß sich die Götter unter die Menschen mischten. Der Sohn eines Gottes war den Heiden keine so fremde Erscheinung. Große Könige und Helden wurden durch ihren Glauben zu Göttersöhnen gemacht.

Selbst unter den Juden war dieser Gedanke nicht so unerhört, denn wenn Moses auch für zweckmäßig gefunden hatte, dem Volke die Vorstellung von einem unsichtbaren Gott zu geben, so war der Jehovah der alten Juden doch eine sehr verschiedene Vorstellung von dem Gott der heutigen aufgeklärten Juden. Nach den Erzählungen der Bibel sah Adam Gott, und Moses erschien er unter verschiedenen Gestalten; er war also ein persönliches, gewissermaßen körperliches Wesen. Da nun die Juden viel mit den Heiden in Berührung kamen und der Götzendienst selbst unter ihnen eine bedeutende Ausdehnung gehabt hatte, wie wir aus der Bibel sehen, so war es sehr begreiflich, daß Viele unter dem Volk einen Mann, der so wunderbare Handlungen wie Jesus verrichtete, für einen Sohn Gottes hielten.

Obwohl Jesus sich Sohn Gottes nannte, so bezeichnete er doch auch alle Menschen als Kinder Gottes und selbst das Gebet, welches er für Alle gab, nennt ihn Vater. Andererseits sagt er aber auch ausdrücklich zu dem römischen Hauptmann Cornelius, der vor ihm niederfiel: „Stehe auf, ich bin ja auch nur ein Mensch." — Die Mehrzahl der ersten Anhänger Jesu hielt ihn für einen bloßen Menschen und als einige Schwärmer unter ihnen die Ansicht aussprachen, daß er nur die Gestalt eines Menschen angenommen habe, wurden sie deshalb von seinem Freunde und Schüler Johannes getadelt.

Die Göttlichkeit Christi ist jedoch der Grundstein der römischen Kirche und die ganze theologische sogenannte Wissenschaft beruht auf dieser Abgeschmacktheit, die sich übrigens auch in vielen anderen Religionen, namentlich in der indischen, findet und weiter nichts ist, als eine Allegorie der Naturreligion.

Es würde mich zu weit von meinem Ziele führen, wenn ich mich auf einen Nachweis darüber einlassen wollte; das haben tiefere Forscher und Geschichtskundige zur Genüge gethan. Ich will nur mit wenigen Worten nachweisen, daß die Lehre von der Göttlichkeit Christi, die ihn in den Augen der Menschen erhöhen soll, abgesehen davon, daß sie eine Dummheit in sich selbst ist, das Verdienst des Erlösers zu nichte macht.

Die Kirchenlehrer sind bei der Erklärung dieser Lehre noch weit unklarer als gewöhnlich und hüllen sich in einen Schwall von Worten, die dem nichtdenkenden Volke imponiren, weil es sie nicht versteht, was es in diesem Falle nicht nur mit den Denkern, sondern sogar mit den Erklärern selbst gemein hat. „denn eben wo Gedanken fehlen, da stellt ein Wort zu rechter Zeit sich ein." So vornehm und entrüstet sich diese Erklärer auch geberden, wenn man sie über diesen Glaubensartikel befragt, so ist es mir doch noch nie gelungen, irgend einen klaren, rein vernünftigen Gedanken auf dem Grund ihrer Erklärungen zu finden. Die aufgeklärtesten protestantischen Geistlichen, die ich hörte, suchen den Frager damit abzufertigen, daß sie Jesus einen „Gottmenschen" nennen; was aber keine besondere Menschenrasse oder Klasse, sondern nur ein Mensch ist, dessen Geist sich zu der höchsten Vollkommenheit ausgebildet hat, die eben ein Mensch erreichen kann.

Eine solche Erklärung ist aber eine Ketzerei in den Augen der Kirche, denn diese will, wir sollen glauben, daß Jesus ein nicht von einem menschlichen Geiste, sondern von Gott, der höchsten Potenz geistiger Vollkommenheit, belebter und regierter menschlicher Körper war.

Vor und nach Jesus gab es tugendhafte Menschen, die ebenso rein und tadellos lebten, wie es seine Schüler, die ihn drei Jahre lang täglich beobachteten, von ihm erzählen und andere, welche noch weit größere Leiden, als sie Jesus erduldete, noch standhafter als er für eine von ihnen für groß und gut gehaltene Sache ertrugen. Ihre Tugend und ihre Kraft waren ihr Verdienst, jedenfalls das Resultat der höhern Ausbildung ihres unvollkommenen menschlichen Geistes. Der Geist aber, der den Körper Jesu belebte, war nach der Kirchenlehre Gott, die höchste Potenz der geistigen Vollkommenheit, also keiner Vervollkommnung bedürftig oder fähig. Ein solcher Geist in einen menschlichen Körper gedacht, hat gar keinen Kampf zu bestehen, da er nicht einmal den Gedanken der Versuchung zuläßt. Tugend und Seelenkraft im Leiden und davon hergeleitetes Verdienst existiren nur für den Menschen, das heißt für einen ursprünglich unvollkommenen menschlichen Geist, der einen menschlichen Körper belebt. Der Gedanke an einen in Versuchung führenden oder leidenden Gott setzt eine so niedrige Gottvorstellung voraus, daß sie jedem selbst an einen persönlichen Gott glaubenden Menschen als eine Gotteslästerung erscheinen muß. Ein Gott, der am Kreuze verzweifelt, ist geradezu abgeschmackt und lächerlich.

Wie anders dagegen erscheint uns Jesus, wenn wir ihn als einen Menschen betrachten, dessen zarter Körper von einem rein menschlichen Geiste belebt war! Das reine Leben eines solchen Jesus können wir bewundern und mit der Hoffnung nachahmen, das hohe Muster zu erreichen, da Jesus ein Mensch war; für seine Leiden haben wir Mitgefühl und Thränen, da er ein Mensch war und für das Opfer, welches er mit seinem Leben der ganzen Menschheit brachte, fühlen wir die innigste Liebe, da es der höchsten, reinsten und uneigennützigsten Liebe entsprungen war.

Die Versuchungen und die Zeichen der Schwäche, sozusagen die Kennzeichen seiner Menschheit, die wir an ihm entdecken, machen ihn uns noch liebenswerther. Welcher fühlende Mensch kann sich der Thränen enthalten, wenn er sich im Geiste in die Lage Jesu am Oelberg versetzt. Die Stunde der Erfüllung des großen Opfers naht heran und der rein menschliche Trieb der Lebenslust macht sich mit aller Kraft und Verlockung geltend. Alle Schrecken des Todes, dem er entgegen geht, stehen vor seinem Geiste und noch einmal sucht er mit inbrünstiger Hoffnung nach einem andern Wege, seinen großen Zweck zu erreichen. Er ringt mit dem Tode und „ein Engel steigt vom Himmel herab, ihn zu stärken;" der Gedanke an die durch seinen Tod vollbrachte Erlösung der Menschen, an die Größe dieses Zweckes ist der stärkende Engel, der ihm den Tod besiegen hilft.

Wie rührend menschlich ist die Handlung Christi bei der Einsetzung des Abendmahls! Wenn seine Jünger das Brod beim Essen zerbrechen und Wein trinken, sollen sie seiner und seines großen Liebesopfers mit Liebe gedenken. Er weiß, daß seine Todesstunde herannaht, und er kennt den bösen Menschen, der als Werkzeug dienen wird, ihn den Henkern zu überliefern; der Gedanke macht ihn traurig.

Die Geschichte seines Leidens ergreift uns nur, weil wir ihn als einen Menschen betrachten, denn Gott ist über den Spott der Kriegsknechte so erhaben, daß er ihn nicht empfindet und was die körperlichen Mißhandlungen anbetrifft, so überwanden diese ja selbst die gemeinen, mit Jesus gekreuzigten Verbrecher so weit, daß sie ihn verspotten konnten; ein Gott mußte sicher so viel Seelenkraft haben, solche körperliche Schmerzen gar nicht zu empfinden. Er empfand sie aber sehr schmerzlich, und als ihn in seiner Todespein die Kraft verläßt und ihn vielleicht der verzweiflungsvolle Gedanke überfällt, daß sein großes Opfer für die Erlösung der Menschheit nutzlos gebracht sein möchte, ruft er aus: „Mein Gott, mein Gott, warum hast Du mich verlassen! — Welches menschliche Herz erzittert hier nicht in seinen tiefsten Tiefen und wer ehrt und liebt nicht das Andenken an diesen erhabenen Menschen, der mit vollem Bewußtsein dessen, was ihm bevorstand, aus Liebe für die Menschen sich ein so schweres Opfer auferlegte!

Die Kirche verfehlt nicht unser Mitgefühl für diese Leiden in Anspruch zu nehmen und betrachtet dann Jesus ganz als Mensch. Den Pfaffen ist Christus bald Gott, bald Mensch, wie sie es eben für ihren Hokuspokus brauchen. —

Jesu trostreiche Lehre verbreitete sich mit großer Schnelligkeit. Die Apostel und deren Schüler verkündeten sie nicht allein in Judäa und den benachbarten Ländern, sondern machten zu diesem Zwecke weitere Reisen, und trugen die „frohe Botschaft" (Evangelium) von dem Erlöser der Welt in ferne Länder. Die Zahl der Anhänger, die sie gewannen, war außerordentlich groß, besonders unter der ärmeren Volksklasse, aus der Christus und die Apostel selbst hervorgegangen waren.

Nachdem Jerusalem, siebenzig Jahre nach Christi Geburt, von dem nachherigen römischen Kaiser Titus zerstört worden war, wurden die stets zum Aufruhr geneigten Juden über das ganze römische Reich zerstreut und mit ihnen die **Christianer**, — so nannte man die Anhänger Jesu — welche als eine jüdische Sekte betrachtet wurden, wie es deren mehrere gab. Dies trug sehr viel zur Ausbreitung des Christenthums bei, und gewiß nicht wenig wirkten dafür die zahlreichen Christen unter den römischen Legionen, die der Krieg bald in dieses, bald in jenes Land führte.

Zu der Zeit der Apostel und kurz nach derselben führten die Christen ein Leben, wie es den Lehren ihres Meisters würdig war; aber bald artete die Begeisterung, die sie beseelte und ohne welche keine gute Sache gedeihen kann, in religiöse Schwärmerei aus und nahm allmälig den Charakter einer Geisteskrankheit an. Man wollte sich gleichsam selbst in Frömmigkeit überbieten und kam auf die wunderlichste Auslegung der verschiedenen, durch die Apostel aufbewahrten Aussprüche Jesu. Wo er weise Mäßigung empfahl, da glaubte man in seinem Sinne zu handeln, wenn man gänzlich entsagte, und so entstand allmälig die verkehrte Ansicht, daß die Freuden des Lebens verwerflich und eines Christen unwürdig seien. Indem man alle Genüsse mied und sich freiwillig Leiden auferlegte und quälte, glaubte man die Sündhaftigkeit der menschlichen Natur zu überwinden und sich größere Freuden im Leben nach dem Tode zu sichern.

Mit dieser Ansicht verband sich bald eine Art von Hochmuth, der sich unter äußerer Demuth versteckte. Der roheste Christ hielt den gebildetsten und tugendhaftesten Nichtbekenner Jesu für einen Verworfenen; ja er glaubte sich durch jede nähere Gemeinschaft mit den Heiden zu verunreinigen. Aus diesem Grunde sonderten sich die Christen bald ganz und gar von diesen ab, zerrissen die zwischen ihnen bestehenden Verwandschafts- und Freundschaftsverhältnisse und flohen alle Lustbarkeiten und Feste gleich Verbrechen.

Mit einem Wort, troß aller Tugendhaftigkeit und Rechtschaffenheit ihres Lebens, fingen sie an, kopfhängerische, trübselige Narren zu werden.

Die mit Schnelligkeit anwachsende Menge der Christen, ihr menschenfeindliches, abgesondertes Wesen, ihre geheimnißvollen Zusammenkünfte, denen die Verleumdungen der jüdischen und heidnischen Priester bald politische und verbrecherische Zwecke unterlegten, ihr feindseliges Benehmen gegen die Heiden, — Alles dies erregte die Aufmerksamkeit der römischen Regierung; allein sie befolgte die sehr vernünftige Politik, sich nicht um die Religion ihrer Unterthanen zu bekümmern, wenn diese nicht die Veranlassung wurde zu Feindseligkeiten gegen die Einrichtungen des Staats und seine Gesetze. Die Christen hätten also ungestört unter der römischen Herrschaft leben und sich entwickeln können, wenn sie sich von solchen Vergehungen fern gehalten hätten, die kein Staat ungestraft lassen kann. Dies thaten sie aber nicht, sondern in ihrem fanatischen Eifer forderten sie gleichsam die Regierung heraus. Sie verweigerten auf Grund ihrer Religion die allgemeinen Bürgerpflichten, wollen weder in den Krieg ziehen, noch öffentliche Aemter annehmen und bewiesen den Kaisern Verachtung, anstatt ihnen die herkömmlichen Ehren zu erzeigen. Es war daher ganz natürlich, daß diese die Secte der Christen für staatsgefährlich erkannten und beschlossen, sie zu zwingen, sich den Gesetzen des Staates zu unterwerfen und sie für die Verletzung derselben zu bestrafen. Darin waren die Kaiser in ihrem vollsten Recht und wir finden, daß gerade die besten und weisesten unter ihnen gegen die widerspenstigen Christen am strengsten verfuhren.

Sie erreichten indessen ihren Zweck nicht, sondern bewirkten gerade das Gegentheil von dem was sie bewirken wollten. Die Verachtung des Lebens und aller Leiden war bei den schwärmerischen Christen so hoch gestiegen, daß sie den Tod als höchst wünschenswerth betrachteten, sich schaarenweise den Händen ihrer Verfolger überlieferten und diese durch ihren herausfordernden Trotz zur größten Grausamkeit anregten. Je größere Leiden die Christen um Christi Willen erduldeten, desto größer fiel ihrer Meinung nach die Belohnung aus, die sie im verheißenen ewigen Leben erwartete.

Die Standhaftigkeit, mit welcher die Geopferten den qualvollsten Tod ertrugen und die religiösen Ehren, welche die Gemeinde dem Andenken der Märtyrer widmete, fachten die Schwärmerei der Christen zum Fanatismus an. Der Märtyrertod erschien als das höchste Glück, weil man glaubte, daß er alle Sünden tilge und sogleich zu Christus in das Paradies führe. Diese Märtyrerschwärmerei nahm so überhand, daß die Besonnenen unter den Christen, welche das Unmoralische einer solchen Lebensverachtung einsehen, vergeblich dagegen ankämpften.

Die Heiden, welche Zeugen von der Standhaftigkeit und Freudigkeit waren, mit welcher die Christen die ärgsten Qualen und den Tod erduldeten, wurden mit Bewunderung erfüllt für eine Religion, die solche Kraft gab, und bekannten sich in Menge zu derselben. Die Zahl der Christen nahm täglich zu, gewann immer mehr Eingang auch unter den höheren Ständen und selbst am Hofe der Kaiser. Endlich kam es dahin, daß Kaiser Konstantin, der 324 bis 337 regierte, es aus politischen Gründen für gut hielt, die christliche Religion zur Staatsreligion zu machen. —

Die Christen zur Zeit der Apostel hatten sich von der Gemeinschaft der Juden nicht getrennt, denn sie betrachteten sich vielmehr als die wahren Israeliten und Jesum als den längst erwarteten Messias. Endlich zwang sie aber die Feindseligkeit der Juden, eine eigene Gemeinde zu bilden.

Die Verfassung dieser ersten christlichen Gemeinde war wie die einer jeden Gesellschaft, die aus gleichstehenden Mitgliedern besteht, denn alle Christen nannten sich Brüder. Keiner hatte vor dem Andern einen Vorrang, und sowohl ihre Pflichten als ihre Rechte waren vollkommen gleich.

Zu ihren Vorstehern wählte die Gemeinde einige in allgemeiner Achtung stehende Männer, welche Presbyteren (Aelteste) oder auch Bischöfe (episcopi, Aufseher) genannt wurden. Ihr Amt war es, Ruhe, Eintracht und Ordnung in der Gemeinde zu erhalten, ohne daß sie deshalb einen höhern Rang eingenommen hätten als den, welchen ihnen die Achtung der übrigen Brüder freiwillig einräumte. Den Presbyteren standen Diakonen (Helfer) zur Seite, welche die reichlich beigesteuerten Almosen an die ärmeren Gemeindemitglieder austheilten und andere kleine Geschäfte übernahmen, welche nicht schon von den Aeltesten verrichtet wurden.

Die Gemeinden der ersten Christen waren vollkommene Republiken, und selbst die Apostel, welche mehrere derselben stifteten und eine Art von Oberaufsicht über sie führten, maßten es sich nicht an, eigenmächtig über die Gesellschaft betreffende Einrichtungen zu bestimmen, sondern begnügten sich damit, den Gemeinden mit Rath und That an die Hand zu gehen. Der Apostel Petrus machte es den Aeltesten ausdrücklich zur Pflicht, daß sie über die Gemeinde nicht herrschen, sondern sie durch ihr musterhaftes Beispiel leiten sollen. Das thaten auch die Presbyteren der alten Zeit; sie betrachteten sich als die Diener der Gemeinde, welche sie für ihre Dienste durch freiwillige Geschenke belohnte.

Einen äußerlichen Gottesdienst kannte man nicht; die religiösen Versammlungen der apostolischen Christen fanden statt ohne alle Ceremonien und auf die Sinne berechnete Gebräuche. Man kam zusammen in irgend einem geräumigen Saale, ohne denselben weder zu diesem Zwecke auszuschmücken, noch ihm eine besondere Weihe und Heiligkeit beizumessen, denn dergleichen erschien den Christen als heidnische Thorheit.

Die Versammlungen waren einzig und allein der Belehrung und Erbauung gewidmet. Man las in ihnen die Briefe der umherreisenden Apostel vor, oder Stellen aus den heiligen Büchern der

Juden. Dann folgte ein belehrender Vortrag, den wohl meistens einer der Presbyteren hielt, oder auch irgend ein anderes Mitglied der Gemeinde, welches sich dazu geeignet und berufen fühlte. Das Gehörte wurde dann besprochen und den Unwissenden das erklärt, was sie etwa nicht verstanden hatten. So waren diese Versammlungen der Christen der apostolischen Zeit die ersten Volksschulen. Nach der Besprechung setzte man sich zu einem gemeinsamen Mahle nieder — welches Liebesmahl hieß — und am Schluß oder auch am Anfange wurden Brod und Wein herumgereicht und beim Genuß desselben mit Rührung und Dankbarkeit des für die Menschheit gestorbenen Jesus gedacht, wobei auch wohl die Worte wiederholt wurden, die er bei der Einführung dieses schönen Gebrauchs sprach. Den Schluß der Versammlung machte eine Beisteuer für die Armen.

Leider änderte sich aber dieser würdige und einfache Zustand der christlichen Gemeinden sehr bald und ging endlich in die Form der heutigen katholischen Kirche über. Es wird für unsern Zweck genügen, nur in leichten Umrissen anzugeben, wie eine so auffallende Veränderung, die dem christlichen Geiste so sehr widerspricht, bewerkstelligt werden konnte.

Wir haben oben gesagt, daß die Presbyteren mit der Leitung der Gemeindeangelegenheiten beauftragt waren. Bei ihren Berathungen führte Anfangs der Aelteste den Vorsitz, aber dieser war oft eben wegen seines Alters dazu nicht immer der tauglichste, und so zogen es denn die Presbyteren vor, den geeignetsten aus ihrer Mitte zum Vorsitzer zu wählen, welcher, da er über Alles die Aufsicht führte, zur Unterscheidung von seinen, ihm sonst übrigens durchaus gleichgestellten Collegen, vorzugsweise der Bischof genannt wurde.

Diese Bischöfe maßten sich bald einen höhern Rang an, und wir erblicken sie in den Versammlungen auf einem erhabenen Sessel, während die andern Presbyteren auf niedrigeren Stühlen um sie her sitzen, hinter benen die Diakonen, gleich den dienenden Brüdern in den Synagogen, stehen. Die Gemeinden gewöhnten sich bald baran, in dem von ihren Vorstehern so ausgezeichneten Bischof ihren geistlichen Oberherrn zu sehen.

Besondere Umstände trugen dazu bei, das Ansehen dieser Bischöfe zu vermehren.

Die Christen auf dem Lande hatten sich Anfangs den Gemeinden in den Städten angeschlossen; als ihre Zahl sich aber vermehrte, wünschten sie eigene Gemeinden zu bilden, wenn sie auch die Gemeinschaft mit den Gemeinden in den Städten nicht aufgeben wollten, da ihnen dieselbe besonders zur Zeit der Verfolgung und überhaupt von Nutzen war. Sie baten daher die Stadtbischöfe, sie mit Lehrern und Vorstehern zu versehen, und ein solcher sandte ihnen gewöhnlich einen seiner Presbyteren.

Dieser Landbischof hatte nun zwar dieselbe Gewalt über seine Gemeinde, wie der Stadtbischof über die seinige; aber aus der ganzen Natur der Sache erklärt es sich, daß er in vielen Beziehungen von dem letzteren gewissermaßen abhängig wurde. Dadurch bekam der Stadtbischof einen Kirchensprengel, oder wie es damals hieß, Diöcese (Bezirk) oder Parochie.

So wurde also schon in der ersten Hälfte des zweiten Jahrhunderts nach Christi Geburt der Grund zur kirchlichen Aristokratie gelegt.

Nachdem man nun einmal den Anfang damit gemacht hatte, jüdische Einrichtungen auf das Christenthum anzuwenden, so griff dieser Unfug um so schneller um sich, als er der Eitelkeit und Herrschsucht ehrgeiziger Bischöfe nützte, die sich bald der Leitung aller christlichen Gemeindeangelegenheiten zu bemächtigen wußten.

Am Anfange des dritten Jahrhunderts war es schon so weit gekommen, daß man die Gewalt der Bischöfe aus dem Priesterrechte des alten Testamentes herleitete und Alles, was Moses über Priesterverhältnisse festsetzte, ohne Weiteres auf Bischöfe und Presbyteren anwendete. Bis dahin waren sie noch immer als das, was sie auch in der That waren, als Diener der Gemeinde, betrachtet worden; aber ihr Stolz lehnte sich dagegen auf, und im Laufe des dritten Jahrhunderts hatten sie schon geschickt den Glauben verbreitet, daß sie nicht von der Gemeinde, sondern von Gott selbst eingesetzt wären zu Lehrern uud Aufsehern derselben; daß sie also nicht Diener der Gemeinde, sondern Diener Gottes wären und daher sowohl das Lehreramt wie auch der Dienst der neuen Religion nur von ihnen allein versehen werden könne, weshalb sie einen von der Gemeinde abgesonderten, vorzüglicheren Stand bilden müßten.

Um die noch immer Zweifelnden vollends zu berücken, denen ein solches Verhältniß nicht den Lehren Christi gemäß erschien, griffen die Bischöfe zu einem andern Mittel, ihnen das, was sie durchsetzen wollten, begreiflicher und annehmbarer zu machen.

Wenn nämlich die Apostel einen Lehrer oder Presbyter bestellten, legten sie ihm die Hand auf das Haupt und riefen Gott an, daß er ihm zu seinem Amte auch den Verstand verleihen möge. Diese Sitte war dem jüdischen Ritus entnommen, ohne daß die Apostel daran dachten, welchen Mißbrauch ihre dereinstigen Nachfolger damit treiben würden. Die Bischöfe behaupteten nämlich, daß durch dieses Handauflegen der den Aposteln innewohnende heilige Geist auch auf die Geweihten übergegangen sei und daß diese auch die Kraft hätten, ihn auf dieselbe Weise an Andere zu übertragen. Es gelang ihnen vortrefflich, diese Ansicht unter den Christen populär zu machen, und am Ende des dritten Jahrhunderts glaubte man allgemein daran und sah in den Bischöfen, Presbyteren und Diakonen Wesen ganz anderer Art und fand es ganz natürlich und selbstverständlich, daß sie einen Stand für sich bildeten.

So bedeutend nun auch der Einfluß der Bischöfe auf die Gemeinden schon war, so hatte die demokratische Verfassung derselben doch noch keineswegs aufgehört. Die Bischöfe konnten in den religiösen Angelegenheiten durchaus nicht nach Gefallen schalten und walten, sondern waren an die Einwilligung der Presbyteren und der ganzen Gemeinde gebunden. Dies war ihnen sehr unbequem, da sie nach unumschränkter Gewalt strebten, und zur Erlangung derselben benutzten sie die **Provinzialsynoden**.

Wir haben schon früher beiläufig bemerkt, wie falsch die Aussprüche und Lehren Jesu häufig von den Christen verstanden wurden. Es entspannen sich über deren Auslegung bald Streitigkeiten, und schon im zweiten Jahrhundert finden wir, daß sich mehrere Gemeinden vereinigten, um dieselben durch gemeinschaftliche Besprechungen auszugleichen. Als diese Streitigkeiten sich mit der Zeit vermehrten, fühlte man die Zweckmäßigkeit und Nothwendigkeit solcher schiedsrichterlichen Versammlungen und ordnete sie für die Gemeinden eines bestimmten Bezirkes oder Landes regelmäßig und wenigstens einmal im Jahre an. So entstanden die Provinzial-Kirchenversammlungen. Die Gemeinden wurden auf denselben durch Abgeordnete vertreten, welche aus den Bischöfen, Presbyteren, Diakonen und einigen andern Gemeindemitgliedern bestanden.

So bedeutend nun auch der Einfluß der Bischöfe auf die Beschlüsse dieser Kirchenversammlungen war, so standen ihnen noch immer die große Anzahl der andern Abgeordneten der Gemeinde entgegen, und es wurde vorerst die Aufgabe der Bischöfe, diese von den Kirchenversammlungen zu entfernen. Zuerst gelang es ihnen mit den nicht priesterlichen Mitgliedern der Gemeinde, dann mit den Diakonen und endlich auch mit den Presbyteren, so daß die Gesammtheit der christlichen Gemeinden auf den Synoden einzig und allein durch die Bischöfe vertreten wurde.

Dies war zwar ein bedeutender Gewinn, denn nun konnten diese beschließen, was sie in ihrem Interesse für nöthig hielten; aber noch immer bedurften die gefaßten Beschlüsse der Zustimmung der Gemeinde. Um diesen lästigen Zwang zu entfernen, erfand man ein eigenthümliches Mittel, welches wir einen plumpen und ungeschickten Betrug nennen würden, wenn er — nicht gelungen wäre.

Es war nämlich bei den Christen Gebrauch geworden, jede Versammlung mit der Bitte an Gott zu eröffnen, daß er die Anwesenden durch seinen Geist erleuchten und bei ihren Berathungen leiten möge. Diese Sitte wurde auch bei der Eröffnung von Kirchenversammlungen beobachtet, und nun erzeugten die Bischöfe bei den nur zu gläubigen Christen den Wahn, daß durch dieses Gebet der heilige Geist auch stets veranlaßt werde, bei der Synode gleichsam den Vorsitz zu führen, so daß alle ihre Beschlüsse als Aussprüche des heiligen Geistes, also Gottes selbst, zu betrachten wären, die der Bestätigung nicht bedürften! Durch diese List waren die christlichen Gemeinden um den letzten Rest ihrer Freiheit gebracht und der eigennützigen Willkür der Bischöfe preisgegeben.

Nachdem diese einmal so weit gekommen waren, gingen sie in ihren Anmaßungen immer weiter, und es kam bald eine Zeit, wo die vor Kurzem noch so ehrwürdigen Vorsteher der christlichen Gemeinden größtentheils die eigennützigsten, schamlosesten und verworfensten Menschen waren. „Aus den hölzernen Kirchengesäßen wurden goldene, aber aus den goldenen Bischöfen wurden hölzerne."

Als Kaiser Konstantin die christliche Religion zur Staatsreligion machte, erlitten alle Verhältnisse der christlichen Kirche eine bedeutende Veränderung. Die Kaiser betrachteten sich selbst als Oberhäupter derselben; sie beriefen nicht nur nach ihrem Gefallen Kirchenversammlungen, leiteten die Wahlen der Bischöfe oder ernannten diese geradezu, sondern entschieden auch theologische Streitigkeiten nach ihrem Gutdünken. Dadurch gingen freilich viele der angemaßten Rechte der Bischöfe für den Augenblick verloren; aber die Vortheile, welche sie auf der andern Seite gewannen, waren so groß, daß sie sich ganz außerordentlich demüthig und fügsam zeigten, und so geschah es, daß Alles in der Kirche nach dem Winke der Kaiser ging.

Der Kaiser war der Gnadenborn, aus dem auf seine Günstlinge Ehren und Reichthümer strömten, und die Bischöfe und Geistlichen wetteiferten in niedriger Schmeichelei, um deren möglichst viel zu erschnappen. Die Armuth der Kirche und ihrer Diener hatte ein Ende. Schon Kaiser Konstantin bestimmte einen Theil der Staatseinkünfte zum Unterhalte der Geistlichen und begnadigte sie mit wichtigen Vorrechten. Das allereinträglichste war aber das Gesetz, durch welches er sie für berechtigt erklärte, Schenkungen anzunehmen, welche ihnen durch testamentarische Verfügungen gemacht wurden, was nach dem Gesetze des Kaisers Diokletian keinem Verein gestattet war.

Nun war der Habgier der Geistlichkeit ein weites Feld geöffnet. Die niedrigsten und verächtlichsten Mittel wurden angewandt, um die bereits in Aberglauben aller Art versunkenen Christen zu reichen Schenkungen zu bewegen, und bereits nach zehn Jahren wagte Niemand mehr zu sterben, ohne der Geistlichkeit ein Legat zu vermachen. Diese betrieb ihr Geschäft auf so schamlose Weise, daß nicht sehr lange darauf die Kaiser Gratian und Valentinian sich gezwungen sahen, durch Gesetze der Erbschleicherei der Geistlichen Einhalt zu thun.

Hieronymus, der Geheimschreiber des römischen Bischofs Damasus, der Zeuge war von dem nichtswürdigen Treiben der Pfaffen, rief bei der Bekanntmachung des Gesetzes: „Ich bedaure nicht des Kaisers Verbot, sondern mehr das, daß meine Mitbrüder es nothwendig gemacht haben!" Diese Mitbrüder schildert er auf wenig schmeichelhafte Weise, indem er sagt: „Sie halten kinderlosen Greisen und alten Matronen den Nachttopf hin, stets geschäftig um ihr Lager; mit eigenen Händen fangen sie ihren Auswurf auf, und Wittwen heirathen nicht mehr; sie sind weit freier, und Priester dienen ihnen um Geld." Selbst der Bischof des Hieronymus, Damasus, hatte sich den Beinamen Ohrenkrabler der Damen erworben.

Als Julianus (361 n. Chr.) zur Regierung kam, gerieth der ganze Pfaffenschwarm in große Bestürzung, denn dem gebildeten mit der Philosophie seiner Zeit bekannten und darin aufgezogenen Kaiser erschien das bereits durch Aberglauben und Fabeln aller Art entstellte Christenthum abgeschmackt und lächerlich. Er „fiel daher vom Glauben ab," wie die Kirchenphrase heißt, und erwarb dafür von den christlichen Geschichtsschreibern den Beinamen Apostata (Abtrünniger).

Die reine und einfache Lehre Christi hatte in der That bereits eine traurige Veränderung erlitten und war durch Wundermärchen und läppische Fabeln verunstaltet worden. Vor der ersten allgemeinen Kirchenversammlung zu Nicäa (325 n. Chr.) gab es gegen fünfzig Evangelien, von denen nur die noch in der Bibel enthaltenen beibehalten wurden, weil die andern den Heiden doch gar zu viel zu spotten und zu lachen gaben. Sie enthielten die abgeschmacktesten Erzählungen und trivialsten Geschichten, und wenn auch ihre Verfasser mit der Mutter Jesu nicht so vertraut waren, wie jener Portugiese, der ein „Leben Jesu im Bauche der Maria" schrieb, so berichten sie uns doch unter Anderm, daß dem frechen Menschen, der Maria unzüchtig anzufassen wagte, augenblicklich die Hand verdorrte. Auch von Wundern erzählen sie, die Jesus als Kind verrichtete. Einst habe derselbe mit andern Kindern gespielt, und mit ihnen aus Thon Vögel geformt; die von ihm gemachten seien sogleich fortgeflogen. Als er größer geworden, habe er einst einen Tisch gefertigt, und als er von seinem Vater gescholten worden sei, weil er zu kurz war, habe er an dem Tisch gezogen und ihn so lang gemacht, wie Meister Joseph wollte.

Kaiser Julianus versuchte es, das Christenthum zu stürzen, obwohl er die Christen nicht verfolgte, und als er schon nach zweijähriger Regierung im Kriege gegen die Perser fiel, verursachte sein Tod große Freude.

Sein Liebling, der Philosoph Libanius, fragte einst spöttisch einen christlichen Lehrer zu Antiochien: „Was macht des Zimmermanns Sohn?" Er erhielt zur Antwort: „Einen Sarg für deinen Schüler." Bald darauf starb der Kaiser, und Libanius vermuthete, eben vielleicht wegen dieser Antwort, daß er durch irgend einen fanatischen Christen seinen Tod fand. Sterbend unterhielt sich der Kaiser über die Erhabenheit der menschlichen Seele, aber die Christen erzählten, er habe eine Hand voll Blut gen Himmel gespritzt und ausgerufen: „Du hast gesiegt, Galiläer!"

Mit Julian starb der letzte heidnische Kaiser; unter seinen Nachkommen breitete sich die Macht der Pfaffen immer mehr aus, und dieses Ungeziefer des Christenthums verunstaltete dasselbe von Jahrhundert zu Jahrhundert immer mehr und wurde immer unverschämter und üppiger.

II.

Die lieben, guten Heiligen.

———

Zu alten Zeiten hieß heilig, wenn
Der Fliegen, der Heuschrecken fraß,
Und Jener gar mit seinem heil'gen Hintern
In einem Ameis'nhaufen saß,
Um voller Andacht drin zu überwintern.

Es ist ein durch die Wissenschaft noch nicht vollständig gelöstes Problem, wodurch Epidemien entstehen, wie Pest, Cholera und dergleichen gräßliche Uebel, durch welche das Menschengeschlecht von Zeit zu Zeit heimgesucht wird. Noch unerklärlicher sind Epidemien des Geistes, deren Vorkommen so alltäglich ist, daß wir gar nicht mehr darauf achten und sie am allerwenigsten für eine geistige Störung halten.

Woher kommt es, daß irgend ein dummes Lied die Runde über den Erdball macht, daß man ihm nirgends entfliehen kann, selbst nicht, wenn man allein ist, da man es dann selbst summt? Dasselbe ist der Fall mit einem schlechten Witz oder einer abgeschmackten Redensart oder einer Mode, über deren Möglichkeit man später selbst erstaunt ist. Es ist nicht nöthig, daß wir Beispiele anführen, denn jeder Mensch wird irgend ein Lied, Redensart oder Mode anführen können, die epidemisch auftrat.

Das Merkwürdige bei solchen geistigen Epidemien ist, daß Absperrung dagegen kein unfehlbares Mittel ist, denn wir kennen Gewohnheiten, die sich zum Beispiel in Klöstern ganzer Länder verbreiteten, die doch unter sich in gar keiner Verbindung standen. In einem der folgenden Kapitel werden wir davon merkwürdige Beispiele anführen.

Die Keime der in ihren Folgen gräßlichsten geistigen Epidemien enthält die Religion und keine mehr als die mißverstandene christliche.

Sie hat Europa Jahrhunderte hindurch in ein trübseliges Narrenhaus verwandelt und Millionen von Schlachtopfern sind der durch sie erzeugten Tollheit gefallen.

Dieses Kapitel handelt von den Heiligen der römischen Kirche, denn die protestantische hat sie abgeschafft und nur die Scheinheiligen behalten. All diese Heiligen, einige Ausnahmen abgerechnet, waren durch die Religion wahnsinnig gemachte Menschen und würden, wenn sie heutzutage lebten, in Narrenhäuser gesperrt werden. Jeder Leser, der nicht von derselben Narrheit ergriffen ist, wird am Ende dieses Kapitels von der Wahrheit meiner Behauptung überzeugt sein.

Die Lehre Christi, daß dies Leben nur eine Vorbereitung für ein künftiges sei und daß Jeder, welcher die ihm hier auferlegten Leiden gottergeben trage, dafür im ewigen Leben belohnt werden würde, war darauf berechnet, die leidende und bedrückte Menschheit durch die Hoffnung zu trösten. Je größer die unverschuldeten Leiden waren, die einen Gläubigen trafen, desto größere Hoffnung hatte er, durch geduldiges Ertragen ein freudenreiches ewiges Leben zu gewinnen und es ist begreiflich, daß es Menschen gab, welche sie betreffende Unglücksfälle als ein Glück ansahen, da sie ihnen Gelegenheit gaben, den Himmel zu verdienen.

Der Uebergang zu dem Gedanken, daß Leiden überhaupt verdienstlich sei, war nicht besonders schwierig, besonders da er, durch mehrere von den Aposteln berichtete Aussprüche Christi unterstützt wurde, und so kam es, daß man sich endlich selbst Leiden und Qualen erschuf, nur um sie zu ertragen und weil man damit meinte, für sein Seelenheil zu sorgen. Das Egoistische und Unmoralische einer solchen Handlungsweise wurde gar nicht erkannt.

Die Idee von der Verdienstlichkeit, körperliche Martern mit Freudigkeit zu ertragen und sich selbst zu schaffen, kam erst recht zur Geltung, als die während der Verfolgungen unter den Kaisern Diokletian und Decius hingerichteten Christen durch ihre Standhaftigkeit so hohen Ruhm einernteten. Mögen sich auch die Kirchen= schriftsteller nicht immer von Uebertreibungen fern gehalten haben, wenn sie die Lebensgeschichten der Märtyrer erzählen, so verdienen sie doch im Allgemeinen Glauben, denn es ist eine bekannte Er= fahrung, daß Menschen in hoher geistiger Aufregung Schmerz oft gar nicht empfinden, wie manche alte Soldaten bezeugen, die es in der Hitze des Kampfes oft gar nicht bemerkten, daß sie verwundet wurden.

Diese Schwärmerei nahm besonders im vierten Jahrhundert überhand und was Zeno, Bischof von Verona (um d. J. 360) sagte, war ziemlich der allgemeine Glaube: „Der größte Ruhm der christlichen Tugend ist es, die Natur mit Füßen zu treten."

Diese düstere Ansicht verbreitete über die ganze christliche Welt eine Trübseligkeit, welche die Erde in der That zu einem Jammer= thal machte. Die frommen Christen hielten sich nicht für werth, daß die Sonne sie bescheine; jeder Genuß erschien ihnen ein Schritt zur Hölle und jede Qual ein Schritt zum Himmel.

Später gestaltete sich freilich Alles weit lustiger in der christ= lichen Kirche, so lustig, daß es ein Standal und Gräuel und die Refor= mation dadurch erzeugt wurde; aber Luther machte die Leute wieder mit der Bibel bekannt, die ihnen von der römischen Kirche ent= zogen war, und das Lesen derselben brachte ähnliche Wirkungen her= vor, wie das Lesen der Evangelien unter den Christen der ersten Jahrhunderte.

Beweise dafür finden wir genug in der Geschichte, wie auch in den Predigten und andern geistlichen Schriften aus der Zeit nach der Reformation. Besonders reich daran sind die Gesangbücher, in denen sich hin und wieder noch jetzt nicht minder seltsame Verse finden wie der folgende, der wörtlich einem noch nicht sehr alten Breslauer Gesangbuch entnommen ist:

Ich bin ein altes Raben=Aas,
Ein rechter Sünden=Krüppel,
Der seine Sünden in sich fraß,
Als wie den Rost der Zwibbel.
O Jesus, nimm mich Hund am Ohr,
Wirf mir den Gnadenknochen vor,
Und schmeiß mich Sündenlümmel
In deinen Gnadenhimmel.

Weil Jesus es für nöthig hielt, vierzig Tage in die Wüste zu gehen — zu welchem Zweck hat er Niemand gesagt — so meinten die Schwärmer, auch in die Wüste laufen und ihren Leib durch Fasten und allerlei Qualen kasteien zu müssen, denn Christus hatte gesagt: „Will mir Jemand nachfolgen, der verleugne sich selbst, nehme sein Kreuz auf sich und folge mir," und ferner: „Es sind etliche verschnitten aus Mutterleibe von Menschen, etliche aber die sich selbst verschnitten haben um des Himmels Willen. Willst du vollkommen sein, so gehe hin und verkaufe Alles, was du hast, und gib es den Armen, so wirst du einen Schatz im Himmel haben — komm und folge mir nach."

Mancher, der schon aus Mutterleibe — am Gehirn. — verschnitten und von Natur ein Narr war, mag durch Zufall mit unter die Heiligen gerathen sein; aber der größte Theil der Heiligen wurde erst durch solche ähnliche Stellen der Bibel zu Narren.

Die Wüsteneien Syriens und Egyptens bevölkerten sich mit frommen Christen, welche „Jesum nachfolgen" wollten, und weil dieser gelitten hatte, es für verdienstlich hielten, sich noch weit größere Qualen freiwillig aufzulegen. Jeder dieser Frommen strebte darnach, die Natur mit Füßen zu treten, und es gelang Manchem so vortrefflich, daß uns dabei die Haut schaudert. Diese Schwärmerei wurde epidemisch und die sonst einsamen Wüsten bevölkerten sich wie Städte.

Das anschaulichste Bild von dem Leben dieser „Väter der Wüste" gibt uns folgende Schilderung eines Mannes, der ihr Leben und Treiben einen ganzen Monat lang als Augenzeuge beobachtet hat: „Einige stehen mit gen Himmel gerichteten Augen, mit Seufzen und Winseln, Barmherzigkeit; andere, mit auf den Rücken gebundenen Händen, halten sich in der Angst ihres Gewissens nicht für würdig, den Himmel anzuschauen; andere sitzen auf der Erde, auf Asche, verbergen ihr Gesicht zwischen die Kniee und schlagen ihren Kopf gegen den Boden; andere heulen laut wie beim Tode geliebter Personen; andere machen sich Vorwürfe, nicht Thränen genug vergießen zu können. Ihr Körper ist, wie David sagt, voll Geschwüre und Eiter; sie mischen ihr Wasser mit Thränen und ihr Brod mit Asche; ihre Haut hängt an den Knochen, vertrocknet wie Gras. Man hört nichts als Wehe! Wehe! Vergebung! Barmherzigkeit! Einige wagen kaum ihre brennende Zunge mit ein Paar Tropfen Wasser zu erfrischen, und kaum haben sie einige Bissen Brod genossen, so werfen sie das Uebrige von sich, im Gefühl ihrer Unwürdigkeit. Sie denken nichts als Tod, Ewigkeit und Gericht! Sie haben verhärtete Kniee, hohle Augen und Wangen, eine durch Schläge verwundete Brust und speien oft Blut; sie tragen schmutzige Lumpen voll Ungeziefer, gleich Verbrechern in Gefängnissen, oder wie Besessene. Einige beten, sie ja nicht zu beerdigen, sondern hinzuwerfen und verwesen zu lassen, wie das Vieh!" —

Wer von diesen Wüsteneinsiedlern noch nicht verrückt war, mußte es bei der oben geschilderten Lebensweise nothwendig werden. Das Beispiel reizte die Eitelkeit auf und einer suchte den andern an Strenge und Selbstquälerei zu übertreffen.

Einer dieser armen Verirrten und Verwirrten — Heiligen! — lebte fünfzig Jahre lang in einer unterirdischen Höhle, ohne jemals das freundliche Licht der Sonne wieder zu sehen! Andere ließen sich bei der größten Hitze bis an den Hals in den glühenden

Sand graben; noch andere in Pelze einnähen, so daß nur ein Loch zum Athmen frei blieb; bei afrikanischer Sonnenhitze eine treffliche Sommerkleidung, allein doch noch erträglicher als der Paletot, den ein anderer sich aus einem Felsen aushieb und beständig mit sich herumschleppte, wie die Schnecke ihr Haus.

Sehr viele behängten sich mit schweren eisernen Ketten und Gewichten. Der heilige Eusebius trug beständig zweihundert und sechszig Pfund Eisen an seinem Körper. Einer dieser Narren, Namens Thaleläus, klemmte sich in den Reifen eines Wagenrades und brachte in dieser angenehmen Stellung zehn Jahre zu, worauf er sich, zur Belohnung für seine Ausdauer, in einen engen Käfig zurückzog. Wahrlich ein rarer Vogel!

Einige thaten das Gelübbe — Frauen thaten das glaub' ich nicht — jahrelang kein Wort zu reden, Niemand anzusehen, oder auf einem Beine umherzuhinken, oder nur Gras zu fressen und was des Unsinns mehr ist.

St. Barnabas hatte sich einen scharfen Stein in den Fuß getreten; er litt die entsetzlichsten Schmerzen, aber er ließ sich den Stein nicht herausziehen. Wieder andere schliefen auf Dornen, ja manche versuchten gar nicht zu schlafen und hungern konnten sie wie deutsche Schullehrer und Dichter; nur hatten sie den Vortheil voraus, daß sie verrückte Heilige waren und es eine bekannte Erfahrung ist, daß Wahnsinnige sehr lange ohne Nahrung leben können. Simeon, der Sohn eines egyptischen Hirten, aß nur alle Sonntage und hatte seinen Leib mit einem Stricke so fest zusammengeschnürt, daß überall Geschwüre hervorbrachen, die so entsetzlich stanken, daß es Niemand in seiner Nähe aushalten konnte.

Dieser Simeon glaubte immer, daß er sich noch nicht genug quäle und erfand noch etwas ganz Neues, oder was wenigstens von den Christen noch nicht angewandt wurde, da Anbeter der großen Göttermutter, der Kybele, in Syrien Aehnliches gethan hatten.

Simeon stellte sich nämlich auf die Spitze einer Säule und blieb hier jahrelang stehen. Die erste Säule, die er zu diesem Zwecke benützte, war nur vier Ellen hoch, aber je höher sein Wahnsinn stieg, desto höher wurden auch seine Säulen. Als seine Tollheit den Gipfelpunkt erreicht hatte, war seine Säule vierzig Ellen hoch; auf dieser stand er **dreißig Jahre!**

Wie er es eigentlich anfing, nicht herunter zu fallen, wenn ihn der Schlaf überkam, ist schwer zu begreifen; allein wahrscheinlich gewöhnte er sich stehend zu schlafen wie Pferde und Esel. Eine seiner Lieblingsunterhaltungen war es, sich beim Gebet bis auf die Füße zu bücken. Er muß noch einen geschmeidigeren Rücken gehabt haben, als irgend welche Kammerherrn, denn ein Augenzeuge berichtet, daß er bis 1244 solcher Bücklinge gezählt habe, der Heilige aber noch unendlich lange in seiner frommen Turnübung fortgefahren sei.

Simeon brachte es dahin, daß er vierzig Tage hungern konnte! Als seinem ausgemergelten Körper endlich die Kraft zum Stehen fehlte, ließ er auf seiner Säule einen Pfahl errichten und sich an denselben mit Ketten in aufrechtstehender Stellung befestigen.

Diese Säulentollheit fand viele Nachahmer, besonders im warmen Morgenlande. Im Abendlande ist nur ein Säulenheiliger bekannt und die fromme Stadt Trier hat den Ruhm, daß er einer ihrer Söhne war. Der damalige Bischof war aber noch nicht so tief in den Geist der römischen Kirche eingedrungen, wie Herr Bischof Arnoldi, der vor etwa zwanzig Jahren den angeblichen ungenähten Rock Christi für Geld zeigte, denn sonst würde er nicht die Säule haben umstürzen und den Narren — ich meine den Heiligen — zur Stadt hinausjagen lassen.

Da es das höchste Ziel all dieser für ihre Seligkeit sich quälenden Thoren war, „die Natur mit Füßen zu treten" und jede „vom Fleische" stammende Regung zu unterdrücken, so wurde denn natürlich auch der Geschlechtstrieb als höchst unchristlich verbändigt und bekämpft. Der Kampf mit diesem mächtigsten der Triebe kostete aber die allergrößte Mühe und hatte, wie wir noch in der Folge sehen werden, die allerverderblichsten Folgen für die sich Christen nennende Menschheit.

St. Hieronymus (geb. 330 und gest. 422) erzählt ganz kalt, daß dieser Kampf mit der Natur Jünglingen und Mädchen Gehirnentzündungen und oft Wahnsinn zugezogen habe. Die armen Narren, die ihren Leib kasteiten, um den Unzuchtsteufel in sich zu bemüthigen, wußten ja nicht, daß sie dadurch das Uebel nur ärger machten, denn der Teufel — der bekanntlich überall seine Hand im Spiel hat — führte ihnen die üppigsten Bilder vor die Phantasie.

Einige bestrichen, um sich den Kampf zu erleichtern, ihre rebellischen Glieder mit Schierlingssaft und Andere machten der Sache völlig ein Ende, indem sie die Wurzel des Uebels ausrotteten. Dann hört freilich Alles auf, auch die Versuchung, und wenn ein Verdienst im Ueberwinden liegt, auch das Verdienst. Der sonst so vernünftige Kirchenvater Origenes that dies ebenfalls; aber seine That war keineswegs originell, da heidnische Priester der Kybele diese unangenehme Operation ziemlich häufig mit sich vornahmen. Leontius, ein Priester zu Antiochien, Jakobus, ein syrischer Mönch und noch viele andere unter den Priestern und Laien folgten diesem Beispiel, was daraus hervorgeht, daß ein Gesetz gegen diese Kapaunirwuth gegeben werden mußte. Nun, Gott sei Dank, vor der Rückkehr dieses Fanatismus sind wir sicher!

Andere, welche sich zu einer solchen Radikalkur nicht entschließen konnten, oder auch durch ihre Frömmigkeit davon abgehalten wurden, litten Höllenqualen. Den heiligen Pachomius trieb das innerliche Feuer in die Wüste, weil er es hier leichter zu ersticken meinte als in der Welt, wo so viel zweibeiniger Zündstoff umherläuft. Er kämpfte oft mit sich, ob er seinen entsetzlichen Qualen nicht durch den Tod ein Ende machen solle. Einst legte er sich nackt in eine Höhle, welche von Hyänen bewohnt wurde. Diese Bestien beschnopperten ihn, ließen ihn aber ungefressen liegen, wahrscheinlich weil sie es ihm anrochen, daß er ein Heiliger war.

Einige Tage gesellte sich zu dem geplagten Manne ein schönes ethiopisches Mädchen, setzte sich auf seinen Schooß und reizte ihn so sehr, daß er wirklich glaubte zu thun, was jeder nicht so heilige Mann in seiner Lage unfehlbar gethan haben würde. Als das Entsetzliche geschehen war, ging es ihm wie manchem Andern nach ähnlichen Vorfällen; er erkannte jetzt, wer seine Hand dabei im Spiel hatte und gab dem schönen Mädchen als Dank eine ungeheure Maulschelle. Und seine Vermuthung war richtig; das Mädchen war der Teufel in eigener Person, denn Pachomius' Hand stank von der Berührung ein ganzes Jahr lang so entsetzlich, daß er fast ohnmächtig wurde, wenn er sie der Nase zu nahe brachte.

Aergerlich darüber, daß ihn der Teufel so erwischt hatte, rannte er in der Wüste umher. Er fand eine Aspis oder kleine Brillenschlange und setzte sie in seiner Wuth gleich einem Blutegel an das Glied, welches Origenes sich abschnitt. Aber die Schlange war eben so ekel, wie die Hyäne und wollte nicht anbeißen. Pachom hielt dies für ein Wunder, und eine innere Stimme sagte ihm, daß er nun Ruhe haben sollte, und somit scheint ihn das Teufelsmädel kurirt zu haben.

Mit Mystizismus vereinigte Dummheit und daraus entstehende Schwärmerei stecken an und verbreiten sich wie Pest und Cholera. Die ganze Christenheit wurde von dieser ascetischen Schwärmerei angesteckt. Ganze Schaaren rannten in die Wüste, so daß sich die Heiligen auf die Füße traten und genöthigt wurden, ungeheure Gemeinschaften — Klöster zu bilden.

St. Pachomius, der eigentliche Stifter derselben, hatte in

dem seinigen vierzehnhundert Mönche und führte noch über siebentausend Andere die Aufsicht. Im vierten Jahrhundert gab es in Egypten wenigstens hunderttausend Mönche und Nonnen, denn daß die leicht erregbaren und verrückt zu machenden Weiber von dieser Tollheit nicht frei blieben, kann man sich denken. In den gut gelegenen Wüsten fing es an, an Platz zu fehlen und man schaffte sich künstliche Wüsteneien, das heißt Klöster, in den Städten. Die Stadt Oxyrrhinchus hatte mehr Klöster als Wohnhäuser und in ihnen beteten, und arbeiteten nicht, dreißigtausend Mönche und Nonnen.

Die Heiden mochten spotten so viel sie wollten, um dieses heilige Feuer auszulöschen; es gelang ihnen nicht, denn die geachtetsten Kirchenlehrer priesen das Mönchs- und Einsiedlerleben über Alles und nannten es den geraden Weg in das Paradies. Die heiligsten Bande der Natur wurden zerrissen. Jünglinge verließen ihre Bräute, wie der heilige Alexius, der in der Brautnacht in die Wüste rannte. Ammo las seiner Braut die Briefe des Paulus an die Korinther vor! Die Braut wurde dadurch so begeistert, daß sie mit Ammo in die Wüste lief und hier gemeinschaftlich mit ihm eine elende Hütte bezog, wo sie lebte — keusch wie eine Henne, die mit einem Hunde zusammenwohnt.

Johannes Colybita, der Sohn angesehener Eltern, wurde ebenfalls in der Brautnacht von dem frommen Kanonenfieber gepackt; er floh die Versuchung und ging in die Wüste. Das unüberwindliche Heimweh trieb ihn in die Vaterstadt zurück. Hier lebte er *siebenzehn Jahre* als elender Bettler in einer Hundehütte, die er neben die Wohnung seiner um ihn trauernden Eltern gestellt hatte, denen er sich erst in seiner Todesstunde zu erkennen gab.

Dies waren die Früchte der Lehren solcher Männer, wie St. Hieronymus, der sagte: „Und wenn sich deine jungen Geschwister an deinen Hals werfen, deine Mutter mit Thränen und zerstreuten Haaren und zerrissenen Kleidern den Busen zeigt, der dich ernährt hat, dein Vater sich auf die Thürschwelle legt, stoße sie mit Füßen von dir und eile mit trockenen Augen zur Fahne des Kreuzes."

Sehr viele trieben auch die Eitelkeit und der Ehrgeiz zum ascetischen Leben, denn die Einsiedler und Mönche standen im höchsten Ansehen. Kamen sie in eine Stadt, so wurden sie im Triumph empfangen, und zogen sie bei einer solchen vorbei, dann strömten Tausende zu ihnen heraus, um sich ihren Rath und ihren Segen zu erbitten.

Die ganze Gegend, in welcher ein besonders toller Einsiedler sein Wesen trieb, hielt sich für beglückt, und man hat Beispiele, daß diese Heiligen von den Bewohnern anderer Landschaften gleichsam wie die wilden Affen in Pechstiefeln eingefangen wurden.

Salamanius aus Kapersana, einem Dorfe am Euphrat, hatte sich in ein Haus sperren lassen, welches weder Fenster noch Thüren hatte. Einmal im Jahr öffnete er diesen Käfig, um die Lebensmittel in Empfang zu nehmen, welche ihm herbeigeschleppt wurden, wobei der heilige Mann aber mit Niemandem redete. Die Bewohner seines Geburtsortes glaubten ein Recht auf diese Blume der Heiligkeit zu haben und entführten den Narren; aber kaum hatten sie ihn einige Tage, als er ihnen wieder von den Bewohnern eines benachbarten Dorfes gestohlen wurde. Alle diese gewaltsamen Veränderungen waren nicht im Stande, dem Heiligen ein Wort zu entlocken.

Die Verehrung gegen diese Wüstennarren ging so weit, daß Kaiser Theodosius ihnen sogar seine Söhne Honorius und Arkadius zur Erziehung anvertraute. Es wurde freilich nichts Gescheidtes aus ihnen, denn Honorius war förmlich blödsinnig geworden und fand sein größtes Vergnügen daran, das Federvieh zu füttern. Eine recht unschuldige Liebhaberei für einen Kaiser, die auch moderne

Imperatoren haben, wenn das Federvieh nur aus der rechten Tonart kräht.

Theodosius war überhaupt ein großer Freund der Mönche, und sowohl er wie andere Kaiser nahmen zu ihnen wie zu Orakeln ihre Zuflucht. Er ahmte dem großen Alexander nach, indem er sagte: „Wenn ich nicht Theodosius wäre, so möchte ich ein Mönch sein." Sein Volk hatte Ursache genug zu bedauern, daß er Theodosius war.

Unter den „Vätern der Wüste" haben Manche einen ganz besonderen Ruf der Heiligkeit erworben, theils durch die unerhörten Qualen, welche sie sich selbst auferlegten, theils durch die Wunder, welche ihnen zugeschrieben wurden. Unter den schrecklichen Operationen, die sie mit ihrem Körper vornahmen, litt auch der Geist, und so darf es uns nicht befremden, wenn diese Leute allerlei Erscheinungen und Visionen hatten, die sie für Wirklichkeit nahmen und die nur dazu dienten, ihren zerrütteten Verstand noch mehr zu verwirren. Die Kirchenschriftsteller, welche diese Wunder nacherzählen, waren ernsthafte Männer und thun dies im **festen Glauben** an die Wahrheit dessen, was sie berichten. Erst die spätern mag hin und wieder Eigennutz zum absichtlichen Betruge verleitet haben.

Ich würde alle diese Wunder als abgeschmackt übergehen, wenn man sie nur allein in jener finsteren Zeit geglaubt hätte, allein noch heute gelten sie Tausenden von römischen Katholiken als Wahrheit.

Der gemeine Katholik in den ächt katholischen Ländern weiß von Gott sehr wenig; er versteht die philosophische Dreieinigkeitsgeschichte nicht und zerbricht sich auch nicht den Kopf darüber; er kennt nur seine wunderthätigen Heiligen und den Teufel.

Lange wollen wir uns übrigens in dieser halb bemitleidenswerthen, halb lächerlich tollen, heiligen Gesellschaft nicht aufhalten. Wer den ganzen Unsinn der Wunder kennen lernen will, braucht nur eines der Heiligenbücher zu lesen, welche von der Geistlichkeit in den römisch-katholischen Ländern empfohlen und verbreitet werden.

Den größten Ruf unter den Wüstenheiligen erlangten: St. Paulus, St. Pachomius, St. Antonius, St. Hilarion und St. Macarius Nr. 1 und Nr. 2. Die Schlachten, welche diese Himmelsstürmer mit dem Teufel lieferten, waren unzählig und die ungeheure Thätigkeit des „Erzfeindes" kann nicht in Erstaunen setzen, da diese religiösen Don Quichote in jedem Affen, in jedem andern Thier, und namentlich in jedem Weibe, welche ihnen unvermuthet begegneten, nicht nur höllische Windmühlen, sondern den höllischen Windmüller selber sahen.

Alle Uebel, welche ihr krankhafter Körper- und Seelenzustand mit sich brachte, wurden für Wirkungen des Teufels gehalten. Antonius schlief auf der bloßen Erde und in feuchten Gräbern und zog sich dadurch sehr begreiflicherweise die Gicht zu, wie das auch jedem Nichtheiligen begegnet wäre; er aber bildete sich ein, daß die Schmerzen, die er empfand, von einem Faustkampf mit dem Teufel herrührten, — weil er vielleicht wirklich häufig Kämpfe mit den starken Affen zu bestehen hatte, die sich im südlichen Egypten aufhielten und die wahrscheinlich die Erzväter der Waldteufel sind. Schöne Weiber, die ihm im Traum erschienen, hielt er erst recht für Teufel, da sie ihn am stärksten versuchten und eine derartige „Versuchung des heiligen Antonius" sieht man häufig gemalt, weil sie die Phantasie der Maler lebhaft anregte.

Manche der Einsiedler mag auch die Eitelkeit verführt haben, Erscheinungen vorzugeben, um ihr Verdienst in den Augen der Menschen zu erhöhen. Wer vermag es, hier die Grenze zwischen wirklichen Aeußerungen des Wahnsinns und Erdichtungen anzugeben? Wie lange ist es her, daß die Hexenprozesse aufgehört haben? Mag bei diesen Letzteren manche absichtliche Nichtswürdigkeit vorgegangen sein, so kann man doch für gewiß annehmen, daß noch vor hundert Jahren viele der geachtetsten Theologen und Juristen an die Möglichkeit der Teufelserscheinungen und des fleischlichen Umganges mit dem Teufel und andern bösen Geistern glaubten; denn wäre dies nicht der Fall, so müßte man die Richter, welche hunderttausende von Hexen verbrennen ließen, für **absichtliche Mörder** halten. Hexenprozesse fanden noch im vorigen Jahrhundert statt und der gemeine Mann in vielen, nicht nur römisch-katholischen Ländern, glaubt noch heute steif und fest an Hexen.

Dem heiligen Antonius werden viele Wunder zugeschrieben. Die Kirchenschriftsteller erzählen, daß ihm die Thiere der Wüste gehorchen wie dressirte Pudel. Gar häufig umgaben sie zudringlich seine Höhle, warteten aber stets bis er sein Gebet vollendet hatte, dann empfingen sie seinen Segen und zogen mit den christlichsten Gedanken auf Raub aus. Als er den in seinem hundert und dreizehnten Jahr gestorbenen heiligen Paulus aus dem egyptischen Theben begrub, halfen ihm zwei fromme Löwen das Grab machen. Als sie fertig waren, empfingen sie seinen Segen und zogen, christlich mit dem Schwanze wedelnd, vergnügt und mit erleichtertem Gewissen tiefer in die Wüste.

St. Macarius, der sich zur Unterdrückung des ihm arg zusetzenden Wollustteufels mit bloßem Hintern in einen Ameisenhaufen setzte, genoß ebenfalls das Vertrauen der wilden Bestien. Einst kam eine Hyäne an seine Thür und pochte bescheiden an. Als der Heilige öffnete, legte ihm die gläubige Mutter ein blindes Junges zu Füßen, zugleich aber ein Lammfell als Honorar für die Kur. „Du hast es geraubt, ich mag es nicht!" schnob der Heilige die fromme Hyäne an, welche so bestürzt wurde, daß ihren Augen Thränen entrollten. Dies rührte den Heiligen und er sprach freundlicher zu der bußfertigen Bestie: „Willst du kein Lamm mehr rauben, so nehme ich das Fell und heile." Die Hyäne nickt zu, der Heilige heilt. Dieser geht in seine Zelle, jene trollt vergnügt in die Wüste und raubte von nun an keine Lämmer mehr, . . . wahrscheinlich — Schafe.

Das erste Wunder, welches der heilige Hilarion that, klingt nicht so unglaublich. Eine junge Frau, die von ihrem Manne verachtet wurde, weil sie ihm keine Kinder gebar, holte sich Rath bei dem zwei und zwanzigjährigen Heiligen. Er betete allein mit ihr und nach neun Monaten kam sie wirklich mit einem durch thätiges Gebet bewirkten kleinen Heiligen nieder.

Doch wozu noch mehr dieser Wunder anführen? — Hier reitet ein Heiliger auf einem Krokodil durch den Nil, dort führt ein anderer einen grimmigen Drachen an einem Bindfaden; hier läßt ein anderer Schnee anbrennen, Eisen schwimmen und Früchte auf Weidenbäumen wachsen; dort benützt ein Heiliger einen lebendigen Adler als Regenschirm, oder hat den Teufel vor seinen Pflug gespannt; — kurz diese Heiligen machten nicht allein die Menschen, sondern auch die Natur konfuse. Und all dieser Unsinn wurde geglaubt, denn daran zweifelte kein Mensch, daß so heilige Leute die ewigen Naturgesetze ganz nach Willkür verändern und unterbrechen konnten!

Die im Orient entstandene Schwärmerei fand auch in Europa den lebhaftesten Anklang, und besonders wirkte dafür St. Ambrosius, Bischof von Mailand, dem wir den Ambrosianischen Lobgesang, das Te deum laudamus verdanken, und St. Hieronymus, von dem wir schon früher geredet haben. Beide wirkten sowohl durch eigenes Beispiel als durch Schriften. Hieronymus lebte selbst längere Zeit in der syrischen Wüste und schrieb ein Werk, betitelt „Lob des einsamen Lebens," welches für ein Meisterstück der Beredsamkeit gilt. Ich werde später noch manchmal Stellen aus seinen Schriften anführen müssen. Er war 331 zu Strydon in Dalmatien geboren, hielt sich lange Zeit in Rom auf und starb 422 in seinem Kloster in Bethlehem.

Der Hang zum ascetischen Leben nahm nun schnell in Europa

überhand und Heilige; ie Klöster schossen überall wie Pilze auf. Der heilige Martin war der erste, welcher Klöster in Frankreich anlegte. Er war 316 in Panonien geboren und hatte das Kriegshandwerk ergriffen. Als er einst einem Armen die Hälfte seines Mantels gab, bildete er sich ein, Christi Stimme zu hören, welche ihm zurief: „Was du andern gethan hast, hast du mir gethan." Dies bewog ihn, sein Regiment zu verlassen und unter die Heiligen zu gehen. Sein Ruf verbreitete sich bald; er wurde Erzbischof von Tours und ein sehr stolzer Heiliger. Als er vor Kaiser Valentinian erschien, wollte dieser sich nicht von seinem Throne erheben, um St. Martin zu begrüßen. Diesen verdroß solcher Hochmuth, er betete, und — so erzählt die „Geschichte" — feurige Flammen schlugen aus dem Thronsessel empor, so daß seine kaiserliche Majestät schnell in die Höhe fahren mußte, wollte sie nicht ihren allerhöchsten allerdurchlauchtigsten Allerwertheften verbrennen.

Die Zahl der europäischen Heiligen ist sehr groß, und ich möchte gern ihr ganzes heiliges Leben und alle ihre Wunder erzählen; allein leider habe ich weder Zeit noch Raum zu einem so umfassenden, interessanten Werk und will mich daher damit begnügen, nur von denjenigen zu reden, die für die Welt als Stifter von Mönchsorden oder als sogenannte Apostel wichtig wurden, und auch dann noch ist ihre Zahl so groß, daß ich eine Auswahl treffen muß.

Ehe ich aber dazu schreite, will ich die gläubigen Christen darüber belehren, was denn eigentlich solch ein Heiliger bedeutet und wozu er noch heute gut ist. Es versteht sich von selbst — so lehrt natürlich die römische Kirche — daß ein Heiliger nicht nur selig ist, sondern daß er auch im Himmel einen besonders hohen Platz einnimmt, gewissermaßen zu der Familie des lieben Gottes gehört und beständig mit Christus, der Jungfrau Maria, deren neuerdings unbefleckt empfangenen Frau Mutter, dem heiligen

Geist, den vornehmsten Engeln und den Aposteln verkehrt. Man kann sich also wohl denken, daß solch ein Heiliger direkten oder indirekten Einfluß bei dem lieben Gott hat und nicht leicht vergebens bittet. Die Heiligen haben ganz außerordentlich viel zu thun, denn sie haben nicht allein alle diejenigen auf Erden lebenden Menschen zu beschützen und zu behüten, deren spezielle Schutzpatrone sie sind, sondern auch noch spezielle Zweige der Heiligenwissenschaft zu vertreten. Die angesehenere Heiligen sind außerdem Vorsteher ganzer Nationen oder besonderer Stände und somit sieht Jeder ein, daß ihr Amt im Himmel keine Sinecure ist. Damit nun Jeder, den irgend eine religiöse Blähung oder ein körperliches Gebrechen quält, welches er wohlfeiler kurirt haben will, als es von einem irdischen unheiligen Doktor geschehen kann, weiß was er zu thun hat, so will ich einige Hauptheilige nebst ihren Funktionen anführen.

Der Adel steht unter der besonderen Protektion der drei großen Heiligen St. Georg, St. Moritz und St. Michael; der Patron der Theologen ist höchst seltsamer Weise der zweifelsüchtige „ungläubige" St. Thomas und der Schutzheilige der Schweine ist St. Antonius. Die Jurisdiktion über die Juristen hat St. Joo, über die Aerzte St. Cosimus und St. Damian, über die Jäger St. Hubertus und die Trinker stehen unter dem Schutze St. Martins. So hat auch jedes Gewerbe seinen besonderen Heiligen, denen die römisch-katholischen Handwerker wahrscheinlich ihr Geschäft anvertrauen, wenn die vielen Festtage, oder die Wallfahrten zur heiligen Garderobe sie abhalten, selbst dafür zu sorgen.

Auch jede Nation hat ihren besonderen Schutzheiligen. Die Portugiesen haben St. Antonius, der neben den Schweinen auch sie beschützt; die Spanier St. Jakob, welcher sich kürzlich als der wahre Jakob erwiesen hat; die Franzosen St. Denis, die Engländer St. Georg, die Venetianer St. Markus und die Deutschen werden einen eigenen Schutzheiligen bekommen, wenn sie eine Nation sind; einstweilen besorgen die Schutzheiligen anderer Nationen ihre diplomatischen Geschäfte im Himmel.

Auch haben einige Heilige, die mit der Leitung von Nationen und besondern Ständen nicht zu sehr beschäftigt sind, ihre Muße im Himmel benützt, einige Uebel der armen Erdenwürmer besonders gründlich zu studiren, und der liebe Gott, der doch nicht Alles selbst thun kann, hat ihnen nach dem Glauben vieler frommen Katholiken erlaubt, ihm hier und da auszuhelfen.

St. Aja hat die Rechtswissenschaft studirt und hilft in Prozessen; St. Cyprian beim Zipperlein, St. Florian bei Feuersgefahr, St. Nepomuk gegen Wasserfluth und in Verleumdung; St. Benedikt gegen Gift; St. Hubertus gegen die Hundswuth, St. Petronella im Fieber, St. Rochus gegen die Pest, St. Ulrich gegen die Ratten und Mäuse, St. Apollonia gegen Zahnweh, wenn es nicht von Schwangerschaft kommt, denn in diesem schmerzlichen Fall muß man sich an St. Margaretha wenden, welche auch bei schweren Geburten hilft. St. Blasius bläst das Halsweh weg und St. Valentin hilft gegen die fallende Sucht; St. Lucia gegen Augenübel, und Vieharzt im Himmel ist St. Leonhard.

St. Benedikt ist der Vater der zahlreichen Benediktinermönche. Er wurde 480 in Nursia in Umbrien geboren und starb 543. Die Legende erzählt von ihm merkwürdige Dinge. Schon im Mutterleibe sang er Psalmen, und wenn er als Kind weinte, dann brachten ihm die Engel Bischofsstäbe, Bischofsmützen und Breviere zum Spielen, und machten Musik auf Instrumenten, die erst viele Jahrhunderte später unter den Menschen erfunden wurden. Sein erstes Wunder war, daß er einen zerbrochenen Topf wieder ganz betete!

Im Beten besaßen diese Heiligen, wenn wir den Kirchenschriftstellern glauben wollen, eine ordentlich schauerliche Innigkeit und Ausdauer. Einige erhoben sich vor lauter Inbrunst einige Fuß über die Erde und blieben so in der Luft hängen. Ein irländischer Heiliger, Namens Kewben, betete so hartnäckig und lange, daß eine Schwalbe in seine gefalteten Hände Eier legen und auch ausbrüten konnte!

Es versteht sich von selbst, daß St. Benedikt vom Teufel heftig verfolgt wurde, der ihn, als der fromme Mann sich in eine Einöde vergraben hatte, beständig in Gestalt einer Amsel umschwärmte. Als er, nämlich der Heilige und nicht der Teufel, Abt eines Klosters wurde, verführte der Teufel einen Pfaffen, sieben schöne Mädchen in der Naturuniform im Klostergarten laufen zu lassen, so daß fast alle Mönche des Teufels wurden. Nahe daran waren sie, denn sie machten Versuche, ihren strengen Abt zu vergiften, die natürlich alle mißlangen, denn bald betete er den Giftbecher entzwei, bald kam ein Rabe, der das vergiftete Brod fort in die Wüste trug.

Benedikt stiftete eine große Menge von Klöstern, darunter das berühmte von Monte Casino, und gab seinen Mönchen eine Regel, die für einen Heiligen und sein Zeitalter sehr vernünftig ist. Seine Mönche sollten arbeiten; allein von Selbstquälerei und dergleichen ist darin nichts vorgeschrieben. Seine Klosterregel wurde bald die Grundlage aller andern, und die Benediktinerklöster waren die Zufluchtsörter für Künste und Wissenschaften, welche ohne sie vielleicht ganz und gar im rohen Mittelalter von dem Christenthum verschlungen sein würden. Wir mögen daher immerhin St. Benedikt als einen der achtungswerthesten Heiligen verehren und ihm die dummen Wunder nicht zur Last legen, welche ihm spätere Verehrer andichteten.

Von seiner Klosterregel weicht die des irischen Mönchs Columbanus merklich ab; in seinem Zuchtbuche regnet es für das geringste Vergehen Dutzende von Hieben. Wer einem Bruder widersprach, ohne hinzuzufügen: „Wenn du dich recht erinnerst, Bruder," erhielt fünfzig Hiebe, und wer gar allein mit einem Frauenzimmer redete, — zweihundert, wohlgezählt.

Die lieben, guten Heiligen.

Der englische Mönch Winfried, der nachher St. Bonifazius hieß, wird gewöhnlich der Apostel der Deutschen genannt. Er führte die Klöster in Deutschland ein und mit ihnen allen Segen Roms. Die Friesen erwarben sich das Verdienst, ihn nebst drei und fünfzig Pfaffen todt zu schlagen (am 5. Juni 759). Hätten sie es früher gethan, dann müßten wir vielleicht nichts von Ehelosigkeit der Priester, Wallfahrten, Bilderdienst, Reliquien und dergleichen Dingen, die er in Deutschland heimisch machte.

St. Adalbert, der sogenannte Apostel der Preußen, war Bischof von Prag und ein ganz guter Mann, dem es nur an Verstand fehlte. Was er eigentlich für ein Landsmann war, weiß ich nicht; aber ich vermuthe ein Deutscher, denn er war so demüthig, daß er am Hofe seines Freundes Kaiser Otto's II. den Hofleuten heimlich die Stiefel putzte.

Ihn gelüstete sehr nach der Märtyrerkrone und er schlug allerdings, obwohl aus heiliger Einfalt, den allerkürzesten Weg dazu ein, sie auf das Schleunigste zu erlangen. Er zog mit zwei Gefährten Psalmen singend durch das Land der wilden, heidnischen Preußen. Dies wilde Volk hielt ihn anfangs gar nicht für einen Heiligen, sondern für einen Verrückten und wurde in diesem Glauben noch bestärkt, als Adalbert auf ihre Götterbilder schimpfte, ja sie wohl gar verunehrte und ihnen dafür Kreuz, Hostie, Marienbilder und andern römisch-christlichen Hausbedarf anbot. Als die Preußen ihn auslachten, schimpfte er auf die Verstockten und wurde zornig, und ehe er sich dessen versah, steckten ihm sieben heidnische Wurfspieße im heiligen Leibe, die ihn zum Märtyrer machten.

Bruno, einem Benediktiner aus Magdeburg, ging es einige Jahre später nicht besser; die Preußen schlugen ihn nebst achtzehn seiner Gefährten ebenfalls todt.

Eben so wichtig als Beförderer des Klosterwesens und als Heiliger, aber bei Weitem wichtiger und bedeutender als Mensch, ist der heilige Bernhard. Luther sagt von ihm: „War je ein wahrer, gottesfürchtiger Mönch, so war es Bernhard; seines Gleichen ich niemals weder gehört noch gelesen habe, und den ich höher halte, denn alle Mönche und Pfaffen des ganzen Erdbodens."

Bernhard stammte aus einer altadeligen burgundischen Familie und wurde 1091 zu Fontaines bei Dijon geboren. Er war ein Schwärmer, aber ein durchaus edler Mensch, dem es wahrer Ernst war, die verdorbenen Geistlichen und die Menschen überhaupt zu bessern. Er quälte seinen Körper auf grauenhafte Weise, indem er mit seinen Mönchen oft nur von Buchenblättern und dem elendesten Gerstenbrode lebte. Genoß er einmal zur Stärkung seines geschwächten Magens etwas Mehlbrei mit Oel und Honig, dann weinte er bitterlich über diese Schwachheit.

Seine Frömmigkeit und sein scharfer Verstand erwarben ihm bald einen bedeutenden Ruf. Als er einst in Mailand einzog, waren ihm Hände und Arme geschwollen von den Küssen, mit denen ihn die zudringlichen Gläubigen überdeckten. Er hätte Erzbischof, ja Papst werden können, er schlug alle Würden aus; aber als einfacher Bruder von Citeaux übte er den bedeutendsten Einfluß aus. Er schlichtete Streitigkeiten zwischen Päpsten und Königen, zwischen Fürsten und ihren trotzigen Vasallen, und der wildeste Kriegsmann zitterte vor dem gewaltigen Mönch. Weder Kaiser noch Papst wagten es, in Bernhards Kloster Citeaux einzureiten, sie gingen demüthig zu Fuß.

Er war die Seele des zweiten der Kreuzzüge, — dieser großartigen Narrheit, die sieben Millionen Menschen das Leben kostete, die aber aus religiösem Eifer von Bernhard befördert wurde. Selbst über die hartnäckigsten Widersacher siegte seine Beredtsamkeit, wie zum Beispiel über Kaiser Conrad III., der in Speier seinen Kaisermantel ablegte und den Heiligen auf seinen Schultern durch das Gedränge trug. Seine verführerische Zunge entvölkerte die

Städte von Männern, so daß in manchen kaum einer für sieben Weiber zurückblieb, denn „Alles, was die Wand bepißt," nahm das Kreuz.

Der heilige Bernhard verdiente ein eigenes Buch, und ich werde später noch hier und da Manches zu erwähnen haben, was seine Verdienste besser ins Licht setzt. Hier will ich nur noch einige Wunder anführen, welche ihm die Legende zuschreibt, und ohne welche er schwerlich in den Heiligenkalender gekommen wäre, trotz all seiner Verdienste.

Die Erzählungen von den Siegen über den Teufel, welche er durch die Kraft seines Gebetes errang, sind unzählbar. Sein Gebet war aber auch so innig, daß es Steine erbarmte. Einst machte sich ein steinerner Christus vom Kreuze los und stieg herab, um den frommen Beter zu umarmen. Ein steinernes Marienbild ging noch weiter. Es reichte dem Heiligen die Brust, und dieser trank aus dem Stein die süßeste Frauenmilch! Es ist diese Güte der heiligen Mutter Gottes um so mehr zu bewundern, als St. Bernhard sie eigentlich immer schlecht behandelte und nicht einmal an ihre Jungfrauschaft glauben wollte! Als er einst in den Dom zu Speier trat, grüßte er das dort befindliche Marienbild: „Sei gegrüßt, o Königin!" Wie erstaunten die Anwesenden, als die geschmeichelte und angenehm überraschte steinerne Mutter Gottes die steinernen Lippen öffnete und ausrief: „Wir danken dir schön, unser lieber Bernhard;" aber noch mehr verwunderte man sich, als der verdrießliche Heilige die Worte des Apostels zurückbrummte: „Weiber schweigen in der Versammlung."

Bernhard starb 1153. Er erschien seinen Mönchen mehrmals verklärt im Himmelsglanz, aber — und Spötter sollten sich das ad notam nehmen — in der Mitte seines Leibes war ein unangenehmer Makel, eben weil er an die makellose Jungfrauschaft der Mutter des Jesukindleins nicht hatte glauben wollen.

St. Bernhard selbst hatte 160 Klöster angelegt, die eine

zahlreiche Nachkommenschaft hatten, denn schon zehn Jahre nach des Heiligen Tode gab es 500, und hundert Jahre später gegen 2000 Bernharbiner- oder Cisterzienserklöster. Die Mönche dieses Ordens zeichneten sich lange Zeit vor allen andern durch Arbeitsamkeit und Sittenreinheit aus, so daß Könige und Fürsten in die Gemeinschaft desselben traten.

Den Segen, den diese Mönche und die Benediktiner dem rohen Mittelalter hätten bringen können, vernichteten die nun bald entstehenden Bettelorden, welche knechtische Unterwerfung der Vernunft unter den blindesten Glauben lehrten und damit die zügelloseste Sittenlosigkeit zu verbinden wußten. Sie verbreiteten eine dicke geistige Finsterniß über die Erde, welche die Päpste und ihre Verbündeten so sehr zu schätzen wußten, daß sie auf das Sorgfältigste bemüht waren, dieselbe bis auf den heutigen Tag zu erhalten.

Die Idee der Bettelorden entsprang in dem Gehirn Johannes Bernardoni, eines verdorbenen Kaufmannssohnes aus Assisi in Umbrien. Er ist bekannt unter dem Namen des heiligen Franz von Assisi, oder des seraphischen Vaters. — Da der junge Mann zum Kaufmann nichts taugte, so wurde er Soldat, gerieth in Gefangenschaft und verfiel in eine schwere Krankheit. Als er genas, war er — ein Heiliger! Das heißt vorläufig nur ein simpler Narr, der sich unter Bettlern und Aussätzigen umhertrieb, ihre Geschwüre küßte, sich mit ihren Lumpen bekleidete und seinen Vater bestahl, um das Gestohlene zum Ausbau einer verfallenen Kirche zu verwenden. Der Bischof von Assisi nahm den Dümmling in Schutz, und bald zog er im Lande umher, bettelnd für den Bau der eben erwähnten Kirche. Die Collekte fiel so reichlich aus, daß er auf den Gedanken gerieth, einen Bettelorden zu stiften. Papst Honorius sagte zwar von ihm: „Ihr seid ein Einfaltspinsel," aber Papst Innocenz III., dazu durch einen Traum veranlaßt, bestätigte die von Franz aufgesetzte Mönchsregel, die er doch Anfangs eine Regel für Schweine, aber nicht für Menschen genannt hatte.

Anfangs wurde Franz verspottet und verhöhnt, aber in der Zeit von drei bis vier Jahren stieg der Ruf seiner Heiligkeit so sehr, daß ihm, wenn er einer Stadt nahte, Geistlichkeit und Volk feierlich entgegen kamen und mit allen Glocken geläutet wurde. (1211.)

Seine Regel verbot es strenge, ein Eigenthum zu haben, und die äußerste Demuth war den Mönchen Gesetz. „Die Almosen", sagte Franz, „sind unser Erbe, Almosen unsere Gerechtigkeit, das Betteln unser Zweck und unsere Königswürde! Die Schmach und Verachtung unsere Ehre, und unser Ruhm am Tage des Gerichtes."

Er ging selbst mit dem Beispiel voran, denn er war demüthig wie ein Hund. Je mehr ihn die Gassenjungen verhöhnten, desto lieber war es ihm, und ganz vergnügt war er, wenn sie ihn gar mit Schmutz warfen. Aus lauter Demuth ließ er sich oft mit Füßen treten. Wenn er in Assisi umherging und bettelte, so steckte er alles Eßbare, das er erhielt, in einen Topf, und wenn ihn hungerte, so langte er zu und aß von dem ekelhaften Gemisch. Einst wurde Franz von einem Cardinal zu Tische geladen; er ließ jedoch alle Gerichte unberührt und aß zum Ekel der belitaten Gäste den Schweinefraß, den er gesammelt hatte.

Die Thiere hatte er sehr lieb und nannte sie seine Brüder und Schwestern. Gar oft predigte er den Gänsen, Enten und Hühnern, und als ihn einst die Schwalben und Sperlinge durch ihr Gezwitscher störten, bat er die „lieben Schwestern" um Ruhe. Einen Bauer, der zwei Lämmer zu Markte trug, fragte er: „Weshalb quälst du so meine Brüder?" — Eine Laus, die sich auf seine Kutte verirrt hatte, nahm er sorgfältig zwischen die Finger, küßte sie und sagte: „Liebe Schwester Laus, lobe mit mir den Herrn!" Dann setzte er sie auf seinen Kopf, woher sie gekommen war.

Seinen Körper nannte er „Bruder Esel," und wenn diesen Esel der Hafer stach, dann plagte er ihn wacker. Er wälzte sich, wie es auch St. Benedikt that, nackt auf Dornen, stieg bis an den Hals in gefrorne Teiche oder legte sich in den Schnee, bis jede wollüstige, eselhafte Regung verschwunden war. Einst machte er sich in spaßhafter Laune Weib und Kinder von Schnee und umarmte sie so lange inbrünstig, bis sie zerschmolzen waren.

Sein Orden mehrte sich außerordentlich schnell, denn schon im Jahre 1216, als er ein Generalkapitel desselben nach Assisi ausschrieb, kamen hier 5000 Franziskaner zusammen, obgleich ein großer Theil davon nur Abgeordnete von Klöstern waren. Ihre Zahl wuchs aber bald wie Sand am Meer. Der Franziskanergeneral bot einst dem Papst Pius III. 40,000 Franziskaner zum Türkenkriege an und versicherte, daß die geistlichen Verrichtungen darunter nicht leiden sollen. Während der Pest 1348 starben allein in Deutschland 6000 Franziskaner, und man merkte die Verminderung nicht. Die Reformation zerstörte unendlich viele ihrer Klöster, allein noch im Anfang des vorigen Jahrhunderts rechnete man die Zahl derselben auf 7000 Mönchs- und 900 Nonnenklöster!

Franz starb 1226, und da er ein Heiliger war, so that er denn selbstverständlich auch eine Menge von Wundern. Christi Wunder verschwinden vor denen, welche seine Mönche von ihm berichten.

Einst zog er sich in die Appenninen zurück und hungerte hier vierzig Tage lang. Da erschien ihm ein Seraph, der ihm die fünf Wundenmale Christi aufdrückte, so daß sie bluteten. Von daher hieß Franz auch der seraphische Vater und sein Orden der Seraphinenorden. Die Verehrer dieses Heiligen gingen so weit, ihn wirklich weit über Christus zu setzen und ihm die tollsten und verrücktesten Wunder zuzuschreiben.

Franzens Nachfolger als Ordensgeneral war der Bruder Elias, ein schlauer, durchtriebener Patron, der sich die Einfalt Franzens trefflich zu Nutze zu machen wußte. Er und seine Nachfolger verstanden es herrlich, Franzens Ordensregeln auszulegen, und dabei wurden ihre Klöster so reich wie keine anderen.

Die geschworenen Feinde und Widersacher der Franziskaner waren die ungefähr um dieselbe Zeit entstehenden Dominikaner, so benannt nach ihrem Stifter, dem heiligen Dominikus. Er hieß Dominikus Guzman und war 1170 in Altkastilien geboren. Er ward zur Bekehrung der Waldenser nach Frankreich geschickt und bekam hier den Gedanken, einen Mönchsorden zu stiften, dessen Wirksamkeit besonders auf das Volk berechnet sein und der sich mit Predigen und Unterrichtgeben, und zu seinem Unterhalt mit dem einträglichen Betteln abgeben sollte. Er erhielt vom Papste die Bestätigung, und dieser scheußliche Orden trat ins Leben, um die Welt mit der Inquisition und der Censur der Bücher zu beglücken. Dominikus selbst war der erste, welcher förmliche Ketzerjagden anstellte.

Er wollte seinen Orden mit dem des heiligen Franz vereinigen; aber dieser hatte keine Lust dazu. Beide Orden standen sich indessen Anfangs bei; aber bald geriethen sie aus Handwerksneid in die bitterste Feindschaft; auch wollten die gebildeteren Dominikaner stets etwas Besseres sein, als die Franziskaner, von denen durchaus keine Gelehrsamkeit gefordert wurde. Der Dominikanerorden wuchs ebenfalls schnell, und 1494 gab es 4143 Klöster desselben.

St. Dominikus verdankt die Klosterwelt eine große Erfindung, nämlich neunerlei Stellungen beim Gebet, mit denen man zur Unterhaltung abwechseln konnte, damit die Sache nicht zu langweilig wurde. Man konnte beten: stehend, knieend, auf dem

Rücken, dem Bauch, den Seiten liegend, die Arme ins Kreuz ausgestreckt, krumm stehend, bald knieend, bald aufspringend. Er selbst betete so inbrünstig, daß er von der Erde verzückt wurde, das heißt einige Fuß hoch vom Boden in der Luft schwebte. Er starb 1221 zu Bologna. Von seinen überirdischen Thaten, nämlich seinen Wundern, wollen wir schweigen, wir haben genug an seinen irdischen. Fliehen wir aus der Gesellschaft dieses bleichen Henkersknechtes! und wessen Christenthum es erlaubt, der mag dem Vater der Inquisition aus vollem Herzen einen Fluch nachrufen, ich stimme von ganzer Seele ein!

Ich hoffe, die Leser werden bereits genug haben an dem Unsinn, den ich ihnen nach den Berichten der Kirchenschriftsteller von den achtungswerthesten der Heiligen erzählte, und ich will ihre Geduld jetzt nicht weiter auf die Probe stellen, da ich ohnehin später noch diesen oder jenen Heiligen erwähnen muß. Wäre ich nur darauf ausgegangen, die Heiligen und ihre Wunder **lächerlich** zu machen, dann hätte ich eine ganz andere Auswahl getroffen, dann hätte ich St. Antonius von Padua, welchen der heilige Franz selbst „ein Rindvieh" nannte, und Konsorten gewiß nicht ausgelassen.

Schließlich will ich nur noch einige **heilige Frauen** erwähnen; ihre Zahl ist nicht weniger groß als die der männlichen Heiligen, und ihre Schwärmereien und Wunder sind noch bei Weitem wunderbarer. Es ist hier nicht der Ort, die Ursachen auseinanderzusetzen, warum das weibliche Geschlecht weit mehr zur Schwärmerei geneigt ist als das männliche und der Verstand der Weiber leichter überschnappt. Die Erfahrung lehrt es uns täglich. Von somnambulen Männern habe ich noch nichts gehört, aber dergleichen Mädchen — nicht Frauen — gibt es in großer Menge. Eine große Zahl der heiligen Mädchen waren ganz sicher Somnambulen.

Eine der ältesten Heiligen ist St. Afra. Ihre Mutter hielt

ein Bordell in Augsburg, und sie war darin eine der fungirenden Priesterinnen. Der Zufall, natürlich, führte einst den spanischen Bischof Narzissus in dies Haus. Er bekehrte die Priesterinnen der Venus zum Christenthum, und Afra, mit der er sich am meisten beschäftigte, machte er zur Heiligen. Sie wurde später als Märtyrin verbrannt.

Die heilige Therese war eine Spanierin aus adeliger Familie, geboren 1515 und gestorben 1582. Ihre Verehrer gaben ihr die seltsamsten Titel: Arche der Weisheit, himmlische Amazone, Balsamgarten, Orgel und Kabinetssekretär des heiligen Geistes u. s. w. Schon als Kind wurde sie von der Schwärmerei ergriffen und wollte nach Afrika gehen, um dort den Märtyrertod zu finden. Endlich, als sie siebenzehn Jahre alt war, hielten es die Eltern nicht mehr mit ihr aus und brachten sie in das Karmeliterkloster zu Avila. Sie hatte nun bald Erscheinungen aller Art, und als ihr gar einst eine Hostie aus der Hand des Bischofs von selbst in den Mund flog, da war die Heilige fertig. Sie ward endlich Aebtissin eines eigenen Klosters zu Pastrana, und nun konnte sie ihrer Heiligkeit freien Lauf lassen.

Jesus war von ihrer Heiligkeit so entzückt, daß er ihr einst die Hand reichte und sie zu seiner Braut weihte, indem er sagte: „Von nun an bin ich ganz dein und du ganz mein." Einst erschien ihr ein Seraph, der sie mit einem „glühenden Pfeil" einige Mal lupfte; aber der Schmerz war so süß, daß sie wünschte, ewig so gelupft zu werden. Die Spanier feiern noch heute dies Fest der Bepfeilung am 27. August.

Die Nonnen der heiligen Therese mußten barfuß gehen und sich die strengste Zucht gefallen lassen. Der blindeste Gehorsam war ihnen Gesetz, und die geringste Abweichung davon wurde furchtbar bestraft. Eine Nonne, die über schlechtes Brod eine verdrießliche Miene machte, wurde nackend an die Eselskrippe gebunden und mußte hier zehn Tage lang Hafer und Heu fressen!

Solche barbarische Strenge hatte denn auch zur Folge, daß jeder ihrer Befehle auf das Pünktlichste befolgt wurde. Eine Nonne fragte sie einst, wer heute die Abendmette singen solle. Die Heilige war verdrießlich und antwortete: „Die Katze." Die Nonne nahm also die Katze, ging damit an den Altar und zwickte sie in den Schwanz, so daß das arme Thier in den erbärmlichsten Liedern das Christenthum anklagte.

Selbstquälerei war in diesem Kloster an der Tagesordnung. Theresens Nonnen verbrauchten eine Unmasse von Ruthen. Sie schliefen auf Dornen oder im Schnee, tranken aus Spucknäpfen, nahmen todte Mäuse und anderes ekelhaftes Zeug in den Mund, tranken Blut, tauchten ihr Brod in faule Eier und durchstachen sich die Zunge mit Nadeln, wenn sie das Schweigen gebrochen hatten.

Eine höchst merkwürdige Antipathie hatte die heilige Therese gegen behos'te Männer, und hätte sie die Macht gehabt, so hätte sie allen die Hosen abgezogen. So weit sie Gewalt hatte, that sie es auch. Die unter ihr stehenden Karmelitermönche mußten die Hosen ablegen und dafür ein kleines Schürzchen von brauner Wolle tragen. Sie hielt indessen nur Männerhosen für unchristlich, denn ihre Nonnen mußten Hosen tragen; ob sie es selbst that, darüber haben uns die gelehrten Karmelitermönche keine Nachricht hinterlassen.

St. Therese war auch Schriftstellerin und schrieb Bücher, die manchem armen Mädchen den Kopf verrückten. Nach ihrem Tode erschien sie einer vertrauten Nonne und gestand ihr, daß sie mehr aus Inbrunst der Liebe, als an der Heftigkeit der Krankheit gestorben sei. Von der Liebe scheint diese heilige Hosenfeindin überhaupt weit mehr verstanden zu haben, als man einer Aebtissin sonst zutraut, denn irgendwo schreibt sie: „Der Teufel ist ein Unglücklicher, der nichts liebt, und die Hölle ein Ort, wo man auch nicht liebt"; ein Gedanke, der eines Dichters würdig ist.

Ungefähr um dieselbe Zeit wie Therese lebte die Italienerin Katharina von Carbone. Sie war aus Liebe verrückt, wohnte in einer Höhle und trug ein Kleid von Ginster, mit Dornen und Eisendraht durchflochten. Sie fraß Gras wie ein Thier, ohne sich der Hände zu bedienen, und einmal fastete sie gar vierzig Tage lang. So lebte sie drei Jahre!

Die heilige Katharina von Genua war in Liebe, zu Christus natürlich, dermaßen entbrannt, daß sie darüber toll wurde. Sie glühte wie ein Ofen, und oft wälzte sie sich an der Erde und schrie: „O Liebe! Liebe, ich halte es nicht mehr aus!"

Die heilige Passibea, eine Cisterzienfernonne aus Siena, quälte sich, noch ehe sie ins Kloster ging, ärger als die Väter der Wüste. Sie geißelte sich mit Dornen und wusch dann die Wunden mit Essig, Salz und Pfeffer; sie schlief auf Kirschkernen und Erbsen, trug ein Panzerhemd von sechzig Pfund Schwere nd stieg in gefrierende Teiche, um sich mit einfrieren zu lassen. Ja sie trieb den Unsinn so weit, daß sie sich, mit dem Kopf nach unten, lange Zeit in den rauchenden Schornstein hängte! Als sie Nonne war, erschien ihr einst Christus und drückte ihr seine fünf Wundenmale ein. Zwei Nonnen sahen durch das Schlüsselloch, wie Jesus sie drückte und verschwand und wie die Wunden bluteten!

Die heilige Klara war aus Assisi und schwärmte mit dem heiligen Franz. Sie lief zu ihm und bat, daß er sie zur Nonne machen und Söhne und Töchter mit ihr zeugen möchte, — natürlich geistlicher Weise. Ihre Schwester Agnes wurde bald darauf von derselben Schwärmerei ergriffen, und die armen Eltern waren ganz unglücklich. Die Verwandten wollten die beiden Närrinnen mit Gewalt aus dem Kloster holen, aber da wurde — so erzählt die Legende — Agnes plötzlich so schwer, daß zwölf Männer sie nicht von der Stelle bringen konnten, und der Oheim, der sein Schwert gezogen hatte, blieb stehen, als höre er Hüons Zauberhorn.

Die heilige Klara lebte sehr strenge. Als Hembe trug sie eine Schweinshaut, oder auch ein Gewebe von Roßhaaren, und aus Demuth küßte sie der schmutzigsten Viehmagd die Füße, welche sie dann erst wusch, als wären sie durch ihren Kuß verunreinigt worden. Als sie starb, fanden sich in ihrem Herzen im Kleinen alle Passionsinstrumente, wie in einem Hechtskopf, und in ihrer Blase drei geheimnißvolle Steinchen, sämmtlich von gleichem Gewicht, aber wovon eines so schwer als alle drei, zwei nicht schwerer als eins und das kleinste davon so schwer als alle drei waren! — St. Klara war die Mutter der weiblichen Franziskaner, und ihr verdanken wohl 900 Klarissenklöster ihr Entstehen.

Die heilige Katharina von Siena war auch mit Jesus verlobt worden, der ihr einen kostbaren Diamantring an den Finger steckte, welchen aber Niemand sah, als sie allein. Sie pflegte die ekelhaftesten Kranken, wofür sie mit dem rosinfarbenen Blute aus seiner Seitenwunde getränkt wurde. Seitdem nahm sie von Aschermittwoch bis Himmelfahrt weiter keine Nahrung, sondern lebte blos vom Abendmahl. Christus drückte ihr auch seine fünf Wunden ein, was der Orden pour le mérite Religionsklasse der Heiligen gewesen zu sein scheint. Ueber diese Auszeichnung kamen die Dominikaner mit den Franziskanern in einen Streit, der vierzig Jahre dauerte, und welchen Papst Urban VIII. dahin entschied, daß Katharina's Wundenmale nicht geblutet hätten, wie die des heiligen Franz. Auch wurde den Malern befohlen, die Heilige nur mit fünf Strahlen vorzustellen.

Die heilige Agnes ließ der Stadtrichter, weil sie seinen Sohn nicht heirathen wollte, nackt in ein Bordell bringen; aber plötzlich bekam sie so lange Haare, daß sie sich darin einwickeln konnte wie in einen Mantel, und das ganze lüderliche Haus verwandelte sie in ein Bethaus.

Die heilige Paula, die einst ein unheiliger Jüngling nothzüchtigen wollte, erhielt auf ihr Gebet einen garstigen, langen Bart, vor dem sich der Liebhaber entsetzte und floh.

Die heilige Brigitte befreite einst ein neapolitanisches Mädchen von einem in Gestalt eines Jünglings auf ihr liegenden Teufel.

Wir wollen die Reihe der Heiligen schließen mit der heiligen Rosa von Lima, einer Dominikanerin, die auf knotigem Holz und auf Glasscherben schlief und als Nachttrunk einen Schoppen Galle trank. Jesus war von ihrer Heiligkeit so entzückt, daß er an einem Palmsonntag als Steinmetzgeselle zu ihr kam und sich mit ihr verlobte, indem er sprach: „Rosa, Schatz meines Lebens, du sollst meine Braut sein." Maria war mit dabei und gratulirte ihr, indem sie sagte: „Siehe, was für eine große Ehre dir mein Sohn anthut." Las die Heilige, so erschien Jesus auf dem Blatte und lächelte sie an; nähte sie, so setzte er sich auf ihr Nähkissen und scherzte mit ihr. Besuchte Jesus eine andere Nonne — denn er hatte gar zu viele Bräute, — so war Rosa vor Eifersucht außer sich, bis er wieder kam.

Ihre heilige Schwiegermutter, die Jungfrau Maria, diente ihr einundzwanzig Jahre lang als Kammerjungfer, und wenn die Frühmette kam, rief sie: „Stehe auf, liebe Tochter, es ist Zeit." Das Kloster wimmelte von Flöhen, aber keiner von diesen freigeisterischen Springern hatte die Dreistigkeit, die Braut Christi zu stechen. — So steht es in der päpstlichen Bulle, welche ihre Heiligsprechung enthält!

Außer den in diesem Kapitel genannten Heiligen und noch vielen hundert andern, die ich nicht nannte, beten die römischen Katholiken noch zu einigen, die niemals lebten und die einer lächerlichen Fabel ihren Ursprung verdanken, wie St. Christophorus, St. Georgius, St. Mauritius mit 6600 Gesellen, die sieben Schläfer, Ursula mit ihren 11,000 Jungfrauen und St. Guinefort, der ein vierbeiniger Hund war!

Jeder gute Katholik, der das Vergnügen haben will, nach seinem Tode unter die Heiligen versetzt zu werden, konnte dies unter dem vorigen Papst noch haben — von dem jetzigen weiß ich es nicht — der den Todten für 100,000 Gulden kanonisirte. Wunder fanden sich, da eben Niemand ohne Wunder Heiliger werden kann.

Die Christen der ersten Jahrhunderte wußten von Heiligen nichts. Sie verehrten allerdings die Märtyrer oder Blutzeugen, welche ihres Glaubens wegen hingerichtet wurden, sie erwähnten dieselben in ihren Versammlungen und stellten sie der Gemeinde als Muster hin; und das war sehr natürlich und durchaus zu billigen. Erst als Konstantin zum Christenthum übertrat und viele der heidnischen Gebräuche in die christliche Kirche übergingen, kam auch der Heiligendienst in Aufnahme. Die Heiden waren es gewohnt, ihren Heroen zu opfern; die christlichen Priester trugen diesen Gebrauch auf ihre Glaubensheroen über.

So lange jeder Mensch Gott gleich nahe zu stehen glaubte, mußte der Heiligendienst als Unsinn betrachtet werden, als jedoch die Pfaffen sich als Mäkler zwischen Gott und den übrigen Menschen hinstellten, war der Schritt zu dem unsinnigen Glauben nicht weit, daß die Heiligen im Himmel gleichsam wie Minister und Kammerherren den Hofstaat Gottes bildeten und daß, wer bei Sr. himmlischen Majestät etwas durchsetzen wollte, nur diese durch Gebete und Opfer zu b e s t e ch e n brauchte.

Aerger konnten die Pfaffen die christliche Religion nicht verhöhnen als durch diesen Heiligendienst, der dadurch noch unwürdiger wird, als es schon seiner innern Natur nach der Fall ist, daß viele dieser Heiligen, wie uns die Geschichte lehrt, die verworfensten, lasterhaftesten Menschen, ja geradezu Schufte waren. Selbst die besten waren nicht ganz richtig im Kopf und entweder Schwärmer oder Wahnsinnige. Es gibt noch heute eine Menge solcher Heiliger unter Protestanten und Katholiken, nur daß man sie nicht mehr anbetet, sondern in Narrenhäuser sperrt.

Carl Julius Weber, einer unserer geistreichsten Schriftsteller, charakterisirt diese Heiligen derb aber richtig. Er sagt: „Bei weiblichen Mystikern sitzt der Jammer gewöhnlich auf dem Fleckchen, das man nicht gerne nennt, und bei männlichen hat den Fleck Hudibras getroffen —

> So wie ein Wind in Darm gepreßt
> Ein — wird, wenn er niederbläst,
> Sobald er aber aufwärts steigt,
> Neu Licht und Offenbarung zeugt."

Der Hysterie und den blinden Hämorrhoiden verdankt die römische Kirche die meisten ihrer Heiligen, und sie darf sich daher nicht wundern, wenn wir dieselben — als Afterheilige betrachten.

III.

Die heilige Trödelbude.

> Die Welt hat es erfahren,
> Daß einst der Glaub' in Priesterhand
> Mehr Böses that in tausend Jahren,
> Als in sechstausend der Verstand.

„Geld ist Macht." Das erkennt Niemand besser als die römische Kirche, die nach beiden und durch das eine zum andern strebte. In der römischen Kirche gibt es keine Einrichtung oder Satzung, welche nicht auf irgend eine Gelderpressung hinausliefe, und so lange die Welt steht, gab es keine Institution, die ein umfangreicheres, frecheres und einträglicheres Schwindelgeschäft betrieb, als die römische Kirche.

Als die einträglichsten Betrügereien derselben erwiesen sich der Handel mit Reliquien und mit „Ablaß," ein Handel, welcher Jahrhunderte durch mit großem Erfolge betrieben wurde und der noch heutzutage keinesweges aufgehört hat. Um ihn aufrecht zu erhalten, wurde der grassesste Aberglaube geflissentlich auf die gewissenloseste Weise in die Herzen des Volkes gepflanzt und auf die unverschämteste Weise ausgebeutet.

Eine Geschichte des Handels zu schreiben, den die römische Kirche trieb und noch treibt, würde eine Riesenarbeit sein, welche die Grenzen, die ich mir nothwendig setzen muß, weit überschreiten würde; ich kann nur eine flüchtige Skizze desselben geben, die indessen vollkommen hinreichend sein wird, um den ungeheuren Umfang des Betruges und die Frechheit desselben erkennen zu lassen.

Auf menschliche Schwächen und Neigungen verstehen sich die Pfaffen vortrefflich, und dieser Kenntniß verdanken sie ihren Reichthum und ihre Macht. Ihnen konnte es nicht entgehen, daß alle

Menschen mehr oder weniger Reliquiennarren sind, und sie machten diese Narrheit zu einer Goldgrube, die noch heute nicht erschöpft ist.

Ich bin überzeugt, daß jeder Mensch irgend eine Reliquie werth hält, sei es die Locke einer Geliebten, eine gestickte Brieftasche oder eine trockene Blume oder ein Band, woran sich angenehme und liebe Erinnerungen knüpfen. Ebenso kann man sich eines gewissen Interesses nicht erwehren, wenn man Gegenstände sieht, welche von bedeutenden historischen Personen einst gebraucht wurden.

Sowohl die Griechen als die alten Römer hielten ihre werth gehaltenen Reliquien, und einige davon waren fast römisch-katholisch, wie zum Beispiel das **Ei der Leda!** Das **Palladion** war ja auch eine Reliquie, und noch dazu eine wunderthätige, wie auch der vom Himmel gefallene **heilige Schild** und viele andere.

Die Indier führten um einen übermenschlich großen Zahn von Buddha blutige Kriege, und die Muhamedaner bewahren Fahne, Waffen, Kleider, den Bart und zwei Zähne ihres Propheten, und so finden wir Reliquien bei jedem Cultus und bei jedem Volke.

Wir entdecken in der Geschichte der christlichen Kirche keine Spur von Reliquienkultus, ehe Konstantin Christ wurde. Von diesem wird erzählt, daß er während der Schlacht an der milvischen Brücke am Himmel ein glänzendes Kreuz sah, mit der griechischen Ueberschrift, welche in deutscher Uebersetzung „In diesem siege" heißt. Er ließ nun eine Kreuzfahne machen, der seine meistens christlichen Soldaten mit Enthusiasmus folgten.

Seitdem wurde das Kreuz Mode, und bald fand die Mutter des Kaisers, **Helena,** das wahre Kreuz auf, an welchem Jesus vor länger als dreihundert Jahren gekreuzigt worden war, wie auch das Grab, in welchem sein Körper bis zur Auferstehung gelegen

hatte. Die gleichzeitigen Schriftsteller melden zwar von dieser Ent=
deckung nichts; sogar der Fabelhans Eusebius, welcher die Reise
der Kaiserin Helena nach Palästina beschreibt, sagt kein Wort
von diesem merkwürdigen Funde; aber die Geschichte ist einmal als
wahr angenommen, und die römische Kirche feiert ein eigenes „Kreuz=
erfindungsfest."

Der Segen, den Helena entdeckte, war aber zu groß; sie fand
nicht allein das Kreuz Christi, sondern auch das der beiden „Schächer".
Die Inschrift, die Pilatus zur Verhöhnung der Juden hatte anheften
lassen, fand sich nicht mit vor; wie sollte man nun das heilige Kreuz
von den beiden andern unterscheiden? Pfaffen sind aber erfinderisch, und
so war man denn auch nicht um eine Auskunft verlegen. Man legte
einen Kranken auf eins der Kreuze, und er wurde weit kränker.
Man vermuthete daher, daß dies wohl das Kreuz des gottlosen
Schächers sein müsse, der Jesus verspottete, und legte den Kranken
auf ein anderes. Ihm ward um Vieles besser, und endlich als er
von diesem Kreuz des frommen Schächers auf das dritte gelegt
wurde, — stand er sogleich frisch und gesund auf. Das Kreuz
Christi war gefunden!

Man fand nun auch bald die Gräber der Apostel, und ihre
Körper sind, glaub' ich, sämmtlich vorhanden. Wußte man nicht,
wo sie gestorben oder begraben waren, so hatte man göttliche
Offenbarungen. Auf diese Weise gelangte man zu den Ueber=
resten von allen möglichen Märtyrern und Heiligen, die natürlich
sämmtlich Wunder thaten. Solcher Offenbarungen wurden, wie sich
von selbst versteht, nur Mönche und Geistliche gewürdigt; aber recht
frommen Leuten gelang es mit Hülfe der Letzteren auch, mit
den Heiligen in direkten Verkehr zu treten.

Eine fromme Frau zu St. Maurin hatte Johannes den Täufer
zu ihrem Lieblingsheiligen ausersehen. Drei Jahre lang bat sie
täglich den Heiligen nur um irgend welches Theilchen von seinem
Leibe, den er ja doch nicht mehr brauchte, sei es auch was es

ici; — der hartherzige Johannes wollte sich nicht erbarmen! Nun wurde die Frau trotzig und schwur, nichts mehr zu essen, bis der Heilige ihre Bitte erhört habe. Sieben Tage hatte sie schon gehungert, da endlich! fand sich auf dem Altar — ein Daumen des Täufers. Drei Bischöfe legten mit großer Andacht diese kostbare Reliquie in Leinwand, und drei Blutstropfen fielen aus dem Daumen heraus, — so daß doch für jeden der drei Bischöfe auch noch etwas abfiel.

Wie unendlich schwer ist es uns geworden, die Ueberreste Schillers und Webers aufzufinden! und Beide starben doch als geachtete und hoch verehrte Männer, in ruhiger Zeit und in Staaten, wo jeder Neugeborene und jeder Gestorbene in ein besonders darüber geführtes Register eingetragen wird; um so mehr ist es zu bewundern, daß man in jener Zeit noch nach Jahrhunderten nicht allein die Gebeine, sondern auch die Kleidungsstücke von Heiligen vorfand, die als Verbrecher hingerichtet und deren Leichen irgendwo eingescharrt wurden. Ja was noch wunderbarer ist, man fand von manchem Heiligen so viele Körpertheile, daß man daraus, wenn man sie zusammensetzte, sechs und mehr vollständige Skelette hätte machen können! Der heilige Dionysius existirt zum Beispiel in zwei vollständigen Exemplaren zu St. Denis und zu St. Emmeran, und außerdem werden noch in Prag und in Bamberg Köpfe von ihm gezeigt und in München eine Hand. Der Heilige hatte also zwei vollständige Leiber, fünf Hände und vier Köpfe!

Die Christen der ersten Jahrhunderte wußten nichts von einer Anbetung der Jungfrau Maria oder der Heiligen, sondern verspotteten vielmehr die Heiden wegen ihrer vielen Untergötter, die gleichsam Jupiters Hofstaat bildeten, und wegen der göttlichen Verehrung der Kaiser, mit der es übrigens gar nicht so arg war. Man gab ihnen den Beinamen „der Göttliche," setzte ihren Namen in den Kalender und errichtete ihnen Bildsäulen. Mit Ludwig XIV. und andern Fürsten haben Christen weit ärgern Götzendienst getrieben.

Die ersten Heiligen waren meistens unbekannte Menschen, und wunderbar ist es, daß man auf die Anbetung der Maria erst weit später verfiel, denn eine Jungfrau, die Gott sich unter den Millionen Mädchen der Erde vorzugsweise zum „Gefäß der Gnade" ersah, war doch auf jeden Fall mehr der Anbetung würdig, als ein hirnverbrannter schmieriger Einsiedler, der ein Sitzbad in einem Ameisenhaufen nimmt.

Noch im vierten Jahrhundert dachte man nicht daran, die Jungfrau Maria göttlich zu verehren, ja man war auf dem besten Wege, sie zu verketzern. Man sagte ihr Dinge nach, welche die Christen der damaligen Zeit sehr gottlos fanden. Der berühmte Kirchenvater Tertullian warf ihr vor, daß sie an Christum nicht geglaubt habe! Origenes und Basilius beschuldigen sie unheiliger Zweifel bei den Leiden ihres Sohnes, und Chrysostomus hält sie des Selbstmordes für fähig, indem er erzählt, daß der Engel ihr die Empfängniß Christi früher verkündet, als sie ihre Schwangerschaft bemerkte, weil sie sonst bei der plötzlichen Entdeckung leicht aus Scham ihrem Leben hätte ein Ende machen können.

Die Verehrung der Maria beginnt erst im fünften Jahrhundert, und bald hatte sie nicht allein alle Heiligen, sondern selbst Gott und Jesus überflügelt. „Wer Maria nicht verehrt, dem wird keine Vergebung," sagten die Priester.

Die Liebe verfällt schon auf wunderbare Beinamen, und mein Täubchen, mein Mäuschen, mein Hämmelchen, mein Putchen u. s. w. u. s. w. sagt noch heute gar mancher Jüngling zu seiner Geliebten; aber die der Jungfrau Maria beigelegten zärtlichen Namen sind oft so seltsam und komisch, daß es nicht zu begreifen ist, wie Katholiken die marianische Litanei ohne Lachen herplappern können. Sie wird unter Andern genannt: du geistliches Gefäß, ehrwürdiges

Gefäß, fürtreffliches Gefäß der Andacht, geistliche Rose, Thurm Davids, elfenbeinerner Thurm, goldenes Haus, Arche des Bundes, Thron Salomons, brennender Dornbusch, Honigfladen Simsons, Tempel der Dreieinigkeit, geweihete Erde, Seehafen, Sonnenuhr, Himmelsfenster u. s. w.

Der Name „Mutter Gottes," der jetzt ganz gewöhnlich geworden ist, erregte im fünften Jahrhundert großes Aergerniß; der fromme Kirchenvater Nestorius fand ihn lächerlich und unschicklich und den „Mutter Christi" vernünftiger. Die Kirchenversammlung von Ephesus entschied aber für Mutter Gottes.

Natürlich war es, daß man nun auch auf die Verehrung der „Großmutter Gottes" verfiel; aber Papst Clemens XI. gebot Halt, und ohne ihn würden die Katholiken vielleicht heute zu allen Onkeln und Tanten Gottes beten.

Christus ist Gottes Sohn nach der Lehre der christlichen Kirche, und doch ist er wieder Mensch; aber er ist eins mit Gott dem Vater und Gott dem heiligen Geist. Ueber diese Menschwerdung Gottes und über das Wesen der Dreifaltigkeit ist Mancher schon einfältig geworden. Die Menschwerdung Gottes erklärt der heilige Bernhard eben so einfach als elegant, indem er sagt: „Aus Gott und Mensch wurde eine Heilsalbe für Alle; diese beiden Species wurden im Leibe der Jungfrau Maria wie in einer Reibschale gemischt, und der heilge Geist war die Mörserkeule."

Minder geistreich, wenn auch eben so einfach ist jenes Franziskaners Erklärung der Dreieinigkeit, die er vergleicht mit Hosen, die zwar drei Oeffnungen hätten, aber doch nur ein Stück wären.

Maria wurde Veranlassung zu unendlich vielen Zänkereien zwischen den Gelehrten und Pfaffen. Besonders heftig war der Streit über „die befleckte oder unbefleckte Empfängniß der Jungfrau;" das heißt nicht darüber, ob Maria Jesus ohne Verlust ihrer physischen Jungfrauschaft empfangen habe — denn darüber war man ziemlich einig — sondern ob sie selbst von ihrer Mutter auch „ohne Erbsünde" empfangen sei oder nicht. Die Dominikaner sagten mit, die Franziskaner ohne Erbsünde, und stritten Jahrhunderte lang darüber mit Waffen aller Art. Noch im Jahre 1740 machten gelehrte Männer diese Dummheit zum Gegenstande ihrer ernsthaften Untersuchung, und der gegenwärtige Papst hat sie zu einem Dogma der Kirche erhoben!

Die heilige Jungfrau ist sehr empfindlich in dieser Hinsicht und rächte sich an denjenigen, welche an ihrer unnatürlichen Entstehung zweifelten. Ein Fall solcher Rache wird von den Franziskanern mit Triumph erzählt. Ein Dominikaner predigte mit größter Heftigkeit gegen die unbefleckte Empfängniß und forderte gleichsam die „Himmelskönigin" heraus, ein Zeichen zu geben, wenn es nicht wahr sei, was er geredet. Kaum hatte er diese Lästerung ausgesprochen, als der Boden der Kanzel brach und der dicke Pater bis zur Mitte des Leibes hindurchfiel. Der Oberkörper mit der Kutte blieb oben, so daß die hosenlose Vorder- und Hinterfront der untern Etage des geistlichen alten Hauses der Betrachtung und dem Gelächter seiner Gemeinde preisgegeben war.

Die Art und Weise, wie Maria Jesus empfangen habe, war auch ein Gegenstand großen Kopfzerbrechens. Einige meinten, es sei durch das Ohr geschehen, Andere meinten durch die Seite. Dann zankte man sich auch sehr darüber, ob Maria noch nach der Geburt Jesu Jungfrau geblieben sei. St. Ambrosius vertheidigt diese Meinung sehr hartnäckig und bringt für dieselbe höchst wunderbare Dinge vor. Er sagt unter Anderm: „Da er (nämlich Christus) gesagt hat: ich mache Alles neu, so ist er auch von einer Jungfrau auf unbefleckte Weise geboren worden, damit man ihn desto mehr für den ansehe, der da ist Gott mit uns. Sie sagen: als Jungfrau hat sie empfangen, aber nicht als Jungfrau geboren. Ist das Eine möglich, so ist auch das Andere möglich. Denn die Empfängniß geht ja vorher und die Geburt folgt nach. Man sollte doch den Worten Christi, man sollte doch den Worten des Engels glauben, daß bei Gott kein Ding unmöglich sei (Luc. 1, 37). Man sollte dem apostolischen Symbolum glauben. Sagt ja der Prophet, eine Jungfrau werde nicht nur empfangen, sondern auch gebären (Jes. 7, 14). Jene Pforte des Heiligthums, welche verschlossen bleibt, durch welche Niemand gehen wird, als allein der Gott Israels (Ezech. 44, 1. 2), was ist sie anders als Maria, durch welche der Erlöser in diese Welt eingegangen ist? Sind doch so viele Wunder gegen die Gesetze der Natur geschehen, was ist's denn Wunder, wenn eine Jungfrau wider den Lauf der Natur einen Menschen geboren hat?" u. s. w.

Maria wurde von allen Kirchenlehrern, welche die Unterdrückung des Geschlechtstriebes predigten, als das höchste, unerreichbare Muster des jungfräulichen Lebens aufgestellt und bald von den Mädchen und Weibern weit mehr als Gott verehrt. Dieser Götzendienst war natürlich denen, welche die Lehre Christi rein bewahren wollen, ein Gräuel, und — daher die Opposition gegen Maria.

Helvidius schrieb (383) zur Vertheidigung des Christenthums ein Buch, in welchem er beiläufig behauptete, daß Maria nach Jesu Geburt noch mit Joseph einige Kinder hatte, wobei er sich sowohl auf Matth. 1, 25 berief, wo es heißt: „Joseph wohnte der Maria nicht bei, bis sie ihren ersten Sohn geboren," wie auch auf andere Bibelstellen, wo oftmals von Brüdern und Schwestern Jesu die Rede ist.

Der heilige Hieronymus gerieth außer sich über diese Frechheit. Er schrieb gegen Helvidius und rust den heiligen Geist an, „daß er das Quartier des heiligen Leibes, in dem er zehn Monate gewohnt habe, gegen allen Argwohn eines Beischlafes schützen", und Gott Vater, „daß er die Jungfräulichkeit der Mutter seines Sohnes kund thun möge."

Aehnliche Lehren wie Helvidius trug ein römischer Mönch, Jovinian, vor, und nun entspann sich um die Jungfrauschaft der Maria ein heftiger Kampf, der damit endete, daß Jovinian und seine Anhänger aus der Gemeinschaft der christlichen Kirche ausgeschlossen und seine Lehren als Ketzerei verdammt wurden!

Es ist nicht möglich ernsthaft zu bleiben, wenn man liest, über welche seltsamen Dummheiten die Geistlichen schrieben und disputirten! Pater Suarez handelt sehr gelehrt die Frage ab, „ob Maria mit oder ohne Nachgeburt geboren habe," und erzählt, daß Fromme verschiedene Speisen in Form der Nachgeburt genossen hätten! — Uebrigens ist er ein Antinachgeburtlianer, da der Prophet Ezechiel prophezeit habe: „Diese Thür wird verschlossen sein und nicht aufgemacht werden."

Man glaube indessen nicht, daß dieser ekelhafte Unsinn der größte ist, über welchen Pfaffen stritten, und verhöhne nicht die jüdischen Rabbiner, welche ernstlich untersuchten, ob Adam schon mit Stahl und Stein Feuer geschlagen habe? Ob das Ei, welches eine Henne am Festtag gelegt habe, gegessen werden dürfe? Ich kann eine ganze Galerie solcher christlichen Streitfragen anführen, die den erwähnten an Abgeschmacktheit durchaus nichts nachgeben, die mit der größten Erbitterung abgehandelt wurden und wobei es gar häufig zu Schlägereien und selbst Blutvergießen kam.

Die Pfaffen stritten darüber: ob Adam einen Nabel gehabt habe? Zu welcher Klasse von Schwalben, die gehörte, welche Tobias ins Auge machte? Ob Pilatus sich mit Seife gewaschen, als er Jesum das Urtheil sprach? Ob ein Kind bei widernatürlicher Lage auf den Hintern getauft werden dürfte? Was das für ein Baum gewesen, auf den der kleine Zachäus stieg, als er Christus sehen wollte? Mit welcher Salbe Maria Magdalena den Herrn gesalbt? Ob der ungenähte Rock, über den die Kriegsknechte das Loos warfen, Christi ganze Garderobe gewesen sei? Wie viel Wein auf der Hochzeit zu Cana getrunken worden sei? Was wohl Jesus geschrieben, als er mit dem Finger in den Sand schrieb? Wie Jesus das Erlösungswerk habe vollbringen können, wenn er als Kürbis zur Welt gekommen wäre? Ob Gott wie ein Hund bellen könne? Ob nicht schon ein einziger Blutstropfen hingereicht habe für die Sünde der Welt? Ob Gott der Vater sitze oder stehe? Ob er einen Berg ohne Thal, ein Kind ohne Vater hervorbringen und eine Entjungferte wieder zur Jungfrau machen könne? Ob die Engel Menuett oder Walzer tanzten? Ob sie lauter Diskant- oder auch Baßstimmen hätten? Was man wohl in der Hölle treibe, und zu welchem Thermometergrad die Hitze dort wohl steige? Eine Menge Fragen muß ich ihrer Unflätigkeit wegen weglassen und will nur zwei als Probe in lateinischer Sprache anführen: An Christus cum genetalibus in coelum ascenderit, et S. Virgo semen emiserit in commercio cum Spiritu sancto?

Die Lehren vom Abendmahl, von der Taufe und wie die christlichen Mysterien und Narrenspossen alle heißen, boten gleichfalls Gelegenheit genug zu Streitigkeiten. Man zankte sich darüber, ob der Teufel rechtmäßig taufen könne? Ob man im Nothfall auch mit Wein, Bier, Sand u. s. w. taufen könne? oder ob auch bloßes Anspucken genüge? Ob eine Maus, die vom Taufwasser gesoffen, für getauft zu halten sei? Was zu thun, wenn ein Kind das Taufwasser verunreinige? Das that der nachherige Kaiser Wenzel, und deßhalb wurde ihm auch alles mögliche Unheil prophezeit.

Doch die Untersuchung der Jungfraufchaft der Mutter Gottes hat mich auf Abwege geführt; kehren wir wieder zu ihr zurück.

Albertus Magnus (Albrecht von Lauingen), Bischof von Regensburg, der 1280 zu Köln starb, hat sich sehr gründlich mit der Jungfrau Maria beschäftigt und untersucht, ob sie blond oder brünett, ob sie schwarzäugig oder blauäugig, ob sie schlank oder dick, groß oder klein gewesen sei. Was er eigentlich herausuntersucht hat, finde ich nirgends und habe keine Lust, die einundzwanzig Foliobände deshalb durchzulesen, die uns von seinen 800 Büchern erhalten worden sind. Nach den Ueberresten von ihrem Haar zu urtheilen, ist es scheckig gewesen, denn man zeigt braune, blonde, schwarze und rothe. Diejenigen Haare, mit welchem sie an einem Marientage höchsteigenhändig das Hemde des Erzbischofs St. Thomas flickte, waren übrigens malitiös blond.

Schön war Maria indeß auf jeden Fall, denn wenn sich auch kein authentisches Portrait von ihr vorgefunden hat, so stimmen doch alle heiligen Kirchenväter darin überein, und als Heilige erschien ihnen natürlich die „Himmelskönigin" häufig.

St. Damiani, der 1059 starb, erzählt: „daß Gott selbst durch die Schönheit der heiligen Jungfrau in heftiger Liebe zu ihr entbrannt sei. In einem hierauf berufenen himmlischen Convent habe er den verwunderten Engeln von der Erlösung des Menschengeschlechtes und der Erneuerung aller Dinge erzählt und ihnen von Maria Kunde gegeben. Der Engel Gabriel erhielt sogleich einen Brief, in dem ein Gruß an die Jungfrau, die Fleischwerdung des Erlösers, die Art der Erlösung, die Fülle der Gnade, die Größe der Herrlichkeit und die Größe der Freuden enthalten waren. Gabriel kam zu Maria, und sobald er mit ihr gesprochen hatte, fühlte sie den in ihre Eingeweide hineingefallenen Gott und dessen in der Enge des jungfräulichen Bauches eingeschlossene Majestät."

Im Koran ist erzählt, daß Maria an einem Palmbaum stand, als der Engel zu ihr trat und sagte: „Ich will dir einen reinen Knaben schenken."

Die Zahl der Wunder, welche der heiligen Jungfrau zugeschrieben worden, ist sehr groß und es fällt mir schwer, eine Auswahl zu treffen. Später findet sich vielleicht eine Gelegenheit, eines oder das andere zu erzählen.

Die Legende erzählt, daß Engel das ganze Haus der Maria aus Bethlehem nach Italien getragen hätten. Anfangs ließen sie es bei Tersatto in der Nähe von Fiume stehen; aber im Jahr 1294 trugen sie es nach Loretto.

Als das heilige Haus vorbeigetragen wurde, bogen sich die Balken — damals noch in ihrer Jugend als Bäume — vor demselben! Höchst merkwürdig ist es aber, daß zwei Jahrhunderte lang kein Schriftsteller von diesem höchst wunderbaren Transporte erzählt! Die Inschrift des heiligen Hauses heißt: „Der Gottesgebärerin Haus, worin das Wort Fleisch geworden." Ueber dem unscheinbaren Hause, welches neuern Forschungen zufolge sich im Baumaterial und Form von den andern Bauernhütten — um Loretto gar nicht unterscheiden soll, erhebt sich eine prachtvolle Kirche, und Tausende von Wallfahrern strömten hierher, um ihre Rosenkränze in dem Breinäpfchen Christi umzurühren und, was für die Kirche die Hauptsache war, ein mehr oder minder beträchtliches Sümmchen zu opfern. So wurde denn durch einen, jedem vernünftigen Menschen offenbaren Betrug ein unermeßlicher Schatz zusammengestohlen!

Doch die guten Katholiken waren von ihren Pfaffen so gut gezogen, daß sie lieber ihren eigenen Augen, als einem Pater mißtrauten. Der Mönch Eiselin zog 1500 zu Albingen in Württemberg umher mit einer Schwungfeder aus dem Flügel des Engels Gabriel. Wer diese küßte, sagte er, dem solle die Pest nichts anhaben. Ein solcher Kuß wurde natürlich nicht umsonst gestattet. Diese kostbare Feder wurde dem Pfaffen gestohlen! Eiselin war indessen gar nicht verlegen. Im Beisein der Wirthin füllte er sein leeres Kästchen mit Heu, welches wahrscheinlich auf ihrer eigenen Wiese ge=

wachsen war, und gab es aus für Heu aus der Krippe, in welcher Jesus in Bethlehem gelegen hatte; wer es küßte, sollte pestfrei sein. Alles drängte sich zum Kuß herzu, und selbst die Wirthin küßte, so daß Eiselin erstaunt flüsterte: „Und auch du, Schatz?"

Die frommen Herrn Geistlichen und Mönche trieben mit den Reliquien den abscheulichsten Betrug. Jeder christliche Altar mußte seine Reliquie haben, und je heiliger diese war, desto größer war der Nutzen, den sie davon zogen; denn die Reliquien waren weder umsonst zu sehen, noch wurden sie verschenkt. Der Reliquienhandel wurde bald sehr einträglich. Natürlich, alte Knochen, Lumpen und dergleichen fand man überall, man brauchte kein Anlagekapital, und der Preis, den man sich bezahlen ließ, war hoch!

Als die Bischöfe von Rom Päpste wurden, da steuerten sie etwas diesem Handel, aber nur um selbst davon größern Vortheil zu ziehen. Die Reliquien mußten in Rom geprüft werden, und wurden nur für echt befunden, — wenn die Besitzer die echt römischen, klingenden Beweise beizubringen wußten. Eine gute Reliquie war ein wahrer Schatz für ein Kloster, und nicht alle Aebtissinnen gingen damit so leichtsinnig um, wie die der Nonnen zu Macon.

Das dortige Kloster besaß die Haut des heiligen Dorotheus, der geschunden wurde; Simon, der Gerber, hatte das heilige Fell gegerbt, und diese kostbare Reliquie war durch mancherlei Hände endlich in den Besitz der Nonnen zu Macon gekommen. Diese stopften die Haut mit Baumwolle aus und stellten den Heiligen her, als ob er lebe. Sie geriethen aber aus übergroßer Verehrung auf ganz kuriose Spielereien und Abwege, so daß es die Aebtissin für rathsam hielt, die Reliquie, deren Werth sie nicht kannte, den Jesuiten zu schenken.

Diese entdeckten bald die Kostbarkeit und fühlten eine Urheber schaft zum heiligen Leber, wodurch sie sehr viel Geld verdienten. Nun ging den Nonnen plötzlich ein Licht auf! Sie klagten beim Papst, reklamirten von den Jesuiten ihr Heiligthum, und es wurde ihnen auch zugesprochen. Der Jubel der Nonnen war groß, aber, o Schrecken! die malitiösen Jesuiten hatten den frommen Jungfrauen die ganze Freude verdorben, indem sie den lieben Heiligen verstümmelt hatten, und zwar auf unverantwortliche Weise! Er sah nun aus, wie der heilige Bernhard, als er seinen Mönchen verklärt erschien. —

Die indignirten Jungfrauen wandten sich abermals an den Papst mit der Bitte, daß er den Jesuiten befehlen möge, ihnen das Fehlende herauszugeben. Der Papst hielt jedoch diesen Mangel, besonders für ein Nonnenkloster, nicht für erheblich und sandte den Bittenden als Ersatz — zwei geweihte Muscatnüsse! — Man denke sich die Beschämung und den Zorn der guten Nönnchen!

Zur Zeit der Kreuzzüge wurde Europa erst recht mit Reliquien überschwemmt. Man brachte aus dem heiligen Lande Heiligthümer aller Art mit. Eroberte man eine Stadt, so suchte man vor allen Dingen erst nach Reliquien, denn sie waren weit kostbarer, als Gold und Edelsteine.

Ludwig der Heilige, König von Frankreich, machte zwei unglückliche Kreuzzüge; aber er tröstete sich über sein Unglück, denn es war ihm gelungen, einige Splitter vom Kreuze, einige Nägel, den Schwamm, den Purpurrock Christi und die Dornenkrone — um eine ungeheure Summe zu erkaufen. Als diese Heiligthümer ankamen, ging er mit seinem ganzen Hofe denselben barfuß bis Vincennes entgegen!

Heinrich der Löwe brachte eine große Menge Reliquien mit nach Braunschweig. Die Krone derselben aber war ein Daumen des heiligen Markus, für welchen die Venetianer vergebens 100,000 Dukaten boten.

Die heilige Trödelbude.

Der Glauben an diese Reliquien war ebenso unerhört, wie der Preis, der dafür bezahlt wurde. Die Pfaffen hätten Engel sein müssen, wenn sie die Dummheit der Menschen nicht benützt hätten.

Die ganze Garderobe Christi, der Jungfrau Maria, des heiligen Joseph und vieler anderer Heiligen kam zum Vorschein. Man fand die **heilige Lanze**, mit welcher der römische Ritter Longinus Christus in die Seite stach; das **Schweißtuch**, mit welchem die heilige Veronika Jesus den Schweiß abtrocknete, als er nach Golgatha ging, und in welches er zum Andenken sein Gesicht abdrückte! Von diesem Tuche gab es so viele Stücke, daß sie zusammen wohl fünfzig Ellen lang sein mochten. Ein sehr respektables Taschentuch!

Man fand auch die **Schüssel von Smaragd**, welche Salomon der Königin von Saba schenkte, und aus der Christus sein Osterlamm verspeiste. Die Weinkrüge von der Hochzeit von Cana entdeckte man auch, und in ihnen war noch Wein enthalten, der nie abnahm. Ursprünglich waren es nur sechs, aber sie vermehrten sich, und man zeigte sie zu Köln und zu Magdeburg. — **Splitter vom Kreuz** gab es so viel, daß man aus dem dazu verwendeten Holz hätte ein Kriegsschiff bauen können und Nägel vom Kreuz viele Centner. Dornen aus der Dornenkrone fanden sich (an jeder Hecke); einige bluteten an jedem Charfreitag.

Der **Kelch**, aus welchem Jesus trank, als er das Abendmahl einsetzte, fand sich auch vor, nebst Brod, welches von dieser Mahlzeit übrig geblieben war. Ferner die **Würfel**, mit welchen die Soldaten um Christi Rock spielten. Solcher ungenähter Röcke zeigte man eine ganze Menge, unter anderm zu Trier, Argenteuil, St. Jago, Rom und Friaul u. s. w. Die größte Wahrscheinlichkeit der Echtheit hat ein zu Moskau aufbewahrter, der durch den Soldaten, der ihn gewann, einem Georgier, mit nach Hause gebracht worden sein soll. Die Ausstellung des alten Kleidungsstückes in Trier im Jahr 1845, welche die ganze gebildete Welt empörte, veranlaßte eine Menge Untersuchungen über diese heiligen Röcke, und es erschienen mehrere darauf bezügliche Broschüren, die noch im Buchhandel zu haben und zum Theil sehr interessant sind. Alle diese heiligen Röcke haben eine wohlbezahlte päpstliche Bulle für sich, in denen ihre Echtheit bezeugt ist. Da nur e i n e r echt sein kann, so ist die Bestätigung der Echtheit m e h r e r e r durch den Papst ein geflissentlicher Betrug.

Man fand H e m b e n der Maria, die so groß sind, daß sie einem dicken Mann als Paletot dienen könnten; einen s e h r k o st= b a r e n Trauring der Maria, der zu Perusa gezeigt wurde; sehr niedliche Pantöffelchen und ein Paar ungeheuer großer rother, welche sie trug, als sie der heiligen Elisabeth ihren Besuch machte. Ja man fand Haare der heiligen Jungfrau von allen möglichen Farben nebst ihren Kämmen. Eine Zahnbürste ist aber nicht entdeckt worden. Dagegen fand sich so viel Milch von ihr vor, als schwerlich zwanzig Altenburger Ammen in einem ganzen Jahr produziren könnten. Blut Christi fand sich bald tropfenweis, bald auf Fla= schen gezogen. Etwas davon, so erzählt die Legende, hatte Niko= bemus, als er Christus vom Kreuze nahm, gesammelt und da= mit viele Wunder verrichtet. Aber die Juden verfolgten ihn und er sah sich genöthigt, das heilige Blut in einem V o g e l s ch n a= b e l (!) zu verbergen und nebst schriftlicher Nachricht ins Meer zu werfen. An der Küste der Normandie, man kann denken, nach welchen Irrfahrten, schwamm dieser Schnabel ans Land. Eine in der Nähe jagende Gesellschaft vermißte plötzlich Hunde und Hirsch. Man forschte nach und fand sie — s ä m m t l i ch k n i e e n d v o r d e m w u n d e r v o l l e n S ch n a b e l. Der Herzog von der Normandie ließ sogleich auf der Stelle ein Kloster bauen, welches Bec (Schnabel) genannt wurde, und welchem das heilige Blut Mil= lionen eintrug.

Windeln Christi fanden sich in großer Menge; auch die

jammervoll kleinen Höschen des heiligen Joseph entdeckte man nebst seinem Zimmermanns-Handwerkszeug. Einer der dreißig Silberlinge fand sich vor, nebst dem ungeheuer dicken, zwölf Schuh langen Strick, an welchem sich der Verräther Judas erhängte; sein sehr kleiner, leerer Geldbeutel tauchte ebenfalls auf, nebst der Laterne, mit welcher er leuchtete, als er Jesus verrieth.

Sogar die Slange kam zum Vorschein, auf welcher der Hahn saß, als er Petri Gewissen wach krähte, nebst einigen Federn dieses Vogels; ferner der Stein, mit welchem der Teufel Jesus in der Wüste versuchte; das Waschbecken, in welchem sich Pilatus die Hände wusch; die Knochen des Esels, der Christus am Palmsonntag getragen, wie auch einige der an diesem Tage gebrauchten Palmzweige. Ferner fand man die Steine, mit denen St. Stephanus gesteinigt wurde, — herrliche Achate! — die fabelhaft große Gurgel des fabelhaften St. Georg; eine Unmasse von Knochen der zu Bethlehem umgebrachten Kinder; die Ketten des Petrus und auch einen eingetrockneten Arm des heiligen Antonius, der sich aber als — die Brunstruthe eines Hirsches auswies!

Sogar aus dem alten Testament fanden sich Reliquien vor! Manche hatten demnach wohlerhalten Jahrtausende auf die fromme Entdeckung gewartet. Man fand den Stab, mit welchem Moses das rothe Meer zertheilte, Manna aus der Wüste, Noah's Bart, die eherne Schlange, ein Stückchen von dem Felsen, aus welchem Moses Wasser schlug, mit vier erbsengroßen Löchern; Dornen von dem feurigen Busch; den Schemel, von dem Eli herunterfiel und den Hals brach; das Scheermesser, mit dem Delila den Simson schor; den Stimmhammer Davids, der zu Erfurt gezeigt wurde u. s. w.

Eine Reliquie von großem Rufe war das Gewand des heiligen Martin (capa oder capella), welches in den Feldzügen als Fahne vorgetragen wurde. Die Geistlichen, welche dieses Heiligthum trugen, hießen Capellani, und die Kirche, in welcher es verwahrt wurde, Capella. Dieser Name erhielt bald eine weitere Ausdehnung, und daher die Kapellen und die Kapellane.

Der Glaube des Volkes an diese Reliquien war so stark, daß die Pfaffen es wagen konnten, Dinge als solche zu zeigen, die unsinnig und unmöglich waren, und wenn ich einige derselben anführe, so werden die Leser glauben, ich scherze! Allein dies ist nicht der Fall; man zeigte sie einst wirklich und zeigt sie in echt katholischen Ländern wohl heute noch.

Da sah man eine Feder aus dem Flügel des Engels Gabriel, den Dolch und den Schild des Erzengels Michael, deren er sich bediente, als er mit dem Teufel kämpfte; etwas von Christi Hauch in einer Schachtel; eine Flasche voll egyptischer Finsterniß; etwas von dem Schall der Glocken, die geläutet wurden, als Christus in Jerusalem einzog; einen Strahl von dem Sterne, welcher den Weisen aus dem Morgenlande leuchtete; etwas von dem Fleisch gewordenen Wort; einige Seufzer, die Joseph ausstieß, wenn er knotiges Holz zu hobeln hatte; den Pfahl im Fleische, der dem heiligen Paulus so viel zu schaffen machte, und noch unendlich viel andern Unsinn.

Die Unverschämtheit der Pfaffen kannte keine Grenzen, denn die Dummheit der Menschen war unbegrenzt. Oben habe ich ein Pröbchen sowohl von der Unverschämtheit als von der Dummheit in der Geschichte mit dem Mönch Eiselin gegeben; hier mag noch eine Probe folgen, welche Poggio Bracciolini erzählt, der beinahe vierzig Jahre lang päpstlicher Geheimschreiber war, und 1459 als Kanzler der Republik Florenz starb.

Ein Mönch hatte sich in eine hübsche Frau verliebt und versuchte es auf alle Weise, sie zu verführen. Es gelang ihm auch. Sie stellte sich sehr krank und verlangte nun den Mönch als Beichtvater. Dieser kam, blieb mit ihr der Sitte gemäß allein, um ihr die Beichte abzunehmen, und wurde erhört. Am andern

Tage kam er wieder und legte, um es sich bequemer zu machen, seine Hosen auf das Bette der Frau. Dem Manne schien die Beichte etwas lange zu dauern; er wurde neugierig und trat unvermuthet in das Zimmer. Der Mönch absolvirte so schnell als möglich und floh, aber — vergaß, seine Hosen mitzunehmen.

Diese fielen nun dem racheschnaubenden Ehemann in die Hände. Er stürzte damit auf die Gasse und zeigte diese Verräther seinen Nachbarn, entflammte sie zur Wuth und brach mit ihnen in das Kloster ein. Der Mönch sollte sterben! Ein alter besonnener Pater versuchte es vergebens, den Hitzkopf zu beruhigen, der übrigens jetzt die Sache gern vertuscht hätte, wenn es angegangen wäre. Das merkte der alte Pater und sagte ihm: er brauche wegen dieser Hosen nichts Uebles zu denken, denn dieses wären die Beinkleider des heiligen Franziskus, welche Krankheiten, wie die, woran seine Frau litte, grünblich heilten. Zu seiner Beruhigung wolle er die Hosen feierlich abholen.

Alsbald zogen Mönche mit Kreuz und Fahne nach dem Hause des ehrlichen Dummkopfes, legten die heilige Reliquie auf ein seidenes Kissen, stellten sie zur Verehrung aus und reichten die heiligen Hosen des lüderlichen Mönches den Gläubigen zum Kusse herum. Dann trug man sie in feierlichem Bittgange nach dem Kloster zurück und legte sie hier zu den übrigen heiligen Reliquien.*)

In dieses Kapitel von den Reliquien gehören auch die

---

*) Es ist dies keine erfundene Anekdote, oder ein Scherz des genannten Autors. Die Erzählung findet sich in einem ganz ernsten Werke, in welchem Poggio mit großer Entrüstung von der Verderbtheit der Geistlichkeit redet. Ueberhaupt verschmähe ich es durchaus, auf Kosten der historischen Wahrheit zu scherzen, und alle in diesem Werke gemachten Angaben kann ich historisch nachweisen, so seltsam sie auch manchmal klingen mögen.

wunderthätigen Heiligenbilder und ihre Verehrung. Die Pfaffen hatten mit den heiligen Knochen und Lumpen noch nicht genug. Bald fanden sich Bilder von Christus und der Jungfrau Maria, welche der Evangelist Lukas gemalt haben sollte. Sie zeugten weder von der Kunst des Malers, noch von der Schönheit der Personen, welche sie vorstellen sollten, denn sie waren ganz schauderhaft! Andere, nicht bessere Bilder fielen vom Himmel, und endlich ließ man sie ganz ungescheut von Malern malen.

Diese Bilder verehrte man wie die Reliquien, und die Verehrung ging bald in förmliche Anbetung über. Ueber den Bilderdienst entstanden die blutigsten Kämpfe, und endlich wurde er der Grund zur Trennung der Kirche in die griechische und lateinische. Dieser Bilderstreit dauerte zwei Jahrhunderte lang. Kaiser Konstantin V., welcher 741 starb, erklärte alle Bilder für Götzenbilder und fegte das ganze Land von Bildern und Reliquien rein. Er verwandelte die Klöster zu Konstantinopel in Kasernen und Mönche und Nonnen machte er lächerlich, indem er sie zum Beispiel paarweise einen Umzug im Cirkus halten ließ.

Im Westen fand dieser Bilder- und Reliquiendienst Anfangs auch viele Widersacher. Der Bischof Claudius von Turin meinte: „Wenn man das Kreuz anbetet, an dem Christus gestorben, so muß man auch den Esel anbeten, auf dem er geritten ist," was denn auch in der Folge wirklich geschah! Andere hielten aber diesen Bilderdienst für sehr wichtig. Ein Mönch hatte, um den Unzuchtsteufel zu besänftigen, diesem das Gelübde gethan, das tägliche Gebet vor den Bildern in seiner Zelle zu unterlassen. Im Zweifel darüber, ob er eine Sünde damit begangen, beichtete er dies dem Abt, und dieser sagte ihm: „Ehe du das Gebet vor den heiligen Bildern unterlässest, gehe lieber in jedes Bordell der Stadt." — So behielten wir denn in Europa die Bilderanbetung, und die griechische Kirche erhielt sie gar bald auch wieder. —

Sobald das heilige Grab aufgefunden war, strömten die frommen Christen dorthin; die Wallfahrten nach dem heiligen Lande kamen auf, und nach allen Stellen desselben, welche durch die Bibel eine besondere Bedeutung erlangt hatten. Man wallfahrtete sogar zu dem **Misthaufen, auf welchem Hiob gesessen!**

Den Pfaffen gefiel es indessen nicht im Allergeringsten, daß das schöne Geld so weit hinweggetragen wurde, und ihre Heiligenbilder und Reliquien thaten Wunder über Wunder, um die frommen Schaaren anzulocken. Schrecklich waren die Erzählungen von den Strafen, welche die Ungläubigen und Spötter getroffen. Die Heiligen mußten ihre Ehre zu schützen, wie zum Beispiel der heilige Gangulf. Dieser wurde von einem Priester, dem Liebhaber seiner Frau, todtgeschlagen und fing plötzlich an, im Grabe Wunder zu thun. Das lüderliche Weib, welches am besten wußte, daß ihr Alter durchaus keine Wunder thun konnte, lachte, als sie es hörte, und rief: „**Der thut eben so wenig Wunder, als mein Hintern singt**" und — o Graus! — **dieser fing an zu singen!**

Die Wallfahrten kamen aber erst recht in Gang, als damit der **Ablaß** verbunden wurde. Der übergroße Mißbrauch dieses Mißbrauches wurde die Veranlassung zur Reformation, und wir müssen denselben etwas genauer betrachten. Der Ablaß ist ein Kind des **Fegfeuers und der Ohrenbeichte.**

In der ersten Zeit der christlichen Kirche mußten diejenigen, welche wegen grober Vergehungen aus der Gemeinde ausgestoßen waren, wenn sie in dieselbe wieder aufgenommen sein wollten, alle ihre Sünden und Verbrechen öffentlich vor der Gemeinde bekennen; diese Buße nannte man die **Beichte.** Als die Pfaffen mächtig wurden, verwandelten sie dieses öffentliche Bekenntniß gar bald in ein geheimes, um ihre Macht zu erhöhen. Papst Innocenz III. ordnete aber (1215) an, daß ein

Jeder jährlich wenigstens einmal einem Priester seine Sünden insgeheim bekennen und die ihm dafür auferlegte Buße tragen solle. Wer die Beichte unterließ, wurde von der Kirche ausgeschlossen und erhielt kein christliches Begräbniß.

Jeder begreift, welche ungeheure Gewalt die Priester durch diese Einrichtung erlangten, denn abgesehen davon, daß sie von den Gläubigen die geheimsten Dinge erfuhren, die sie zu ihren Zwecken benutzen konnten, lag es auch ganz in ihrer Hand, den Beichtenden freizusprechen oder nicht, und sie wußten diese Gewalt trefflich zu benutzen, indem sie ihn freisprachen — absolvirten — je nachdem der Sünder zahlte.

Das Fegefeuer war eine Erfindung des römischen Bischofs Gregor des Großen (590—604). Fegefeuer hieß der Ort, wo seiner Erklärung nach die menschlichen Seelen geläutert wurden, damit sie rein in den Himmel kamen; also eine Art himmlischer Seelenwaschanstalt. Wer so halb zwischen Himmel und Hölle balancirte, der konnte darauf rechnen, daß er gehörig lange im Fegefeuer — denn Feuer war das Reinigungsmittel — schwitzen mußte, wenn nicht die Pfaffen, die sich mit den Waschteufeln auf du und du standen, ihn für Geld durch gute Worte früher in den Himmel spedirten. Das Reglement im Fegefeuer war nur den Pfaffen bekannt, und daher konnten sie allein beurtheilen, wie viel Messen dazu gehörten, um die Seele aus dem Fegefeuer loszubeten; — aber diese Messen wurden keineswegs umsonst gelesen.

Friedrich der Große kam einst in ein Kloster im Klevischen, welches von den alten Herzögen gestiftet war, damit darin Messen zu ihrer Befreiung aus dem Fegefeuer gelesen werden könnten. „Nun, wann werden denn endlich meine Herren Vettern aus dem Fegefeuer losgebetet sein?" fragte er ziemlich ernsthaft den Pater Guardian. Dieser machte eine tiefe Verbeugung und antwortete: „daß man dies so eigentlich nicht wissen könne, er es aber Sr. Majestät sogleich melden lassen wolle, sobald er die Nachricht aus dem Himmel bekäme."

Die Kreuzzüge waren Anfangs eigentlich weiter nichts, als bewaffnete Wallfahrten. Die Päpste begünstigten sie sehr, da sie hofften, dadurch auch ihre Macht auf Asien ausdehnen zu können, wo sie durch den Muhamedanismus verloren gegangen war. Sie wandten daher alle nur möglichen Mittel an, die Leute zu bewegen, „das Kreuz zu nehmen"; das hauptsächlichste und wirksamste war der Ablaß. Der Papst ließ nämlich predigen, daß alle Sünden, die ein Mensch begangen, sie möchten auch noch so groß sein, vergeben wären, sobald derselbe sich das Kreuz auf seinen Rock geheftet habe. Diese Erfindung des Ablasses wurde nun von den Päpsten auf alle Arten benutzt, und sie wurde für sie eine Goldgrube, unerschöpflich wie die Dummheit der Menschen.

Manche wollten nicht recht an die Macht des Papstes, die Sünden zu vergeben, glauben; aber Clemens VI. gab über sein Recht dazu und über das Wesen des Ablasses durch seine Bulle von 1342 die nöthige und genügendste Erklärung. „Das ganze Menschengeschlecht", sagt er in der Bulle, „hätte eigentlich schon durch einen einzigen Blutstropfen Christi erlöst werden können; er habe aber so viel vergossen, daß dieses Blut, welches doch gewiß nicht umsonst vergossen sei, einen unermeßlichen Kirchenschatz ausmache, vermehrt durch die gleichfalls nicht überflüssigen Verdienste der Märtyrer und Heiligen. Der Papst habe nun zu diesem Schatz den Schlüssel und könne zur Entsündigung der Menschen ablassen, so viel er wolle, ohne Furcht, solchen jemals zu erschöpfen."

Ich werde später auf diese Ablaßtheorie zurückkommen und zeigen, wie herrlich sich dieselbe entwickelte, jetzt aber zu den Wallfahrten zurückkehren. Als, wie gesagt, der Ablaß mit ihnen verbunden wurde, kamen sie erst recht in Aufnahme. Wer zu

diesem oder jenem Gnadenorte wallfahrtete und — nota bene —
das bestimmte Geld auf dem Altar opferte, der erhielt
Ablaß nicht allein für schon begangene Sünden, sondern sogar noch
für einige Jahre im Voraus!

In Deutschland gab es wohl hundert Marienbilder, zu
denen gewallfahrtet wurde, und in andern Ländern noch mehr.
Ein einziger Schriftsteller zählt 1200 wunderthätige Marienbilder
auf! Das berühmteste ist aber wohl das zu Loretto, in dem
Hause der Maria, welches von St. Lukas aus Cedernholz höchst
abscheulich geschnitzt worden sein soll. Der Dampf der Millionen
Wachskerzen hat das Bild allmälig schwarz geräuchert wie eine
Kohle, aber das thut seiner Wunderkraft keinen Abbruch, die
hauptsächlich darin besteht, den Leuten das Geld aus der Tasche zu
locken. Der Marmor rings um das Häuschen ist von den Wall=
fahrern so verrutscht, daß sich darin eine förmliche Rinne gebildet hat.
Sonst kamen jährlich gegen 200,000 fromme Christen nach Loretto,
allein in neuerer Zeit ist diese Zahl auf weniger als ihr Zehntel
zusammengeschrumpft.

Als die Franzosen nach Loretto kamen, eigneten sie sich von
dem Schatze zu, was die Pfaffen nicht beiseit gebracht hatten.
Ob ihnen die heilige Jungfrau den Schatz schenkte, das weiß ich
nicht, aber unmöglich ist so etwas nicht, wie folgende Geschichte
beweist.

Als Friedrich der Große in Schlesien war, verschwanden von
einem Muttergottesbilde nach und nach allerlei Kostbarkeiten, und
die Pfaffen entdeckten endlich den Dieb in einem Soldaten, der
deshalb beim Könige verklagt wurde. Der Soldat entschuldigte sich
und behauptete, er sei kein Dieb, denn die Mutter Gottes
habe ihm alle die Sachen geschenkt, die man vermißte.
Friedrich der Große fragte nun die geistlichen Herren, ob so
etwas wohl möglich sei? — „Allerdings, möglich ist es,"
erwiderten die verwirrten Pfaffen, „aber durchaus nicht wahr=

scheinlich." Der Dieb kam ohne Strafe davon, aber nun verbot Friedrich seinen Soldaten bei Todesstrafe, dergleichen Geschenke von der heiligen Jungfrau anzunehmen.

Nach Loretto war wohl St. Jago de Compostella der berühmteste Gnadenort, und an hohen Festtagen sah man hier noch in neuerer Zeit mehr als 30,000 Wallfahrer.

In der Schweiz ist Einsiedeln sehr berühmt. Das dortige Gnadenbild ist ein eben so elendes hölzernes Machwerk, wie das zu Loretto, aber eben so wie dieses ist es geschmückt mit den kostbarsten Juwelen.

In Deutschland gibt es unendlich viele Gnadenorte, aber ich will nur einige nennen. Waldthüren im badenschen Main- und Tauberkreise ist berühmt wegen des wunderthätigen Korporals. Es ist dies aber kein altösterreichischer Korporal mit seinem Wunderthäter an der Seite, den man im Oesterreichischen als Haßling weniger verehrte als fürchtete; auch kein preußischer Korporal aus dem Wupperthal, sondern ein Tuch, welches zum Daraufstellen des Kelches und Hostientellers dient und Korporale genannt wird. Im Jahr 1330 vergoß ein Priester etwas von dem Wein auf dieses Korporale. Der Wein verwandelte sich sogleich in Blut, und die einzelnen Tropfen auf dem Tuche in so viele mit Dornen gekrönte Christusköpfe. Dieses Korporale thut nach der Erzählung der Geistlichen entsetzlich viel Wunder, und vor und nach dem Fronleichnamfeste wallfahrten die Schaaren der Gläubigen nach Waldthüren, um sich hier am Korporale gestrichene rothe Seidenfäden zu holen, welche die Pest, vorzüglich aber den Rothlauf heilen, — wenn man nämlich ein reines Gewissen und vor allen Dingen den rechten Glauben hat. Die Zahl der Wallfahrer belief sich jährlich auf circa 40,000.

Aehnliche Wallfahrtsorte wie Waldthüren gibt es in allen katholischen Distrikten Deutschlands, und ich will mich nicht bei ihnen aufhalten.

Noch einträglicher für die Geistlichen sind diejenigen Wallfahrten, welche zu solchen sehr heiligen Reliquien stattfinden, die nur alle sieben Jahre ausgestellt werden. Diese ökonomische Einrichtung hat nicht etwa ihren Grund darin, daß sich die Reliquien von dem Wunderthun in der Ausstellungszeit erholen müssen, sondern einzig und allein in der Schlauheit der Pfaffen. Wären die „Heiligthümer" beständig zu sehen, so würde das Interesse an ihnen gar bald erkalten. Durch die Seltenheit ihrer Erscheinung locken sie an und den Leuten das Geld aus der Tasche, — das einzige Wunder, welches überhaupt irgend eine Reliquie jemals vollbracht hat.

Der allerkostbarste Schatz dieser Art wird zu Aachen aufbewahrt. Die höchsten Kleinobien desselben sind der riesenmäßige Rock der Maria, die Windeln Jesu von braungelbem Filz, und das Tuch, auf welchem das abgeschlagene Haupt Johannes des Täufers gelegen hat.

Im Jahr 1496 strömten 142,000 Andächtige nach Aachen, um die heiligen Lumpen zu sehen, und die Ernte war vortrefflich. 1818, als die Reliquien nach langer Pause wieder einmal vierzehn Tage lang gezeigt wurden, fanden sich nur 40,000 Wallfahrer ein. Die Reformation, die Revolution und die verdammte Aufklärung hatten ein großes Loch in den Glauben gerissen!

Seitdem ist aber viel an diesem Loch gestickt worden, und dieser gestickte Glaube zeigte sich fast stärker, als selbst im dunkelsten Mittelalter, Dank der von den Regierungen beliebten Maßregel, die Schulen unter der Kontrole der Pfaffen zu lassen. Mit Erstaunen erlebten wir es, daß noch im Jahre 1844 eine Million Wallfahrer nach Trier zogen, um hier einen alten Kittel zu küssen, der für den Leibrock Christi ausgegeben wird, um welchen die Soldaten neben dem Kreuze würfelten.

Zu jener Zeit verursachte diese heilige Rockfahrt nach Trier großes Aergerniß unter der ganzen gebildeten Welt, und sehr gelehrte und verständige Männer gaben sich die eigentlich überflüssige Mühe, nachzuweisen, daß dieser „heilige Rock" nichts vor den noch existirenden zwanzig andern voraus habe, sondern durchaus unecht und ein plumper Betrug sei. Die schlagendsten Beweise dafür brachten die Herren Professoren Gildemeister und von Sybel herbei, und ich halte es nicht für nöthig, darüber auch nur noch ein Wort zu verlieren.

Daß die Päpste die christlichen Schafe schoren, weiß Jedermann, aber nicht so bekannt möchte es sein, daß der heilige Vater — ganz ohne Allegorie — sich mit der Schafzucht beschäftigt und einen Preis für die gewonnene Wolle erlangt, wie er keinem veredelten Schafsjunker auf der Wollmesse jemals bezahlt wurde. — Der Papst unterhält nämlich eine kleine Anzahl Lämmer, die er über den Gräbern der Apostel geweiht hat und aus deren Wolle die Pallien gewebt werden.

Das Pallium ist ursprünglich ein römischer Mantel. Die Kaiser schenkten ein solches Kleidungsstück, welches von Purpur und köstlich mit Gold gestickt war, den Patriarchen und ausgezeichneten Bischöfen, um ihnen ihre Zufriedenheit und Gnade zu bezeugen, wie heut zu Tage die Geistlichen in manchen Staaten Orden erhalten, wenn sie in den Geist der Regierungen einzugehen verstehen.

Papst Gregor I. erlaubte sich zuerst, ohne Anfrage beim Kaiser, ein solches Pallium den Bischöfen zuzusenden, bald als Zeichen der Zufriedenheit, bald als Zeichen der Bestätigung. In dem Usurpiren von Rechten sind die Päpste groß, ja ihre ganze Macht ist darauf gegründet, und so kam es denn bald dahin, daß sie sich nicht nur ausschließlich das Recht anmaßten, dergleichen Pallien zu ertheilen, sondern gingen bald so weit, einen jeden Erzbischof, wie auch einige größere Bischöfe zu zwingen, sich das Pallium von Rom zu holen, — denn die Gnadensache hatte sich in eine Abgabe verwandelt. Ein solches Pallium kostete 30,000 Gulden, und diese Einnahme behagte den Päpsten so wohl, daß Johann VIII. unverschämt genug war, bekannt zu machen, daß jeder Erzbischof als abgesetzt zu betrachten sei, der sein Pallium nicht innerhalb drei Monaten von Rom habe.

Die Päpste waren so geizig und so gewohnt, aus Nichts Geld zu machen, daß ihnen trotz des hohen Preises der Mantel zu kostbar war. Dieser schrumpfte gar bald zu einer Art von Hosenträger zusammen, zu vier Finger breiten wollenen, mit rothem Kreuz versehenen Bändern, die über Rücken und Brust herabhängen. Diese Bänder sind aus der geweihten Wolle von Nonnenhänden gearbeitet und mögen vielleicht sechs Loth wiegen. Die Päpste verkauften demnach den Stein ihrer Wolle für nicht weniger als viertehalb Millionen Gulden!

Diese Palliengelder brachten den Päpsten ungeheure Summen, denn die Erzbischöfe sind meistens alle Herren und lösen einander schnell ab, und jeder neue Erzbischof muß ein neues Pallium kaufen; er mußte dies sogar thun, wenn er versetzt wurde. Wie einige Geheimräthe die Excellenz haben, so hatten auch einige deutsche Bischöfe, wie die von Würzburg, Bamberg und Passau das kostbare Pallienrecht.

Salzburg zahlte innerhalb neun Jahren 97,000 Scudi Palliengelder! Der Erzbischof Markulf von Mainz mußte das linke Bein eines goldenen Christus verkaufen, um sein Pallium zu bezahlen. Er bekam also wahrscheinlich mehr für dieses Bein, als der Verräther Judas für den ganzen Christus! —

Der Erzbischof Arnold von Trier gerieth in nicht geringe Verlegenheit, als ihm von zwei Gegenpäpsten zwei Pallien zugeschickt wurden, natürlich mit doppelter Rechnung. Wie er sich aus der Verlegenheit zog, weiß ich nicht, vielleicht durch den heiligen Rock. Sein Nachfolger, Bischof Arnoldi, der 1844 diesen alten Kittel ausstellte, wäre sicherlich nicht um lumpige 60,000 Gulden in Verlegenheit gewesen. Eine Million Wallfahrer, jeder taxirt zu fünf

Silberlingen, macht 166,666 Thaler preußisch Courant oder 300,000 Gulden.

Da nun die Erzbischöfe vom Papste so gebrandschatzt wurden, ist es ganz natürlich, daß sie wieder ihre Unterthanen oder Angehörigen ihres Sprengels brandschatzten, denn das Volk ist ja das Schaf mit dem goldenen Vließ, dem ein Stück nach dem andern von seinem Fell abgeschunden wird, um die Bedürfnisse der großen Herren zu befriedigen, heißen sie nun Erzbischöfe oder Fürsten.

Die Päpste hatten Geld wie Heu, aber die meisten von ihnen verstanden, es auch lustig durchzubringen. Sirius VI. (1471—84) verschwendete schon als Kardinal in zwei Jahren 200,000 Dukaten, was nach dem jetzigen Geldwerth weit über das doppelte mehr ist. Eine seiner Mahlzeiten kostete manchmal 20,000 Florenen; aber was that das, er verspeiste ja nur die Sünden der Christenheit, und dann verstand er es auch, sich Extraeinnahmen zu schaffen. So erlaubte er zum Beispiel einigen Kardinälen für eine bedeutende Abgabe, während der Monate Juni, Juli und August — Sodomiterei! Auch legte er in Rom öffentliche Bordelle an, welche ihm jährlich an sogenanntem Milchzins 40,000 Dukaten einbrachten. — Nun wir werden später noch heiligere Päpste kennen lernen.

Eine wahrhaft goldene Idee hatte Papst Bonifaz VIII.; er erfand das Jubeljahr! — Die Römer feierten den Anfang eines neuen Jahrhunderts durch große Festlichkeiten und auch die Juden ihr Jubel= oder Versöhnungsjahr. Dies brachte den genannten Papst höchst wahrscheinlich auf den Gedanken, solche Jubeljahre in der Christenheit einzuführen. Wer in dem Jubeljahre nach Rom wallfahrtete und hier sein Scherflein auf den Altar niederlegte, der erhielt vollkommenen Ablaß für alle Sünden, die er in seinem ganzen Leben begangen hatte, und war wieder unschuldig, wie ein neugeborenes Kind, oder noch unschuldiger, denn in diesem steckt doch nach der Kirchen=

lehre noch der Teufel, welcher erst durch die Taufe ausgetrieben wird. —

Wer wäre nicht gern seiner Sünden ledig. Ein ganz kurzer Mord kann einem ehrlichen Menschen das ganze lange Leben verbittern; wer erhielte nicht gern die Versicherung, daß dieser fatalen Kleinigkeit am Tage des Gerichts nicht weiter gedacht werden soll? Kurz, von allen Seiten strömten die Sünder nach Rom. Im Jahre 1300 brachten 200,000 Fremde das Jahr in dieser Stadt zu und der Gewinn, den sowohl die Einwohner derselben, als auch der Schatz des Papstes davon hatten, war unermeßlich.

Was von den reichen Leuten an Gold und Silber geopfert wurde, hat die päpstliche Schatzkammer nicht für gut befunden, laut werden zu lassen; allein nur an Kupfergeld kamen in diesem goldenen Jahre 50,000 Goldgulden ein. Nach einer ungefähren Schätzung belief sich der ganze Ertrag des Jubeljahrs auf 15 Millionen. Für die damalige Zeit war das eine ganz außerordentliche, unerhörte Summe.

Die ganz unerwartet reiche Ernte machte den Päpsten natürlich Lust zu einer baldigen Wiederholung. Hundert Jahre sind gar zu lang und Papst Clemens VI. hatte die beispiellose Güte, zu bestimmen, daß das Jubeljahr alle 50 Jahre gefeiert werden solle, denn ihm war ein ehrwürdiger Greis mit zwei Schlüsseln — also wahrscheinlich St. Peter — erschienen, der ihn mit drohender Geberde zugerufen hatte: „Oeffne die Pforte!" Da mußte er natürlich gehorchen.

Urban VI. verkürzte diese Zeit noch bis auf 33 Jahre, zum Andenken an die Lebensjahre Jesu! An einem anständigen Vorwande hat es den Päpsten nie gefehlt. Sixtus IV. war „wegen der Kürze des Menschenlebens" noch gnädiger und setzte diese Zeit auf 25 Jahre herab.

Das zweite Jubeljahr unter Clemens VI. (1350) fiel noch reichlicher aus als das erste. In der Jubelbulle „befiehlt er den

Engeln des Paradieses auch die vom Fegfeuer erlösten Seelen derjenigen, die auf der Reise nach Rom gestorben sind, in die Freuden des Paradieses einzuführen."

Solche überschwengliche Gnade war natürlich für die dummgläubige Menge höchst anlockend. Rom wurde so mit Fremden überschwemmt, daß die Gastwirthe, die sich doch sonst auf das Geldnehmen vortrefflich verstehen, damit nicht fertig werden konnten.

Am Altar St. Pauls lösten sich Tag und Nacht zwei Priester mit Croupiersrechen in der Hand ab, die unaufhörlich das geopferte Geld einstrichen und fast unter der Last ihrer Arbeit erlagen. Das Gedränge in der Kirche war so groß, daß viele der Gläubigen erdrückt wurden. Zehntausend der Wallfahrer erhielten gleich Gelegenheit, die Nützlichkeit des Ablasses zu erproben, denn sie starben an der Pest; aber man merkte ihren Abgang gar nicht, denn ihre Zahl gibt man auf eine Million und einige Hunderttausende an und den Ertrag dieser Jubelernte auf mehr als zweiundzwanzig Millionen!

Es ist ordentlich spaßhaft zu sehen, wie nun jeder Papst auf ein neues Mittel sann, die Erfindung seines Vorgängers Bonifazius noch einträglicher zu machen, denn — preti, frati e polli non son mai satolli (Priester, Mönche und Hühner werden nie satt.)

Bonifazius IX. berechnete, daß viele Christen nicht nach Rom kämen, weil die Reise zu viel kostete und weil sie vielleicht auch wegen ihrer Geschäfte nicht abkommen konnten. Diesen schickte er die Gnade ins Haus, indem er Leute aussandte, welchen er die Macht beilegte, für den dritten Theil der Reisekosten nach Rom vollgiltigen Ablaß zu ertheilen! — Trotz dieser Erleichterung strömten die Fremden doch noch nach Rom und in dem Jubeljahr unter Nikolaus V. konnte die Tiberbrücke die Menge der Menschen nicht tragen; sie brach zusammen und zweihundert verloren dabei das Leben.

Papst Alexander VI. machte eine noch nützlichere Erfindung. Von ihm rührt nämlich die sogenannte goldene Pforte der Peterskirche her. Beim Beginn des Jubeljahrs that der Papst mit goldenem Hammer drei Schläge an diese Thür; dann wurde sie geöffnet und am Ende des Jahrs wieder vermauert. Wer durch diese Pforte einging, war seiner Sünden ledig; ja für eine bestimmte Summe konnte man auch im Auftrage eines Entfernten hindurchgehen und diesen von seinen Sünden befreien. Diese Maßregel brachte viel Geld ein.

Die Päpste wurden durch diese Erfolge immer geldgieriger gemacht. Sie konnten oft die 25 Jahre nicht abwarten, und bei besonderen Veranlassungen, um die man nie verlegen war, wurde ein Extra-Jubiläum angesetzt, oder Reisende, die in Ablaß „machten", wurden in der Welt umhergeschickt. Sie waren noch zudringlicher wie Weinhandlungsreisende, so daß sie von manchen Gemeinden, den Pfarrer an der Spitze, zum Dorfe hinausgeprügelt wurden.

Die Reformation machte diesem Jubiläumsschwindel so ziemlich ein Ende, denn mit der Einnahme der spätern Jubeljahre wollte es nicht mehr so recht „flecken." Sogar das Jahr 1825 wurde noch zu einem Jubeljahr erhoben; allein es kamen wenig mehr Fremde als gewöhnlich nach Rom, meistens nur italienisches Lumpengesindel, von dem nichts zu holen war. Auch trafen die Fürsten Anstalten, die Wallfahrten nach Rom zu erschweren, da sie das Geld ihrer Unterthanen im Lande selbst brauchten. Sogar die damalige österreichische Regierung verbot ihren italienischen Unterthanen, ohne in Wien ausgestellt Pässe nach Rom zu wallfahrten. Wer da nicht bei Zeiten um einen Paß einkam, konnte leicht das Jubeljahr verpassen.

Nach einer wahrscheinlich viel zu geringen Berechnung haben die Jubeljahre den Päpsten gegen 150 Millionen eingetragen.

Der Ablaßschwindel wurde von Leo X. auf die höchste Spitze getrieben. Die ungeheuren Einnahmen, die aus ganz Europa in den päpstlichen Schatz flossen, genügten diesem üppigen und prachtliebenden Papste noch immer nicht und doch waren sie fast unermeßlich! Mehrere der Goldquellen, welche sich die Päpste zu öffnen verstanden, habe ich bereits genannt; alle anzuführen, würde zu weitläufig sein, doch einige will ich noch angeben.

Eine nicht unbedeutende Einnahme für die Päpste sind die **Annaten**. So nennt man nämlich die erste Jahreseinnahme eines neuen Bischofs, welche an den Papst gezahlt werden muß. Man kann dieselbe durchschnittlich immer auf 12,000 Thaler annehmen, und wenn man gering rechnet, daß wenigstens 2000 Bischöfe ihre Annaten an den päpstlichen Stuhl zahlten, so macht dies schon 36 Millionen Thaler.

Die **Dispensationsgelder** der Priester wegen ermangelnden Alters zu sechs Dukaten; die Dispensation von Fasten und die Erlaubniß zu Ehen zwischen Blutsverwandten brachten große Summen. Die letztern mußten natürlich sehr häufig vorkommen, dafür hatten die Päpste gesorgt, indem sie die Ehen zwischen Blutsverwandten bis zum **vierzehnten Grade** verboten. Es hat sich Jemand die Mühe genommen, auszurechnen, wie viel jeder Mensch durchschnittlich solche Blutsverwandte als lebend annehmen kann, und — **sechszehntausend** gefunden. Werden alle Arten der Verwandtschaft berechnet, so steigt ihre Zahl auf wenigstens 1,048,576. Da konnte es natürlich an Dispensgeldern nicht fehlen. — Außerdem wurde noch für **Kreuzzugs- und Türkensteuer** und unter unzähligen andern Namen den Gläubigen Geld aus dem Beutel gelockt.

Ganz vortrefflich verstand sich auf dies Wunder Papst Johann XXII. Er ist der Erfinder der schändlichen Liste der für

Dispensationen und Absolutionen zu entrichtenden Taxen, von welchen ich später reden werde. Dieser Papst scharrte so viel zusammen, daß er, der arme Schuhflickerssohn, — sechszehn Millionen gemünztes Gold und siebenzehn Millionen in Barren hinterließ!

Doch, wie gesagt, alle diese reichen Einkünfte reichten nicht hin, die „Bedürfnisse" des Papstes Leo X. zu befriedigen. Seine Kinder, Verwandte, Possenreißer, Komödianten, Musiker, wie seine Liebhaberei für die Künste verschlangen unermeßliche Summen, und der üppige heilige Vater gerieth in große Verlegenheit.

Um sich derselben zu entziehen, beschloß er, den Ablaß systematisch zur Erpressung von Geld zu benützen. Eine Beisteuer zur Führung eines Krieges gegen die Türken und zur Fortsetzung des schon von seinem Vorgänger begonnenen Baues der Peterskirche gab den Vorwand. Die sehr verbrauchte Türkensteuer wollte nirgends mehr recht ziehen und Kardinal Ximenes, der weise spanische Minister, verbot sogar dafür zu sammeln, „weil er ganz sichere Nachrichten habe, daß jetzt von den Türken durchaus nichts zu befürchten sei." Der Papst erließ also eine Bulle, worin Allen, welche durch Geldbeiträge den Bau der Peterskirche befördern würden, Ablaß verkündigt wurde.

Die ganze christliche Erde wurde nun in verschiedene Bezirke eingetheilt und Reisende des großen römischen Handelshauses dorthin geschickt, unter dem Titel päpstlicher Legaten oder Commissarien. Die Ablaßbriefe, welche diese commis voyageurs des Statthalters Gottes verkauften, lauteten wie folgt:

„Im Namen unseres allerheiligsten Vaters, des Stellvertreters Jesu Christi, spreche ich dich zuerst von aller Kirchencensur los, die du verschuldet haben könntest, hiernächst auch von allen Missethaten und Verbrechen, die du bisher begangen, so groß und schwer dieselben auch sein mögen; auch von denen, welche sonst allein der Papst vergeben kann, soweit sich die Schlüssel der heiligen Mutterkirche erstrecken. Ich erlasse dir vollkommen alle Strafen, die du um dieser Sünden willen billig im Fegfeuer erleiden solltest. Ich mache dich wieder der Kirchensakramente und der Gemeinschaft der Gläubigen theilhaftig und setze dich von Neuem in den reinen und unschuldigen Zustand zurück, worin du gleich nach der Taufe warst, so, daß wenn du stirbst, die Pforten der Hölle, wodurch man zur Qual und Strafe einzieht, verschlossen sein sollen, damit du geraden Weges in das Paradies gelangen mögest. Solltest du aber jetzt noch nicht sterben, so bleibt dir diese Gnade ungekränkt."

In der päpstlichen Kanzleitaxe war der Preis festgesetzt, für welchen die allerscheußlichsten Sünden vergeben wurden. Eltern- und Geschwistermord, Blutschande, Kindermord, Fruchtabtreibung, Ehebruch aller Art, die unnatürlichste Wollust, Meineid — kurz Alles, was man nur Sünde oder Verbrechen heißt, fand hier seinen Preis. Ich würde dies empörende Dokument für eine Erfindung der Feinde des Papstes halten, wenn die Echtheit desselben nicht unzweifelhaft bewiesen wäre.

Die schamloseste und frechste Nichtswürdigkeit enthält aber der Schluß dieser Taxe; er lautet: „Dergleichen Gnaden können Arme nicht theilhaftig werden, denn sie haben kein Geld, also müssen sie des Trostes entbehren!"

Für die Bezahlung von zwölf Dukaten war es sogar den Geistlichen erlaubt, ganz nach Gefallen Hurerei, Ehebruch, Blutschande und Sodomiterei mit Thieren zu treiben!

Des Papstes Spekulation glückte; unermeßliche Summen wanderten nach Rom; sie lassen sich gar nicht berechnen. Ein päpstlicher Legat zog allein aus dem kleinen Dänemark mehr als zwei Millionen durch Ablaßverkauf.

Leo X. fand es vortheilhaft, den Ablaß in einigen Bezirken an große Unternehmer für bestimmte Summen zu verpachten. Diese Generalpächter hatten wieder ihre Unterpächter, damit die Länder ja recht gründlich ausgesogen wurden.

Einer dieser Generalpächter war der Markgraf Albrecht von Brandenburg, Bischof von Halberstadt, Erzbischof von Magdeburg und endlich auch Erzbischof von Mainz und Kardinal! Er war dem Papst 30,000 Dukaten Pallien= gelder schuldig und übernahm den Ablaßkram in einigen Ländern, in der Hoffnung, diese Summe dabei zu gewinnen, welche ihm auch gegen Verpfändung des Ablaßerlöses von dem Grafen Fugger in Augsburg vorgeschossen wurde.

Der edle Kurfürst, Kardinal und Erzbischof betrieb diese Sache mit großem Eifer und kaufmännischem Geschick, und sehr interessant ist die von ihm den Ablaßkrämern gegebene Instruktion, weshalb ich ihren Inhalt hier mittheilen will.

„Zuerst sollen die Ablaßprediger dem Kurfürsten schwören, daß sie ihn nicht betrügen. Dann gibt er ihnen Gewalt, nach aufgerichtetem Kreuz und aufgehängtem Wappen des Papstes, in den Kirchen den Ablaß zu verkündigen und ihn denjenigen Per= sonen zu ertheilen, welche von ihren ordentlichen Geistlichen in den Kirchenbann gethan, oder mit sonstigen Kirchenstrafen be= legt sind.

Dann wird dem Ablaßprediger befohlen, in jeder Ablaß= predigt dem Volk drei bis vier Stücke aus der Ablaßbulle des Papstes nach Möglichkeit zu erklären und anzupreisen, damit die päpstliche Gnade nicht in Verachtung gerathe und die Leute nicht einen Ekel vor dem Ablaß bekommen mögen.

Ferner will der Kurfürst, daß dem Volk gesagt werden solle, es gelte außer dem seinigen in den nächsten acht Jahren kein anderer Ablaß, den man bereits erhalten habe oder noch erhielte;

aber durch diesen erlange nicht nur Jeder völlige Vergebung der Sünden, sondern er komme nach dem Tode auch gar nicht in das Fegefeuer.

Den Kranken, welche nicht in die Kirche kommen könnten, solle der Ablaß auch zu Hause, aber für eine größere Summe ertheilt werden. Wenn die Prediger die Größe des Ablasses Jemanden hinlänglich erklärt haben, und es dazu kommt, zu bestimmen, was er wohl zu zahlen habe, so sollen sie ihn fragen, wie viel Geld er wohl für den völligen Ablaß um Vergebung seiner Sünden aufopfern werde? Dies sollen sie vorausschicken, um die Leute besto leichter zum Kaufen des Ablasses zu bewegen.

Wenn nun auch die Ablaßprediger stets den Nutzen der Peterskirche vor Augen haben und den Beichtenden vorreden müssen, daß eine so hohe Gnade niemals zu theuer bezahlt sei, um sie zu einer möglichst hohen Abgabe zu bewegen, so spricht sich dennoch der Kurfürst wie folgt aus: Weil die Beschaffenheit der Menschen zu sehr verschieden, und Wir demnach gewisse Taxen zu bestimmen nicht vermögen, so vermeinen Wir doch, daß in der Regel die Taxen also könnten gesetzt werden: Große Fürsten geben 25 rheinische Goldgulden. Aebte, höhere Prälaten, Grafen, Freiherren und ihre Frauen zahlen für jede Person 10 rheinische Goldgulden. Andere Leute, die jährlich 500 Goldgulden einzunehmen haben, zahlen 6 Goldgulden; Frauen und Handwerker einen, noch Geringere einen halben Gulden.

Obwohl eine Frau von des Mannes Gütern nichts geben kann, so kann sie doch von ihren Dotal- und Paraphernalgütern, in diesem Falle auch wider des Mannes Willen, beitragen. Wenn arme Weiber und Töchter die Taxen von Andern erbetteln können, sollen sie solche ebenfalls in den Ablaßkasten liefern.

Wenn Jemand für eine Seele im Fegfeuer so viel beiträgt, als er etwa für sich zu bezahlen hätte, so ist nicht nöthig, daß er im Herzen bußfertig sei oder mit dem Munde beichte! Denn dieser Ablaß gründet sich auf die Liebe, mit welcher der, so im Fegefeuer sitzt, abgeschieden ist, und auf die Beiträge der Lebendigen.

Wer einen Beichtbrief von den Ablaßpredigern kauft, wird theilhaftig aller Almosen, Fasten, Wallfahrten nach dem heiligen Grabe, Messen, Reinigung und guten Werke, die in der ganzen christlichen Kirche verrichtet werden, ob er gleich weder bußfertig ist, noch gebeichtet hat.

Daß auf einen gewandten, guten Reisenden sehr viel ankommt, weiß jeder Kaufmann, und der Erzbischof war bemüht, einen solchen zur Verbreitung seiner Waare aufzufinden. Er fand ihn in dem Dominikanermönch Johann Tetzel aus Pirna. In der Jugend hatte sich derselbe etwas mit dem Studiren abgegeben, und sein Religionseifer erwarb ihm die Würde eines Doktors der Theologie. In Insprud wurde er einst darüber erwischt, als er — wie die Chronik sagt — seinen geistlichen Samen in fremden Ackerstreute. Kaiser Maximilian I. hatte Befehl gegeben, die Brunst des verliebten Paters im Wasser zu kühlen, das heißt, ihn in einem Sacke zu ersäufen. Nur auf dringende Fürbitte des Kurfürsten Friedrich kam er mit dem Leben davon.

Dieser unverschämte, feiste Schlingel, dessen Portrait in einem sehr guten Kupferstiche vor mir liegt, ist das wahre Ideal eines Pfaffen. Der Spitzbube sieht so durchtrieben und humoristisch aus, daß ich beinahe glaube, ich ließe mir selbst von ihm einen Ablaßzettel anschwatzen. Welch ein Glück mußte er nun erst bei den Gläubigen machen!

Er führte einen eisernen, mit dem Wappen des Papstes verzierten Kasten mit sich herum und zog von Markt zu Markt, indem er sang: „So wie das Geld im Kasten klingt, die Seele aus dem Fegfeuer springt!" Ueberall versammelte

Die heilige Tröbelbube.

er eine große Menge um sich, und seine Anpreisungen des Ablasses waren wahrhaft sehr ergötzlich, wenn auch fromme Christen sie gotteslästerlich nannten.

Er rühmte von sich, daß er durch den Ablaß mehr Seelen aus der Hölle errettet habe, als von dem Apostel Petrus durch die Predigt des Evangeliums Heiden bekehrt worden wären. Er könne nicht allein begangene Sünden vergeben, sondern auch solche, die man erst begehen wolle, und die Kraft seines Ablasses sei so groß, daß es keine Sünde gebe, welche durch denselben nicht gesühnt werden könne; ja, wenn Jemand, was doch unmöglich sei, „die Mutter Gottes genothzüchtigt und geschwängert habe" — durch seinen Ablaß könne derselbe von der dadurch verwirkten Strafe befreit werden.

Dieser Tetzel trieb die Frechheit so weit, daß der damalige Bischof Johann von Meißen vorhersagte, dieser Mönch würde der letzte Ablaßkrämer sein.

Man erzählt von ihm eine Menge Stückchen, die Zeugniß ablegen von seiner grenzenlosen Unverschämtheit. In Annaberg, wo damals reiche Silberbergwerke waren, machte er den Leuten weiß, daß alle Berge rings umher gediegenes Silber werden würden, wenn sie nur brav zahlten. In dieser Stadt scheint es ihm gefallen zu haben, denn er blieb hier zwei Jahre. — In Freiberg sammelte er binnen zwei Tagen zweitausend Gulden; aber als er wieder dorthin kam, hatte Luther den Leuten den Staar gestochen, und die Bergleute waren so wüthend, daß Tetzel es für gerathen hielt, sich schleunigst davon zu machen.

In Zwickau wollte er sich einst bei dem dortigen Küster zu Gaste bitten; allein dieser entschuldigte sich mit seiner Armuth. Darauf befahl er diesem, im Kalender nachzuschen, ob auf den andern Tag der Name eines Heiligen zu finden wäre. Der Küster fand aber nur den heidnischen Namen Juvenal.

"Das thut nichts," sagte Tetzel, "wir wollen diesen Heiligen schon zu Ehren bringen; beruft nur morgen das Volk durch alle Glocken zur Kirche, wie ihr es sonst an den höchsten Festtagen zu thun pflegt."

Der Küster that, wie ihm befohlen, und die Einwohner der Stadt strömten in Menge in die Kirche. Tetzel predigte. "Die alten Heiligen", sagte er, "sind alt und milde, uns zu helfen; aber dieser heilige Juvenal, dessen Gedächtniß wir heute feiern, ist noch ziemlich unbekannt; wenn ihr ihn anfleht und ihm opfert, so wird er sich gewiß beeilen, euch zu helfen." Darauf rieth er zur Freigiebigkeit und ermahnte besonders die Vornehmen, mit gutem Beispiel voranzugehen.

Er blieb bei dem "Gotteskasten" stehen und sah zu, was Jeder hineinlegte, und die guten Zwickauer steuerten reichlich zu Ehren des heiligen Juvenal! Tetzel flüsterte dem Küster ins Ohr: "Es ist genug geopfert, nun wollen wir weidlich davon schmausen."

In der Schweiz absolvirte Tetzel einen reichen Bauern wegen eines Todtschlages, und als dieser ihm gestand, daß er noch einen Feind habe, den er gern ermorden wolle, erlaubte es ihm der elende Pfaffe gegen eine kleine Summe!

Trotz aller Pfiffigkeit wurde Tetzel aber doch einmal angeführt. — In Magdeburg kam ein Herr von Schenk zu ihm und bot ihm eine nicht unbedeutende Summe, wenn er ihn für eine große Sünde absolviren wolle, die er noch zu begehen gedenke. Schmunzelnd strich der Pfaff das Geld ein und gab den verlangten Ablaßbrief.

Als nun einige Tage darauf Tetzel von Magdeburg nach Braunschweig zog, beladen mit einigen tausend Gulden, überfiel ihn in einem Walde bei Helmstädt der Herr von Schenk und nahm ihm seine ganze Baarschaft ab. Der Pfaff schrie Zetermordio und klagte über Gewalt; allein Schenk zeigte seinen Ablaßbrief vor und sagte: „Entweder hat mein Verfahren nichts zu bedeuten, oder deine Waare ist Betrug." Schenk behielt das Geld und Tetzel hatte das Nachsehen.

Dieser nichtswürdige Mönch hatte die rechte Art, den Leuten das Geld aus dem Beutel zu schwatzen, und er nahm mehr ein, als alle andern Ablaßkrämer, die sich damit begnügten, folgende stehende Redensarten herzuplappern:

„Seht doch, der Himmel steht euch überall offen. Wollt ihr jetzt nicht hineingehen, wann werdet ihr denn hineinkommen? O ihr unsinnigen und verstockten Menschen, die ihr fast den wilden Thieren gleich seid, und die große Verschwendung und Ausgießung der päpstlichen Gnade nicht zu würdigen verstehet. Sehet! so viel Seelen könnt ihr aus dem Fegefeuer erlösen! O ihr Hartnäckigen und Saumseligen! Ihr könnt mit zwölf Groschen euern Vater aus dem Fegefeuer reißen und seid doch so undankbar, daß ihr euern Eltern in so großer Noth nicht beistehet. Ich will am jüngsten Gerichte die Schuld davon nicht auf mich nehmen" u. s. w.

Tetzel mußte die Sache den Leuten weit plausibler zu machen, und da war keine Dirne, die ihm nicht einige Groschen für irgend eine kleine Sünde, die sie begehen wollte, gezahlt hätte. Wie schnell er Geld zusammen zu bringen wußte, beweist Folgendes: In Görlitz war die Peterskirche gebaut worden, und es fehlte nur noch das kupferne Dach, wozu 1800 Centner Kupfer erforderlich waren, die damals 48,000 Thaler kosteten. Man wandte sich an Tetzel, und in drei Wochen hatte er diese Summe gesammelt.

Luthers 95 Theses gegen den Ablaß ruinirten dem Pater den ganzen Handel. Vielleicht war es der Aerger darüber, der ihn in Leipzig auf das Krankenlager warf, von dem er nicht wieder aufstand. Er starb und liegt in dieser Stadt im Paulino begraben, wo sein Monument wahrscheinlich noch zu sehen ist. —

Die Ablaßrechnung ist eine ganz kuriose Rechnung, und es ist schwer, sich hinein zu finden. Manche Leute kauften Ablaß für mehrere hundert Jahre, während sie doch höchstens auf hundert zählen konnten. Aber die Jahre im Fegefeuer zählten mit, und das änderte die Rechnung! Für diese Sünde hatte man, nach Angabe der Pfaffen, zwanzig Jahre zu braten, für jene gar dreißig, und so kamen bei einem geübten Sünder leicht schon einige hundert Jährchen zusammen. Wollte er nun dennoch direkt in den Himmel spazieren, so mußte er schon für so viele Jahre Ablaß kaufen, als ihm kraft seiner Sünden im Fegefeuer zukamen.

Das war übrigens nicht so schwer, denn wer eine Reliquie küßte und besonders wer dafür bezahlte, erhielt auf drei oder mehr Jahre Ablaß, je nach der Heiligkeit der Reliquie. Erzbischof Albrecht besaß einen solchen Schatz von Reliquien, daß damit Ablaß zu gewinnen war auf „neunundbreißig Mal tausend, zweihundert Mal tausend, fünfundvierzigtausend, hundert und zwanzig Jahr, zweihundert und zwanzig Tage."

Unter den Reliquien, die er von Halle nach Mainz schaffen ließ, befanden sich aber auch sehr rare und heilige Stücke! Achtmal vom Haare der Jungfrau Maria; fünfmal von ihrer Milch; dann das Hemd, in welchem sie Jesus geboren, ein halber Kinnbacken von St. Paulus nebst vier Zähnen u. s. w.

Man glaube ja nicht, daß diese Ablaßberechnungen der vergangenen Zeit angehören und mit dem Mittelalter abgethan sind; sie werden noch heutzutage von römischen Priestern angestellt und den Gläubigen vorgetragen. In den „geistlichen Neujahrsgeschenken" der Diözese Mans in Frankreich, welche vor etwa zwanzig Jahren erschienen, wird folgende Berechnung über den Ablaß gegeben: „Wenn man einen geweihten Rosenkranz hat, sagt die heilige Brigitte, so erlangt man hundert Tage Ablaß, so oft man das

Credo, das Gloria Patri, das Paternoster und das Ave betet. Wenn man also den gewöhnlichen Rosenkranz betet, der aus 53 Ave, 6 Paternoster, 6 Gloria Patri und einem Credo besteht, so erlangt man 6600 Tage Ablaß, den man den Seelen im Fegefeuer zuwenden kann. Sagt man den Rosenkranz von 150 Gebeten her, so erhält man 19,000 Tage Ablaß, und überdies 7 Jahre und 7 vierzigtägige Fristen! — Für „eine Viertelstunde frommer Betrachtung" erhält man 7 Jahre und 280 Tage Ablaß; für Begleitung des Sanktissimum, wenn es zu Kranken getragen wird, 5 Jahre und 200 Tage; wenn man es aber mit einer Kerze begleitet, erlangt man 2 Jahre und 83 Tage mehr.

Die Summen, welche die Geistlichkeit durch ihren Handel gewann, sind unberechenbar und lassen sich aus einzelnen Angaben nur annäherungsweise schätzen. Liest man solche Angaben, so kann man gar nicht begreifen, wie es nur möglich war, bei dem früheren hohen Werthe des Geldes so viel zusammen zu scharren.

Als in der französischen Revolution die Klöster aufgehoben und die geistlichen Güter eingezogen werden sollten, bot die Geistlichkeit der Nationalversammlung **Vierhundert Millionen Francs baar Geld!** — Die Venetianer schätzten das Vermögen ihrer Geistlichkeit auf **206 Millionen Dukaten.**

Von der Einnahme der Geistlichkeit, die herrlich und in Freuden leben wollte und viel verbrauchte, ging nur ein kleiner Theil in die päpstliche Schatzkammer; und deshalb wird die Angabe dieser Summe den allerbesten Maßstab dafür abgeben, was dem schon ohnehin genug geplagten Volke von den Pfaffen abgeschwindelt wurde.

Aus dem Gebiete von Venedig, welches nur zwei und eine halbe Million Einwohner zählte, gingen innerhalb zehn Jahren 2,760,164 Skudi nach Rom, und aus Oesterreich unter Maria Theresia binnen vierzig Jahren 110,414,560 Skudi! Sind diese Angaben richtig — und sie sind zuverlässigen

Quellen entnommen —, so erscheint die Berechnung viel zu gering nach welcher innerhalb 600 Jahren aus der katholischen Christenheit nur 1,019,690,000 Gulden nach Rom gezahlt wurden.

Und wofür wurde dies Geld bezahlt? Für Dinge, welche zum Elend und zur Demoralisation des Volkes mehr beitrugen, als irgend etwas in der Welt, und an wen gingen die 1019 Millionen? — An einen italienischen Bischof, der uns so wenig angeht, wie der Mikado von Japan, und der sich mit demselben Recht Statthalter Christi nennt, wie ich es thun könnte, und der unter diesem Titel zu seiner Zeit behauptete, Herr der ganzen Erde zu sein, von welcher Derjenige, dessen Statthalter er zu sein vorgibt, nicht einmal so viel besaß, um sein Haupt darauf zu legen! — Was aber diese „Statthalter Christi in Rom" für Menschen waren und wie wenig sie die Verehrung verdienen, welche ihnen die Christen zollen, werden wir im nächsten Kapitel mit Abscheu und Ekel erfahren.

IV.

Die Statthalterei Gottes in Rom.

„Als die Leute schliefen und stockdumm waren, hat der böse Feind, der Teufel das Papstthum gestiftet."

Mit konsequenter Unverschämtheit kann in der Welt Alles durchgesetzt werden, es mag auf den ersten Anblick noch so abgeschmackt oder verrückt erscheinen. Beweise davon liefert die Geschichte in Menge; aber den schlagendsten und demüthigendsten die des Papsthums.

Eine Geschichte des Papsthums würde die Grenzen überschreiten, die ich mir nothwendig setzen muß; ich beabsichtige nur in der bisher befolgten skizzenhaften Weise zu zeigen, daß das Papsthum auf den gröbsten Betrug gegründet ist, welche nichtswürdigen Wege die Päpste einschlugen, welche verbrecherischen Mittel sie anwendeten, sich die Welt tributpflichtig zu machen, und welchen moralischen Werth die Menschen hatten, welche von der römischen Kirche als „Statthalter Gottes" an ihre Spitze gestellt wurden.

Ich schreibe mit der unverhüllt ausgesprochenen Absicht, den als Aberglauben früher charakterisirten religiösen Glauben zu vernichten, und da derselbe auf die Autorität der Päpste und der römischen Priester gestützt ist, so trachte ich zunächst danach, diese Autorität dadurch zu vernichten, daß ich auf geschichtlichem Wege die unreinen Quellen der Glaubenssätze nachweise und durch Erzählung der Handlungen der Päpste den Gläubigen beweise, daß sie auf die Aussagen von Menschen vertrauten, die ihres Vertrauens in jeder Beziehung unwürdig sind.

Dieser offen ausgesprochene Zweck macht mir die äußerste Vorsicht in Angabe von Thatsachen zur Pflicht, und erlaubt mir nur solche zu berichten, welche historisch so klar bewiesen sind, daß eine Widerlegung unmöglich ist. Aus dem Folgenden wird es dem Leser klar werden, warum ich es für nöthig hielt, diese Bemerkung voranzuschicken. —

Im ersten Kapitel habe ich in der Kürze nachgewiesen, wie die Pfaffen entstanden sind und wie die Bischöfe eine geistliche Obergewalt über ihre Gemeinden **usurpirten**.

Die Bischöfe begnügten sich mit der erlangten Macht nicht und je besser es ihnen glückte, ihre Brüder zu knechten, desto ausschweifender wurden sie in ihren Ansprüchen. Die Macht der jüdischen Hohenpriester, ihrer Vorbilder, war es, nach welcher sie trachteten. Das Bild des Priesters **Samuel** schwebte ihnen beständig vor Augen.

Ein Betrüger schmiedete falsche Schriften, welche er den Aposteln zuschrieb und welche unter dem Namen der **apostolischen Constitutionen** bekannt sind. Ihr Zweck war es, das Ansehen und die Gewalt der Bischöfe zu erhöhen und sie enthielten das Verrückteste, was man bisher zur Ehre der Bischöfe gesagt hatte. Diese wurden darin **irdische Götter, Väter der Gläubigen, Richter an Christi Statt und Mittler zwischen Gott und den Menschen** genannt. In demselben Sinn sprachen von den Bischöfen viele angesehene Kirchenväter.

Als die römischen Kaiser zum Christenthum übertraten, behaupteten sie zwar selbst ihre Würde als Oberpriester (l'ontifices maximi), aber sie beförderten das Ansehen der Bischöfe ihren Gemeinden gegenüber. Ja manche Kaiser waren so verblendet und unklug, ihre Kinder diesen Bischöfen zur Erziehung anzuvertrauen, was dann die ganz natürliche Folge hatte, daß diese „**in der Furcht Gottes**," das heißt in der Demuth gegen die Pfaffen erzogen wurden und als sie selbst Kaiser wurden, ihre

Kniee vor denselben beugten und ihnen die Hände küßten. Daß diese dadurch nur immer aufgeblasener und anmaßender wurden, liegt in der menschlichen Natur und wir dürfen uns nicht darüber wundern, wenn schon Bischof **Leontius von Tripolis** verlangte, daß die Kaiserin **Eusebia**, Gemahlin des Kaisers Konstans, vor ihm aufstehen und sich verneigen sollte, um seinen Segen zu empfangen.

Die protestantischen Bischöfe der neuern Zeit hätten es gern auch so weit gebracht. Als **Friedrich Wilhelm III.** von Preußen einst in Magdeburg aus dem Wagen stieg und sich dabei bückte, erhob schon der Bischof Dräsele seine Hände und seine Stimme, um **ihm den Segen zu ertheilen.** Zum großen Verdruß des Bischofes schob ihn der sonst so fromme König bei Seite und sagte ärgerlich in seiner kurzen Weise: „**Dumm Zeug! — so was nicht leiden!**"

Das Hauptstreben der Bischöfe war darauf gerichtet, die Einmischung der „weltlichen" Macht in die Kirchenangelegenheiten zu beseitigen, ja wo möglich die Kaiser **sich unterzuordnen.** Der Bischof von Mailand, **Ambrosius**, machte damit gleich auf sehr freche Weise den Anfang. Er nahm es sich heraus, den Kaiser **Theodosius zu excommuniziren**, das heißt von der Kirchengemeinschaft auszuschließen.

Manche Kaiser, denen die Pfaffen mit der Hölle zusetzten, waren schwach genug, zu den pfäffischen Anmaßungen zu schweigen und wenn nun das Volk sah, wie ihre gefürchteten Oberherrn sich so demüthig gegen die Bischöfe betrugen, mußte es natürlich auf den Gedanken kommen, daß diese übermenschliche Wesen seien. In einigen Orten wurden denn auch die Bischöfe von den Christen mit dem evangelischen **Hosianna** empfangen.

So stieg der Hochmuth der Pfaffen von Jahr zu Jahr. Schon 341 n. Chr., auf der Synode von Antiochien, wurde es den Geistlichen verboten, sich in kirchlichen Angelegenheiten ohne Erlaubniß der Bischöfe an den Kaiser zu wenden. Die niedere Geistlichkeit wurde überhaupt immer mehr unterdrückt, und die Landbischöfe, welche über ihre Gemeinden ganz dasselbe Recht gehabt hatten, wie die Stadtbischöfe, wurden 360 durch Beschluß der Synode von Laodicäa ganz abgeschafft.

Das gewöhnliche Sprichwort sagt: „Eine Krähe hackt der andern nicht die Augen aus;" aber die Pfaffen machten es zu nichte, denn sie hackten sich nicht nur die Augen aus, sondern die Köpfe ab, wenn sie konnten und es ihnen paßte. Wegen der lächerlichsten theologischen Streitigkeiten lagen sie sich fortwährend in den Haaren und erfüllten deßhalb die Welt mit Unruhe und Mord.

Einen bedeutenden Antheil an den theologischen Streitigkeiten hatten die zahllosen Mönche, welche ihre Ansichten nicht allein mit geistlichen Waffen, sondern weit wirksamer mit höchst irdischen Knitteln verfochten. Sie bildeten förmliche Freikorps, welche von den fanatischen Bischöfen benützt wurden und oft die gräulichsten Excesse begingen. Ein römischer Feldherr, Vitalianus, mußte 314 in Konstantinopel einrücken, um die Stadt vor den wüthenden Mönchen zu schützen.

Die zweite Kirchenversammlung zu Ephesus 449 n. Chr. erhielt den Namen Mörderversammlung, weil hier die tollen Mönche mit dem Schwert in der Hand die Annahme der Glaubenssätze erzwangen, welche sie für gut hielten.

Einer der größten Fanatiker war der Bischof Cyrillus von Alexandrien. Sein Haß traf die in dieser Stadt seit siebenhundert Jahren wohnenden Juden. Er hetzte die Mönche und den Pöbel gegen sie auf, ließ ihre Synagogen niederreißen und jeden Juden niederhauen, der in ihre Hände fiel. So verlor Alexandrien vierzigtausend seiner fleißigsten Bürger!

Der römische Präfekt Orestes wollte der Verfolgung Einhalt thun, allein er verlor darüber beinahe sein Leben, indem er von einem wüthenden Mönche mit einem Stein am Kopfe schwer verwundet wurde. Die römische Regierung schwieg, da sie die Schuldigen nicht zu strafen wagte. So hoch war die Macht der Pfaffen bereits gestiegen.

Die schändlichste Grausamkeit verübten diese christlichen Mönche aber gegen die Geliebte dieses Präfekten, die Tochter des Mathematikers Theon, die liebenswürdige Philosophin Hypatia. Zur Fastenzeit rissen die Mönche dies herrliche Weib aus ihrem Wagen, zogen sie nackend aus und schleppten sie wie ein Opferlamm in die Kirche. Hier ermordete man sie auf die grausamste Weise: Kannibalische Pfaffen kratzten ihr mit Muscheln das Fleisch von den Knochen und warfen die noch zuckenden Glieder ins Feuer.

Stolz, Herrschsucht und Geldgier hatten in den Herzen der christlichen Priester die Stelle der christlichen Liebe eingenommen und die demokratische, christliche Gleichheit war schon längst als unchristlich gebrandmarkt worden. Jeder Bischof trachtete nur danach, sich über die andern Bischöfe emporzuschwingen und so entstanden unter ihnen allerlei Rangabstufungen.

Die Bischöfe in den Hauptstädten und Provinzen der Länder erlangten bald eine Art von Oberhoheit über die der andern Städte und nannten sich Metropoliten. Auch unter diesen maßten sich einige wieder einen höhern Rang an und wußten die Bischöfe mehrerer Länder unter ihre Oberhoheit zu bringen. Sie nannten sich zuerst Exarchen, dann aber Patriarchen.

Zur Zeit des Kaisers Theodosius II. gab es fünf solcher Patriarchen, zu Konstantinopel, Antiochien, Jerusalem, Alexandrien und Rom. Sie waren von einander vollkommen unabhängig und in ihrem Range wie in ihren Vorrechten vollkommen gleich.

Rom war die Hauptstadt der damaligen Welt; von hier gingen alle Befehle aus, durch welche sie regiert wurde. Die

Pfarrer der römischen Gemeinde, welche sahen, wie trefflich es sich von Rom aus regieren ließ, wurden lüstern danach, die kirchliche Welt in ähnlicher Weise zu regieren, wie die Kaiser die politische.

Die übrigen Gemeindevorsteher, die Bischöfe, fanden das natürlich und mit Recht sehr anmaßend und empörten sich über die Lügen, durch welche ihre Kollegen in Rom ihre Prätensionen zu Rechten zu erheben trachteten. Wenn wir diese Lügen untersuchen, so wissen wir in der That nicht, ob wir mehr über die Dummheit und Unverschämtheit dieser Lügen, oder über die Dummheit der Menschen erstaunen sollen, die sich auf solche handgreifliche Weise übertölpeln ließen.

Die Bischöfe zu Rom sagten: „**Jesus machte Petrus zum obersten der Apostel; diese waren ihm untergeordnet. Petrus war 24 Jahre, 5 Monate und 10 Tage Bischof in Rom; wir sind seine Nachfolger, folglich — stehen alle Bischöfe und Fürsten der Christenheit unter unserer Oberhoheit!**"

Selbst wenn Jesus so unchristlich gehandelt und Petrus einen Vorrang vor den andern Jüngern gegeben hätte, selbst wenn Petrus Bischof in Rom gewesen wäre, so ist es doch noch immer eine sehr seltsame Behauptung, daß deshalb seine Nachfolger **Statthalter Gottes auf Erden** seien! Doch diese Behauptung und Anmaßung wird erst dadurch zur frechsten Unverschämtheit, daß es **Jesu nie einfiel, Petrus einen Vorrang zu geben und endlich Petrus niemals in Rom und daher nicht Bischof dort war!**

Das Erste bedarf kaum eines Beweises. Jesus spricht es oft genug gegen seine Jünger aus, daß Keiner vor dem Andern einen Vorrang habe, und es ist Petrus auch niemals eingefallen, sich einen solchen anzumaßen, wie aus seinen Briefen klar hervorgeht. In einem derselben sagt er: „Die Aeltesten, so unter euch find, ermahne ich als Mitältester u. s. w. (1 Petr. 5, 1). Auch Paulus sagt kein Wort von dem Avancement des Petrus, und hält sich selbst den andern Aposteln gleich (2 Kor. 11—12, 5).

Außerdem verdiente es auch nächst Judas Petrus von den Jüngern wohl am wenigsten, gleichsam als Oberhaupt an ihrer Spitze zu stehen. Er zeigte sich schwächer wie jeder andere, indem er Jesus drei Mal verleugnete und nicht einmal eine Stunde für Jesus wachen konnte, nachdem er doch vorher ruhmredig versichert hatte, daß er sein Leben für ihn lassen wolle.

Petrus war ein unüberlegter Hitzkopf, der mancherlei Uebereilungen beging, wozu der gegen Malchus geführte Streich — den ich ihm übrigens keineswegs übel nehme — und die Ermordung des Ananias und seines Weibes gehören. Nebenbei war er ein Duckmäuser, den Paulus wegen seiner Heuchelei schilt (Gal. 2, 11—13), ja der sogar einmal den sanften Jesus so in Eifer brachte, daß er ihn einen **Satan** nannte (Matth. 16, 23).

Daß Petrus die christliche Gemeinde in Rom gegründet habe, ja, daß er hier nahe an 25 Jahre Bischof gewesen sei, ist eine noch frechere Lüge, die sich gewissermaßen mathematisch aus der Bibel nachweisen läßt, weshalb es die Päpste auch nicht dulden wollen, daß dieselbe von den Katholiken gelesen werde.

Die **Apostelgeschichte** geht bis in das Jahr 61 nach Christi Geburt. Nach der Erzählung der päpstlichen Geschichtsschreiber ist Petrus schon **über 20 Jahre früher** nach Rom gekommen; aber die Apostelgeschichte, die doch am Anfange so viel und weitläufig von Petrus spricht — **sagt von dieser so wichtigen Reise kein Wort!**

Ganz sicher ist bewiesen, daß Paulus in Rom war und hier unter dem Kaiser Nero zwischen den Jahren 66—68 den Märtyrertod erlitt, zugleich mit **Petrus** lügen die päpstlichen Geschichtenschreiber hinzu. Paulus war zwei Jahre in Rom und schrieb von dort Briefe an verschiedene christliche Gemeinden, in denen er mehrere seiner Freunde und Anhänger nennt; aber von Petrus schreibt er kein Wort!

Wäre dieser Bischof in Rom gewesen, so hätte es Paulus gar nicht umgehen können, von ihm zu reden, sei es auch nur, um sich über ihn zu beschweren, daß er ihn nicht in seinem Werk unterstütze, denn er sagt ausdrücklich, daß diejenigen, die er nennt, „sind allein meine Gehilfen am Reiche Gottes, die mir ein Trost geworden sind." (Kolosser 4, 7—14.) Also „Paulus schreibt davon nichts," daß Petrus jemals in Rom war.

Doch wenn dieser auch, ganz gegen seinen Beruf als Apostel, 25 Jahre Pfarrer einer Anzahl armer, verfolgter Christen in Rom gewesen wäre, folgt denn daraus, daß die nachherigen Bischöfe von Rom ein Recht hatten, mit Völkern, Kaisern und Königen wie mit Lumpengesindel umzuspringen? — Möchten sich die Päpste immerhin Nachfolger Petri oder Pauli nennen, allein auch nicht mehr Ansprüche machen als diese!

Wo Petrus gestorben ist, weiß man zum Glück für die Päpste nicht, und so konnten diese eine schöne, rührende Geschichte erfinden, die gar keine historische Begründung hat. Nach ihrer Erzählung wurde Paulus als römischer Bürger nur enthauptet; allein der Jude Petrus wurde geißelt und dann gekreuzigt, — den Kopf nach unten, wie er es — nach der Legende — aus Demuth und zum Unterschied mit Christus verlangte. In dieser Demuth sind die Päpste nicht seine Nachfolger!

Aller Wahrscheinlichkeit nach war die Gemeinde der Christen zu Rom zur Zeit als Paulus dort war, noch nicht so groß, daß sie eines eigenen Aufsehers bedurfte, und von einem Bischofe im spätern Sinn kann vollends nicht die Rede sein. Das Verdienst, die christliche Gemeinde zu Rom gestiftet zu haben, gebührt also unbedingt dem Paulus; dem Petrus aber auf keinen Fall.

Alle Ansprüche also, welche die sich Päpste nennenden römischen

Bischöfe darauf gründeten, daß sie Nachfolger Petri wären, — zerfallen demnach in Nichts. — Ursprünglich waren diese Peterlügen von ihnen nur deshalb erfunden worden, weil sie dadurch bewirken wollten, daß ihre Stimme bei Kirchenstreitigkeiten als die entscheidende gelten sollte. Als sie dies erst durchgesetzt hatten, griffen sie weiter, denn l'appétit vient en mangeant.

Konsequenterweise beginnen die Päpste ihre Reihe mit Petrus. Nach ihm nennt man eine Menge zum Theil völlig erdichteter Namen, um nur die Lücken auszufüllen; denn die frühere Geschichte der römischen Bischöfe ist noch dunkler, wie die der römischen Könige. Es ist zwecklos, diese Herren Stadtpfarrer, denn anderes waren sie nichts, namentlich aufzuführen; ich will mich damit begnügen, nur diejenigen näher zu beleuchten, welche die größten Schritte thaten, dem Gipfelpunkt näher zu kommen, nach welchem Alle strebten.

Die Reihen der römischen Kaiser, die der asiatischen Despoten, kurz, keine Fürstenreihe der Welt, — ja nicht einmal die chamber of horrors der Madame Toussant in London bietet solche moralische Ungeheuer dar, als die Reihe der Päpste, die sich die Statthalter Gottes nennen. — Aber sie mochten es noch so arg treiben, den verdummten Menschen gingen die blöden Augen nicht auf. Fürsten und Völker ließen sich von diesen ekelhaften Bösewichtern das Fell über die Ohren ziehen und küßten dafür den Tyrannen noch demüthig den Pantoffel.

Fuhr einmal ein vernünftiger Fürst dem hochmüthigen Priester zu Rom über die Glatze, dann schrie das dumme Volk Zetermordio, und war einmal das Volk vernünftig genug, den römischen Anmaßungen entgegenzutreten, — dann kam gewiß ein dummer Fürst mit geweihtem Schwert und Hut und wetterte hernieder auf die verfluchten Ketzer.

So kam es denn, daß die Päpste bis auf den heutigen Tag ein Recht ausüben, das ihnen Niemand gegeben. Durch eine unerhörte Dreistigkeit, durch die klügste Benützung der Dummheit der Menschen haben sie sich Schritt vor Schritt in den Besitz desselben gesetzt; denn die Christen der ersten Jahrhunderte waren weit entfernt, ihnen dasselbe einzuräumen. Ein Unrecht kann aber nie ein Recht werden, mag es auch Jahrtausende faktisch bestanden haben und selbst von dem Gesetz anerkannt sein; diejenigen, welche darunter leiden, haben vollkommen recht, sich von dem aufgezwungenen Joche loszumachen, sobald sie können. Dies kann aber ein Jeder, sobald er aufhört zu glauben; thut er das, so ist er schon frei ohne weitere Anstrengung.

Wie schon oben gesagt, hatte vor Ende des ersten Jahrhunderts die römische Gemeinde wahrscheinlich weder einen besondern Bischof noch eine besondere Kirche. Die armen Christen mußten sich herumdrücken, wie sie konnten und ihre Aeltesten waren gewiß Männer von unbescholtenen Sitten, denen es mit der Lehre Christi Ernst war. Das Märtyrerthum war ihnen unter den Verfolgungen so ziemlich gewiß, und daraus geht schon ganz sicher hervor, daß sie andere Leute waren, wie ihre Nachfolger, die keineswegs nach der Märtyrerkrone verlangten.

Der erste römische Bischof, von dem wir wissen, daß er schon mehr gelten wollte, als seine Kollegen, hieß Viktor (192—201). Er verlangte sehr ungestüm, daß alle übrigen Christen das Osterlamm zu der Zeit essen sollten, wenn es in Rom geschah, nämlich am Auferstehungstage Jesu, und nicht, wie es die andern Christen beibehalten hatten, am jüdischen Passahfest, zu welcher Zeit es auch Christus aß.

Die andern Bischöfe meinten, es rapple dem Herrn Kollegen in Rom unter der Mütze, und von seiner Berufung auf Petrus, der diesen Gebrauch in Rom eingeführt haben sollte, nahmen sie nur so viel Notiz, daß ihm der Bischof Polykrates von Ephesus antwortete: „daß nicht Petrus, sondern Johannes an der Brust Jesu gelegen wäre." Von einer Oberhoheit des

Petrus über die andern Apostel schien man damals, so nahe der Quelle, noch nichts zu wissen, aber tausend Jahre später hatte sich die beharrliche Lüge allgemeinen Glauben verschafft.

Als die Christen in Rom einst zur Bischofswahl versammelt waren, setzte sich zufällig eine **Taube** auf den Kopf eines Mannes, Namens **Fabianus**, und mit echt heidnischem altrömischem Wunderglauben riefen die Christen: „Der soll Bischof sein!" Seitdem nahm man an, daß der heilige Geist bei jeder Bischofswahl gegenwärtig sei und sie leite. Das war bequem, denn nun konnte jede dumme Wahl ihm zur Last gelegt werden.

Stephanus, welcher 253 Bischof wurde, war der erste, welcher behauptete: „**er sei mehr als die andern Bischöfe, denn er sei der Nachfolger des heiligen Apostels Petrus.** Ja, dieses Papstwickelkind ging schon so weit, daß es den asiatischen Bischöfen die Kirchengemeinschaft aufkündigte, weil sie seinen Vorschriften nicht gehorchen wollten.

Diese waren höchlich erstaunt über die Frechheit ihres Herrn Bruders in Christo, und der Bischof **Firmilian von Kappadocien** äußerte sich in einem den Bischöfen zugeschickten Cirkular wie folgt: „**Mit Recht muß ich mich in diesem Punkt über eine so offenbare als unverkennbare Thorheit des Stephanus ärgern, welcher sich seines Bischofssitzes rühmt und sich für einen Nachfolger des Apostels Petrus ausgibt.**"

Als Kaiser Konstantin die christliche Religion zur Staatsreligion machte, da wurde dieser Umstand sogleich von den römischen Bischöfen zur Erhöhung ihrer Macht benützt. Durch niedrige Schmeichelei und Kriecherei gelang es ihnen, denen stets das Ohr des Kaisers zu Gebote stand, diese zu bewegen, daß ihnen immer mehr Vorrechte eingeräumt wurden. Dabei waren sie nicht blöde; sie nahmen, wo sie etwas bekommen konnten, wie schon im ersten Kapitel erzählt ist. So wurden sie reich und mit dem Reichthum von Jahr zu Jahr hochmüthiger.

Die Stelle des römischen Bischofs wurde nun eine sehr begehrte und beneidete. Der heidnische Statthalter zu Rom, Prätextatus, sagte: „Macht mich zum Bischof von Rom, dann will ich sogleich Christ werden." Die Bewerber um diese Stelle lieferten sich die blutigsten Gefechte, in denen Hunderte von Menschen ihr Leben einbüßten.

Mit der Frömmigkeit und Heiligkeit der römischen Bischöfe war es längst vorbei und wir sehen auf dem Bischofsstuhl schon Mörder und Ehebrecher. Doch bei solchen Kleinigkeiten dürfen wir uns nicht aufhalten und ebensowenig bei den ehrgeizigen Kämpfen zwischen den Bischöfen von Rom und denen der andern Städte.

Obwohl es interessant ist, zu beobachten, wie durch consequente Anwendung der Lüge, Unverschämtheit, List und Gewalt die Macht der römischen Bischöfe immer weiter um sich griff, so würde mich doch eine solche Auseinandersetzung hier zu weit führen, und ich will mich damit begnügen, die Stellung der römischen Bischöfe in den verschiedenen Jahrhunderten, sowohl ihren Mitbischöfen als der weltlichen Macht gegenüber, zu charakterisiren und nur einzelne dieser Ehrenmänner als Beispiel anzuführen.

Schon im vierten Jahrhundert hatten die römischen Bischöfe es verlangt, daß ihnen der erste Rang unter den Patriarchen, also auch unter allen Bischöfen, zuerkannt würde. Dies geschah jedoch nicht, weil sie sich für Nachfolger Petri ausgaben, sondern weil sie ihren Sitz in der damaligen Hauptstadt der Welt hatten. Aber man dachte noch nicht daran, ihnen eine höhere Würde als den andern Patriarchen einzuräumen.

Mehr erlangten sie auch nicht im fünften, sechsten und siebenten Jahrhundert, wenn sie selbst auch schon anfingen, sich eine höhere Stellung anzumaßen und zu behaupten, daß sie vermöge der ihnen von Petrus anvertrauten Gewalt mit der Vorsorge für die allgemeine Kirche beauftragt wären.

Diese Anmaßungen wurden indessen noch von Niemand anerkannt. In diesen Jahrhunderten hielt man noch die allgemeinen Kirchenversammlungen für die einzige rechtmäßige kirchliche Behörde, welche für die Erhaltung der Einheit der Kirche Sorge tragen mußte. Ueber die Beobachtung der allgemeinen Kirchengesetze hatte jeder Bischof in seiner Diözese, und vorzüglich jeder Patriarch in seinem Bezirk zu sorgen.

Die von den Aposteln gestifteten Gemeinden waren allerdings und begreiflicherweise die Richtschnur für die übrigen, und da Rom im Abendlande die einzige der Art war (da sie von Paulus gestiftet wurde), so war es denn ganz natürlich, daß sich die abendländischen Bischöfe hin und wieder in streitigen Fällen kollegialisch an die Bischöfe von Rom wandten und um Rath baten.

In solchen Fällen waren diese stets darauf bedacht, ihren Rath in die Form eines Befehls zu kleiden und wohl gar hinzuzufügen: „So beliebt es dem apostolischen Stuhl." Wenn nun auch einzelne Bischöfe zu solchen Anmaßungen schwiegen, worauf die römischen sogleich ein Recht gründeten, so protestirte man doch von allen Seiten dagegen, und an ein Primat des römischen Stuhls dachte vollends noch Niemand, als höchstens die römischen Bischöfe selbst. — Kaiser Justinian erklärte sogar durch ein eigenes Gesetz, die Kirche zu Konstantinopel sei das Haupt aller christlichen Kirchen, und andere legten dem dortigen Patriarchen, zum größten Aerger des römischen, den Titel und Charakter eines allgemeinen Bischofs bei.

Selbst im Abendlande, wo doch der römische Bischof noch im höchsten Ansehen stand, räumte man ihm zu dieser Zeit nicht einmal einen besondern Titel ein. Alle Bischöfe nannten sich Papst (von papa, Vater), auch Oberpriester, auch sogar Stellvertreter Christi, und gaben sich untereinander diese Titel, also auch dem Bischof von Rom, der bald Papst der Stadt Rom, bald schlechtweg Papst genannt wurde.

Sogar der Titel Patriarch wurde im Abendlande nicht einmal allein dem Bischofe von Rom gegeben; es nannten sich die meisten Metropoliten so, und noch im Jahr 883 wurde der Bischof von Lyon, der auf der zweiten Synode zu Macon den Vorsitz führte, Patriarch genannt. Hierin liegt der Beweis, daß man selbst im Abendlande gar nicht daran dachte, dem Bischof von Rom einen höhern Rang einzuräumen.

Ueber das Verhältniß der römischen Bischöfe gegenüber den Kaisern habe ich bereits im ersten Kapitel gesprochen. Es blieb dasselbe im fünften, sechsten und siebenten Jahrhundert. Zeigten sich einzelne Kaiser nachgiebiger gegen die Bischöfe, so lag das in ihrer Persönlichkeit. Der römische Bischof stand wie jeder andere Staatsbeamte unter dem Kaiser, und dieser und sein Statthalter waren seine Richter. Die Reichssynoden wurden von den Kaisern berufen, und diese präsidirten hier durch einen Kommissarius, und wenn auf der Synode zu Chalcedon der Legat des römischen Bischofs Leo den Vorsitz führte, so geschah es, weil dieser es sich vom Kaiser als eine besondere Gnade erbeten hatte. Die Beschlüsse dieser Synoden wurden nicht vom Bischof in Rom, sondern von den Kaisern bestätigt, und selbst wenn eine solche Kirchenversammlung gegen den Willen des römischen Bischofs gehalten wurde, so verlor sie dadurch nichts von ihrer allgemeinen Gültigkeit.

Bei streitigen Bischofswahlen entschied immer der Kaiser, und kein Bischof durfte seine Würde antreten, ohne die kaiserliche Bestätigung. Machte auch der Hochmuth hin und wieder einen der Bischöfe verrückt, so wagten sie es doch nicht, sich über den Kaiser zu erheben.

Selbst Gregor I. (590—604), in dem schon der Geist der spätern Päpste spukte, war demüthig wie ein Hund vor den Kaisern. In seinen Briefen an den Kaiser Mauritius gebraucht er die kriechendsten Ausdrücke und schreibt zum Beispiel: „Wer

bin ich, der ich zu meinem Herrn rede, als Staub und
Wurm." Er nennt den Kaiser seinen „frommen Herrn, dem
die Gewalt über alle Menschen vom Himmel herab ertheilt worden sei, und sich selbst nennt er seinen unwür-
digen Diener. — Dies war er in der That, denn er war
durch und durch ein lasterhafter, heuchlerischer Schurke. Sein
Benehmen gegen den Tyrannen Phokas beweist das schon zur
Genüge.

Der Kaiser Mauritius, einer der edelsten Menschen, die
jemals auf einem Throne saßen, wurde durch diesen Phokas,
einen seiner Hauptleute, entthront. Selbst Nero ist gegen dieses
blutdürftige Ungeheuer ein guter, liebreicher Mensch. Phokas ließ
fünf Kinder des Mauritius vor dessen Augen grausam hinrichten und dann ihn selbst. Er rottete die ganze kaiserliche Familie
aus und mordete auf die scheußlichste Weise bis an das Ende seines
Lebens.

Gregor hatte von Mauritius nur Gutes erfahren; er nannte
ihn selbst seinen Wohlthäter, und dennoch verleumdete er aus
Kriecherei gegen Phokas den edlen Kaiser. An den blutdürstigen
Tyrannen schrieb er: „Bisher sind wir hart geprüft gewesen; der
allmächtige Gott aber hat Eure Majestät erwählt und auf den
kaiserlichen Thron gesetzt, um durch Eurer Majestät barmherzige
Gesinnung und Einrichtung aller unserer Noth und Traurigkeit ein
Ende zu machen. Der Himmel freue sich daher, und die Erde sei
fröhlich, und das ganze Volk müsse wegen einer so glücklichen Veränderung Dank sagen."

Und so warf sich Gregor weg, um Phokas und sein gleich
nichtswürdiges Weib auf seine Seite zu ziehen, damit er ihn vor
dem Bischof von Konstantinopel bevorzuge, welcher zum größten
Mißvergnügen Gregors den Titel „allgemeiner Bischof" an
genommen hatte. Doch ich muß die Aeußerungen der Verachtung
gegen diesen elenden Pfaffen unterdrücken, denn wo soll ich sonst

Worte finden, die noch nichtswürdigeren Handlungen seiner noch verruchteren Nachfolger zu bezeichnen?

Dieser Gregor I. steht in der römischen Kirche in ganz besonders hoher Achtung, denn ihm verdankt sie die Einführung einer Menge sinnloser oder vielmehr dummer Ceremonien, die noch bis zum heutigen Tage Geltung haben. Er war es, welcher aus der römischen Kirche die letzten Spuren wahren Christenthums, wie es Jesus und allenfalls seine Apostel verstanden, austilgte. Er ist der Erfinder des Fegefeuers, dieser päpstlichen Preßanstalt, die besser rentirte, wie irgend ein Schwindelgeschäft, welches je ein beschnittener oder unbeschnittener Jude machte. Gregor ist auch der eifrigste Beförderer des Mönchswesens. Er hinterließ einen Wust selbstverfaßter Schriften, die von dem wundervollsten Unsinn strotzen. In ihnen sind auch Regeln für Geistliche enthalten, aus denen ich eine Probe anführe, damit die der römischen Kirche angehörigen Leser untersuchen können, ob ihr Bischof derselben entspricht. Es handelt sich nämlich darum, wie die Nase eines Bischofs beschaffen sein müsse. „Ein Bischof darf keine kleine Nase haben, denn — er muß Gutes und Böses zu unterscheiden wissen, wie die Nase Gestank und Wohlgeruch, daher auch das hohe Lied sagt: „„Deine Nase ist gleich dem Thurm auf dem Libanon.““ Ein Bischof darf aber auch keine allzugroße oder gekrümmte Nase haben, um nicht spitzfindig, oder niedergedrückt von Sorgen zu sein; — er darf nicht triefäugig sein, denn er muß helle sehen; noch weniger krätzig, oder beherrscht vom Fleische."

Im siebenten Jahrhundert trug sich eine Veränderung zu, welche zwar dem Christenthum einen harten Stoß gab, aber für das Ansehen der römischen Bischöfe in der Folge höchst vortheilhaft wirkte. Muhamed trat als der Stifter einer neuen Religion auf.

Muhamed lehrte: „Es ist nur ein einziger Gott, welcher

die ganze Welt beherrscht; er will von den Menschen treu verehrt sein durch Tugend. Tugend besteht in Ergebung in den göttlichen Willen, andächtigem Gebete, Wohlthätigkeit gegen die Armen und Fremden, Redlichkeit, Keuschheit, Nüchternheit, Reinlichkeit, tapferer Vertheidigung der Sache Gottes bis in den Tod. Wer diese Pflichten erfüllt, ist ein Gläubiger und empfängt den Lohn des ewigen Lebens."

Diese Lehre mußte in der damaligen Zeit großen Anklang finden, denn sie war einfach und verständlich, während die der Christen sich von der Jesu so weit entfernt hatte, daß sie unverständlicher, unklarer, mystischer und unvernünftiger geworden war, als die der Heiden jemals gewesen. Dazu kam noch ein zwar auf sehr sinnliche Vorstellungen gegründeter, aber deshalb sehr praktisch und verlockend erfundener Himmel, während ein Mensch mit gesunden Sinnen dem von den Mönchen geschilderten Christenhimmel weder eine faßliche Vorstellung, noch den allergeringsten Geschmack abgewinnen kann.

Der praktische Werth des Islam in Vergleich mit der zu jener Zeit als Christenthum geltenden Religion war besonders bei den Völkern des Orients überwiegend, und die Lehre Muhameds verbreitete sich mit großer Schnelligkeit über ganz Asien und Nordafrika und vernichtete die christliche Kirche in diesen Ländern. Dadurch verschwanden die Patriarchen von Antiochien, Jerusalem und Alexandrien, und mit ihnen die gefährlichsten Gegner der römischen Anmaßungen. Muhamed und die Chalifen arbeiteten für die römischen Päpste.

Diese waren aber bis zum Ende des siebenten Jahrhunderts noch gar weit von ihrem Ziele entfernt. Die Kaiser küßten ihnen noch nicht den Pantoffel, wie sie es später thaten, sondern gingen mit ihnen ebenso um, wie die preußische Regierung es mit den evangelischen Bischöfen thut, das heißt, sie betrachteten sie einfach als Staatsbeamte.

Der Bischof Liberius, welcher sich in Glaubenssachen nicht fügen wollte, wurde vom Kaiser Konstantin abgesetzt und verwiesen. Der stolze Bischof Leo „der Große" (452) mußte sich vom Kaiser Valentinian als Gesandter an den Hunnenkönig schicken lassen, und der Bischof Apapet wurde in derselben Eigenschaft von dem Ostgothenkönig Theobal an Kaiser Justinian abgesendet.

Wie demüthig Gregor war, haben wir gesehen, und das war wenigstens klug von ihm, denn die Kaiser ließen nicht immer mit sich scherzen, wie es Konstans dem Bischof Martin (649—655) bewies.

Martinus wagte es, den Befehlen des Kaisers entgegen zu handeln, ja er ließ sich in hochverrätherische Pläne ein. Dies bewog den Kaiser, den römischen Bischof durch seinen Statthalter in Rom gefangen nehmen und nach der Insel Naxos bringen zu lassen, die durch Ariadne bekannter geworden ist, als durch Martinus, der hier ein ganzes Jahr lang im Gefängniß saß.

Von hier brachte man den heiligen Vater nach Konstantinopel, sperrte ihn 30 Tage lang ein und stellte ihn dann vor ein Gericht, welchem der Großschatzmeister präsidirte. Der römische Papst hatte das päpstliche Uebel, das Podagra, in den Beinen — seine Nachfolger hatten es häufig im Kopf — und erschien sitzend in einem Sessel. Der Richter befahl ihm jedoch, das Verhör stehend abzuwarten, und da er dies nicht konnte, so wurde er von zwei Männern aufrecht gehalten.

Die Schuld war offenbar, und so ward ihm denn bald das Urtheil gesprochen. „Du hast gegen den Kaiser verrätherisch gehandelt," sagte der Großschatzmeister, „du hast Gott verlassen, und Gott hat dich wieder verlassen und in unsere Hände gegeben." Darauf übergab er den Bischof von Rom dem Gouverneur von Konstantinopel mit der Weisung, ihn ohne Bedenken in Stücke zerhauen zu lassen, wenn er wolle.

Dem hochverrätherischen römischen Papst wurde nun ein Hals=
eisen umgelegt, und an Ketten wurde er durch die Stadt geschleppt.
Vor ihm her ging der Scharfrichter mit entblößtem Schwert, zum
Zeichen, daß der Verbrecher zum Tode verurtheilt war. Darauf
wurde Martin ins Gefängniß gebracht, mit Ketten auf eine Bank
geschlossen und unter freien Himmel gestellt, wie es mit allen Ver=
brechern den Tag vor ihrer Hinrichtung geschah.

Ueber den armen deutschen König Heinrich erbarmte sich Nie=
mand, als er halbnackt im Schloßhof von Canossa im Schnee stand,
aber Martin fand mitleidige Seelen. Die Gefängnißwärter legten
ihn ins Bett, und der Kämmerling des Kaisers ließ ihm zu essen
bringen. Ja der sterbende Patriarch Paulus von Konstantinopel,
ein frommer Mann, den Martin feierlich als Ketzer verflucht hatte,
bat auf seinem Sterbebette den Kaiser um seines Feindes Leben.
Es wurde ihm bewilligt. Martin wurde aus dem Lande ver=
wiesen. Wo bat jemals ein römischer Papst um das Leben seines
Feindes? Ich konnte in der Geschichte keinen Fall auffinden, und
würde Jedem dankbar sein, der mir einen solchen nachweisen
könnte. —

Der Nachfolger des abgesetzten Martinus zeichnete sich durch
nichts aus, als dadurch, — daß er diesen verhungern ließ.

Im achten Jahrhundert thaten die Päpste einen mächtigen
Sprung vorwärts, wozu sie im Anfang desselben nicht die aller=
geringste Hoffnung hatten. Als die Longobarden Herren Jta=
liens waren, beschränkte sich die Macht der römischen Bischöfe
nur auf ihre Diözese, denn die barbarischen Könige derselben
erkannten sie nicht einmal als Patriarchen von Italien an,
und die andern Bischöfe dieses Landes behaupteten ihre Unab=
hängigkeit.

Das änderte sich aber bald, als das longobardische Reich unter
die Herrschaft der Franken kam. Durch sie wurden die Bischöfe
von Rom die größten Landbesitzer in Italien, und dies, wie

die Unterstützung der Frankenkönige, half ihnen zu dem Primat in Italien.

Sie verloren zwar in dieser Periode allen Einfluß auf Spanien, dafür traten sie aber wieder in nähere Berührung mit Gallien und legten den Grund zu ihrer Herrschaft in Deutschland. In England hatten sie schon zu Ende des sechsten Jahrhunderts festen Fuß gefaßt, indem die dortigen christlichen Kirchen auf ihre Veranlassung gestiftet wurden.

Von 715 bis 735 saß Gregor II. auf dem bischöflichen Stuhle zu Rom. Unter ihm brach der große Bilderstreit aus, von dem ich schon früher gesprochen habe, und der das ohnedies schon durch Thronstreitigkeiten zerrüttete oströmische Reich noch mehr schwächte.

Eigentlich hatte man sich schon seit den ersten Jahrhunderten des Christenthums wegen der Verehrung der Bilder gezankt, und die angesehensten und frömmsten Kirchenlehrer hatten den Bilderdienst als abscheulichsten Götzendienst verdammt. Um von den vielen Beispielen nur eins anzuführen, setze ich den Ausspruch Tertullians her: „Ein jedes Bild ist nach dem Gesetz Gottes ein Götze, und ein jeder Dienst, der demselben erwiesen wird, eine Abgötterei."

So wie dieser verdammten Eusebius von Cäsarea, Clemens von Alexandrien, Origenes, Chrysostomus und viele andere der geachtetsten Kirchenväter die Verehrung der Bilder als eine der christlichen Lehre durchaus hohnsprechende Abgötterei. Aber die römischen Bischöfe und die Mönche, welche ihren Vortheil kannten, den ihre Kasse aus diesem Götzendienst ziehen mußte, vertheidigten die Bilder mit Leib und Leben.

Gregor II. war ein großer Bildernarr, und als der oströmische Kaiser Leo, der Isaurier, die Bilder mit Gewalt aus den Kirchen Italiens entfernen lassen wollte, da kam es zu den blutigsten Streitigkeiten, welche der Longobardenkönig Luitprand dazu benutzte, seine Herrschaft in diesem Lande immer weiter auszudehnen.

Gregor hetzte Alles gegen einander und wiegelte das Volk gegen den Kaiser auf. An diesen schrieb er einen unverschämten Brief, in welchem er ihn einen „Ignoranten, einen Tölpel, einen dummen und verrückten Menschen, einen gottlosen Ketzer" nannte. Der rechtschaffene Kaiser, anstatt diesen hochmüthigen Pfaffen nach dem Gesetz strafen zu lassen, antwortete ihm mit großer Mäßigung, aber nun stieg erst recht die Frechheit Gregors, und in einem seiner Briefe schrieb er an seinen Kaiser und Herrn: „Jesus Christus schicke dir den Teufel in den Leib, damit dein Geist zum Heil gelange."

Leo griff nun den rebellischen Bischof am richtigen Flecke an; er entzog ihm sein ganzes Patrimonium in Sizilien und Kalabrien und unterwarf es dem Patriarchen von Konstantinopel. Dadurch verlor Gregor alljährlich 224,000 Livres Einkünfte. Dafür verehrt denn aber auch die römische Kirche diesen Gregor II. als einen Heiligen.

Sein Nachfolger Gregor III. fuhr ganz in demselben Geiste fort und wiegelte das Volk zu offener Empörung gegen den Kaiser auf. Als er aber auch den Longobardenkönig beleidigte, rückte dieser vor Rom. Der geängstigte Bischof, den nun alle heiligen Knochen nicht schützen konnten, und der für seine eigenen fürchtete, bat Karl Martell, den fränkischen Majordomus, um Hülfe und wand sich vor ihm wie ein Wurm. Endlich ließ sich der Franke bewegen, ihn zu schützen, als er versprach, sich vom Kaiser loszusagen und Rom ihm zu unterwerfen.

Nach Gregors und Martells Tode wurde der folgende Bischof von Rom, Zacharias, wieder arg von den Longobarden bedrängt und sah nirgends Trost und Hülfe, als bei den Franken. Hier führte der Sohn Karl Martells, Pipin, das Schwert des Reichs, und hatte große Lust, den schwachen König Childerich III.

zu entthronen. Zacharias wußte es nun so zu lenken, daß die fränkischen Stände an ihn die Frage richteten: „Ob nicht ein seiger und untüchtiger König des Thrones beraubt und ein würdigerer an seine Stelle gesetzt werden dürfe?" Der römische Bischof antwortete: „Ja," und machte sich dadurch den nun zum Frankenkönig erwählten Pipin zum Freunde.

Zacharias erlebte aber die Früchte seiner Politik nicht. Von ihm verdient noch bemerkt zu werden, daß er einen Bischof, Namens Virgilius, in den Bann that und als Ketzer verdammte, weil derselbe behauptet hatte, „daß die Erde eine Kugel sei, und daß auf der andern Seite derselben Menschen wohnten, die uns die Fußsohlen zukehrten."

Bischof Stephanus II. (752—757) erntete, was seine Vorgänger gesäet. Bedrängt von den Longobarden, begab er sich in Person zu Pipin. Dieser schickte ihm seinen Sohn Karl dreißig Meilen weit entgegen und ritt selbst eine Meile, ihn zu begrüßen. Er litt nicht, daß der Bischof vom Pferde stieg, sondern begleitete ihn selbst zu Fuß, gleich einem Stallknechte. So erzählen die päpstlichen Geschichtsschreiber.

Pipin ließ sich in Paris von Stephan salben, und dieser entband ihn feierlich des Eides, den er seinem Könige geleistet, und that die Franken, wenn sie Pipin und seine Nachkommen nicht als Könige anerkennen würden, in den Bann. Das tapfere Volk war bereits so sehr von päpstlichem Aberglauben umgarnt, daß die Dreistigkeit des Stephanus sie nicht empörte, sondern vielmehr die Macht Pipins befestigte. Dieser zeigte sich dankbar; er schenkte dem römischen Bischof das Exarchat, nämlich die heutige Romagna und Ankona, ein Land, welches Pipin gar nicht zu verschenken hatte, da es ihm nicht gehörte!

Als Stephan nach Rom zurückgekehrt war und die Franken zu lange zögerten, ihn von den Longobarden zu befreien, schrieb er

einen Brief nach dem andern an Pipin, und als derselbe immer
noch nicht kam, griff er zu einem eben so dummen als schamlosen
Betrug, der aber trotzdem gescheidt war, da er bei den abergläubi=
schen Franken Erfolg hatte. Stephan schickte nämlich einen Brief
des Apostels Petrus an Pipin, seinen Sohn und die fränkische
Nation, in welchem der Apostel auf die Longobarden schimpft, drin=
gend um Hülfe bittet, aber dem Frankenkönig mittheilt, „daß,
wenn er nicht helfen wolle, er vom Reich Gottes aus=
geschlossen sei."

Es mit dem „Himmelspförtner" zu verderben, war eine ernste
Sache und die Franken entschlossen sich, in Italien einzurücken. Die
Longobarden wurden gezwungen, das Exarchat zu räumen und
Bischof Stephan in den Besitz eines Landes gesetzt, welches dem
oströmischen Kaiser gehörte, dessen Unterthan Ste=
phanus war!

Während die römischen Bischöfe selbst dafür besorgt waren, in
Italien ihr Schäfchen ins Trockene zu bringen, arbeitete für sie in
Deutschland Bonifazius, welcher seiner Beschützer ganz würdig
war. Ich habe schon früher von diesem Unglücksapostel ge=
sprochen, dem Deutschland all das Unheil verdankt, welches die
römische Kirche über dasselbe gebracht hat. Dieser Bonifazius kam
nach Rom und leistete Gregor II. über dem erlogenen Grabe der
Apostel einen Huldigungseid, durch welchen er sich dem
Papstthum, nicht dem Christenthum, mit Leib und Seele
unterwarf.

Mit heiligen Knochen aller Art ausgerüstet, ging er nun nach
Deutschland und wandte alle von seinem Meister in Rom erlernten
Mittel an, die deutschen Bischöfe dem römischen Stuhl zu unter=
werfen.

Das Christenthum hatte in Deutschland längst Wurzel ge=
faßt; allein Bonifazius rottete es als Ketzerei aus und gab ihm
dafür das moderne Heidenthum, welches man schon damals in Rom

christliche Religion nannte. Er stiftete als Legat des römischen Bischofs eine Menge Kirchen in Deutschland, die er alle demselben unterwarf, und seinen Bemühungen gelang es, zu Staude zu bringen, daß im Jahr 744 sämmtliche deutsche Bischöfe dem römischen Stuhle beständigen Gehorsam gelobten.

Auch über die fränkischen Bischöfe erlangte der zu Rom eine Art von Oberhoheit; allein sowohl hier als in Deutschland hatte dieselbe noch ziemlich enge Grenzen, und man war weit davon entfernt, ihm die gesetzgebende Gewalt über die ganze Kirche einzuräumen. Aber es war schon genug, daß man ihm eine gewisse Autorität einräumte; mit Lug und Trug kamen, wie wir sehen werden, die Päpste bald weiter.

Wenn auch Pipin sich sehr bemüthig zeigte, so fiel es doch seinem Sohn, Karl dem Großen, obwohl er sich in Rom vom Papste zum Kaiser krönen ließ, nicht im Allerentferntesten ein, sich diesem unterzuordnen; er betrachtete ihn als den ersten Reichsbischof, denn er selbst trat in alle Rechte, welche sonst der römische Kaiser ausgeübt hatte. Aber dieser sonst so vernünftige Mann, welcher die Geistlichkeit wegen ihrer Habsucht, Prachtliebe und Sittenlosigkeit sehr derb zurechtwies, beging den dummen Streich, den Pfaffen ein wichtiges Recht zu gewähren, welches nur dazu diente, die Macht zu stärken, von der Karls Nachfolger mißhandelt wurden; er bestätigte das Recht des Zehnten.

Als die christlichen Priester sich ganz nach dem Muster der jüdischen bildeten, verlangten sie auch, wie diese, den zehnten Theil der Ernte u. s. w. für sich. Bisher hatten sie die gläubigen Christen zur Zahlung dieser Abgabe zu überreden gewußt, und wenn auch schon am Ende des siebenten Jahrhunderts eine fränkische Synode den Zehnten für eine göttliche Satzung erklärte und Jeden mit dem Bann bedrohte, der ihn nicht bezahlen wollte, so war dies doch eben weiter nichts, als ein Beweis pfäffischer Unverschämtheit, wie wir deren so viele haben.

Karl der Große machte den Zehnten erst gesetzlich, und bald dehnten ihn die Pfaffen auf alles Mögliche aus. Sie verlangten nicht nur den Zehnten von den Feldfrüchten, Schafen, Ziegen, Kälbern, Hühnern und dem **Erwerb**, sondern sie wollten ihn sogar von Dingen erheben, die sich für Geistliche sehr schlecht schickten. Als ein Beweis mag folgender Fall dienen:

In **Brescia** belehrte der Pfarrer die Frauen im Beichtstuhl, daß sie ihm auch den Zehnten von — den ehelichen Umarmungen entrichten müßten. Eine der Frauen, welche sich von der Rechtmäßigkeit der geistlichen Ansprüche hatte überzeugen lassen, wurde von ihrem Manne wegen ihrer langen Abwesenheit zur Rede gestellt; von ihm gedrängt, beichtete sie das saubere Beichtstuhlgeheimniß. Der beleidigte Ehemann sann auf eine herbe Züchtigung. Er veranstaltete ein großes Gastmahl, zu welchem auch der zehntlustige Pfarrer geladen wurde. Als man in der besten Unterhaltung war, erzählte der Wirth der Gesellschaft die Nichtswürdigkeit des Pfaffen und wandte sich dann plötzlich an diesen, indem er ihm sagte: „**Da du nun von meiner Frau den Zehnten von allen Dingen verlangst, so empfange nun auch den hier!**" Dabei überreichte er dem Pfaffen ein Glas voll Urin u. s. w. und zwang den halbtodten Pfarrer, dasselbe vor den Augen der ganzen Gesellschaft zu leeren. Seitdem wird ihm wohl der Appetit nach dem Zehnten etwas vergangen sein.

Karls des Großen unwürdige Nachfolger begingen die Thorheit, sich gleichfalls von den Päpsten krönen zu lassen, und so wurde in dem Volke bald die Idee erweckt, daß der Papst die Krone zu vergeben habe, da er den Kaiser erst durch die Krönung zum Kaiser mache. Die Einwilligung, welche aber die Päpste zu ihrer Wahl vom Kaiser bedurften, wurde stets **in aller Stille und ohne Sang und Klang** eingeholt, damit das Volk davon nichts merke.

Papst **Eugenius** entwarf selbst den Eid, welchen er „**seinen**

Herren, den Kaisern Ludwig und Lothar", leistete und den auch seine Nachfolger den Kaisern schwören mußten. Dieser Eid, den ich nicht ausführlich hersetzen will, steht auch in den Diplomen, die von den Kaisern Otto I. und Heinrich I. in der Engelsburg in Rom aufgefunden wurden. Es ist also ganz klar bewiesen, daß die Päpste selbst sich damals durchaus als **Untergebene der Kaiser** betrachteten.

Man erstarrt förmlich über die grenzenlose **Unverschämtheit**, mit welcher die Päpste dies abzuläugnen suchen! Wahrhaft groß darin war Nikolaus I. (858—868). Er behauptete: „daß die Kaiser, wenn sie Synoden für nöthig hielten, stets nach Rom geschrieben und nicht **befohlen**, sondern nur **gebeten** hätten, eine Synode zusammen zu rufen, und dann gut geheißen oder verdammt hätten, was man in Rom für nöthig fand."

Dieser Nikolaus war sogar dreist genug zu behaupten, „**daß die Unterthanen den Königen, die den Willen Gottes (d. h. des Papstes) nicht thäten, keinen Gehorsam schuldig wären.**" Seinen Namen setzte er in allen Schriften vor den der Könige, ja er wagte es, Lothar zu excommuniziren, und dieser — bat wirklich demüthig um Absolution!

Die Erzbischöfe **Teutgaud** von **Trier** und **Günther** von **Köln** traten kühn dem frechen Nikel entgegen. „Du bist ein Wolf unter Schafen," sagten sie zu ihm, „du handelst gegen deine Mitbischöfe nicht wie ein Vater, sondern wie ein Jupiter; du nennest dich einen Knecht der Knechte und spielst den Herrn der Herren, — du bist eine Wespe — aber glaubst du, daß du Alles thun dürftest, was dir gefällt? Wir kennen dich nicht und deine Stimme, und fürchten nicht deinen Donner, — die Stadt Gottes, von der wir Bürger sind, ist größer als Babylon, das sich rühmt ewig zu sein, und das sich brüstet, als ob es nie irren könne."

Doch was halfen solche vereinzelte Anstrengungen? Die starke

Kreuzspinne zu Rom spann ihr Lügengewebe über ganz Europa und bestrickte damit endlich Könige, Bischöfe und Volk! Es ging aber damit den Päpsten noch immer zu langsam und sie ersannen einen Betrug, der ihnen schneller zum Ziele helfen sollte und, Dank der Dummheit der Menschen, leider auch half!

Niemand wollte noch an die Rechtmäßigkeit all der Rechte glauben, welche die Päpste nach und nach usurpirt hatten. Dies war ihnen in vielen Fällen fatal und sie mußten sehr wünschen, nachweisen zu können, daß schon die ersten römischen Bischöfe solche Machtvollkommenheit gehabt hätten, wie sie dieselben in Anspruch nahmen.

Zu diesem Ende wurden zu Anfang des neunten Jahrhunderts die in der Geschichte unter dem Namen der **Pseudo-Isidorischen Dekretalen** bekannten falschen Urkunden von einem päpstlichen Betrüger zusammengestellt. Sie wurden unter dem Namen des höchst geachteten Bischofs **Isidor von Sevilla**, der 636 starb, verbreitet und begannen mit **sechszig Briefen der allerersten Bischöfe Roms**, denen eine Menge bischöflicher Dekretalen (Beschlüsse), echte und falsche durcheinander, folgten.

Der Hauptzweck dieser Fälschung war es, die ganze Kirchenzucht über den Haufen zu werfen, den römischen Bischof zum **unumschränkten Kirchenmonarchen** zu machen, ihm mit Vernichtung aller Metropolitan- und Synodalgewalt die Bischöfe unmittelbar zu unterwerfen; die Kirche von aller weltlichen Gerichtsbarkeit unabhängig zu machen und allen Einfluß des Staats auf kirchliche Angelegenheiten und Verhältnisse zu zerstören.

In diesem saubern Spitzbubenwerk ist auch eine Schenkungsurkunde enthalten, durch welche der Kaiser Konstantin dem Apostel Petrus das ganze abendländische Reich und dessen Hauptstadt Rom zusichert!

Das Betrügerische dieser Briefe und Urkunden liegt so klar

am Tage, daß man kaum begreift, wie selbst Bischöfe ihnen damals Glauben schenken konnten. Aber die meisten derselben waren ungelehrte Leute, welche nicht einmal die Geschichte ihrer Kirche kannten. Fragte ein Gescheidter einmal nach den Originalen dieser Dekretalen, die doch in Rom aufbewahrt sein mußten und von denen man die Abschriften gemacht hatte, dann mußte man sehr schlau und ausweichend zu antworten, und die meisten Bischöfe ließen fünf gerade sein, da sie lieber von dem entfernten Bischof von Rom, als von ihrem Metropolitan abhängig sein wollten, der ihnen zu nah auf die Finger sehen konnte.

In diesen Briefen, die angeblich von den römischen Bischöfen der ersten Jahrhunderte geschrieben sein sollten, kommen Bezeichnungen von Dingen vor, die man zu ihrer Zeit noch gar nicht kannte. Ja, der betrügerische, unwissende Fälscher, welcher dies Buch verfaßte, läßt diese Bischöfe Stellen aus der Bibel nach der Uebersetzung des viel später lebenden heiligen Hieronymus, selbst aus Büchern citiren, die erst im siebenten Jahrhundert geschrieben waren! Noch mehr, es sind sogar Stellen aus den Beschlüssen einer Synode zu Paris im Jahr 829 in diesem ungeschickten Machwerke aufgenommen!

Doch, wie lächerlich es auch klingen mag, diese Pseudo-Isidorischen Dekretalen, diese anerkannte Fälschung, sind die Grundlage des Papstthums. Durch sie wurden die Päpste unumschränkte Gesetzgeber in geistlichen und weltlichen Dingen, durch sie erhoben sie sich über Fürsten und Völker, ließen sich als Halbgötter anbeten, verfügten willkürlich über große Reiche, ja verschenkten ganze Welttheile.

Der Titel also, den ein meuchelmörderischer Schurke Photas ertheilte; die Schenkung ihm nicht gehörigen Gutes, welches ein Usurpator, Pipin, machte, und eine ganz gemeine Fälschung, diese Pseudo-Isidorischen Dekretalen, — bilden die unheilige Dreieinigkeit, auf welcher die päpstliche Macht gegründet ist. Morb, Diebstahl, Fälschung! Ein sauberes Fundament!

Das Gebäude, welches darauf erbaut wurde, hielt bis auf den heutigen Tag, denn es war gemörtelt mit der Dummheit der Menschen, und die Risse, welche die Vernunft zu manchen Zeiten darin machte, wurden zugeleimt mit dem Blute von Millionen!

Die Pseudo-Isidorischen Dekretalen äußerten schon ihre Kraft unter dem obengenannten Papst Nikolaus I. und noch mehr unter Johannes VIII., der 872 den römischen Stuhl bestieg. Er geberdete sich schon wie ein rechter Papst und sprach von dem Kaiser Karl dem Kahlen: „da er von Uns zum Kaiser gekrönt sein will, so muß er auch zuerst von uns gerufen und erwählt sein." Er war der Erste, welcher den Kronkandidaten eine förmliche Kapitulation vorlegte, ehe sie zur Krönung nach Rom kommen durften.

Karl dem Dicken, der einige Klostergüter verschenkt hatte, schrieb er: „Wenn du solche binnen sechszig Tagen nicht wiederschaffst, sollst du gebannt sein, und wenn auch dies nicht hilft, durch derbere Schläge klug werden."

Er sprach in einem Schreiben an die deutschen Bischöfe mit dürren Worten aus, wohin das Streben aller Päpste zielte: „Was schaffen wir denn in der Kirche an Christi Statt, wenn wir nicht für Christus gegen der Fürsten Uebermuth kämpfen? Wir haben, sagt der Apostel, nicht mit Fleisch und Blut, sondern wider die Fürsten und Gewaltigen zu kämpfen." —

Stephan V. (885—891) war schon nicht mehr damit zufrieden, ein Mensch zu sein, denn er sagte: „Die Päpste werden, wie Christus, von ihren Müttern durch die Ueberschattung des heiligen Geistes empfangen; alle Päpste seien so eine gewisse Art von Gott-Menschen, um das Mittleramt zwischen Gott und den Menschen desto besser betreiben zu können;

ihnen sei auch alle Gewalt im Himmel und auf Erden verliehen worden."

Doch nicht nur die Päpste der alten Zeit beanspruchten solche Gottmenscherei; alle römischen Priester thun es bis in die neueste Zeit, und als Beweis dafür will ich eine Stelle aus einer Predigt anführen, welche am 16. August 1868 in der Pfarrkirche zu Ebersberg von dem Cooperator in Oberdorfen, Anton Häring, gehalten wurde. Dieser Gott-Häring sagt: „Mit der Absolutionsgewalt hat Christus dem Priesterthum eine Macht verliehen, die selbst der Hölle furchtbar ist, der selbst Lucifer nicht zu widerstehen vermag; eine Macht, die sogar hinüber reicht in die unermeßliche Ewigkeit, wo sonst jede irdische Macht ihre Grenze und ihr Ende findet; eine Macht, sage ich, die Fesseln zu brechen vermag, welche für eine Ewigkeit geschmiedet waren durch die begangene schwere Sünde. Ja, fürwahr! diese Macht der Sündenvergebung macht den Priester gewissermaßen zu einem zweiten Gotte, denn — Sünden vergeben kann naturgemäß eigentlich nur Gott. Und doch ist das noch nicht die höchste Spitze der priesterlichen Macht, seine Gewalt reicht noch höher; Gott selbst nämlich vermag er sich dienstbar zu machen! Wie so? Wenn der Priester zum Altare schreitet, um das heilige Meßopfer darzubringen, da erhebt sich gleichsam Christus Jesus, der da sitzt zur Rechten des Vaters, von seinem Throne, um bereit zu sein auf den Wink seines Priesters auf Erden. Und kaum beginnt der Priester die Confekration, da schwebt auch schon Christus, umgeben von himmlischen Schaaren, vom Himmel zur Erde und auf den Opferaltar nieder, und verwandelt auf die Worte des Priesters hier Brod und Wein in sein heiliges Fleisch und Blut und läßt sich dann von den Händen des Priesters heben und legen, und wenn er auch der sündhaftigste und unwürdigste Priester ist. Fürwahr, eine solche Macht übertrifft selbst die Macht der höchsten Himmelsfürsten, ja sogar die Macht der Himmelsköniginnen.

Darum pflegte der heilige Franziskus von Assisi mit Recht zu sagen: „„Wenn mir ein Priester und ein Engel zugleich begegnen würden, so würde ich zuerst den Priester begrüßen, dann erst den Engel, weil der Priester eine viel höhere Macht und Hoheit besitzt, als die Engel.""

Ich führe diese Stelle aus einer erst wenige Monate alten Predigt nur deshalb an, um zu beweisen, daß der dumme Glauben unter den römisch-katholischen Christen noch kein überwundener Standpunkt ist, wie viele Leute im Norden von Deutschland glauben. — Doch kehren wir zu den Päpsten zurück.

Der Strom der päpstlichen Nichtswürdigkeit und Unflätherei wird nun immer breiter und stinkender. Mit dem zehnten Jahrhundert beginnt die Zeit, welche in der Geschichte als das „römische Hurenregiment" berüchtigt ist. Gemeine Huren regieren die Christenheit und schalten und walten nach Gefallen über den sogenannten apostolischen Stuhl.

Ich könnte leicht parteiisch erscheinen, wenn ich diese schmachvolle Periode der Wahrheit getreu charakterisirte, deshalb mag für mich ein durchaus päpstlicher Schriftsteller reden, nämlich Kardinal Baronius. Er sagt: „In diesem Jahrhundert war der Greuel der Verwüstung im Tempel und Heiligthum des Herrn zu sehen, und auf Petri Stuhl saßen die gottlosesten Menschen, nicht Päpste, sondern Ungeheuer. Wie häßlich sah die Gestalt der römischen Kirche aus, als geile und unverschämte Huren zu Rom Alles regierten, mit den bischöflichen Stühlen nach Willkür schalteten und ihre Galane und Beischläfer auf Petri Stuhl setzten."

Doch man darf ja nicht glauben, daß nur die Päpste ein so unwürdiges Leben führten, nein, verdorben wie das Haupt, so waren auch die Glieder. König Edgard sagt in einer Rede von der englischen Geistlichkeit: „Man findet unter der Klerisei nichts Anderes als Ueppigkeiten, lüderliches Leben, Völlerei und Hurerei.

Ihre Häuser haben sie ganz infam gemacht und sie in Hurenherbergen verwandelt. Tag und Nacht wird darin gesoffen, getanzt und gespielt. Ihr Bösewichte, müsset ihr die Vermächtnisse der Könige und die Almosen der Fürsten so anwenden?" — Ich werde später hinlängliche Beweise anführen, daß König Edgard die Wahrheit sprach, und daß seine Strafrede nicht allein die Geistlichkeit Englands, sondern aller Länder anging.

Nicht der heilige Geist, sondern die Mätresse des mächtigen Markgrafen Adalbert von Toskana, Marozia, erhob Sergius III. auf den päpstlichen Stuhl und zeugte mit ihm hier ein Söhnlein, welches später ebenfalls Papst wurde. Als Sergius starb, gaben ihm Marozia und ihre Schwester Theodora ihren Liebhaber Anastasius II. zum Nachfolger. Diesem folgte in kurzer Zeit, weil das Schwesternpaar viel Päpste konsumirte, Johannes X., der es aber mit Marozia verdarb, die ihn gefangen setzen und ersticken ließ. Leo VI, der ihm folgte, wurde ebenfalls nach einigen Monaten ermordet.

Endlich machte Marozia ihren mit Sergius III. erzeugten Sohn Johannes XI., der noch fast ein Kind war, zum Papst. Mord und Todtschlag erfüllte Rom. Einer der Feinde des Papstes bemächtigte sich desselben und ließ ihn im Gefängniß vergiften.

Die tolle Wirthschaft, die in Rom und überhaupt in Italien zu dieser Zeit herrschte, ist zu bunt und verwirrt, als daß ich mich auf Einzelheiten einlassen könnte.

Im Jahr 956 gelang es einem Enkel der Marozia, Namens Oktavian, den päpstlichen Stuhl zu erobern, obwohl er erst neunzehn Jahre alt und niemals Geistlicher gewesen war. Er nannte sich Johannes XII. und ist ein wahres Juwel von einem Papst, der es noch toller trieb, als sein gleichzeitiger Kollege, der griechische Patriarch Theophylaktus, — ein Junge von sechszehn Jahren!

Johannes verkaufte Bisthümer und Kirchenämter an den Meistbietenden, und verwandte ungeheure Summen auf Pferde und Hunde. Von den erstern hielt er nicht weniger als 2000 und diese fütterte er aus bloßer Verschwendungssucht mit Pistazien, Rosinen, Mandeln und Feigen, die vorher in guten Wein eingeweicht waren. Guter Hafer und Heu wäre ihnen wahrscheinlich lieber gewesen.

Unter seiner Regierung ging es recht lustig zu, man lachte und tanzte in der Kirche und sang dazu lüberliche Lieder. Der päpstliche Palast wurde von Johannes XII. in einen Harem verwandelt. „Kein Weib war mehr so keck, sich sehen zu lassen, denn Johannes nothzüchtigte Alles, Mädchen, Frauen und Wittwen, selbst über den Gräbern der heiligen Apostel." So erzählt von ihm der Bischof von Cremona, Luitprand.

Diese Wirthschaft wurde endlich Kaiser Otto I. zu toll. Er berief ein Konzil und hier erfuhr er von dem „heiligen Vater" höchst unheilige Dinge. Die achtungswerthesten Bischöfe traten gegen ihn als Ankläger auf. Einer sagte, daß er gesehen, wie der Papst Einen im Pferdstalle zum Bischofe ordinirte. Andere bewiesen, daß er Bischofsstellen für Geld verkaufte, und daß er einen zehnjährigen Knaben zum Bischof von Lodi machte. Die Unzucht will ich hier übergehen, da sie zu viel Platz wegnehmen würde. Man beschuldigte ihn ferner, daß er den Kardinal-Subdiakonus kastrirt, mehrere Häuser in Brand gesteckt, beim Wein des Teufels Gesundheit getrunken und beim Würfelspiel oftmals Venus und Jupiter angerufen habe.

Nachdem die Synode feierlichst die Wahrheit dieser Aussagen beschworen hatte, bat sie den Kaiser, den Papst trotz aller Beweise nicht ungehört zu verdammen. St. Johannes wurde daher citirt, aber statt seiner kam ein Brief, in welchem er schrieb: „Wir hören, daß ihr einen andern Papst wählen wollt. Ist das eure Absicht, so excommunizire ich euch Alle im Namen des allmächtigen Gottes, damit ihr außer Stand gesetzt werdet, weder einen Papst zu verdammen, noch eine Messe zu halten."

Nun machte Otto I. nicht viel Umstände mit dem lüderlichen Hans, setzte ihn ab, und den vom Volk, Adel und Geistlichkeit erwählten Leo VIII. an seine Stelle. Hänschen hatte sich mit den Schätzen der Peterskirche davon gemacht.

Als Kaiser Otto mit seinen schwerfälligen Deutschen abmarschirt war, da verlangten die römischen Damen nach ihrem Liebling Johannes und wußten es durch ihren Anhang dahin zu bringen, daß er wieder im Triumph in Rom eingeholt wurde. Leo gelang es zu entkommen, aber mehrere seiner Freunde fielen Johannes in die Hände, der sie schändlich verstümmeln ließ. Otgar, Bischof von Speier, einer dieser Freunde, der noch in Rom war, wurde so lange gepeitscht, bis er todt war!

Der heilige Vater Johannes XII. genoß aber die neue Herrlichkeit nicht lange. Er entführte eine schöne Frau, wurde von dem Manne derselben auf der That ertappt und auf der Bresche der erstürmten Citadelle todt geschlagen. Ein seltsames Sterbekissen für einen heiligen Papst!

Ich habe die Thaten dieses Johannes etwas ausführlicher erzählt, um die Leser vorzubereiten auf die späteren Päpste, die noch heiliger waren, als er. Die andern „Heiligkeiten" dieses Jahrhunderts will ich kürzer abhandeln.

Leo VIII. und Benedikt V. wurden bald abgethan, und es bestieg den päpstlichen Stuhl Johann XIII. (965—972), den die Römer wegjagten, weil er zu stolz und gewaltthätig war, und an dessen Stelle Benedikt VI. zum Papst gemacht wurde. Dieser wurde aber auch bald von einem Sohn der Marozia und des Papstes Johann X. ins Gefängniß geworfen und erdrosselt.

Johann XIV. ließ einen seiner Gegenpäpste ebenfalls einsperren und vergiften; aber dieser Giftmischer, Bonifazius VII., starb bald darauf, und seine Leiche wurde von den erbitterten

Römern durch alle Pfützen geschleift und dann auf offener Straße liegen gelassen, wie ein Aas. Einige Geistliche holten sie hinweg und begruben sie heimlich.

Johann XV. (985—996) maßte sich das ausschließliche Recht der Seligsprechung und Heiligsprechung an, welches bisher jeder Bischof nach Gefallen ausgeübt hatte.

Johann XVI. wurde von seinem Gegner Gregor V. (996—998) gefangen genommen und hatte ein klägliches Ende. Gregor ließ ihn an Augen, Ohren und Nase schrecklich verstümmeln, in einem beschmutzten priesterlichen Gewande rücklings auf einem Esel, den Schwanz in der Hand, durch die Straßen führen und dann in einem Kerker elend verhungern.

Ich darf nicht vergessen, hier eine Sage einzuschieben, welche von den Feinden des Papstthums immer mit großer Schadenfreude erwähnt wurde, wenn auch neuere Schriftsteller sie als eine Erdichtung behandeln. Es ist die berüchtigte Geschichte von der Päpstin Johanna.

Man erzählt nämlich, daß zwischen Leo III. und Benedikt IV. ein Frauenzimmer unter dem Namen Johann VIII. auf dem päpstlichen Stuhl gesessen habe. Bald macht man diese Päpstin zu einem englischen, bald zu einem deutschen Mädchen, und nennt sie Johanna, Gutta, Dorothea, Gilberta, Margaretha oder Isabella. Sie soll mit ihrem Liebhaber, als Jüngling verkleidet, nach Paris gegangen sein, dort studirt und sich solche Gelehrsamkeit erworben haben, daß man sie, als sie später nach Rom kam, zum Papste wählte.

Dieser Papst war aber, so erzählt die Sage weiter, vertrauter mit dem Kämmerer, als mit dem heiligen Geist, und der heilige Vater fühlte, daß er eine heilige Mutter werden wolle. Es erschien ihr ein Engel — die Engel flogen damals noch wie die Sperlinge herum — der ihr die Wahl ließ, ob sie ewig verdammt oder, vor der Welt öffentlich beschimpft sein wolle. Sie wählte das

Letztere und kam in öffentlicher Prozession zwischen dem Kolosäum und der Kirche St. Clemens mit einem jungen Päpstlein nieder.

Jeder Hof hat seine geheime Geschichte, und die vorgefallenen Schändlichkeiten werden meistens so gut vertuscht, daß der spätere gewissenhafte Geschichtschreiber die sich hin und wieder davon vorfindenden sich oft widersprechenden Erzählungen als nicht hinlänglich begründet verwerfen muß. Ich habe Büchertitel gelesen, auf denen versprochen ist, die Echtheit der Päpstin Johanna aus mehr als hundert päpstlichen Schriftstellern nachzuweisen; aber andere Titel, die eben so gründlich und zuversichtlich klingen, versprechen gerade das Gegentheil. Die Sache ist an und für sich nicht so wichtig, deßhalb habe ich meine Zeit nicht damit verloren, sie historisch zu untersuchen, was eine sehr mühsame Arbeit sein möchte, und ich muß sie dem Glauben oder Unglauben der Leser überlassen.

Seit dieser ärgerlichen Geschichte, fährt die Sage fort, mußte sich der neu erwählte Papst auf einen durchlöcherten Stuhl setzen vor versammelter Geistlichkeit und Volk. Dann mußte ein Diakonus unter den Stuhl greifen und sich handgreiflich davon überzeugen, ob der Papst das habe, was der Johanna fehlte, und was ein Papst jener Zeit durchaus zur Regierung der Christenheit nicht entbehren konnte. Fand er Alles in Ordnung, dann rief er mit feierlicher Stimme: Er hat, er hat, er hat! (Habet, habet, habet!) Und das Volk jubelte: Gott sei gelobt! — Dieser Stuhl hieß der Untersuchungsstuhl, oder auch die sella stercoraria. Erst Leo X. soll diesen Gebrauch abgeschafft haben.

Gregor V., der letzte Papst im zehnten Jahrhundert, war der erste, welcher das Interdikt auf ein Land schleuderte, und zwar auf Frankreich. „Das Interdikt war die furchtbarste und wirksamste Taktik der Kirchendespoten und der recht eigentliche Hebel der geistlichen Universalmonarchie."

Jetzt mag der Papst bannen und interdiziren, so viel er will, es kräht kein Hahn darnach; allein in jener finstern Zeit konnte ein Land kein größeres Unglück treffen, als das Interdikt. Trauer und Verzweiflung waren über dasselbe ausgebreitet, als wüthe die Pest. Der Landmann ließ seine Arbeit liegen, denn er glaubte, daß der verfluchte Boden nur Unkraut statt Frucht trüge; der Kaufmann wagte es nicht, Schiffe auf die See zu schicken, weil er befürchtete, Blitze möchten sie zertrümmern; der Soldat wurde ein Feigling, denn er meinte, Gott sei gegen ihn.

Keine Wallfahrt, keine Taufe, keine Trauung, kein Gottesdienst, kein Begräbniß mehr! Alle Kirchen waren geschlossen, Altäre und Kanzeln entkleidet, die Bilder und Kreuze lagen auf der Erde; keine Glocke tönte mehr, kein Sakrament wurde ausgetheilt: die Todten wurden ohne Sang und Klang verscharrt wie Vieh, in ungeweihter Erde! — Ehen wurden nur eingesegnet auf den Gräbern, nicht vor dem Altare. — Alles sollte verkünden, daß der Fluch des heiligen Vaters auf dem Lande laste. Kurz, die ganze Pfaffheit mit Allem, was daran und darum hängt, war suspendirt. Es war ein Zustand, wie ich ihn — die Dummheit des Volks abgerechnet — dem deutschen Volke von ganzem Herzen wünsche.

Der Bann, oder die Excommunikation, kommt schon weit früher in der christlichen Kirche vor; aber dann war er immer nur gegen einen Einzelnen gerichtet, und dieser hatte daran schwer zu tragen, wenn er sich auch persönlich gar nichts daraus machte. Das Volk betrachtete ihn als dem Teufel verfallen und floh seine Gemeinschaft, als ob er ein Pestkranker sei. Die Ueberbleibsel seiner Tafel und wenn es die einer kaiserlichen waren, rührte selbst der Aermste nicht an; sie wurden verbrannt.

Mit der Excommunikation wurde der Gebannte auch zugleich für bürgerlich todt erklärt. Er konnte keine Rechtssache vor Gericht führen, nicht Zeuge sein, kein Gut zu Lehen oder in Pacht geben u. s. w. Vor die Thür eines Gebannten stelle man eine Todtenbahre, und seine Leiche durfte nicht in geweihter Erde begraben werden. Hieraus wird man es erklärlich finden, daß selbst Könige vor dem Banne zitterten.

Sylvester II., der Nachfolger Gregors V., ist der einzige Papst, von welchem die päpstlichen Geschichtsschreiber mit Bestimmtheit melden, daß ihn der Teufel geholt habe. Er war nämlich ausnahmsweise gescheidt, trieb viel Mathematik, begünstigte die Wissenschaften und dergleichen Teufeleien. Ihm verdanken wir auch die arabischen, das heißt unsere gewöhnlichen Zahlen.

Diesem gescheidten Papst hatte, so erzählt man, der Teufel die Papstwürde verheißen, und versprochen, ihn nicht eher zu holen, als bis er in Jerusalem Messe lesen würde. Dazu war wenig Hoffnung, denn diese Stadt war von den Sarazenen besetzt, und Sylvester glaubte, die Bedingung eingehen zu können. Wie der Teufel mit dem heiligen Geist fertig wurde, der sonst die Papstwahlen leiten soll, weiß ich nicht; genug, Sylvester wurde gewählt, und hatte nicht die geringste Lust, in Jerusalem Messe zu lesen. — Aber der Teufel ist ein Schalk. Es gab in Rom eine Kapelle, welche den Namen Jerusalem führte; hier las der Papst Messe, ohne an den Namen zu denken, und der Teufel holte ihn gewissenhafter Weise. Sylvesters Grab hat lange geschwitzt, und seine Gebeine rasselten. Schrecklich!

Die Pseudo-Isidorischen Dekretalen hatten im zehnten Jahrhundert schon ihre Blüthen entfaltet; aber im elften fingen sie an, ausgiebig Frucht zu tragen. In demselben sehen wir das Papstthum in seiner höchsten Macht, und Gregor VII. auf dem Gipfelpunkt derselben.

Ehe ich von diesem gewaltigen Papste rede, muß ich erwähnen, daß schon vor seiner Zeit das Kollegium der Kardinäle zu sehr hoher Bedeutung gelangte. Ursprünglich gab es nur sieben

Karbinales (von cardo, Thürangel), und es waren dies die vornehmsten Geistlichen Roms. Da nun der Einfluß dieser Herren sehr stieg, und alle Geistlichen nach dieser Würde trachteten, so sahen sich die Päpste genöthigt, die Zahl der „Thürangeln der Kirche" unter allerlei Abstufungen zu vermehren, bis sie endlich, weil Jesus siebenzig Jünger hatte, auf diese Zahl stieg.

Allmälig wurde der Geistlichkeit und dem Volke das Recht der Papstwahl „entzogen," was man in nicht diplomatischem Deutsch gestohlen nennt, und die Kardinäle maßten sich das ausschließliche Recht derselben an. Dieses Kollegium, aus und von welchem der Papst nun gewählt wurde, hatte ein direktes Interesse daran, das Ansehen des päpstlichen Stuhls auf jede Weise zu fördern, denn es konnte ja jedes Mitglied desselben selbst Papst werden.

Die Kardinäle wußten sich bald die größten Vorrechte zu verschaffen. Sie machten Anspruch auf einen Rang unmittelbar nach den Königen, und verlangten den Vorrang vor allen Kurfürsten, Herzogen und Prinzen. Sie, die eigentlichen Privatdiener des Papstes, standen weit höher als Erzbischöfe und Bischöfe, welche doch sämmtlich eben so viel wie der Papst selbst waren. Doch haben ja auch in manchen unserer deutschen Staaten die Kammerherren, die dem Fürsten den Operngucker nachtragen müssen, Oberstenrang.

Die Kardinäle trugen Purpur. Begegneten sie einem Verbrecher auf seinem Wege zum Galgen, so konnten sie ihn befreien. Sie selbst verdienten, wie wir sehen werden, diesen Galgen sehr häufig; allein ich glaube nicht, daß jemals ein Kardinal durch rechtskräftigen Urtheilsspruch zum Tode verurtheilt worden ist; denn es war beinahe unmöglich, ihn eines Verbrechens zu überführen, da nicht weniger als zweiundsiebenzig Zeugen dazu nöthig waren. Kardinäle durften jede Königin oder Fürstin auf den Mund küssen, und keiner durfte ein Einkommen unter 4000 Skudi jährlich haben. Der Posten eines Kardinals ist einer der bequemsten in der ganzen Christenheit.

Gregor VII. (1073—85) war der Sohn eines Handwerkers und heißt eigentlich Hildebrand. Er war nur klein von Körper, aber der größte und kräftigste Geist, der je auf dem päpstlichen Stuhl gesessen. Sein Zeitgenosse, der Kardinal Damiani, nannte ihn einen heiligen Satan und die spätern reformirten Schriftsteller titulirten ihn nie anders als Höllenbrand.

Schon als Kardinal beherrschte er unter den ihm vorhergehenden Päpsten den „apostolischen Stuhl" und wußte es durch Intriguen und Heuchelei dahin zu bringen, daß man ihn selbst auf denselben erhob, und daß Kaiser Heinrich IV., trotz aller Warnungen gutgesinnter Bischöfe, ihn bestätigte.

Dieser Grobschmiedssohn Hildebrand schmiedete die Kette, unter welcher die Welt seit achthundert Jahren seufzt. Er ist der eigentliche Begründer des Papstthums. Unablässig trachtete er danach, seine Idee von einer Universalmonarchie zu verwirklichen, und seinem recht pfäffischen Genie, welches kein Mittel verschmähte, gelang es auch.

Kaum war er Papst, so behauptete er: die ganze Welt sei ein Lehen des päpstlichen Stuhls. Mehrere Fürsten waren so thöricht, dieser Ansicht beizupflichten und ihre Reiche von ihm zu Lehen zu nehmen. Diejenigen Fürsten, bei denen all seine nichtswürdigen Künste und Lügen nicht fruchteten, that er in den Bann, und ich habe oben gezeigt, was ein solcher Bann damals zu bedeuten hatte. Ein excommunizirter König war nach Gregors Grundsatz seiner Macht und Würde entsetzt und alle Unterthanen waren ihres Eides und Gehorsams entbunden. Da man sich bereits daran gewöhnt hatte, den Papst als den Statthalter Gottes zu betrachten, so wurde es ihm nicht schwer, bei der verdummten Menschheit seinen Anmaßungen Geltung zu verschaffen.

Zur Ausführung seiner ehrgeizigen Pläne hielt es Gregor für nöthig, die Geistlichkeit von allen Banden zu trennen, durch welche sie mit der bürgerlichen Gesellschaft und mit dem Staate verbunden war; sie sollte kein anderes Interesse als das der Kirche haben und dieser mit Leib und Seele angehören. Da Familienbande die fesselndsten und einflußreichsten Bande von allen sind, so unternahm er es, um jeden Preis die Ehe bei Geistlichen auszurotten.

Gregor VII. ist der Urheber der erzwungenen Ehelosigkeit der Priester, oder des Cölibats.

Wer die Süßigkeit und den Segen des Familienlebens kennt, kann sich wohl vorstellen, daß die Geistlichen dem Papste hierin den größten Widerstand leisteten. Der Kampf der Priester um ihre Weiber dauerte zwei Jahrhunderte; endlich unterlagen sie. In der Folge werde ich mich weitläufiger über diesen Kampf auslassen, bei welchem der dumme Fanatismus der Völker die Päpste mächtig unterstützte, wie auch über die verderblichen Folgen, welche das Cölibat für die menschliche Gesellschaft hatte.

Ein anderer Schritt, den Gregor zur Erreichung seines Zweckes that, war die Vernichtung des Investiturrechtes.

Die höhere Geistlichkeit war von den Fürsten mit Reichthümern überschüttet, mit Land und Leuten begabt und mit fürstlichen Ehren und Rechten versehen worden; allein Erzbischöfe, Bischöfe und Aebte waren Vasallen des Reichs. Als solche übergaben ihnen die Fürsten bei der Belehnung einen Ring zum Zeichen der Vermählung des Bischofs mit der Kirche, und einen Hirtenstab, als Zeichen des geistlichen Hirtenamtes. Der Geistliche wurde nicht eher in den Genuß seiner Würde eingesetzt, bis diese Ceremonie stattgefunden hatte, welche die Investitur genannt wurde. Sie war das Band, durch welches die Bischöfe mit dem Landesfürsten zusammenhingen.

Dieses Band wollte Gregor lösen, um der weltlichen Macht

alle Gewalt über die Kirche und deren Diener zu entziehen. Auf einer Synode (1075) erließ er ein Dekret, welches allen Geistlichen bei Strafe des Verlustes ihrer Aemter verbot, die Investitur aus der Hand eines Laien, das heißt Nichtgeistlichen, zu empfangen und welches den Laien untersagte, dieselbe bei Strafe des Bannes zu ertheilen.

Die Fürsten waren erstaunt über die neue Anmaßung des hochmüthigen Pfaffen und kehrten sich nicht an seine Befehle. Gregor wußte jedoch sehr wohl, was er wagen konnte; er mühte sich nicht mit den kleineren Fürsten ab; er wollte ihnen seine Macht zeigen, indem er sie gegen den angesehensten unter ihnen, gegen den Kaiser, seinen Herrn, richtete.

Heinrich IV. hatte in Teutschland unter den Mächtigen viele Gegner. Gregor schürte die Streitigkeiten mit denselben und machte die Sache der Feinde des Kaisers zu der seinigen. Endlich hatte er die Frechheit, den Kaiser von Rom zu citiren, damit er sich vor ihm verantworte!

Heinrich, dessen Vater noch drei Päpste abgesetzt hatte, war empört über diese Unverschämtheit und berief eine Synode nach Worms, von welcher Gregor einstimmig in den Bann gethan und abgesetzt wurde.

Während dies in Worms geschah, sprang auch in Rom eine Mine gegen Gregor. Eine Menge Gebannter vereinigten sich, überfielen ihn in der Kirche, als er gerade Hochamt hielt und schleppte ihn bei den Haaren ins Gefängniß; der verblendete Pöbel in Rom setzte ihn wieder in Freiheit.

Gregor lechzte nach Rache. Die Absetzungsdekrete beantwortete er damit, daß er Heinrich IV. und alle seine Anhänger in den Bann that, die Unterthanen ihres Eides entband und den Kaiser absetzte! Zugleich überschwemmten Mönche, die bereitwilligen Handlanger der Päpste, ganz Deutschland und bearbeiteten das Volk.

Zuerst schrie man hier fast einstimmig gegen den verwegenen Papst, denn im Schreien waren die Deutschen schon damals groß; aber Heinrichs Gegner handelten. Durch Hildebrands Intriguen verführt, fielen allmälig die Anhänger des Kaisers von demselben ab, nur Herzog Gottfried von Lothringen blieb ihm treu; Gregor schaffte ihn durch Meuchelmord aus dem Wege.

Die erbärmlichen deutschen Fürsten versammelten sich zu Tibur und erklärten hier dem Kaiser: „daß sein Reich zu Ende sei, wenn er sich nicht innerhalb eines Jahres vom Banne befreie!"

Niedergedrückt von dem finstern Geist seiner Zeit, von aller Welt verlassen — nur wenige Soldaten waren noch bei ihm — entschloß sich der deutsche Kaiser nach Rom zu gehen und den durch die Dummheit der Menschen so furchtbar gewordenen Gegner zu versöhnen. — In der strengsten Kälte, in einem armseligen Aufzuge, ging er über die Alpen. Die Italiener strömten ihm zu und verlangten, er solle an der Spitze eines Heeres den rebellischen Großpfaffen zu Rede stellen; aber die Niederträchtigkeit der Deutschen hatte den Muth und das Herz des ohnehin schwachen Kaisers gebrochen. Er wollte demüthig von Gregor Gnade erflehen.

Dieser ließ sich nichts weniger träumen als das. Er war auf einer Reise nach Augsburg begriffen und bereits nach der Lombardei gekommen. Als er die Ankunft des Kaisers vernahm, floh er eiligst nach dem festen Schlosse Canossa, welches seiner Buhlerin, der reichen Markgräfin Mathilde von Toskana, gehörte.

Hier erschien der deutsche Kaiser. In einem wollenen Büßerhemde, bloßen Hauptes, barfuß, stand er in dem Raum vor der innern Ringmauer des Schlosses, — drei Tage und drei Nächte lang, mitten im Januar, zitternd vor Frost und matt vor Hunger und Durst!"

Aus den Fenstern des Schlosses schaute Gregor an der Seite seiner Buhlerin auf seinen gedemüthigten Feind herab und hätte ihn gern so sterben sehen. Des Papstes unmenschliche Härte brachte alle Hausgenossen zum Murren und endlich gab er den Bitten der Markgräfin nach, die zwar Heinrichs Feindin, aber barmherziger war, und führte den Kaiser an den Altar. Hier durchbrach Gregor eine Hostie. „Bin ich der Verbrechen schuldig, deren du mich in Worms bezüchtigt hast," redete er ihn an, „so mag Gott der Herr meine Unschuld bewähren, oder mich durch einen plötzlichen Tod strafen!" — Dann nahm er die Hälfte der Hostie. Gregor war nicht abergläubisch und nicht nervenschwach. Er blieb am Leben.

Der Bann wurde nun von Heinrich genommen, aber unter den entehrendsten Bedingungen. „Wirst du dich," sagte Gregor, „auf dem zusammen zu rufenden Reichstage rechtfertigen und die Krone wieder erhalten, so sollst du mir gehorsam und unterthänig sein."

Nach Deutschland zurückgekehrt, richtete der von Kummer aller Art betroffene Kaiser sein Auge auf den von ihm selbst erbauten Dom zu Speier und sagte zu seinem alten Freunde, dem Bischof: „Siehe, ich habe Reich und Hoffnung verloren, gib mir eine Pfründe, ich kann lesen und singen." Der Bischof antwortete: „Bei der Mutter Gottes! das thue ich nicht." —

Die lombardischen Städte und Fürsten waren empört über die Demüthigung Heinrichs und sagten ihm unverholen ihre Meinung. Da ermannte sich der niedergedrückte Kaiser und stellte sich an die Spitze der bald um ihn versammelten Armee. Die pflicht- und ehrvergessenen deutschen Fürsten aber erwählten in dem Herzog Rudolph von Schwaben einen neuen Kaiser.

Gregor verhielt sich ruhig so lange nichts Entscheidendes geschehen war; als aber Heinrich in einer Schlacht geschlagen wurde, sandte er dem Gegenkaiser eine Krone zu mit der stolzen

Inschrift: **Der Fels (der Kirche) gab Petrus, Petrus gab Rudolph die Krone.** Ueber Heinrich wurde aufs Neue der gräßlichste Bannfluch ausgesprochen.

Der Kaiser hatte jedoch seine Mannheit wieder gefunden. Eine Synode setzte Gregor abermals ab, und Guibert, Erzbischof von Ravenna, wurde als Clemens III. zum Papst erwählt. Gregor versuchte seine alten Künste. Er gab den Rebellen die Versicherung, daß noch in demselben Jahre vor dem Petersfeste **ein falscher König sterben werde.** Um seine Prophezeiung an Heinrich zu erfüllen, sandte er einige **Meuchelmörder** aus; aber des Papstes böse Absicht wurde zum Segen für Heinrich. Am 15. Juni 1080 schlug er **Rudolph** und dieser starb in Folge einer in der Schlacht erhaltenen Wunde.

Nun rückte Heinrich gegen Rom, vernichtete das Heer der Papsthure Mathilde, eroberte die Stadt und belagerte den rasenden Hildebrand in der Engelsburg. Die von diesem zur Hilfe gerufenen Normannen, welche damals in Unteritalien herrschten, befreiten ihn zwar; aber Gregor mußte vor der Wuth der Römer fliehen. Er ging nach Salerno zu den Normannen und endete hier sein fluchbeladenes Leben.

Gregor war der erste wirkliche Papst. Er befahl auf einer Synode, daß von nun an nur Einer Papst heißen solle in der Christenheit, denn bisher nannten sich alle Bischöfe so. Ein Schriftsteller aus jener Zeit sagt schon: Das Wort Papst in der Mehrzahl ist eben so gotteslästerlich, als den Namen Gottes in der Mehrzahl zu gebrauchen.

Gregor wollte Kaiser und Könige zu seinen Untergebenen machen und keine andere Herrschaft als die seinige auf der Erde dulden. Darum schrieb er an Heriman, Bischof von Metz: "**Der Teufel hat die Monarchie erfunden.**"

Um die christliche Kirche leichter zu regieren, ordnete Gregor an, daß beim Gottesdienst überall die römischen Gebräuche befolgt und die lateinische Sprache gebraucht werden sollten. In den meisten deutschen Kirchen hatte das schon der Römerknecht Bonifazius eingeführt.

In einem seiner hinterlassenen Briefe hat Gregor seine Grundsätze niedergelegt.*) Es sind 27, aber ich will nur einige anführen:

Der Papst allein kann den kaiserlichen Schmuck tragen. — Alle Fürsten müssen dem Papst den Fuß küssen und dürfen dieses Zeichen der Ehre außer ihm keinem Andern erweisen. — Es ist dem Papst erlaubt, Kaiser abzusetzen. — Sein Urtheil kann von keinem Menschen umgestoßen werden, er aber kann aller Menschen Urtheil umstoßen. — Die römische Kirche hat nie geirrt und wird auch nach der Schrift niemals irren. — Derjenige ist kein Katholik, der es nicht mit der römischen Kirche hält. — Der Papst kann die Unterthanen vom Eide der Treue lossprechen, den sie einem bösen Fürsten geleistet haben. —

Es scheint mir nicht nöthig, noch einige Bemerkungen über Gregor hinzuzufügen. Bischof Thierry von Verdun sagt von ihm: „Sein Leben klagt ihn an, seine Verkehrtheit verdammt, seine hartnäckige Bosheit verflucht ihn."

Ich habe nun das Papstthum bis zum Gipfel seiner Macht begleitet. Der Raum gestattet mir nicht, in derselben Weise fortzufahren und ich muß mich darauf beschränken, aus jedem Jahrhundert einige Päpste biographisch zu skizziren und an ihnen zu zeigen, wie sie alle danach strebten, Gregor nachzueifern und das von ihm aufgestellte System einer Universalmonarchie zur Ausführung zu bringen und fest zu begründen. Alle gefielen sich in der Vorstellung: „Sich als Christus, die weltlichen Regenten als die Eselin, die er ritt, und das Volk als das Eselsfüllen zu be-

---

*) Man hat hin und wieder an der Echtheit dieses Briefes gezweifelt, doch wie mir scheint, ohne besonders gute Gründe.

trachten." — Die Eselin ist unterdessen gestorben; aber das Esels=
füllen ist seitdem ein alter Esel geworden, der geduldig auf sich
reiten läßt.

Im elften Jahrhundert trennte sich die griechische Kirche
vollends von der abendländischen, indem die griechische behaup=
tete, daß weder die Lehren, noch die Disziplin der letztern mit der
heiligen Schrift und den heiligen Ueberlieferungen übereinstimmten,
also ketzerisch seien. Die Oberherrschaft des päpstlichen Stuhles ver=
warf sie als eine antichristliche Einrichtung.

Unter Hadrian IV., der 1153 den „apostolischen Stuhl" be=
stieg, begann der Kampf der Päpste mit den deutschen Kaisern aus
dem Geschlecht der Hohenstaufen. Friedrich I., der Rothbart,
trat den Anmaßungen dieses Papstes kräftig entgegen, und die
Ehrenbezeugungen, welche derselbe von ihm verlangte, machte er
lächerlich, selbst indem er sie gewährte. Friedrich hielt dem Papste
den Steigbügel — so weit war es bereits mit den Kaisern
gekommen — aber er hielt ihn auf der rechten Seite, auf welcher
der Schinder zu Pferde steigt, und antwortete auf die Bemerkung
Hadrians darüber: „Ich war nie Stallknecht, Ew. Heiligkeit werden
verzeihen."

Den schwersten Stand hatte Friedrich mit Alexander III.
(1159—1181). Es war dies einer der muthigsten und klügsten
Päpste, der niemals im Unglück verzagte oder im Glück übermüthig
wurde; aber stets darauf bedacht war, die Errungenschaften seiner
Vorgänger zu behaupten. Der große Kaiser Friedrich kam 1177
zum ersten Mal mit ihm in Venedig zusammen und — küßte
ihm den Pantoffel.

Die Pfaffenlegende erzählt, daß der Papst bei diesem Kuß den
Fuß auf des Kaisers Nacken gesetzt und gesagt habe: „Auf
Schlangen und Ottern mögest du gehen, und treten auf
junge Löwen und Drachen." Aber Alexander war gewiß viel
zu klug, um den ihm an Geist ebenbürtigen Kaiser durch solche

unnütze Worte zu reizen, und Friedrich viel zu stolz, um sich dergleichen gefallen zu lassen. Glaublicher ist die Version, daß der Kaiser bei dem Pantoffelkusse sagte: „Nicht dir gilt es, sondern Petrus" und Alexander antwortete: „Mir und Petrus."

Auch der kräftige König Heinrich II. von England mußte sich vor dem Worte des mächtigen Papstes beugen. Heinrich hatte seinen Liebling, Thomas Becket, mit Gnaden überschüttet und endlich zum Erzbischof von Canterbury gemacht. Nun war der Schurke am Ziel. Er verband sich mit dem Papste gegen seinen Herrn und Wohlthäter, dem er durch pfäffische Niederträchtigkeiten aller Art das Leben verbitterte. Im Unmuthe rief einst der geplagte König aus: „Wie unglücklich bin ich, daß ich in meinem Königreiche vor einem einzigen Priester nicht Frieden haben kann! Ist denn Niemand zu finden, der mich von dieser Plage befreit?"

Diese Worte hörten vier Ritter, welche dem Könige treu ergeben waren; sie eilten sogleich hinweg, fanden den Erzbischof vor dem von ihm geschändeten Altar, spalteten ihm den Kopf und machten ihn dadurch zum Heiligen, denn Wunder fanden sich. Einige Stallleute des Königs hatten einst dem Pferde des Erzbischofs den Schwanz abgehauen und für diesen Frevel zeugten sie fortan lauter Kinder — mit Schwänzen!

Die Pfaffen schnoben wegen dieses Mordes nach Rache. Alexander drohte mit dem Interdikt und Heinrich, der sein Volk nicht leiden sehen wollte, unterwarf sich allen Strafen, die der Papst über ihn verhängte. Der König schwur feierlich, daß er den Mord des Erzbischofs nicht gewollt habe; es half ihm nichts. Er mußte barfuß zum Grabe des neuen Heiligen wallen, sich hier andächtig niederwerfen und — von achtzig Geistlichen geißeln lassen! Jeder gab ihm drei Hiebe — macht zweihundert und vierzig.

Mit Kaisern und Königen gingen jetzt die Päpste oft wie mit

Hunden um. Als Cölestin III. (1191—1198) den Sohn des in Palästina gestorbenen Friedrichs I., Heinrich VI. gekrönt hatte, und dieser ihm den Pantoffel küßte, stieß er dem Kaiser mit dem Fuße die Krone vom Kopfe, zum Zeichen, daß er sie ihm geben und nehmen könne.

Der mächtigste Papst aller Päpste war Innozens III. (1198—1215). Alle Rechte, die Gregor VII. zu haben behauptete, übte dieser mächtige Papst wirklich aus. Als er den päpstlichen Stuhl bestieg, war er in seiner vollen Manneskraft, denn er war erst 37 Jahre alt. Die Könige zitterten vor ihm, wie Schulknaben vor dem strengen Schulmeister. Allen gab er seine Ruthe zu fühlen. Johann von England rief einst beim Anblick eines sehr feisten Hirsches aus: „Welches dicke und feiste Thier, und doch hat es nie Messen gelesen!" Aber auch dieser Spötter über das Pfaffenthum kroch demüthig zum Kreuz, als ihm das heilige Raubthier zu Rom die apostolischen Zähne wies.

Innozens III. ist der Erfinder der wahnsinnigen Lehre von der Transsubstantiation, das heißt von der Lehre: daß sich durch die Weihung des Priesters das Brod und der Wein beim Abendmahl wirklich in Fleisch und Blut Christi verwandeln.

Hiebei fällt mir die Antwort eines Indianers ein, welchen der Missionär, nachdem er ihm das Abendmahl gereicht hatte, fragte: „Wie viele Götter gibt es?" — „Gar keine," antwortete der Indianer, „denn du hast ihn mir ja so eben zu essen gegeben." Dem rohen Menschen war das Mysterium dieser sublimen Gottfleischfresserei nicht offenbart worden.

Ebenso materielle Vorstellung vom Abendmahl hatte ein lutherischer Bauer. Der Herr Pastor war ein großer Whistspieler und durch Zufall war eine weiße, runde elfenbeinerne Whistmarke mit unter die runden Oblaten auf den Hostienteller gerathen. „Nehmet und esset, denn dies ist mein Leib," sagte der Geistliche und steckte dem Bauer die unglückliche Marke in den Mund. Der Bauer biß herzhaft zu; als er aber das Ding gar nicht klein bekommen konnte, rief er: „Wies der Dübel, Herr Paster, id mut 'nen Knoten berwischt hebben!"

Innozens III. führte auch die Ohrenbeichte ein, von der ich schon früher geredet habe und im letzten Kapitel dieses Buches noch weitläufiger reden werde; ferner das scheußlichste Tribunal, welches jemals die Menschheit schändete, — die Inquisition.

Der gefährlichste Feind des Papsthums kam mit dem großen Hohenstaufen Friedrich II. auf den deutschen Kaiserthron. Er hatte in der Jugend unter der Vormundschaft von Innozens gestanden, aber dennoch wurde er nichts weniger als ein Pfaffenknecht, vielmehr ein Mann, dessen religiöse Ansichten seiner Zeit bedeutend vorangeeilt waren. Hätte ihn das Volk unterstützt, dann wären vielleicht damals schon dem Papsthum die Flügel gestutzt worden. Sein Wahlspruch war: „Laß lärmen und bräuen und die Esel schreien." Sein Kanzler Petrus de Bineo unterstützte ihn wacker und schrieb unter Anderm 1240 gegen die Jurisdiktion des Papstes.

Den heftigsten Kampf hatte Kaiser Friedrich II. mit Gregor IX. (1227—1241). Dieser that ihn ein Mal über das andere in den Bann und legte ihm Verbrechen zur Last, die ihn als den verruchtesten Ketzer brandmarken sollten. Friedrich wurde angeklagt, gesagt zu haben: Die Welt sei von drei Betrügern getäuscht worden, wovon zwei in Ehren gestorben, der dritte aber am Galgen: Moses, Muhamed und Christus. — Ferner habe er darüber gelacht, daß der allmächtige Herr des Himmels und der Erde von einer Jungfrau geboren sein solle, und geäußert, daß man nichts glauben solle, was nicht durch Natur und Vernunft bewiesen werden könne. Freilich eine eben so schändliche als schädliche Lehre, da sie dem ganzen Pfaffenschwindel den Hals brechen würde, wenn sie zur Geltung käme.

Diese letzte Aeußerung sah übrigens dem Kaiser sehr ähnlich, der aus dem Morgenlande, wohin er einen Kreuzzug unternehmen mußte, sehr freie Ansichten über die Religion mitgebracht hatte. Einst äußerte er: Wenn der Gott der Juden Neapel gesehen hätte, würde er gewiß nicht Paläſtina auserwählt haben; und beim Anblick einer Hoſtie rief er: „**Wie lange wird dieser Betrug noch dauern!?**" Als er einſt an ein Weizenfeld kam, hielt er ſein Gefolge vor demſelben zurück und ſagte: „**Achtung, hier wachſen unſere Götter.**" Die Hoſtie wird nämlich aus Weizenmehl gebacken.

Gregor hatte den deutſchen Ritterorden ſehr lieb gewonnen, und da ihm ja die ganze Erde gehörte, ſo ſchenkte er demſelben Preußen. Die Ritter zeigten ſich aber nicht beſonders dankbar gegen den päpſtlichen Stuhl und gegen die Pfaffheit. Einer ihrer Großmeiſter, Reuß von Plauen, ſagte: „Man muß den Geiſtlichen keine Güter geben, ſondern nur Beſoldung, wie andern Staatsdienern auch; ſie ſollen ſich an den ſchlichten Text des Evangeliums halten." Der Hochmeiſter Wallenrode äußerte: „Ein Pfaff in jedem Lande iſt genug, und den muß man einſperren, und nur herauslaſſen, wenn er ſein Amt verrichten ſoll."

Innozenz IV. (1243—1254) ſetzte den Kampf mit Friedrich II. fort. Er war ein Graf Fiesko und genauer Freund des Kaiſers geweſen. Als man dieſen wegen der Wahl ſeines Freundes zum Papſt beglückwünſchte, antwortete Friedrich: „Fiesko war mein Freund, Innozenz IV. wird mein Feind ſein; kein Papſt iſt **Ghibelline**" (nämlich **liberal**).

Es war ſo, wie der Kaiſer ſagte, der bald in den Bann gethan wurde, den Friedrich anfing als ſeinen natürlichen Zuſtand zu betrachten. Er war keinesweges zerknirſcht, ſondern rückte dem Papſt zu Leibe, und der heilige Vater machte, als Soldat verkleidet, einen Angſtritt von 54 italieniſchen Meilen in einer kurzen Sommernacht, um der Gefangenschaft zu entgehen.

Der Papst floh nach Lyon, wo er 1245 eine Synode zusammenberief, auf der Friedrich abermals gebannt und abgesetzt wurde. Friedrich kämpfte wie ein Mann; aber die Menschen waren noch dumm, und man band ihm überall die Hände. Besonders die deutschen Fürsten zeigten sich dem edeln, großen Kaiser gegenüber so niedrig, so unendlich klein! Elende Pfaffenknechte. Nur in der Schweiz schlugen ihm treue Herzen trotz Bann und Interdikt. Mehrere Kantone sandten ihm Hülfstruppen, und Luzern und Zürich hielten zu ihm bis zum letzten Augenblick.

Kaiser Friedrich starb an päpstlichem Gift. Innozenz jubelte; nun stand ihm der Weg nach Rom wieder offen. Er zog ab und bedankte sich bei den Lyonesern für die gute Aufnahme. Diese hatten aber keine Ursache, sich bei dem Papste zu bedanken, denn Kardinal Hugo sagt in seinem Abschiedsschreiben mit echt pfäffischer, cynischer Unverschämtheit: „Wir haben euch, Freunde, seit unserer Anwesenheit in dieser Stadt einen wohlthätigen Beitrag gestiftet. Bei unserer Ankunft trafen wir kaum drei bis vier Huren; bei unserm Abzug hingegen überlassen wir euch ein einziges Hurenhaus, welches sich vom östlichen bis zum westlichen Thore durch die ganze Stadt verbreitet." Lyon hatte demnach Aehnlichkeit mit einer deutschen, katholischen Hauptstadt, von welcher ihr König dasselbe sagte, und welche Papst Pius VI. „Deutsch Rom" nannte.

Innozenz IV. verlieh den Kardinälen als Auszeichnung rothe Hüte. Auf ihn folgt eine Reihe unbedeutender Päpste. Urban IV., der Sohn eines Schuhflickers, stiftete das Frohnleichnamsfest zu Ehren der Hostie, oder vielmehr des Abendmahls. Eine verrückte Nonne hatte ein Loch im Monde gesehen, und das flickte der päpstliche Schuhflicker mit einem neuen Kirchenfeste aus.

Martin V., ein Franzose, war ein erbitterter Feind der Deutschen. Er wünschte, „daß Deutschland ein großer Teich, die Deutschen lauter Fische, und er ein Hecht sein möchte, der sie auffresse, wie der Storch die Frösche."

Die Hohenstaufen erlagen im Kampfe mit dem Papstthum. Die Habsburger nahmen sich ein warnendes Exempel daran; sie spielten daher lieber mit ihm unter einer Decke und zogen nun dem armen Volke vereinigt das Fell über die Ohren. Aus diesem Grunde werden auch Beide gleiche Dauer haben.

Innozenz V. war der erste Papst, der im Conklave gewählt wurde. Sein Vorgänger Gregor X. hatte nämlich befohlen, daß nach seinem Tode sämmtliche Kardinäle in ein Zimmer geschlossen werden sollten, welches für jeden eine besondere Zelle und keinen andern Ausgang hatte, als zum Abtritt. Jeder Kardinal hatte nur einen Diener bei sich. Das Zimmer durfte nicht verlassen werden, bis ein neuer Papst gewählt war. War dies nach drei Tagen nicht geschehen, so erhielt jeder der Kardinäle in den folgenden vierzehn Tagen nur ein Gericht, und nach dieser Zeit nur Brod, Wein und Wasser. Diese Hungerkur beförderte merklich den Verkehr mit dem heiligen Geist!

Unter der Kirchenherrschaft von Nikolaus IV. (1288—1292) regierte über Tyrol der wackere Graf Meinhard. Dieser hielt die lüderlichen Pfaffen gehörig im Zaum und zog sich dadurch den Zorn des Papstes zu, der ihn in den Bann that. Meinhard vertheidigte sich wacker; er sagte: „Ich bin nicht der Angreifer, sondern meine Bischöfe, die keine Hirten, sondern Wölfe sind. Statt zu lehren, suchen sie sich nur zu bereichern, Bastarde in die Welt zu setzen, zu tafeln und zu zechen. Weidet man so die Schafe Christi? Sie nehmen gerade umgekehrt das Wort: „„Gebet ihnen den Rock;"" sie nehmen auch noch den Mantel und sind schlimmer, als Juden, Türken und Tartaren. Sie blenden das Volk durch Ceremonien, und es genügt ihnen nicht, die Schafe zu melken und zu scheeren; sie schlachten sie."

Cölestin V. wurde aus einem einfältigen Eremiten ein noch einfältigerer Papst, und als Kardinal Cajetan eines Nachts durch ein versteckt angebrachtes Sprachrohr in sein Schlafzimmer schrie: „Cölestin, Cölestin, Cölestin! — lege dein Amt nieder, denn diese Last ist dir zu schwer," glaubte der Dummkopf, der liebe Gott würdige ihn einer persönlichen Unterredung, und dankte ab.

Kardinal Cajetan trat als Bonifaz VIII. (1295—1303) an seine Stelle. Auf einem kostbar aufgezäumten Schimmel, der von den Königen von Apulien und von Ungarn geführt wurde, ritt er zur Krönung. Nach der Rückkehr aus der Kirche, bei welcher Gelegenheit vierzig Menschen im Gedränge selig gedrückt wurden, tafelte er öffentlich, und die beiden Könige standen als Bediente hinter seinem Stuhle und warteten ihm auf.

Den neuen Papst verdroß es sehr, daß Viele die Abdankung Cölestins als ungültig betrachteten, der überall als ein Heiliger angestaunt wurde. Um der Sache ein Ende zu machen, ließ ihn Bonifaz einfangen. Der arme heilige Waldesel bat fußfällig, ihn doch wieder in seine Höhle zurückkehren zu lassen; aber all sein Flehen war umsonst. Er wurde auf dem festen Schloß Fumone in ein enges Behältniß eingesperrt, wo er so wenig zu essen bekam, wie er nur immer wollte, so daß er kläglich verhungerte.

Dieser Bonifazius war ebenso stolz wie Gregor VII. und Innozenz III. In einer Bulle von 1294 sagte er: „Wir erklären, sagen, bestimmen und entscheiden hiermit, daß alle menschliche Kreatur dem Papst unterworfen sei, und daß man nicht selig werden könne, ohne dies zu glauben."

Dieser ungemessene Stolz mußte ihn sehr bald in feindselige Berührung mit stolzen weltlichen Monarchen bringen. **Philipp IV.** der Schöne, von Frankreich gerieth mit Bonifaz auf das Heftigste zusammen. Aber der König war kein Heinrich IV., seine Großen keine Deutschen und der Papst kein **Hildebrand**. Er schrieb zwar an **Philipp**: „Bischof Bonifaz an Philipp, König von Frankreich. Fürchte Gott und halte seine Gebote! Du sollst hiermit wissen, daß du uns im Geistlichen und Weltlichen unterworfen bist. — Wer anders glaubt, den halten wir für einen Ketzer."

Hierauf antwortete ihm der von seinem Parlament wacker unterstützte Philipp: „Philipp, von Gottes Gnaden, König von Frankreich, an Bonifaz, der sich für den Papst ausgibt, wenig oder gar keinen Gruß! Du sollst wissen, Erzpinsel (maxima Tua Fatuitas), daß wir in weltlichen Dingen Niemanden unterworfen sind. Andersdenkende halten wir für Pinsel und Wahnwitzige."

Wie jämmerlich erscheint dagegen König Erich von Dänemark, welcher mit Bann und Interdikt bedroht, schreibt: „Erbarmen, Erbarmen! Was haben meine Schafe gethan? Alles was Ew. Heiligkeit mir auflegen, will ich tragen. — Rede, dein Knecht höret."

Der stolze „Erzpinsel" wurde aber bitter gedemüthigt. **Philipps** Abgesandter, **Nogaret**, verbunden mit **Sciarra Colonna**, gegen dessen Familie der Papst die unerhörtesten Grausamkeiten begangen hatte, überfielen ihn in seinem Schlosse **Anagni** und nahmen ihn gefangen. „Willst du die Tiara abtreten, die du gestohlen hast?" schnob ihn der wüthende Colonna an. Bonifaz antwortete hochmüthig. Da loderte der Zorn des schwer mißhandelten römischen Edelmannes hoch auf, er schlug den Papst ins Gesicht und schrie: „Willst du das Maul halten, Höllensohn! aller Sünder!" Mit Mühe hielt **Nogaret** den Wüthenden zurück, daß er seine Rache nicht vollends befriedigte an dem sechsundachtzigjährigen

Bösewicht, der Seelenstärke genug hatte, Colonna zuzurufen: „Hier ist der Hals und hier ist das Haupt!"

Darauf setzte man den Vicegott auf ein Pferd ohne Sattel und Zaum, das Gesicht dem Schwanze zugekehrt, und brachte ihn in ein elendes Gefängniß, wo er, aus Furcht vergiftet zu werden, drei Tage und drei Nächte lang nichts genoß, als ein wenig Brod und drei Eier, welche ihm ein altes Mütterchen zusteckte. — Man möchte Mitleid haben mit dem alten Manne; aber er war ein alter Bösewicht und man denke an den armen Cölestin, den er verhungern ließ.

Das Volk zu Anagni befreite Bonifaz und brachte ihn im Triumph nach Rom. Aber die erlittene Demüthigung hatte den stolzen alten Mann wahnsinnig gemacht. Er befahl seinen Dienern, sich zu entfernen und schloß sich in seinem Zimmer ein. Am Morgen fand man ihn todt. Sein weißes Haar war mit Blut befleckt; vor seinem Munde stand Schaum, und der Stock, den er in der Hand hielt, war von seinen Zähnen zernagt.

So endete Bonifaz VIII., wie man vorher gesagt hatte: „Er wird sich einschleichen wie ein Fuchs, regieren wie ein Löwe und sterben wie ein Hund."

Er starb wie ein Hund und lebte wie ein Schwein. Er erklärte öffentlich, daß Hurerei, Ehebruch und Unzucht gar keine Sünde sei, weil Gott Weiber und Männer dazu gemacht habe. Er lebte mit einer verheiratheten Frau und mit ihrer Tochter zu gleicher Zeit und mißbrauchte seine Pagen zu unnatürlicher Wollust, so daß sich diese untereinander „Huren des Papstes" nannten.

Was von seinem Glauben zu halten ist, ergibt sich aus folgenden Aeußerungen, deren ihn Philipp gegen Clemens V. beschuldigt: Gott lasse es mir wohl gehen auf dieser Welt, nach der andern frage ich nicht so viel, als nach einer Bohne. — Die Thiere haben so gut Seelen wie die Menschen. — Es ist abgeschmackt, an einen und an einen dreifachen Gott zu glauben. An Maria glaube ich so wenig, als an ein Eselin, und an den Sohn so wenig, als an ein Eselsfüllen. Maria war eine Jungfrau, wie meine Mutter eine war. — Sakramente sind Possen u. s. w.

Philosophen und andere Freigeister haben dergleichen Gedanken wohl schon öfters ausgesprochen; allein im Munde eines Papstes klingen sie um so seltsamer, als die Inquisition Tausende wegen weit unbedeutenderer Ausdrücke verbrennen ließ. — Clemens V. erklärte Bonifaz jedoch für einen frommen, katholischen Christen und nun wissen wir doch, wie ein solcher beschaffen sein muß, um den Päpsten zu gefallen.

Bonifaz VIII. ist derjenige Papst, welcher das Jubeljahr erfand. Er war auch der erste Papst, der ein Wappen führte und der auf die Tiara oder päpstliche Mütze eine zweite Krone setzte. Früher trugen die römischen Bischöfe die sogenannte phrygische Mütze der Priester der Cybele, Mitra genannt. Ein Bischof, Hormidas, setzte die von König Clodwig erhaltene Krone hinzu. Die dritte Krone kam erst mit Johann XXII. oder mit Benedikt XII. auf die päpstliche Narrenkappe.

Mit Clemens V. begann die sogenannte babylonische Gefangenschaft der Päpste (von 1305—1374). König Philipp der Schöne fand es nämlich vortheilhaft, die Päpste für seine Zwecke bei der Hand zu haben und verleitete sie durch allerlei Lockungen ihren Sitz in Avignon zu nehmen, wo sie siebzig Jahre lang residirten. Sie waren hier völlig abhängig von den französischen Königen, lebten aber unter dem Schutz derselben dafür auch weit sicherer als in Rom. Sie beschäftigten sich in ihrem Exil damit, neue Geldprellereien zu ersinnen und das umliegende Land durch ihre eigene und die Sittenlosigkeit ihres Hofes zu demoralisiren.

Nach dem Zeugniß der geachtetsten Geschichtsschreiber stammt die spätere große Sittenlosigkeit in Frankreich hauptsächlich von dem siebzigjährigen Aufenthalte der Päpste in Avignon her.

Clemens V. trat eben so fest wie Bonifazius, nur nicht so heftig und deshalb klüger auf, wodurch er auch mehr gewann. In dem deutschen Kaiser Heinrich VII., dem Luxemburger, würde wahrscheinlich ein Feind des Papstthums gleich Friedrich II. erwachsen sein, wenn er nicht, wie man es in Rußland nennt, gestorben worden wäre. Der Dominikaner Bernard von Montepulciano, so erzählt man, reichte ihm eine vergiftete Hostie und der Kaiser war zu religiös, um dem Rathe seines Arztes zu folgen und ein Brechmittel zu nehmen. So starb er denn an seiner Frömmigkeit.

Das größte Schandbenkmal hat sich Clemens V. durch den nichtswürdigen Prozeß gegen den Ritterorden der Tempelherrn und den Justizmord der unglücklichen Ritter gesetzt. Er war freilich nur die Katze, welche ihre heiligen Pfoten Philipp dem Schönen ließ, um für ihn die Kastanien aus dem Feuer zu langen. Die Sittenverderbniß unter den Tempelherrn war allerdings groß; allein waren etwa die andern geistlichen Herrn und die Päpste selbst reiner?

Uebrigens würde ihre Sittenlosigkeit den Tempelherrn schwerlich den Hals gebrochen haben; ihr Verbrechen war es, vernünftigere und freiere Religionsansichten zu haben, als der andere Kuttenpöbel und_dann — waren sie ungeheuer reich. Indem man ihnen den Prozeß machte, schlug man, wie man zu sagen pflegt, „zwei Fliegen mit einer Klappe."

Johann XXII., eines Schuhflickers Sohn, war schon ein Schuft und Betrüger, ehe er den päpstlichen Stuhl bestieg, und auf demselben vervollkommnete er sich noch in seinen Spitzbubentugenden. Ich habe schon im vorigen Kapitel Erbauliches von ihm berichtet und füge nur noch Weniges hinzu.

Er lag in beständigem Streit mit dem deutschen Kaiser

Ludwig dem Bayern und dem Könige von Frankreich. Ersterer wehrte sich zwar tüchtig, „lufchte" aber doch zuletzt, denn „er hatte zwei Seelen, eine kaiserliche und eine bayerische."

Philipp der Schöne aber ließ dem übermüthigen Papst sagen, „er werde ihn als Ketzer verbrennen lassen." Leider ist das nicht geschehen; er starb 90 Jahre alt. Er hinterließ außer seinen 33 Millionen, welche die Kirche verbaute, die bekannte schöne Hymne: „Stabat mater dolorosa."

Sein Nachfolger Benedikt XII. war ein herzensguter Mann und man kann ihm weiter nichts zur Last legen, als daß er Papst war. Aber selbst diesen Fehler suchte er nach besten Kräften zu mildern, indem er wenigstens erklärte, „ein Papst habe keine Verwandte", wodurch er seine Vorgänger und Nachfolger beschämte, welche ihre „Neffen" u. s. w. nicht reich genug beschenken konnten. Hohe Personen hielten um seine Nichte an; aber er sagte: „Für ein solches Roß schickt sich nicht solch ein Sattel," und gab sie einem Kaufmann aus Toulouse.

Clemens VI., der Benedikt XII. folgte, war nach dem Ausdruck eines gleichzeitigen Geschichtsschreibers „höchst ritterlich und nicht sehr fromm", welches letztere man wohl von mehreren „heiligen Vätern" sagen konnte. Er benahm sich sehr hochmüthig gegen Kaiser Ludwig und hatte leichtes Spiel mit dessen Gegner, dem „Pfaffenkönig" Karl IV. Obwohl er selber sehr locker lebte, so hielt er es doch für nöthig, die höhere Geistlichkeit wegen ihres lüberlichen Lebenswandels abzukanzeln und sagte den Herrn unter Anderem in seiner Strafpredigt: „Ihr wüthet wie eine Heerde Stiere gegen die Kühe des Volkes!"

Clemens war sehr prachtliebend, und mit unerhörtem Pomp krönte er Don Sanchez, den zweiten Sohn des Königs von Castilien, zum König der glücklichen Inseln, wie damals die kanarischen hießen. Beim Krönungszug kam als üble Vorbedeutung ein Platzregen, welcher Papst und König bis auf die Haut durchnäßte; und in der That wurde auch das Königreich zu Wasser, denn die kühnen Normanen hatten es in Besitz genommen und hielten es fest.

Mit diesem Sanchez hatte Clemens große Absichten. Er versprach, ihn an die Spitze eines Kreuzzuges zu stellen und ihm den Titel „König von Egypten" zu geben. Der Prinz war außer sich vor Dankbarkeit und rief: „Nun, so mache ich Ew. Heiligkeit zum Chalifen von Bagbad!" — So erzählt uns der berühmte Dichter Petrarca.

Philipps des Schönen Beispiel hatte den Päpsten böse Früchte getragen, denn die Kraft ihres Bannes fing an zu erlahmen. Das fühlte Urban V. Ein Erzbischof weigerte sich, einen Mönch zu ordiniren, der ihm von seinem Landesherrn, Barnabo Visionti von Mailand, empfohlen war. Dieser gottlose Mensch ließ den Erzbischof citiren und sagte zu ihm: „Weißt du nicht, du alter Hurer, daß ich König, Papst und Kaiser in meinem eigenen Reiche bin!" Für dieses ungeheure Verbrechen that ihn Urban in den Bann und belegte sein Land mit dem Interdikt!

Als die Legaten des Papstes die Bannbulle nach Mailand brachten, führte sie Visconti sammt ihrem Wisch auf die Naviglio= brücke und fragte sie sehr ernsthaft: „Wollt ihr essen oder trinken?" Die Legaten sahen mit sehr langen Gesichtern auf den Fluß und verlangten höchst kleinmüthig zu essen. „Nun, so freßt den Wisch da!" — Die Herren Legaten fraßen.

Gregor XI. verlegte die Statthalterei Gottes wieder nach Rom. Ich habe schon früher bemerkt, welche demoralisirende Folgen die Residenz der Päpste für Avignon und Frankreich überhaupt hatte. Geschichtsschreiber jener Zeit können von der dort herrschenden Unzucht nicht genug erzählen und die meisten Dinge verschweigen sie aus Schamgefühl.

Ein schönes Papstexemplar war Urban VI. (1378—1389), doch war er mehr Tiger als Affe. Seine Grausamkeit war em=

pörend. Fünf Kardinäle, die nicht für ihn gestimmt hatten, und mehrere Prälaten, ließ er fürchterlich foltern und dann theils in Säcke stecken und ins Meer werfen, theils lebendig verbrennen, erdrosseln oder enthaupten. Einen sechsten Kardinal, der von der Tortur so elend war, daß er nicht fort konnte, ließ er unterwegs erwürgen. Als die Kardinäle zur Tortur abgeführt wurden, sagte der Statthalter Gottes zum Henker: „Martere so, daß ich Geschrei höre." Dabei ging er im Garten spazieren und las in seinem Brevier.

Die Leichen von zwei Kardinälen ließ dieser Henkerpapst in Oefen austrocknen und dann zu Staub zerstoßen. Dieser Staub wurde auf seinen Befehl in Säcke gethan und nebst den rothen Hüten der Kardinäle auf seinen Reisen auf Mauleseln vor ihm hergeführt, Andern als schreckliches Exempel!

Zu Ende des 14. und am Anfange des 15. Jahrhunderts finden wir immer wenigstens zwei, meistens drei Päpste zugleich, die jeder von den verschiedenen Parteien als die ächten Statthalter Gottes betrachtet wurden.

Ich habe es herzlich satt, die scheußlichen Handlungen der Menschen zu berichten, welche den Namen „Statthalter Gottes" zum schändlichsten Hohn machten; allein ich müßte vollends ermüden, wenn ich die Schandthaten und Verbrechen dieser verschiedenen Gegenpäpste berichten sollte. Man durchwandere einen Bagno oder irgend ein Zuchthaus und lasse sich von jedem der Sträflinge erzählen, welche Verbrechen er begangen hat, so wird man doch ein nur unvollkommenes Verzeichniß der Verbrechen haben, welche von den Päpsten dieser Periode begangen wurden.

Das böse Beispiel der Päpste und überhaupt der Geistlichkeit hatte die übelsten Folgen. Von der Zügellosigkeit, welche damals unter dem Volke, namentlich aber unter den höheren Ständen herrschte, hat man heutzutage kaum einen Begriff, so sehr man auch über die Sittenverderbniß der jetzigen Zeit klagt. Alle Gesetze der

Moral und der Sitte waren durch die Lüderlichkeit der Pfaffen aufgelöst. Die Nothwendigkeit einer Beendigung dieses Zustandes wurde von Allen gefühlt, in denen noch das Gefühl für das Gute lebte und man kam dahin überein, auf einem großen Konzil vorerst die Ordnung in der Kirche wiederherzustellen.

Dies Konzil wurde 1414 zu Konstanz gehalten und ist eines der glänzendsten, die jemals stattgefunden haben. Man sah auf demselben nächst einem Papste und dem Kaiser alle Kurfürsten, 153 Fürsten, 132 Grafen, über 700 Freiherren und Ritter, 4 Patriarchen, 29 Kardinäle, 47 Erzbischöfe, 160 Bischöfe, über 200 Aebte, ein Heer von Mönchen, Geistlichen jeder Art und Rechtsgelehrten und — die gewöhnliche Begleitung des päpstlichen Hofes, gegen 1000 öffentliche Dirnen, die privatim unterhaltenen und heimlichen gar nicht mitgerechnet.

Drei Päpste stritten sich um die Tiara: Johann XXIII., ein Gregor und ein Benedikt. Johann war dreist genug, auf dem Konzil zu erscheinen, allein als man ernstlich daran ging, seinen Lebenslauf zu mustern, hielt der heilige Vater es für gerathener, als Postknecht verkleidet, mit Hülfe des Herzogs Friedrich von Tyrol zu entfliehen.

Man hatte seine Verbrechen in 70 Artikeln zusammengefaßt und gab sie dem heiligen Vater zur Durchsicht. Er äußerte aber kein Verlangen, sein Sündenregister zu lesen und versuchte lieber, das Konzil durch seine Flucht zu sprengen, was aber mißlang. Johanns Thaten wurden öffentlich verlesen, das heißt nur 54 Artikel davon, da man sich schämte, die andern vor aller Welt auszusprechen. 37 Zeugen bewiesen, daß Johann nicht nur Hurerei, Ehebruch, Blutschande, Sodomiterei, Simonie, Freigeisterei, Räuberei und Mord verschuldet, sondern auch 300 Nonnen verführt oder genothzüchtigt und sie dann zum Lohn zu Aebtissinnen und Priorinnen gemacht habe.

Sein eigener Sekretär, Niem, erzählt, daß der Papst zu

Bologna einen Harem von 200 Mädchen unterhalten hatte. Auch beschuldigte man Johann, seinen Vorgänger Clemens V. vergiftet zu haben.

Johann wurde abgesetzt. Gregor dankte freiwillig ab; aber der alte Benedikt spielte in einem Winkel Spaniens, wohin er geflohen war, den Vicegott; allein Niemand kehrte sich an seine Bannflüche. Endlich ließ der neuerwählte Papst, Martin V., den neunzigjährigen Benedikt vermittelst Gift aus dem Wege räumen.

Unbegreiflich ist es, wie dieser in Wollust aller Art sich wälzende heilige Vater ein so hohes Alter erreichen konnte. Berühmte Kanzelprediger predigten öffentlich gegen sein abscheuliches Leben, und einer derselben sagte: „J'aime mieux baiser le derrière d'une vielle maquerelle, qui aurait les hemmoroïdes, que la bouche de ce Pape là!"

Das Konzil von Konstanz verurtheilte Johann Huß und Hieronymus von Prag als Ketzer zum Feuertode und verursachte dadurch blutige Kriege; aber der Zweck des Konzils, eine Reformation an Haupt und Gliedern der Kirche, wurde nicht erreicht.

Im Jahr 1418 gingen die Herren Reformatoren auseinander. Die Stadt Konstanz hatte vier Jahre lang einen schönen Verdienst durch die 100,000 Fremden mit 40,000 Pferden, die sie so lange beherbergen mußte. Für ihr gutes Verhalten erhielt die Bürgerschaft vom Kaiser unschätzbare Belohnungen, die ihn nichts kosteten, nämlich das Recht, eine vierzehntägige Messe zu halten, mit rothem Wachs zu siegeln, im Felde eigene Trompeter zu halten und auf ihr Banner — einen rothen Schwanz zu setzen, der sie vielleicht an die vielen Kardinäle erinnern sollte; ich bin nicht bewandert genug in der Heraldik, um die Bedeutung dieses seltsamen Wappenvogels zu erklären. Der Bürgermeister wurde zum Ritter geschlagen, da das kleine Geld der Fürstengunst, die Orden, noch nicht gebräuchlich waren.

Von Eugen VI., Calixt III. und Pius II., der sich schminkte und eine Krone trug, die 200,000 Dukaten werth war; ebenso von dem schändlichen Meuchelmörder Sixtus IV., der in Rom die ersten öffentlichen Bordelle anlegte und jeden seiner Kardinäle auf die Erwerbnisse von 20—30 Huren anwies; der für Geld die Erlaubniß ertheilte, bei der Frau eines Abwesenden die Stelle des Mannes zu vertreten; der mit seiner Schwester einen Sohn erzeugte, seine beiden Söhne zu unnatürlicher Wollust mißbrauchte und unendlich viel andere Schandthaten beging: von allen diesen Päpsten schweige ich, obgleich ihre Geschichte gewiß sehr lehrreich und erbaulich sein würde.

Innozens VIII. (1484—1492) sorgte mit väterlicher Zärtlichkeit für seine Kinder und scharrte unendlich viel Geld zusammen. Doch das thaten alle Päpste. Er zeichnete sich nur noch durch seine Sündentaxordnung aus, die in 42 Kapiteln 500 Taxansätze enthielt. Ich habe schon früher davon gesprochen; hier nur noch einige Beispiele aus diesem Schanddokument: Begeht ein Geistlicher vorsätzlich einen Mord, so zahlt er nach Reichswährung zwei Goldgulden acht Groschen. Vater-, Mutter-, Bruder- und Schwestermord ist taxirt zu ein Gulden zwölf Groschen! Wollte aber ein Ketzer absolvirt werden, so hatte er vierzehn Gulden acht Groschen zu bezahlen. Eine Hausmesse in einer exkommunizirten Stadt kostete vierzig Gulden.

Dieser Papst Innozens VIII. widmete dem Hexenwesen ganz besondere Aufmerksamkeit und kann als der Begründer der Hexenprozesse betrachtet werden, welche so vielen armen alten und jungen Weibern das Leben kosteten. In der abgeschmackten Bulle, die er hierüber erließ, faselt er von bösen Geistern, die sich auf den Menschen, und solchen, die sich unter ihn legen!

Alexander VI. (1492—1502) war der Nachfolger von Innozens, und obwohl er nicht schlechter und lasterhafter war, als viele seiner Vorgänger, so sind doch seine Handlungen mehr bekannt geworden, als die anderer Päpste, und er gilt gewöhnlich als die Quintessenz päpstlicher Schlechtigkeit.

Er war in Valencia geboren und hieß ursprünglich Roberich Langolo; aber sein Vater veränderte seinen Namen in Borgia. Roberich studirte, wurde dann aber Soldat und verführte eine Wittwe Namens Vanozza und ihre beiden Töchter. Von einer derselben hatte er vier Söhne: Franz, Cäsar, Ludwig und Gottfried, und eine Tochter Lukretia.

Sein Oheim Alfons Borgia wurde unter dem Namen Calixtus III. Papst, und Roberich begab sich schleunigst nach Rom. Der Papst überschüttete seinen Neffen mit Würden und Geschenken, und machte ihn endlich zum Kardinal. Nun richtete derselbe seine Augen auf die päpstliche Krone. Als Innozens III. starb, bestach er von 27 Kardinälen 22 durch Versprechungen und wurde Papst. Als er sein Ziel erreicht hatte, ermahnte er die bestechlichen Kardinäle zur Besserung und räumte sie als ihm unbequem allmälig durch päpstliche Hausmittelchen aus dem Wege.

Für das Schicksal seiner Kinder war Alexander VI. auf das Zärtlichste bedacht. Er verheirathete sie alle vortrefflich und sorgte für ihr Fortkommen. Cäsar Borgia wurde zum Kardinal gemacht und hatte die Freude, seinen Bruder Gottfried mit Sanzia, der Tochter des Königs Karl VIII. von Frankreich zu verheirathen, der noch weit größere Opfer bringen mußte, um den Papst zu bewegen, seine Absichten auf das Königreich Neapel zu unterstützen. Karl mußte unendlich viele Dukaten opfern, denn Geld war bei Alexander VI. die Losung.

Um Geld zu erlangen, verschmähte dieser Papst kein Mittel. Einen Beweis für seine Handlungsweise liefert sein Betragen gegen den unglücklichen Prinzen Dschem. Dieser hatte sich gegen seinen Bruder, den Sultan Bajazet, empört, war gefangen und dem Papst Innozens gegen ein Jahrgeld von 40,000 Dukaten zur

Aufbewahrung anvertraut worden. Um Geld zu gewinnen, ließ Alexander VI. dem Sultan weiß machen, daß Karl VIII., wenn er Neapel erobert habe, gegen ihn ziehen wolle und sich bereits seinen Bruder Dschem erbeten habe, um ihn an die Spitze des Unternehmens zu stellen. Zugleich erbat sich Alexander die fälligen 40,000 Dukaten.

Der wirklich besorgte Sultan schickte gleich 50,000 und schrieb an den „ehrwürdigen Vater aller Christen," so nannte er Alexander, einen sehr freundschaftlichen Brief, in welchem er ihn aufmuntert, „seinen Bruder so bald als möglich von dem Elende dieser Welt zu befreien und ihm zu einem glücklichen Leben zu verhelfen." Wenn der Papst diese seine Bitte erfüllen wolle, so verspreche er ihm feierlich und eidlich 300,000 Dukaten, die kostbare Reliquie des Leibrocks Christi und ewige Freundschaft.

Alexander wollte aber noch mehr Nutzen aus dem Heiden ziehen, der in seinem Gewahrsam war; er lieferte ihn Karl VIII. für 20,000 Dukaten aus, aber bereits mit einem Trank im Leibe, der ihn in Muhameds Paradies beförderte. Einer der Geschichtsschreiber sagt: „Er starb an einer Speise oder einem Trank, die ihm nicht gut bekam." — Bajazet war eben so ehrlich wie der Papst und zahlte mit Freuden das Blutgeld.

Alexander erhob seinen ältesten Sohn Franz, Herzog von Gandia, den er am liebsten hatte, zum Herzog von Benevent. Dies war sein Tod, denn sein eifersüchtiger Bruder Cäsar ließ ihn ermorden. Man zog den von neun Dolchstichen durchbohrten Leichnam aus der Tiber, und die Römer sagten spottend: „Alexander ist der würdigste Nachfolger Petri, denn er fischt aus der Tiber sogar Kinder." — Alexander war über den Tod seines Lieblings außer sich; aber er vergab Cäsar den kleinen Mord sehr bald und übertrug auf diesen würdigsten Sprößling all seine väterliche Zärtlichkeit.

Um nicht daran gehindert zu sein, durch Heirath zur Macht zu gelangen, verließ der Kardinal Cäsar Borgia den geistlichen Stand — ein bis dahin nie vorgekommener Fall, — wurde von dem Könige von Frankreich zum Herzog von Valence in der Dauphiné ernannt, und heirathete bald darauf eine Tochter der Königin von Navarra.

Seine andern Kinder vergaß der zärtliche Vater aber auch nicht. Lukretia hatte schon viel herum geheirathet, als sie an Alfons, Herzog von Bisceglia, gelangte, der aber ermordet wurde und einem Prinzen von Ferrara Platz machen mußte.

Die päpstliche Familie führte ein äußerst gemüthliches Familienstillleben. Die Brüder und der Vater schliefen abwechselnd bei der schönen Lukretia, und der letztere hatte die Freude, ihr einen Sohn zu erzeugen, der Roderich genannt wurde, und welcher demnach der Bruder seiner Mutter und der Sohn und Enkel seines glücklichen Vaters war, der das Wunderkind zum Herzog von Sermonata machte.

Die italienischen Fürsten, welche von dem heiligen Vater und seinem Sohn Cäsar auf das Schamloseste geplündert wurden, vereinigten sich gegen diese Ungerechtigkeiten, allein wurden fast sämmtlich gegen ihre bessere Ueberzeugung zur Seligkeit befördert. Ein halbes Dutzend von ihnen besorgte Cäsar zur Ruhe, und einen andern der Herr Papa.

Cäsar würde sich wahrscheinlich unter dem Schutze seines heiligen Vaters ein ganz artiges Reich zusammengeraubt haben, wenn dieser Musterpapst nicht aus Versehen gestorben wäre. Das ging auf folgende Weise zu.

Alexander hatte die Gewohnheit, solche reiche Leute, die er gern beerben wollte, in die bessere Welt zu befördern, und eins seiner Lieblingsmittel dazu war Gift, welches er höchst gemüthlich „Roquiescat in paco" nannte. — Der Kardinal Corneto, ein unchristlich reicher Mann, sollte so beruhigt werden und wurde zu diesem Zweck vom Papst zum Abendessen geladen. Durch ein Versehen reichte ein Diener dem Papst den „in der Hölle gewürzten" für den Kardinal bestimmten Wein, und dieser endete am andern Tage sein heiliges Leben im 72. Lebensjahre. Cäsar, der auch von dem vergifteten Weine getrunken, hatte ein volles Jahr daran zu verdauen.

Mit den Schandthaten dieses Papstes könnte man ein ganzes Buch füllen; aber ich will den Lesern nur einige mittheilen.

Von der Macht und Stellung der Päpste hatte Alexander die höchsten Begriffe, denn er sagte: „Der Papst steht so hoch über dem König, als der Mensch über dem Vieh," und mit der Religion, welche damals die christliche hieß, war er vollkommen zufrieden, denn er äußerte: „Jede Religion ist gut, die beste aber — die dümmste," und es würde schwer geworden sein, etwas Dümmeres als das Christenthum der römischen Kirche jener Zeit aufzufinden. Alexander selbst hatte gar keine Religion.

Höchst originell ist eine Unterredung, welche der gelehrte Prinz Pito bi Mirandola mit dem Papste nach der Niederkunft der Lukretia mit Roderich hatte. Alexander fragte ihn:

„Kleiner Piko, wen hältst du für den Vater meines Enkels?"

„„Nun, Ihren Schwiegersohn!"" nämlich den für impotent bekannten Alfons.

„Wie kannst du das glauben?"

„„Der Glaube, Ew. Heiligkeit, besteht ja darin, Unmögliches zu glauben,"" und nun kramte der Prinz eine solche Menge geglaubter Unmöglichkeiten aus, daß der heilige Vater sich beinahe vor Lachen ausschüttete.

„Ja, ja," sagte der Papst, „ich fühle wohl, daß ich nur durch Glauben, nicht aber durch meine Werke selig werden kann."

„„Ew. Heiligkeit,"" antwortete der Prinz, „„haben ja die Schlüssel des Himmelreichs; aber ich, — wie ginge es mir dort, wenn ich bei meiner Tochter geschlafen, mich des Dolches und der Cantarella (Gift) so oft bedient hätte!"«

„Ernsthaft, sage mir," fuhr der Papst fort, „wie kann Gott am Glauben Vergnügen finden? nennen wir nicht den, der da sagt, er glaube was er unmöglich glauben kann, einen Lügner?"

„„Großer Gott!"" rief der Prinz und schlug das Kreuz, „„ich glaube, Ew. Heiligkeit sind kein Christ!""

„Nun, ehrlich gesprochen, ich bins auch nicht."

„„Dacht ichs doch!"" sagte der Prinz und damit endete die seltsamste Unterredung, die wohl je zwischen einem Papst und einem Laien stattgefunden hat.

Die Lüderlichkeit Alexanders läßt sich in unserer keuschen Sprache nicht wohl beschreiben; sie kommt nur der Cäsar Borgia's und seiner Schwester Lukretia gleich. Alle Abarten der Wollust, welche wir Deutsche meistens nicht einmal dem Namen nach kennen und welche von frühern Päpsten einzeln getrieben wurden, dienten diesem Papst gewordenen Priap zur Unterhaltung.

Burkard, der Ceremonienmeister Alexanders VI., hat in seinem Diarium das Leben am päpstlichen Hofe geschildert, und die üppigste Phantasie kann nichts erdenken, was hier nicht getrieben wurde. Burkard sagt: „Aus dem apostolischen Pallast wurde ein Bordell, und ein weit schandvolleres Bordell, als je ein öffentliches Haus sein kann."

„Einst wurde," so erzählt Burkard, „auf dem Zimmer des Herzogs von Valence (Cäsar Borgia) im apostolischen Palast eine Abendmahlzeit gegeben, bei welcher auch funfzig vornehme Courtisanen gegenwärtig waren, die nach Tische mit den Dienern und andern Anwesenden tanzen mußten, zuerst in ihren Kleidern, dann nackend. Darauf wurden Leuchter mit brennenden Lichtern auf die Erde gesetzt, und zwischen denselben Kastanien hingeworfen, welche die nackten Weibsbilder, auf allen Vieren zwischen den Leuchtern durchkriechend, auflasen, während Seine Heiligkeit,

Cäsar und Lukretia zusahen. Endlich wurden viele Kleidungs=
stücke für Diejenigen hingelegt, die mit mehreren dieser Lustdirnen
ohne Scheu Unzucht treiben würden, und sodann diese Preise aus=
getheilt. Diese schöne Scene fiel vor an der Allerheiligen=Vigilie
1501."

Einst ließ Alexander rossige Stuten und Hengste vor sein Fenster
führen und ergötzte sich mit Lukretia an dem Schauspiel. — Dieses
Weib war über alle Beschreibung lüderlich, ob sie aber nach dem
Papstrecht das Prädikat Hure verdient, weiß ich nicht, denn
einige Glossatoren desselben haben aufgestellt, daß man nur die=
jenige eine wahre Hure nennen könne, die 23,000 Mal gesündigt
habe!

Lukretia genoß das unbeschränkte Vertrauen ihres Vaters.
In dessen Abwesenheit erbrach sie alle Briefe, beantwortete sie nöthigen=
falls und versammelte die Kardinäle nach Gefallen. Man schrieb
ihr folgende Grabschrift: „Hier liegt die Lukretia hieß und eine
Thais war, Alexanders Weib, Tochter und Schwiegertochter;" letzteres,
weil einer ihrer vielen Männer ein anderer Sohn des Papstes, also
ihr Halbbruder war.

Die zu jener Zeit auflebenden Wissenschaften und die immer
weiter um sich greifende Anwendung der höllischen Erfindung der
Buchdruckerkunst machte den Papst sehr besorgt. Er fürchtete, daß
eine freie Presse dem Schandleben der Päpste ein Ende machen
möchte und hatte nicht Unrecht zu fürchten. Er führte daher die
Büchercensur ein, die bis auf die neueste Zeit geblieben ist und
wo sie endlich vor der öffentlichen Meinung weichen mußte, in
die fast noch schlimmere Phase der Preßprozesse übergegangen ist,
die sehr häufig im Sinn Richelieu's geführt werden, der be=
hauptete, kein Schriftsteller könne fünf Worte schreiben, ohne sich
eines Verbrechens schuldig zu machen, welches ihn in die Bastille
bringe. Derjenige, zu dem er dies sagte, schrieb: „Zwei und
eins macht drei." — „Unglücklicher!" rief der Kardinal, „sie

läugnen bie Dreieinigkeit!" Seitenstücke bazu liefern manche moderne Preßprozesse.

Julius II. (1502—1513) gelangte ebenfalls durch List und Bestechung auf den päbstlichen Stuhl. Er war ein tüchtiger Soldat; das ist das einzige, seltsame Lob, welches man diesem Statthalter Gottes geben kann. Er hetzte alle Fürsten gegen einander, ließ Armeen marschiren, kommandirte sie selbst und belagerte und eroberte Städte.

Seine Gegner beriefen eine Synode nach Pisa, um dem martialischen Sohn der Kirche sein unberufenes Handwerk zu legen. Von dieser Kirchenversammlung wurde er „als Störer des öffentlichen Friedens, als ein Stifter der Zwietracht unter dem Volke Gottes, als ein Rebell und blutdürstiger Tyrann und als ein in seiner Bosheit verhärteter Mensch" aller geistlichen und weltlichen Verwaltung entsetzt.

Julius kehrte sich natürlich nicht an dieses Urtheil; es erbitterte ihn nur noch mehr gegen seine Feinde und besonders gegen den vortrefflichen König von Frankreich, Ludwig XII., den er absetzte. Ganz Frankreich wurde ebenfalls mit dem Interdikt belegt; aber die aus dem Vatikan geschleuderten Blitze zündeten nicht mehr.

Julius II. handelte, nach dem Ausdrucke des berühmten Geschichtsschreibers Mezeray, „wie ein türkischer Sultan und nicht wie ein Statthalter des Friedensfürsten und wie ein Vater aller Christen." In den Kriegen, die er aus Rachbegierde und Blutdurst führte, verloren zweimalhunderttausend Menschen ihr Leben. Er starb mitten unter Vorbereitungen zu neuen Kriegen.

Er war so lüderlich wie Alexander VI., und vor diesem hatte er noch voraus, daß er ein Trunkenbold war. Kaiser Maximilian I. sagte einst: „Ewiger Gott, wie würde es der Welt gehen, wenn du nicht eine besondere Aufsicht über sie hältest, unter einem Kaiser wie ich, der ich nur ein elender Jäger bin, und unter einen so lasterhaften und versoffenen Papst, als Julius ist!"

Der Ceremonienmeister dieses Papstes, de Grassis, erzählt, daß der heilige Vater einmal so heftig von der Krankheit angesteckt war, welche der Ritter Bayard le mal de celui qui l'a nennt, daß er am Charfreitage Niemand zum Fußkuß lassen konnte.

Ein ebenso lüderlicher Mensch war sein Nachfolger Leo X. (1513—1521), welcher seine Erhebung zum Papst derselben Krankheit verdankte, die Julius am Fußkusse verhinderte. Als er zur neuen Papstwahl ins Conklave kam, litt er an einem venerischen Geschwür am Hintern, welches einen pestilenzialischen Geruch verbreitete. Die andern Kardinäle, welche angesteckt zu werden fürchteten, befragten die Aerzte des Conklaves, und diese erklärten einstimmig, daß Leo gewiß bald sterben würde. Um nur baldigst von dem Gestanke befreit zu werden, erwählten ihn die Kardinäle zum Papst.

Leo X., ein Sprößling der berühmten Fürstenfamilie der Medicis, war ein gescheidter Mann, welcher Künste und Wissenschaften liebte und manche andere Eigenschaft hatte, die wir an einem weltlichen Fürsten recht hoch schätzen würden. Er lebte „vergnügt wie ein Papst" und kümmerte sich ebenso wenig um die Christenheit als um Geschäfte, wenn er nicht durch seine ungeheuren Geldbedürfnisse dazu gezwungen war.

Er soll während der acht Jahre seiner Herrschaft 14 Millionen Dukaten verbraucht haben, was sehr glaublich ist, da er das so leicht erworbene Geld ebenso leicht ausgab. Bei seiner Krönung verschenkte er 100,000 Dukaten. Dichter und Maler erhielten von ihm sehr bedeutende Summen; aber die guten Christen deckten das Alles. Einst sagte Leo zum Kardinal Bambus: „Wie viel uns und den unsrigen die Fabel von Christo eingebracht hat, ist aller Welt bekannt."

Sein Hof war der prächtigste, den es gab, und das Geld wurde mit vollen Händen weggeworfen, wie an denen der altrömischen Kaiser. So war es denn kein Wunder, daß er trotz seines Ablaßkrams noch bedeutende Schulden hinterließ.

Leo verkaufte Alles, was nur Käufer fand, und sein Finanzminister Armellino war der unverschämteste Blutsauger. Einst sagte Colonna von Letzterem: „Man ziehe diesem Schinder das Fell über die Ohren und lasse ihn für Geld sehen, was mehr einbringen wird, als wir brauchen."

Leo wurde durch einen plötzlichen Tod aus seinem üppigen Leben hinweggerissen, und hatte nicht einmal Zeit, die kirchlichen Sakramente zu empfangen. Dieses gab einem Dichter Veranlassung zu einem Epigramm, welches in der Uebersetzung lautet: „Ihr fragt, warum Leo in der Sterbestunde die Sakramente nicht nehmen konnte? — Er hatte sie verkauft."

Leo's Ablaßkram, von dem ich bereits geredet habe, gab die nächste Veranlassung zur Reformation. Die Geschichte derselben ist unendlich oft geschrieben worden und befindet sich in den Händen des Volkes; ich darf sie also als bekannt voraussetzen.

Die gefährliche Lage des päpstlichen Stuhls hätte einen recht kräftigen Papst erfordert; aber Leo's Nachfolger, Hadrian VI., war dies durchaus nicht. Er war ein bornirter Gelehrter, mehr geeignet, „sich und die Jungens zu ennuyiren", als das lecke Schifflein Petri über Wasser zu erhalten, obwohl sein Vater Schiffszimmermann in Utrecht war.

Seiner Gelehrsamkeit wegen hatte man ihn zum Lehrer Karls V. gewählt, und als sein Zögling Kaiser war, machte man ihn zum Rektor der Universität Löwen. Luther sagte von ihm: „Der Papst ist ein Magister noster aus Löwen, da krönt man solche Esel." Man möchte geneigt sein, dies summarische Urtheil zu bestätigen, wenn man liest, daß Hadrian bei den herrlichsten Kunstwerken Roms, wie Laokoon, Apoll von Belvedere

u. f. w. mit einem flüchtigen Seitenblick vorüberging, indem er sagte: „Es sind alte Götzenbilder."

Als dieser „deutsche Barbar" zu Fuß nach Rom kam, als er zu seinem Unterhalt täglich nicht mehr als zwölf Thaler brauchte und — horribile dictu — Bier dem Wein vorzog, — da machten die Kardinäle sehr lange Gesichter und kamen zu der Einsicht, „daß der heilige Geist keinen als einen Italiener verstehe."

Hadrian war ein hölzerner Pedant und viel zu ehrlich, als daß man ihn lange auf dem päpstlichen Stuhle hätte dulden können. Die Satyriker nahmen ihn scharf mit. Der Dichter Berni charakterisirt dieses Papstes Regierung sehr ergötzlich. Die bezügliche Stelle heißt in der Uebersetzung: „Eine Regierung voll Bedacht, Rücksicht und Gerede, voll Wenn und Aber, Jedennoch und Vielleicht, und Worten in Menge ohne Saft und Kraft, voll Glauben, Liebe, Hoffnung, das heißt voll Einfall, — wird Hadrian allgemach zum Heiligen machen."

Hadrian beging ein in den Augen aller Kardinäle und Geistlichen gräßliches Verbrechen; er gestand nämlich ein, daß Luther mit seinem Verlangen nach einer Reformation gar nicht so Unrecht habe, indem er ehrlich genug war zu schreiben: „Gott gestattete die Verfolgung um der Sünde Willen; die Sünde des Volks stammt von den Priestern, die daher Jesus auch zuerst im Tempel aufsuchte, und dann erst in die Stadt ging. Selbst von diesem unserem heiligen Stuhl ist so viel Unheiliges ausgegangen, daß es kein Wunder ist, wenn sich die Krankheit vom Haupt in die Glieder, von Päpsten in die Prälaten gezogen hat. Wir wollen allen Fleiß anwenden, damit zuerst dieser Hof, von dem vielleicht alles Unheil ausging, reformirt werde, je begieriger die Welt solche Reformen erwartet."

So etwas war unerträglich, und Hadrian „wurde gestorben."
Der Jubel der Römer bei seinem Tode war sehr groß, und sie begingen die Unschicklichkeit, die Thür seines Leibarztes zu bekränzen und mit der Inschrift zu versehen: Liberatori Patriae S. P. Q. R. (Der Senat und das Volk Roms dem Befreier des Vaterlandes.)

Damit man nicht in Versuchung kommt, das Schicksal dieses ehrlichen gelehrten Dummkopfes gar zu sehr zu beklagen, bemerke ich, daß er fünf Jahre lang Großinquisitor in Spanien war und dort 1620 Menschen lebendig und 560 im Bildniß verbrennen ließ, und 21,845 andere zu Vermögenskonfiskation, Ehrlosigkeit u. s. w. verurtheilte.

Clemens VII. (1523—1534), wieder ein Medicis, folgte dem „Magister noster Esel", und verstand es besser als dieser, den Kirchenmonarchen zu spielen; aber die Reformation konnte er eben so wenig unterdrücken. — Er hatte große Noth auszustehen, denn der Connetable Karl von Bourbon stürmte mit seinem unbezahlten Heere Rom. Der Feldherr selbst wurde zwar bei dem Sturm erschossen, allein dies diente nur dazu, die Wuth der beutelustigen Soldaten mehr anzufachen. Unter ihnen befanden sich 14,000 Deutsche unter Georg von Frondsberg, der es besonders auf den Papst abgesehen hatte und einen goldenen Strick bei sich trug, um Se. Heiligkeit damit eigenhändig in den Himmel zu befördern.

Der Papst floh in die Engelsburg, und mit Rom wurde unbarmherzig umgegangen. Die Kardinäle hatten schlimme Zeit, denn selbst die katholischen Spanier gingen hart mit ihnen um. Die Damen nahmen die Sache von der besten Seite; sie waren neugierig auf die stämmigen deutschen Landsknechte, und Geschichtsschreiber erzählen boshafter Weise, daß sie es gar nicht erwarten konnten, bis das Nothzüchtigen losging.

Die Soldaten raubten, wo sie etwas fanden; denn wenn die

Krieger der damaligen Zeit Geld witterten, dann suspendirten sie alle Religion, stahlen und mordeten nach Herzenslust und ließen sich dann absolviren. Die Beute belief sich an Gold, Silber und Edelsteinen auf mehr als zehn Millionen Gold, und an baarem Gelde, womit sich die Vornehmen ranzioniren mußten, auf eine noch größere Summe.

Ich habe da ein altes Buch von 1569 vor mir, in welchem Adam Reißner, der in Diensten Fronsbergs mit in Rom war, die tolle Wirthschaft, welche die Soldaten dort neun Monate lang trieben, sehr einfach und treuherzig beschreibt. Ich will eine Stelle daraus wörtlich hersetzen:

„Die Landsknecht haben die Cardinäls Hüt auffgesetzt, die roten langen Röck angethan, vnd sind auff den Eseln in der Statt vmbgeritten, haben also jr Kurzweil vnd Affenspiel gehalten. Wilhelm von Sandizell ist oftermals mit seiner Rott, als ein römischer Bapst, mit dreyen Kronen für die Engelburg kommen, da haben die andern Knecht in den Cardinäls Röcken jrem Bapst Reverentz gethan, jre lange Röck vornen mit den Händen aufgehebt, den hindern Schwantz hinden auff der Erd lassen nachschleyssen, sich mit Haubt vnd Schultern tief gebogen, niederkniet, Fuß vnd Händ geküßt. Alsbann hat der vermeynt Bapst Clementen einen Trunk gebracht, die angelegte Cardinäl sind auff jren Knien gelegen, haben ein jeder ein Glaßvoll Wein außtrunken, vnd dem Bapst bescheyd gethan, darbey geschrien, Sie wollen jetzt recht fromme Bäpst vnd Cardinäl machen, die dem Keyser gehorsam, vnd nicht wie die vorige widerspenstig, Krieg vnd Blutvergiessen anrichten.

„Zuletzt haben sie laut vor der Engelburg geschrien: Wir wöllen den Luther zum Bapst machen! welchem solchs gefallen, der soll ein Hand auffheben, haben darauff all jre Händ auffgehebt, vnd geschrien, Luther Bapst, vnd viel dergleichen schimpffliche lächerliche Spottreden gethan.

„Grünenwald, ein Landsknecht, schrey vor der Engelsburg mit lauter Stimm, Er hett Lust, daß er den Bapst ein stück auß seinem Leib soll reissen, weil er Gottes, deß Keisers, vnd aller Welt Feind sey" u. s. w.

Nachdem Papst Clemens an die Truppen noch gegen 400,000 Dukaten bezahlt hatte, ließ man ihn, als Diener verkleidet, aus der Engelsburg entwischen.

Clemens hatte kein Glück aber auch kein Geschick. So viel hätte er mit seinem Verstand erkennen können, daß die Zeit der Innocense vorüber war; allein er war unpolitisch genug, es mit dem despotischen **Heinrich VIII.** von England zu verderben, den er excommunicirte, und der sich dafür mit seinem ganzen Lande von Rom lossagte. Dadurch verlor der päpstliche Stuhl den **Peters= groschen**, eine Abgabe, welche seit 740 von jedem englischen Hause nach Rom bezahlt wurde, und die bis dahin gegen 38 Millionen Gulden eingebracht hatte.

Die Reformation machte unter diesen beiden letzten Päpsten immer weitere Fortschritte, und die 1522 auf dem Reichstage zu **Nürnberg** versammelten Reichsstände erklärten: „daß sie die päpst= lichen und kaiserlichen Verordnungen nicht vollstrecken lassen könnten, weil das Volk, welches den Lehren Luthers in großer Menge zuge= than sei, dadurch leicht auf den Argwohn gerathen könnte, als wolle man die evangelische Wahrheit unterdrücken, und die bisherigen Miß= bräuche unterstützen, und dies könnte leicht zu Aufruhr und Empö= rung Anlaß geben."

Die deutschen Fürsten auf dem Reichstage nahmen diesmal kein Blatt vor den Mund, und in den „**hundert Beschwerden der deutschen Nation**" sprachen sie geradezu von Betrügereien der Päpste, was sie nicht einmal heutzutage wagen würden. Ueber= haupt sagten die Vertheidiger der Reformation damals Vieles sogar mit dem Beifall der Fürsten, was selbst heute in anständiger Sprache nicht gewagt werden dürfte, aus Furcht vor endlosen Preßprozessen.

Man ließ Luthers „Satyren" ungehindert passiren, obwohl sie eigentlich nichts als unflätige Schimpfereien waren.

Der „Gottesmann Lutherus" zeigte wenig Respekt vor Päpsten oder Fürsten, wenn es die Vertheidigung seiner Sache galt. Er ging mit ihnen um, als ob sie Bettelbuben gewesen wären, und sagte sowohl dem Könige von England als dem Herzoge Georg von Sachsen auf das Allerderbste Bescheid. Den Herzog von Braunschweig nannte er nur den „Hanswurst"; aber am schlimmsten kam der Papst weg.

In seinem Buche: „Das Papstthum vom Teufel gestiftet" nennt er die Kirche „die Lerche" und den Papst „den Kukuk, der die Eier fresse und dafür Kardinäle hineinscheiße". Er nennt Se. Heiligkeit „einen Gaukler, das Leckerlein von Rom, päpstliche Höllischkeit und Spitzbube, ein epikurisch Schwein, das vom Teufel hintenaus geboren, und will, daß man ihm den Hintern küsse, — einen beschissenen und furzenden Papstesel, vor dessen Fürzen sich der Kaiser fürchtet, und der alle Fürze der Esel binden, und die selbsteigenen angebetet haben will, und daß man ihm dabei noch den Hintern lecke."

Wagte es heut zu Tage ein Schriftsteller so gegen den Papst zu schreiben oder gegen den Kaiser Napoleon, dann fiele halb Europa in Ohnmacht und dem Verfasser winkte ein Preßprozeß mit darauf folgendem Gefängniß, so lang wie das Fegefeuer.

Seine Gegner blieben Luther indeß nichts schuldig und Dr. Eck, den der Reformator stets Dreck nannte, zahlte ihm mit gleicher Münze. Die gewöhnlichen Titel, die man ihm gab, waren Dokter Dreck-Märte, Doktor Sauhund von Wittenberg und dergleichen. Der Jesuit Weislinger sagt von ihm in Bezug auf die Tischreden: „Luther ist Ceremonienmeister bei Hofe, wo man Mist ladet, Advokat zu Sauheim, wo nicht gar Stadtrichter zu Schweinfurt; — gäbe es ein Mistingen, Schmeisau oder Dreckberg, so gehörte der Saulucher dahin." Das war, wie bemerkt, im sechszehnten Jahrhundert „Satyre."

Clemens VII. war ein großer Freund der Mönche. Unter ihm entstanden die Kapuziner, eine Abart der Franziskaner, welche sich von den letztern nur durch ihre größere Dummheit und Schweinerei auszeichneten. Die spitzen Kapuzen, die sie tragen und einem Lichtauslöscher sehr ähnlich sehen, können zugleich als ihr Feldzeichen dienen, denn Clemens hoffte durch sie das Licht auszulöschen, welches durch Luther angezündet war.

Paul III. (1539—1549), der nach Clemens Papst wurde, war schon im 26. Jahre Kardinal geworden und zwar, weil er seine schöne Schwester Julia Farnese an Alexander VI. verkuppelt hatte. Er war einer der liederlichsten Päpste. Blutschande, Mord und ähnliche Verbrechen waren ihm geläufig. Er vergiftete sowohl seine eigene Mutter wie seine Schwester!

Doch das sind eigentlich Familienangelegenheiten, die uns weniger angehen. Weit wichtiger war es für die Welt, daß Paul am 27. September 1540 den Orden der Jesuiten bestätigte. Wir werden diese Fledermäuse noch näher kennen lernen und wollen ihnen dann sagen, was sie waren und was sie sind; denn sie selbst wollten und konnten darüber keine Auskunft geben und sagten, sie wären tales quales; das heißt: Diejenigen, welche — — —

Julius III. war ein Papst, der noch weniger taugte, wie seine Vorgänger. Er hielt sich mit dem Kardinal Crescentius gemeinschaftlich Beischläferinnen und die Kinder, welche dieselben bekamen, erzogen sie gemeinschaftlich, da keiner von beiden wußte, wer der Vater sei. Seinen Affenwärter, einen häßlichen Jungen von sechszehn Jahren, machte er zum Kardinal, und als ihm die andern Kardinäle deshalb Vorwürfe machten, rief er: „Putta di Dio! was habt ihr denn an mir gefunden, daß ihr mich zum Papste machtet?"

Der heilige Vater ließ einst in Rom Musterung über alle Freudenmädchen halten und es fanden sich nicht weniger als 40,000 in der Stadt. Unter einem so lüderlichen Papst wie Julius mußte ihr Handwerk natürlich gedeihen. Sein Nuntius Johann a Casa, Erzbischof von Benevent, schrieb ein Buch über die Sodomiterei, worin er diese lebhaft in Schutz nimmt. Dies Buch ist 1552 in Venedig gedruckt und — dem Papst dedizirt!

Paul IV. war ein vor Stolz halb wahnsinniger, achtzigjähriger Narr, und nebenbei ein mordlustiger Pfaffe. Unter ihm konnte die Inquisition nicht genug Opfer erwürgen. Hören wir, was Pasquino über ihn sagte. Aber vorher noch einige Worte über Pasquino.

Nach der Sage war dieser ein lustiger Schneider in Rom, dessen Schwänke viele Leute nach seiner Bude lockte. Dieser gegenüber stand eine verstümmelte Statue, an welcher man häufig Satyren angeklebt fand, die man dem Schneider Pasquino zuschrieb. Daher das Wort Pasquill. Es gibt indessen noch andere Traditionen darüber. Bald wurde nun eine andere Statue am Kapitol dazu ausersehen, Antworten auf die Fragen aufzunehmen, die man an der ersten Statue fand und so entstand ein Frage- und Antwortspiel, welches nicht nur sehr ergötzlich, sondern auch von großem Nutzen war. Es war der römische Klabberabatsch in primitiver Gestalt.

Als Paul IV. 1559 gestorben war, schlug Pasquino folgende Grabschrift vor: „Hier liegt Caraffa (aus dieser Familie stammte der Papst), verflucht im Himmel und auf Erden, dessen Seele in der Hölle, dessen Aas im Boden ist. Der Erde mißgönnte er den Frieden, dem Himmel Gebet und Gelübde; ruchlos richtete er Klerus und Volk zu Grunde; vor den Feinden kroch er, gegen Freunde war er treulos; wollt ihr Alles auf einmal wissen? — er war Papst!"

Der Name Papst war damals in Rom zum Schimpfwort herabgesunken. Pasquino erwiderte einem Fragenden: „Warum jammerst du?" — „Ach, der Schimpf bricht mir das Herz!" — „Nun, was ist's?" — „Du erräthst es nicht? — sie haben mich," ruft er unter Schluchzen, „sie haben mich — einen Papst genannt."

Paul war Kaiser Karls V. erbitterter Feind gewesen und wollte nach dessen Abdankung Kaiser Ferdinands Wahl nicht anerkennen, weil dessen Sohn und Thronfolger, Maximilian, meist unter Lutheranern aufgewachsen sei.

Der Kaiser kehrte sich wenig an den Papst, dazu angeregt durch den Reichs-Vicekanzler Dr. Selb, den Beust Ferdinands I. Dieser Minister sagte in einem Gutachten: „Man lacht jetzt über den Bann, vor dem man sonst zitterte; man hielt sonst Alles, was von Rom kam, für heilig und göttlich, jetzt speiet männiglich, er sei alter oder neuer Religion, darüber aus. Die alten Kaiser haben die Päpste beim Kopf genommen, gestödet, gepflöcket und abgesetzt; wir haben selbst erlebt, wie Karl mit Clemens umgegangen; solchen Ernstes sind Ew. Majestät nicht einmal benöthigt. Uebrigens weiß man, daß Se. Heiligkeit die Kardinäle, welche Wahrheiten sagen, Bestien und Narren gescholten, solche mit Stecken geschlagen, woraus abzunehmen, daß Dieselben Alters oder anderer Zufälle wegen nicht wohl bei Vernunft und Sinnen seien."

Unter Pius IV. wurde das berühmte Trientiner Konzil geschlossen (im Dezember 1563), welches achtzehn Jahre versammelt gewesen war, um die schon längst als nothwendig erkannte Reformation der Kirche an „Haupt und Gliedern" vorzunehmen.

Das Konzilium stand unter der unmittelbaren Beaufsichtigung des Papstes. Kardinal del Monte stand mit ihm durch eine ununterbrochene Kourierlinie zwischen Trient und Rom in fortwährender Verbindung und des Papstes Instruktionen hatten auf alle Beschlüsse den entschiedensten Einfluß. Alle Welt schrie, das Konzil sei nicht bei Trost, aber Niemand konnte das ändern.

Der Bischof Dubith von Tina in Dalmatien und mehrere Andere sagten: „Der heilige Geist, der die versammelten Väter in Trient belehrte, kam im römischen Felleisen."

Die heiligen Väter strengten sich nicht übermäßig an. Alle Monate einmal eine Sitzung, wenn nicht Ferien oder Festlichkeiten die Zeit wegnahmen, und hielt man einmal eine Sitzung, so verging dieselbe meistens mit unnützen Redereien.

Man disputirte mit allem Ernst, der so wichtigen Dingen gebührt, über den Rang der Abgeordneten, über Kleidung, Siegel und dergleichen. Dann fragte man, ob man vom Glauben oder von der Reformation anfangen wolle? Endlich entschied man sich dann für den Glauben, da einige Vorwitzige unverschämt genug waren, die Meinung zu äußern, daß die Reformation bei den Häuptern beginnen müsse!

Die Franzosen und selbst die so geduldigen Deutschen verloren die Geduld. Ein kaiserlicher Gesandter behauptete gar, der Papst und seine Legaten „hätten die Hufeisen verkehrt aufgeschlagen, um sich den Schein zu geben, vorwärts zu gehen, während sie doch rückwärts gingen."

Wenn das Volk, welches sich nach all den schönen Versprechungen auf die Konziliumsbeschlüsse wie Kinder auf den Heiligenchrist freute, durch seine Vertreter deshalb anfragen ließ, dann erhielt es immer zur Antwort, „daß der Bericht noch nicht fertig sei."

Als aber der Bericht endlich fertig war, da machte alle Welt ein langes Gesicht und „entsatzete" sich. Beim Schluß der Synode stand der Kardinal von Guise auf und rief: „Verflucht seien alle Ketzer!" „Verflucht! verflucht! verflucht!" brüllten die Herrn Gesandten im Chorus und der „heilige Geist" in Rom lachte ins Fäustchen. Dieß war freilich nicht der Weg, die Protestanten in den Schooß der Kirche zurückzuführen, welches eigentlich der Hauptzweck der langen Synode war.

Es bedarf in der That keiner großen Prophetengabe, um vorhersagen zu können, daß das in diesem Jahr abzuhaltende Konzil ganz denselben römischen Stuhlgang haben wird, wie das Trienter. Der alte Mann, der jetzt die wurmstichige Tiara trägt, leidet an der Einbildung, daß wir 1368 schreiben und handelt demgemäß. Es ist ein Glück, daß es ziemlich gleichgiltig ist, was das Konzil beschließt, da sich Niemand daran kehren wird und daß die Tage des Landvogtes Gottes gezählt sind:

Mach' deine Rechnung mit dem Himmel, Landvogt,
Fort mußt du, deine Uhr ist abgelaufen.

Das Trienter Konzil war das letzte, welches gehalten wurde, und seine Beschlüsse sind bis auf den heutigen Tag das Gesetz für die römische Kirche. Hume sagt bei der Geschichte der Königin Elisabeth von England: „Das Trienter Konzil ist das einzige, das in einem Jahrhundert beginnender Aufklärung und Forschung gehalten wurde; die Wissenschaften müßten tief sinken, wenn das Menschengeschlecht aufs Neue zu einem solchen groben Betruge geschickt würde."

Der protestantische Schriftsteller Haidbegger verglich das Papstthum mit einer Hure, die immer unverschämter wird, je länger sie mitmacht. Dieser Vergleich ist zwar nicht sehr höflich; aber wenn man die Beschlüsse des Trientiner Konzils durchliest, — muß man ihm beistimmen. Aller Unsinn, welcher sich allmälig in die christliche Kirche eingeschlichen hatte, wurde dadurch feierlich sanktionirt, und was von der Trientinischen Glaubensformel abwich, hatte „den Verlust der Seligkeit" zu erwarten.

Daß aus der Synode nicht viel werden konnte, lag auf der Hand, denn die Jesuiten nahmen sich ihrer an und soufflirten dem heiligen Geist.

Dieses Konzil hatte große Folgen, und die allerschlimmste war wohl die, daß die Päpste, welche bisher beständig **gegen** die weltliche Macht Opposition gebildet hatten, von nun an **gemeinschaftliche Sache** mit ihr machten, um das sichtbare Streben nach einem besseren Zustande und nach politischer Freiheit zu lähmen.

Pius IV. „gab seine Seele durch den Theil des Leibes von sich, durch welchen er sie empfangen hatte." Ihm folgte Pius V., ein ehemaliger **Großinquisitor**. Bei seiner Wahl soll er geäußert haben: „Als Mönch hoffe ich selig zu werden; als Kardinal zweifle ich daran und als Papst halte ich die Sache für unmöglich."

Dieser Pius V., der als Großinquisitor eine geeignete Vorschule gehabt hatte, war der grausamste unter allen Päpsten. Ihn belebte nur eine Idee: **Ausrottung der Ketzer**. Er ist der Urheber der **Pariser Bluthochzeit**, der schrecklichen Verfolgungen in den Niederlanden unter Herzog Alba, der sich rühmte, daß er in sechs Jahren 18,000 Personen hinrichten ließ, und aller Verschwörungen in Schottland und England.

Das Motiv der Grausamkeit dieses Papstes war nicht allein religiöser Fanatismus. Er ließ zum Beispiel Nik. Franko wegen eines unschuldigen Distichons hängen, welches er auf den im Lateran (päpstlichen Palast) neuerbauten Abtritt machte!

Papst Pius V., der beladenen Bäuche sich erbarmend,
Errichtete diesen Abtritt, ein edles Werk.

Das ist die Uebersetzung der Zeilen, die den Poeten an den Galgen brachte. Der arme Mensch rief mit Recht: „Das ist zu arg!" und noch auf der Leiter wollte er nicht glauben, daß die Sache Ernst sei und fragte: „Wie, Nikolaus an den Galgen?

Als Pius unter gräßlichen Steinschmerzen seine Henkerseele ausgehaucht hatte, herrschte allgemeine Freude. Die während seiner Regierung beinahe in den Ruhestand versetzten öffentlichen Mädchen versammelten sich jubelnd um seine Leiche und sogar der türkische Sultan ließ Freudenfeste wegen dieses Todes anstellen.

Doch ich darf nicht das Gute unerwähnt lassen, was von diesem Papst zu melden ist, und um so weniger, als es auf dem „apostolischen Stuhl" eine Seltenheit ist. Er führte ein sehr strenges Leben, wie ein Einsiedler, trug einen handbreiten, stachlichten Drahtgürtel (Cilicium genannt) auf dem bloßen Leibe und kein Hemde. Seine Speise bestand aus Gemüse und sein Getränk aus Wasser.

Gregor XIII. war seinem Vorgänger an fanatischem Ketzerhaß gleich, wenn auch nicht an Sittenstrenge. Er eröffnete dem spitzbübischen Jesuitengeneral Aquaviva, daß es Protestanten, besonders Gelehrten, Fürsten, höheren Beamten und andern einflußreichen Personen, wenn sie zur römischen Kirche übergingen, aus besonderer päpstlicher Gnade gestattet sein sollte, ihren neuangenommenen Glauben verläugnen und noch alle protestantischen Kirchengebräuche mitmachen, kurz, nach wie vor, sich als Protestanten benehmen zu dürfen.

Nach Gregor kam Sixtus V. (1585—1590) auf den päpstlichen Stuhl. Sein Vater war Weingärtner, seine Mutter eine Magd und er selbst hütete in seiner Jugend die Schweine. Deshalb scherzte er oftmals: „Ich bin aus einem durchlauchtigen Hause; Sonne, Wind und Regen hatten freien Zugang in die Hütte meiner Eltern.

Sein Name war Felice Peretti und er wurde 1521 zu Grotta a Mare, nicht weit von Montalto in der Mark Ankona geboren. Ein Franziskaner, dem der Junge gefiel, nahm ihn von den Schweinen weg und brachte ihn in ein Kloster und somit auf die Leiter, die ihn zum apostolischen Stuhl führte. — Er stieg schnell. Papst Pius V. war ihm gewogen und machte ihn zum Kardinal Montalto: aber Gregor konnte ihn nicht leiden und so hielt er es denn für zweckmäßig, sich ganz zurückzuziehen und dem Anscheine nach ein völliger Franziskaner zu werden. Er spielte seine Rolle so gut, daß sämmtliche Kardinäle angeführt wurden. Er stellte sich äußerst bemüthig, einfältig und körperlich hinfällig, ließ sich gedulbig „der Esel aus der Mark" nennen und dachte, wer zuletzt lacht, lacht am besten.

Die Kardinäle waren bei der Papstwahl in sechs Parteien getheilt und da keine der andern den Willen thun wollte, rief die größte Zahl der Kardinäle, „daß der Esel aus der Mark Papst sein solle." Kaum wurde der an seiner Krücke einherschleichende Montalto gewahr, daß er die meisten Stimmen für sich habe, als er sogleich seine Krücke wegwarf, sich kerzengerade in die Höhe richtete, bis an die Decke der Kapelle spuckte und mit einer Stentorstimme ein Te Deum anstimmte, daß die Fenster zitterten.

Man kann sich den Schrecken der überlisteten Kardinäle denken. Als der Ceremonienmeister den neuen Papst dem Gebrauch gemäß fragte, ob er die Würde annehme? antwortete er: „Ich hätte noch Kraft zu einer zweiten," und als ihm einer der stolzesten Kardinäle wegen seines guten Aussehens Komplimente machte, sagte er lachend: „Ja, ja, als Kardinal suchten wir gebückt die Schlüssel des Himmelreiches; wir fanden sie und sehen nun aufrecht gen Himmel, da wir auf Erden nichts mehr zu suchen haben."

Einer der Kardinäle, der sich immer für ihn interessirt hatte, wollte seine verschobene Kapuze in Ordnung bringen; aber Montalto wies ihn zurück und sagte: „Thut nicht so vertraut mit dem Papste."

Kardinal Farnese, der dem nunmehrigen Papst niemals recht getraut und ihn stets den Paternosterfresser genannt hatte, äußerte nun zu seinen Kollegen: „Ihr meintet, einen Gimpel zum Papst zu machen; ihr habt einen dazu gemacht, der mit uns allen wie mit Gimpeln umgehen wird!" — Pasquino erschien mit einem Teller voll **Zahnstocher**.

Sixtus V. blieb auch als Papst ein strenger Mönch und griff nun mit Energie in die bisher so jämmerlich schlaff gehandhabten Zügel der Regierung. Zuerst war er darauf bedacht, das Land von den unzähligen Räuberbanden zu reinigen, die unter Gregor XIII. so überhand genommen hatten, daß kein Mensch seines sicher war. Fünfhundert Verbrecher erwarteten, wie es bei einem Regierungsantritte gewöhnlich war, ihre Befreiung; allein Sixtus ließ ihnen den Prozeß machen und die Galgen wurden nicht leer. „Ich sehe lieber die Galgen voll, als die Gefängnisse," pflegte er zu sagen.

Ganz Rom gerieth in Entsetzen, denn seine Strenge traf Reiche und Arme, was man bisher gar nicht gewohnt gewesen war. Graf Pepoli, welcher die Banditen beschützte, wurde zu Bologna enthauptet, und die Villa des Prälaten Cesarino ließ der Papst niederreißen, weil sie ein bekannter Banditenschlupfwinkel war.

„Ich verzeihe," sagte er, „was unter Montalto geschehen ist; aber als Sixtus muß ich das Haus niederreißen und einen Galgen an die Stelle setzen." Cesarino wurde vor Angst Karthäuser.

Einer der Bargellos (Landhäscher), die nur zu oft mit den Banditen gemeinschaftliche Sache machten, wollte sich verbergen, als er Sixtus gewahr wurde. Dieser ließ ihn in Ketten legen und gab ihn nur unter der Bedingung frei, daß er ihm innerhalb acht Tagen eine bestimmte Anzahl Banditenköpfe einliefere.

Ja, der Papst ging in seiner grausamen Gerechtigkeitsliebe so weit, daß er, um Verbrecher zu entdecken, die alten Kriminalakten durchstöbern ließ. Einen gewissen Blaschi, der schon vor 36 Jahren wegen eines Mordes nach Florenz entwischt war, ließ er requiriren und enthaupten.

Diese Strenge gab Pasquino hinlänglichen Stoff. Einst sah

man an der Bildsäule die Engelsbrücke abgebildet, mit den sich gegenüber stehenden Statuen der Apostel Petrus und Paulus. Petrus war in Stiefeln und Reisemantel. Paulus äußerte sein Erstaunen und fragt nach der Ursache des Reisekostüms und Petrus antwortet: „Ich will mich fortmachen, denn ich habe vor 1500 Jahren Malchus das Ohr abgehauen."

Sixtus trieb seine Justiz mit förmlicher Leidenschaft und einst nach einer großen Hinrichtung äußerte er bei Tische: „Mir schmeckt es nie besser, als nach einem solchen Akt der Gerechtigkeit." — Pasquino erschien wieder mit einem Becken voll kleiner Galgen, Räder, Beile u. s. w. und sagte: „Diese Brühe wird dem heiligen Vater Eßlust geben."

Die Mütter schreckten jetzt ihre Kinder mit dem Papst, und wenn dieser sich auf der Straße blicken ließ, so drückte sich Jeder bei Seite. Ein Zeichen, daß es in Rom viele Spitzbuben und andere Leute gab, welche die Strenge des Papstes zu fürchten hatten. Er verfolgte nicht allein Banditen, sondern auch die Menschenfleischhändler, oder Kuppler, welche den Kardinälen und lüderlichen Reichen ihre Weiber und Töchter zu verhandeln pflegten. Eine berühmte Buhlerin, Pignaccia, welche man nur die Prinzessin nannte, ließ er hinrichten und von ihrem Vermögen ein schönes Hospital erbauen.

Für die Armen sorgte er in bedrängter Zeit väterlich und ließ nicht allein Lebensmittel austheilen, oder die Preise derselben herabsetzen, sondern auch Seiden- und Tuchfabriken anlegen; den Adel nöthigte er, seine Schulden zu bezahlen, was demselben hart genug ankam.

Ein schöner Zug von Sixtus war es, daß er sich früher erhaltener Wohlthaten erinnerte. Einem Schuster hatte er einst für ein Paar Schuhe nur sechs Paoli bezahlt und gesagt: „Das Uebrige werde ich bezahlen, wenn ich Papst bin." Nun bezahlte er seine Schuld mit Interessen und gab dem Sohne des Schusters

— ein Bisthum. Ebenso belohnte er einen Prior, der ihm vor vierzig Jahren vier Studi geborgt hatte.

Seine Verwandten vergaß er übrigens auch nicht; aber trotz dieser Ausgaben und der nun bedeutend geringer gewordenen Einnahmen des päpstlichen Stuhles legte er doch drei Millionen Studi im päpstlichen Schatz nieder, während andere Päpste Schulden machten.

Sixtus besaß Verstand und selbst Witz; aber gegen den Anderer war er sehr empfindlich. Pasquino trocknete einst sein Hemd am Sonntag. — „Warum wartest du nicht bis Montag?" — „Ich trockne es, bevor die Sonne verkauft wird," und sein ungewaschenes Hemd entschuldigte er: „Der Papst hat mir meine Wäscherin (seine Schwester Camilla) zur Prinzessin gemacht."

Dieser Spott beleidigte Sixtus sehr. Er versprach dem Entdecker des Verfassers tausend Dukaten, indem er dem letzteren das Leben zusicherte. Der Spötter dachte die Belohnung selbst zu verdienen, und war dumm genug, sich zu melden. Sixtus ließ ihn am Leben, wie er versprochen, allein er ließ ihm die Zunge ausreißen und die Hände abhauen, dann tausend Dukaten auszahlen.

Trotz seiner mancherlei guten Eigenschaften und seines Hasses gegen die Jesuiten und gegen den spanischen Tyrannen Philipp II. blieb er doch immer ein fanatischer Mönch und fand es ganz in der Ordnung, daß die Ketzer brennen müßten. Die Ermordung Heinrichs III. von Frankreich billigte er, und als die rachsüchtige Elisabeth von England Maria Stuart hatte hinrichten lassen, rief er aus: „Glückliche Königin! Ein gekröntes Haupt zu ihren Füßen!"

König Heinrich IV. und Elisabeth wußte er übrigens zu würdigen und äußerte einst: „Ich kenne nur einen Mann und nur eine Frau, würdig der Krone." Elisabeth erfuhr es und scherzte: „Wenn ich je heirathe, muß es Sixtus sein." Dieser rief, als man ihm die Aeußerung hinterbrachte: „Wir brächten einen Alexander zu Stande!"

Die Jesuiten wollten Sixtus überreden, daß er einen Jesuiten als Beichtvater annehmen solle, wie die andern Großen; er aber meinte, „es würde besser für die Kirche sein, wenn die Jesuiten dem Papste beichten wollten."

Er that außerordentlich viel für die Verschönerung Roms und legte mehrere nützliche Anstalten an. Unter ihm wurde auch der große egyptische Obelisk auf dem Piazza del Popolo wieder aufgerichtet, der zwei höchst merkwürdige Inschriften hat: „Cäsar Augustus Pontifex Maximus unterwarf sich Egypten und weihete ihn der Sonne" auf der einen Seite, und auf der andern: „Sixtus V. Pontifex Maximus weihet diesen Obelisken, nach dessen Reinigung, dem Kreuze."

Sixtus V. war den Kardinälen und den Römern zu strenge, und so ist es denn nicht zu verwundern, daß er bald anfing zu kränkeln. Sein Leibarzt fühlte an des Patienten Nase, aber dieser fuhr zornig in die Höhe und rief: „Wie! Du wagst es, einem Papst an die Nase zu greifen?" Der arme Doktor ward krank vor Schrecken.

Im Jahre 1590 starb dieser letzte gefürchtete Papst. Er hätte immer noch länger leben können, wahrscheinlich zum Heil der Menschheit, denn er ging damit um, die meisten Mönchsorden aufzulösen. Vielleicht starb er an diesem Vorsatz.

Die Römer waren froh, daß sie diesen Zuchtmeister los waren, und gaben ihre Freude dadurch zu erkennen, daß sie die auf dem Kapitol stehende Bildsäule dieses Papstes in Stücke schlugen. Pasquino sagte: „Mache ich je wieder einen Mönch zum Papste, so soll mir ewig der Rettig im Hintern bleiben."

Der erste Papst im 17. Jahrhundert war Paul V., der nach den verwickeltsten und seltsamsten Intriguen im Conclave gewählt wurde. Er hätte gern Sixtus V. nachgeahmt; aber die Reformation hatte das Ansehen der Päpste mächtig erschüttert. Paul wollte Venedig seine Macht fühlen lassen; aber der Senat dieser Republik kehrte sich wenig an den Bannstrahl des Papstes, der bereits zum Theaterblitz herabgesunken war.

Der Papst tobte und verlangte durchaus Gehorsam; allein der savoyische Gesandte klärte ihn über seinen Standpunkt in Bezug auf Regierungen und Fürsten auf und sagte ihm geradezu: „Das Wort Gehorsam ist unschicklich, wenn von einem Fürsten die Rede ist. Alle Welt würde es für vernünftig halten, wenn Ew. Heiligkeit Mäßigung gebrauchten."

Die Jesuiten versuchten es vergebens, das venetianische Volk zur Empörung zu verleiten und endlich verließen sie mit einer Menge anderer Mönche die Stadt. Das Volk schickte ihnen Verwünschungen nach. Der Senat benahm sich überhaupt gegen die geistlichen Anmaßungen mit großer Energie; alle Geistlichen gehorchten ihm und kehrten sich nicht an das Interdikt. Nur der Großvikar des Bischofs von Padua ließ dem Senat auf sein Verbot des Interdikts antworten, daß er thun werde, was Gott ihm eingebe; als man ihm aber antwortete, Gott habe dem Senat eingegeben, einen jeden Ungehorsamen hängen zu lassen, da kroch der Kuttenheld zu Kreuze."

In diesem Kampfe zwischen Venedig und der päpstlichen Gewalt zeichnete sich der Servite Paul Sarpi, auch Fra Paolo genannt, aus, indem er mit seiner gewandten Feder die Anmaßungen des Papstes mit großer Geschicklichkeit bekämpfte. Die Kardinäle Bellarmi und Baronius strengten vergebens ihren Geist an, um Sarpi zu schlagen, trotzdem, daß sie die ganze päpstliche Rüstkammer von Lügen zu Hülfe nahmen.

Um den gefährlichen Feind los zu werden, beschloß man, Sarpi zu ermorden. Eines Abends (1607) überfielen ihn Banditen und versetzten ihm fünfzehn Dolchstiche. Als er sie erhielt, rief der Märtyrer der Wahrheit: „Ich kenne den Griffel der römischen Kurie!"

Sarpi starb indessen nicht an seinen Wunden, und der Antheil, welchen alle Venetianer an seinem Schicksal nahmen, belohnte den wackern Schriftsteller für das was er gelitten hatte. Da man den „römischen Kurialstyl" kannte, so mußte eine Sicherheitswache Sarpi begleiten, wenn er ausging, und der Arzt, der ihn geheilt hatte, wurde zum St. Markusritter ernannt.

Urban VII., der 1644 starb, war ein kleiner Tyrann, da es ihm an Macht fehlte, ein großer zu sein. Die Ketzer aller Art haßte er gründlich und war eifrig bemüht, überall das Feuer des Fanatismus gegen sie anzuschüren. Er publicirte die wahnsinnige Bulle, die In coena Domini beginnt, und in welcher alle Spielarten der Ketzer bis in den allertiefsten Abgrund der Hölle „im Namen des allmächtigen Gottes, des Vaters, des Sohnes und des heiligen Geistes" verflucht werden. Diese Bulle wird bis auf den heutigen Tag alljährlich am Gründonnerstage zur Erbauung der Gläubigen in allen römischen Kirchen öffentlich vorgelesen.

Nebenbei war auch dieser liebenswürdige Papst, was man beim Militär einen „Kamaschenfuchser" nennt. Er bekümmerte sich um die geringsten Kleinigkeiten und behandelte sie mit der größten Wichtigkeit. So verbot er bei strenger Strafe, in der Kirche Tabak zu kauen, zu schnupfen oder zu rauchen. Aber der spätere Innozenz XII. ging noch weiter, indem er Jeden excommunizirte, welcher in der Peterskirche schnupfen würde! —

Urban befahl auch, daß sich die Chorherren von St. Anton nicht mehr im Scherze — kitzeln sollen, und daß man am Feste des heiligen Markus keine — Ochsen mehr in die Kirche lasse. An anderen Festtagen gehen seitdem desto mehr hinein, denn er ordnete auch an, daß neben den 52 Sonntagen noch 34 Feiertage bei Todsünde gefeiert werden sollten.

Er scharrte 20 Millionen Skudi zusammen, die er aber meistentheils für seine Familie verwandte, und hinterließ noch eine Schuldenlast von 8 Millionen.

Junozens X. war ein elender Papst, der sich ganz und gar von Donna Olympia, der Wittwe seines Bruders, seiner Mätresse, leiten ließ. Dieses unverschämte Weib, regierte die christliche Kirche und verhandelte ohne Scheu Aemter und Pfründen. Um nur Geld zu bekommen, säkularisirte sie zweitausend Klöster, das heißt, sie hob sie auf und zog deren Güter ein. Noch in den zehn letzten Tagen vor dem Tode des Papstes, soll sie eine halbe Million Skudi bei Seite geschafft haben.

Als sie einst beim Spiel eine sehr bedeutende Summe verlor, sagte sie lachend: „Ach, es sind ja nur die Sünden der Deutschen." Eine ähnliche Aeußerung erzählte man sich von Alexander VI.

Der Papst protestirte gegen den westphälischen Frieden, welcher der Welt nach dreißigjährigem Kriege den Frieden wiedergab, weil durch ihn zehn Stifte säkularisirt werden sollten. Selbst Oesterreich war empört über solche Niederträchtigkeit, und die Bulle, welche der päpstliche Nuntius an allen österreichischen Kirchen hatte anschlagen lassen, wurde abgerissen und der Drucker derselben eingesperrt und um 1000 Thaler gestraft.

Selbst Kaiser Ferdinand, so bigott er war, sagte zum Nuntius Melzi: „Der Papst hat gut reden; im Reiche geht es bunt zu, während er sich von Olympia trabbeln läßt."

Der letzte Papst im siebenzehnten Jahrhundert war Innozens XII., ein Mann, der im Vergleich zu den andern Päpsten ziemlich vernünftig genannt zu werden verdient. Er erlebte die Freude, daß der Fürst, in dessen Lande die Reformation entstanden war, wieder in den Schooß der „allein seligmachenden" römischen Kirche zurückkehrte, nämlich Friedrich August, Kurfürst von Sachsen, der diesen Schritt thun mußte, wenn er König von

Polen werden wollte und der wie Heinrich VI. von Frankreich dachte, „daß eine Königskrone schon eine Messe werth sei."

Im Innern dachte Friedrich August gar nicht römisch-katholisch, das heißt er war ein in Religionssachen freidenkender Mann. Als Prinz hatte er in Wien genauen Umgang mit dem nachherigen Kaiser Joseph I. Dieser klagte, daß ihm in der Burg ein Gespenst erschienen sei, welches ihn vor Irrlehren gewarnt und gedroht habe, in drei Tagen wieder zu kommen, wenn er sich nicht bessere.

Der sächsische Prinz bat Joseph, in seinem Zimmer schlafen zu dürfen, denn er hatte große Lust, die nähere Bekanntschaft dieses Gespenstes zu machen. Es kam auch wirklich wieder, aber Friedrich August packte es so kräftig, daß das arme Vieh von einem Gespenst mehrmals in seiner Angst: Jesus, Maria, Joseph! stöhnte. Der Prinz warf das Gespenst zum Fenster hinaus und siehe! es war Se. Hochwürden der Beichtvater!

Von den Päpsten im achtzehnten Jahrhundert ist nicht viel mehr zu sagen, als daß sie meistens nach der Pfeife der Jesuiten tanzten und es versuchten, ihre so ziemlich gestürzte öffentliche Macht auf Schleichwegen wieder zu erlangen, indem sie das Fundament des Staats durch die Jesuiten, ihre Hofmaulwürfe, unterminiren ließen, welche aber nur so weit für das Interesse des Papstes arbeiteten, als es mit dem ihrigen übereinstimmte.

Im Allgemeinen fingen jetzt selbst die heiligen Väter an menschlicher zu werden; das heißt die viehischen Unflätereien, mit denen sich der päpstliche Hof bisher beschmutzt hatte, wurden mehr im Geheimen getrieben, da man nunmehr Ursache hatte, öffentlichen Skandal zu fürchten. In alten Zeiten setzte man sich in Rom über die öffentliche Meinung hinweg; allein die Reformation hatte gelehrt, daß man dies nicht ungestraft thun dürfe und daß es selbst Vice-Göttern nicht mehr gestattet war, wie die Schweine zu leben.

Benedikt XIV. (1740—1758) war der gelehrteste und humoristischste Papst, der bisher auf dem angeblichen Stuhl Petri gesessen hatte. Er war natürlich durch seine Stellung dazu gezwungen, die althergebrachten Anmaßungen der Päpste, besonders solche, die Geld eintrugen, zu unterstützen und zu vertheidigen; allein so viel er konnte, suchte er doch zu mildern und zu versöhnen.

Ich will nur zwei Anekdoten von ihm erzählen, die ihn als Mensch ziemlich charakterisiren.

Nachdem er einst dem Herzoge von York, also einem Ketzer, alle Merkwürdigkeiten des Vatikans gezeigt hatte, umarmte er ihn und sagte: „Um Absolution kümmern Sie sich nicht, aber der Segen eines alten Mannes wird Ihnen nicht schaden."

Ein alter Seekapitän, Namens Mirabeau, stellte sich mit seinen jungen Offizieren dem Papste vor. Die jungen Herrn konnten sich nicht enthalten, über die Etiquette zu lachen. Der Kapitän stammelte einige Entschuldigungen; aber Benedikt unterbrach ihn: „Sein Sie ruhig; ich bin zwar Papst, aber ich habe keine Macht, Franzosen am Lachen zu verhindern."

Clemens XIII. (1758—1769) war wieder ein Fanatiker. Er konnte die Zeit nicht aus dem Sinn bekommen, wo Kaiser vor den Päpsten auf den Knieen herumgerutscht waren und wo sich die Völker ohne Murren das Fell über die christlichen Ohren ziehen ließen. Alle päpstlichen Anmaßungen, selbst diejenigen, welche man allgemein als solche verdammt hatte, waren ihm **geheiligte Anstalten zur Erhaltung der Kirche**; sie waren ihm **Religion und Sache Gottes**.

Er erwartete alles Heil von den Jesuiten und sammelte diese um seinen Thron. Dies gab Pasquino genug Veranlassung zum Spott. Einst äußerte sich dieser steinerne römische Klabberabatsch: „Ich hatte einen Weinberg gepflanzt und wartete, daß er Trauben brächte; und er brachte Herlinge." Clemens setzte einen Preis auf Entdeckung des Spötters; am andern Morgen antwortete Pasquino: „Es ist der Prophet Jeremias!"

Der Papst erlebte indeſſen den Jammer, daß das fromme Portugal, ja auch Frankreich, die Jeſuiten zu ihrem Vater, dem Teufel jagten, und letzteres ſie „für Feinde aller weltlichen Macht, aller Souveräne und der öffentlichen Ruhe" erklärte.

Clemens nahm indeſſen nicht Vernunft an; er beſtätigte die Jeſuiten auf's Neue; hatte aber kein Glück damit. Seine deshalb erlaſſene Bulle wurde in Frankreich durch Henkershand ver= brannt und ihre Bekanntmachung in Portugal bei Lebensſtrafe verboten. Das bigotte Spanien entſchloß ſich ſogar zu einem kräf= tigen Schritt. Alle Jeſuiten in dieſem Lande wurden an einem ſchönen Frühlingsmorgen aufgepackt und — nach dem Kirchenſtaate geſchickt. Kurz, von allen Seiten wurde Jagd auf dieſes gefährliche Ungeziefer gemacht. Der von ihm nun halb aufgefreſſene Papſt — er ſollte all die ſchwarzen Blutſauger ernähren! — trieb es ſo weit, daß Frankreich große Luſt bekam, den Starrkopf zu Rom ſelbſt beim Kragen zu nehmen; aber der Tod errettete ihn von dieſem Schickſal.

Sein Nachfolger Clemens XIV. mußte endlich der allgemeinen Stimme Gehör ſchenken. Am 21. Juli 1773 wurde der Or= den der Jeſuiten aufgehoben. Dieſer Akt verurſachte in ganz Europa den ungeheuerſten Jubel. Als Clemens die Aufhebungs= bulle unterzeichnete, ſagte er: „Dieſe Aufhebung wird mich das Leben koſten." Er kannte ſeine Leute. Clemens ſtarb an Jeſuitengift. Ein Großer in Wien fragte ganz naiv einen Ex= Jeſuiten: „Clemens iſt todt, nicht wahr, ihr habt ihm ver= geben?" — „Ja, wie wir allen Schuldigen vergeben!" antwortete mit der ſanfteſten Miene der würdige Schüler Loyolas.

Clemens XIV. war unter 200 Päpſten der beſte. Er ſaß von 1768 bis 1774 auf dem „Stuhl Petri," und wenn es denn doch einmal Päpste geben muß, so wollte ich, er säße noch heute darauf. Mit Vergnügen liest man die Lebensgeschichte dieses Mannes und ich bedaure nur, daß ich hier nicht länger bei derselben verweilen kann.

Sein eigentlicher Name war Ganganelli. Er stieg durch seine Talente allmälig zu den höchsten Kirchenwürden und als er, ohne daß er es suchte, Papst wurde, blieb er ebenso einfach, wie er als Mönch gewesen war. Seine Mittagsmahlzeit war ganz bürgerlich einfach und als die Hofköche über diese Einfachheit jammerten, sagte er: „Behaltet euern Gehalt, aber verlangt nicht, daß ich über eure Kunst meine Gesundheit verliere."

Alle andern Päpste waren darauf bedacht, ihre Nepoten — d. h. Vettern — zu bereichern; er aber sorgte väterlich für das Wohl seiner Unterthanen. Als man ihn fragte, „ob man seiner Familie nicht durch einen Kourier von seiner Erhebung Nachricht geben solle?" erwiderte er: „**Meine Familie sind die Armen, und diese pflegen die Neuigkeiten nicht durch Kouriere zu erhalten.**"

Ganganelli war ein vortrefflicher Mensch in jeder Beziehung und machte eine der wenigen Ausnahmen von dem alten Erfahrungssatz, „daß sich Jeder ganz und gar ändere, so bald er Papst werde." Von seiner päpstlichen Gewalt machte er, wo er konnte, den wohlthätigsten Gebrauch und seine Menschenfreundlichkeit und Mildthätigkeit waren unbegrenzt.

Zwei Soldaten wurden zum Tode verurtheilt und endlich einer von ihnen begnadigt. Sie sollten nun um ihr Leben würfeln; aber der Papst duldete dies nicht, sondern begnadigte beide, indem er sagte: „Ich habe ja selbst die Hazardspiele verboten." — Ein englischer Lord war von dem Papst so entzückt, daß er ausrief: „dürfte der Papst heirathen, ich gäbe ihm meine Tochter."

Nachdem Clemens die Sache der Jesuiten drei Jahre lang selbst auf das sorgfältigste geprüft hatte, unterschrieb er die berühmte Bulle: Dominus ac redemptor — die Bullen werden stets nach den Anfangsworten bezeichnet — wodurch die Jesuiten aufgehoben wurden und damit, wie er wohl mußte, sein Todesurtheil. — Schon in der Charwoche 1774 wirkte das Jesuitengift in den Eingeweiden des trefflichen Mannes. Alle Gegenmittel waren wirkungslos; er starb am 22. September. Der Körper war durch das Gift so zerstört worden, daß selbst das Einbalsamiren nichts half. Die Haare fielen aus, und selbst die Haut löste sich vom Kopfe, so daß bei der Ausstellung der Leiche das Gesicht mit einer Maske bedeckt werden mußte. —

Schließlich muß ich von diesem Papste noch bemerken, daß er es für unschicklich hielt, die Ketzer an jedem Gründonnerstage zu verfluchen, und daß er daher die früher erwähnte berüchtigte Bulle In coena Domini aufhob. Er schützte alle Männer von Verdienst, mochten sie nun Katholiken oder Protestanten sein. Die Inquisition war ihm ein Greuel und schon ehe er Papst war, befreite er Manche aus ihren Krallen.

Der dankbare Kammerpachter des Papstes, Giorgi, setzte ihm ein von dem berühmten Bildhauer Canova verfertigtes Denkmal; aber ein weit schöneres und unvergänglicheres errichtete Clemens XIV. sich selbst in der Geschichte.

Nach langem, heftigem Kampfe im Conklave setzten es die Jesuiten durch, daß abermals einer ihrer Freunde, Namens Braschi, als Pius VI. Papst wurde (1775—1799). Er war unwissend, listig, intolerant, stolz, hochmüthig, ausschweifend, starrsinnig, habsüchtig, herrschsüchtig, jähzornig, diebisch, selbstgefällig und eitel. — Eine schöne Galerie von schlechten Eigenschaften; aber dafür ist die Reihe der guten besto kürzer, so daß es sich kaum der Mühe lohnt, sie zu nennen. Er war ein guter Komödiant und ein hübscher alter Mann; das sind alle seine Verdienste.

Ein solcher Mensch war allerdings nicht geeignet, das wankende

Papstthum aufrecht zu erhalten. Ein Stückchen nach dem andern bröckelte davon los und eine tüchtige Bresche in demselben verursachte ihm das Werk eines Deutschen, des Weihbischofs von Trier, J. R. von Hontheim. Es handelte „über den Zustand der Kirche und von der rechtmäßigen Gewalt des Papstes," und in ihm war bewiesen, daß der Zustand der Kirche erbärmlich und die Gewalt der Päpste usurpirt sei.

Dieses vortreffliche Buch, das Resultat eines dreiundzwanzigjährigen Fleißes, wurde in verschiedene Sprachen übersetzt, that dem Papstthum unendlichen Schaden und rief eine Menge ähnlicher Schriften hervor. Der achtzigjährige Hontheim wurde indessen durch allerlei Quälereien dahin gebracht, zu widerrufen; er that es, um in seinem hohen Alter Ruhe zu haben; allein die in seinem Buche enthaltenen Beweise konnten dadurch ihre Bedeutung nicht verlieren; widerlegt hat sie Niemand.

Kaiser Joseph II. machte mit dem Papst und den Pfaffen wenig Umstände. Er hob sehr viele Klöster auf und hielt es für besser, das Geld seines Volkes im Lande zu behalten, als es nach Rom zu senden. Die Wechsel aus Wien blieben aus und da Pius VI. dieselben nicht entbehren konnte, so entschloß er sich, dorthin zu reisen, um womöglich die Verstopfung zu heben. Der Kaiser ließ ihm zwar sagen, „er werde nächstens selbst nach Rom kommen, um sich von Sr. Heiligkeit Rath zu erbitten," — allein Pius wollte den Wink nicht verstehen.

Die Wiener geriethen ganz außer sich über die Anwesenheit des Papstes in ihrer Stadt. Seit dem Konstanzer Konzil war kein Papst in Deutschland gewesen und nun kam gar einer nach Wien! Und dazu einer, der es verstand, prächtig Komödie zu spielen. Die Damen waren rein närrisch vor Vergnügen und Alles drängte sich herzu, um den im Vorzimmer ausgestellten Pantoffel Sr. Heiligkeit zu küssen.

Kaiser Joseph zuckte die Achseln zu dem Enthusiasmus seiner Wiener, erwies dem Papst alle Ehre, allein machte dessen Reisezweck vollständig zu nichte. Als Pius nämlich auf die Hauptsache kommen wollte, bat ihn Joseph, alles schriftlich zu machen, er verstehe nichts von Theologie" und verwies ihn an den Staatskanzler Kaunitz.

Der Papst erwartete nun wenigstens den Besuch dieses Ministers; allein er wartete vergebens und der heilige Vater mußte sich entschließen, selbst zu ihm zu gehen, unter dem Vorwande, seine Gemälde zu besehen. Pius reichte dem Kanzler die Hand zum Kusse, aber dieser begnügte sich damit, sie recht herzlich zu schütteln und der heilige Vater war ganz verblüfft. Er wurde es noch mehr, als ihn Kaunitz ohne Umstände vor seinen schönsten Gemälden hin und her schob, damit er den richtigen Standpunkt finde. Dies wollte aber Pius in Wien nicht gelingen, und die Million Scudi, welche die Reise kostete, war weggeworfen.

Der Kaiser schenkte dem Papste einen schönen Wiener Reisewagen — wahrscheinlich auch ein diplomatischer Wink! — und ein Diamantkreuz, 200,000 Gulden an Werth, als Pflaster auf die Wunde, die dem päpstlichen Ansehen geschlagen war.

Auf der Rückreise passirte Pius München und vergaß hier die erlittenen Demüthigungen. Er nannte diese Stadt das deutsche Rom, ein Name, um den es andere deutsche Städte nicht beneiden.

„Ich hoffe mein Volk noch zu überzeugen, daß es katholisch bleiben kann, ohne römisch zu sein," sagte der beste deutsche Kaiser einst zu Azara. Armer Kaiser! Es ging ihm wie seinem Vorgänger Friedrich II. von Hohenstaufen; das dumme Volk ließ ihn im Stich.

Pius erlebte aber nicht nur einen abtrünnigen Kaiser von Oesterreich, er erlebte sogar die große Revolution, welche mit ben Pfaffen ben Kehraus tanzte. 1798 rückte Berthier in Rom ein und die neu-römischen Republikaner sangen:

Non abbiamo Pazienza,
non vogliamo Eminenza,
non vogliama Santita,
ma — Egualianza e Liberta.

(Wir haben keine Geduld, wir wollen keine Eminenz, keine Heiligkeit, sondern Freiheit und Gleichheit).

Man hatte gehofft, der nun schon sehr alte heilige Vater werde vor Alteration gen Himmel fahren; als er aber dazu noch keine Anstalten machte, sannen die Republikaner darauf, ihn wenigstens aus Rom fortzuschaffen. Der General Ceroni ging zu ihm und sagte: „Oberpriester! die Regierung hat ein Ende; das Volk hat die Souveränetät selbst übernommen."

Darauf nahm man dem Papst seine Kostbarkeiten und selbst seinen Ring ab und verlangte, daß er die dreifarbige Kokarde aufstecken solle. Der alte Pius weigerte sich jedoch und sagte: „Meine Uniform ist die Uniform der Kirche." Da nun nichts mit dem alten Mann anzufangen war, so packte man ihn in einen Wagen, brachte ihn unter sicherer Eskorte nach Siena und endlich nach Florenz in die dortige Karthause.

Die frommen Katholiken unterstützten ihn reichlich und der gedemüthigte alte Mann würde hier gern sein Leben beschlossen haben; allein so gut wurde es ihm nicht. Nachdem ihm sein Nepote noch den Schmerz bereitet hatte, mit dem Rest seiner Reichthümer durchzugehen, zwangen ihn die Republikaner, bei der Annäherung des Feindes nach Frankreich zu reisen.

Pius war krank und zeigte den Aerzten seine geschwollenen Füße und Beulen mit den Worten des Pilatus: Ecce homo! Aber das, was das Volk so lange von Päpsten und Fürsten erdulden mußte, hatte die Herzen der Republikaner für die Leiden eines alten Papstes unempfindlich gemacht. Sie hatten die Bedrückungen von Jahrhunderten und das Blut von Millionen zu rächen, welches die Päpste „für den Glauben" vergossen hatten. Pius mußte fort über die Alpen durch Eis und Schnee, meistentheils bei Nacht, um Aufläufe der Katholiken zu verhindern, bis er nach Valence an der Rhone kam.

Wir Deutsche sind weichmüthige Narren, und die Leiden eines alten, kranken, gedemüthigten, wenn selbst bösartigen Feindes gehen uns ans Herz. Mir geht es ebenso, und damit ich nicht sentimental werde, rufe ich mir den deutschen Kaiser Heinrich IV. ins Gedächtniß, wie er, körperlich und geistig krank, zu Fuß im strengsten Winter durch Schnee und Eis die Alpen übersteigt, um im Schloßhof zu Canossa barfuß und fast nackt sich vor einem Papst zu bemüthigen; ich sehe die Opfer der Inquisition sich am Marterpfahle winden, — und freue mich nur, daß die Rachsucht der Republikaner nicht zufällig einen guten Papst, sondern einen lasterhaften traf.

Pius benahm sich indessen in seinen Leiden wie ein Mann, und es wäre eine Ungerechtigkeit, das nicht anzuerkennen. Man wollte ihn von Valence abermals weiter nach Dijon bringen, als er am 29. August 1799 starb. Er hinterließ nichts als seine kleine Garderobe, 50 Livres an Werth, welche der Maire für Nationaleigenthum erklärte. — Die Revolutionen thun oft Einzelnen weh; aber noch häufiger thun sie der Gesammtheit der Menschen gut. — Wo wären wir ohne 1848?

Pius hatte versucht, sich durch viele geschmacklose Bauwerke zu verewigen, auf welche er stets seinen Namen und sein Wappen setzen ließ, und unternahm es auch, die berüchtigten pontinischen Sümpfe auszutrocknen, obwohl ohne Erfolg. Er verlor dadurch ungeheure Summen und erwarb damit nichts als den Spottnamen Il Seccatore, welches der Austrockner heißt, aber zugleich auch einen überlästigen Menschen bedeutet.

Bei Pius Tode hatte Pasquino viel zu thun. Er antwortete auf die Frage: „Wie fand man den Leichnam des heiligen Vaters?" — „Im Kopf waren seine Nepoten, im Magen Josephs Kirchenordnung und in den Füßen die pontinischen Sümpfe."

Wer hätte es jemals gedacht, daß Frankreich, welches vor tausend Jahren die Macht des Papstes schuf, einst den Vice-Gott auf Pension setzen würde. Aber die Zeit der Wunder war wiedergekehrt, nur daß der Wunderthäter kein gläubiger Heiliger, sondern Napoleon I. war.

Der große Bonaparte verrieth die Freiheit und war klein genug, Kaiser werden zu wollen, und das konnte er nur, wenn er die Dummheit der Menschen beförderte, und dazu brauchte er wieder einen Papst; denn Pfaffen und Despotie gehören zusammen, wie Stiel und Hammer.

Der neue Papst Pius VII. salbte Napoleon. Pasquino konnte sein Maul nicht halten; er antwortete auf die Frage: „Warum ist das Oel so theuer?" — „Weil so viele Könige gesalbt und so viele Republiken gebacken sind."

Mit Zittern und Zagen ging Pius nach Frankreich; aber die wilden Löwen der Republik waren bereits wieder sanfte Schafe der Kirche geworden und der Papst äußerte selbst: „Ich rechnete darauf, als ehrlicher Mann empfangen zu werden, aber nicht als Papst."

Die Pariser waren indessen — durch das Revolutionssieb filtrirte Pariser. Der Krönungszug war für sie kein heiliges Schauspiel, sondern eine Farce, und als Pius VII. seinen Segen ertheilte, riefen die Gamins: bis! bis!

Der Esel, auf welchem der Kreuzträger vor dem päpstlichen Wagen herritt, erregte ihre ganz besondere Heiterkeit: „Ach, seht da die päpstliche Kavallerie! Ach, der apostolische Esel, der heilige Esel, der Esel der Jungfrau!" und schallendes Gelächter erschallte vor Notre Dame.

Der Kaiser ließ den Papst eine Stunde in der Kirche warten und setzte sich dann mit seiner Gemahlin selbst die Krone auf. Pius VII. spielte eine untergeordnete Figurantenrolle.

Zorn im Herzen kehrte der heilige Vater nach Rom zurück. Der Spott der Pariser hatte ihn vielleicht etwas verrückt gemacht. Er wurde im Kalender irre und meinte wahrscheinlich acht Jahrhunderte früher zu leben, denn er dachte ernsthaft daran, alle Fürsten und alle Kirchen wieder von sich abhängig zu machen. Er hatte das Papstfieber.

Napoleon hatte indessen erreicht, was er wollte und schonte den toll gewordenen Papst nicht länger. Am 2. Februar 1808 rückte General Miollis in Rom ein. Pius trat ihm entgegen und fragte: „Sind Sie Katholik?" — „Ja, heiliger Vater," stammelte der General ganz verlegen. Pius gab ihm schweigend den Segen und ging in sein Kabinet.

Lachen wir auch über die Anmaßungen des Papstes, so müssen wir doch gestehen, daß er seine Rolle dem allmächtigen Kaiser gegenüber gut spielte. Das römische Volk war durch die harte Behandlung, die man den Kardinälen und selbst dem Papst zu Theil werden ließ, gegen die Franzosen so erbittert, daß es diesem nicht schwer gewesen wäre, ein Seitenstück zur sizilianischen Vesper hervorzurufen. Daß er dazu Lust hatte, läßt sich vermuthen; allein die Sache war doch zu gewagt und Pius beschloß, gute Miene zum bösen Spiel zu machen.

Napoleon wollte ihn jedoch in Frankreich unter seiner speziellen Aufsicht haben. Eines Nachts drangen Soldaten in den Vatikan und der heilige Vater wurde in einem Lehnstuhl durch das Fenster hinabgelassen und nach Frankreich gebracht. Hier lebte der Vice-Gott nicht „wie der liebe Gott in Frankreich," sondern zurückgezogen und einfach und begnügte sich damit, gegen die ihm angethane Gewalt zu protestiren. Er gab dem Kaiser nicht einen Zoll breit nach und das war männlich. In einer Privatunterhaltung, die zufällig belauscht wurde, nannte er Napoleon verächtlicherweise „Komödiant!" was den Kaiser so wüthend machte, daß er, um seinem Zorn Luft zu machen, ein kostbares Porzellangefäß auf dem Boden zertrümmerte.

Als Napoleon nach Elba verbannt wurde, zog Pius VII. (im Mai 1814) nach Rom und geberdete sich als echter Papst. Er hatte es erfahren, daß die Macht aus den geistlichen Händen wieder in die weltlichen übergegangen war. Mit Gewalt war sie nicht wieder zu erlangen, dazu fühlte er sich zu unmächtig; aber es gab andere Wege, heimliche, verborgene, und die Menschen waren noch immer dumm!

Sein erstes Werk war es, die Jesuiten wieder herzustellen (7. August 1814). Die Erweckung der andern Mönchsorden folgte nach, wie auch die der Bulle in coena Domini; die alle Ketzer verflucht. Ja, die Inquisition, selbst die Folter trat wieder ins Leben und wurde gegen mehrere unglückliche Carbonari angewendet. All der Unsinn der frühern Jahrhunderte kam wieder zu Tage. Pius öffnete die seit Jahren geschlossene Rumpelkammer des päpstlichen Zeughauses und heraus flatterten mittelalterliche Eulen und Fledermäuse. — Prozessionen, Wallfahrten, Heiligenbilder und wie der Gaukelapparat heißen mag, kamen aufs Neue zur Geltung; das neue Licht sollte mit Gewalt ausgelöscht werden. —

Pius VII. fiel auf dem Marmorboden seines Zimmers, brach einen Schenkel und starb am 20. August 1823 in einem Alter von 81 Jahren.

Sein Andenken muß jedem Freunde fast noch verhaßter sein, als das irgend eines andern Papstes aus der Zeit des frühern Mittelalters, weil Pius im neunzehnten Jahrhunderte lebte und aus Herrschsucht und Habgier das römische Ungeziefer über die Erde losließ, unbekümmert über das Unglück, welches dadurch angerichtet wurde; gleich jenem Jungen, von dem die Zeitungen berichteten, der Scheunen in Brand steckte, — um dadurch zu den Nägeln zu gelangen, wovon er den Erlös vernaschte.

Leo XII., der nun folgte, war ein munterer Lebemann, von dem manche deutsche Dame zu erzählen wußte. Dabei war er Jagdliebhaber, kurz ein ganz flotter Bursche. Pasquino meinte: „Wenn der Papst ein Jäger ist, so sind die Kardinäle die Hunde, die Provinzen die Forste und die Unterthanen das Wild." — Ach, guter Pasquino, Wild waren die Unterthanen immer und das wird sich nur ändern, wenn sie ernstlich wild werden!

Als Leo Papst wurde — wurde er eben wieder ein Papst! Er verkündete 1825 ein Jubiläum und lud die Gläubigen ein: „die Milch des Glaubens aus den Brüsten der römischen Kirche unmittelbar zu saugen." Bon appetit!

Dieser Leo war ein solcher — Papst, daß er die Kuhpockenimpfung als gottlos verbot, weil der Eiter eines Thieres mit dem Blute eines Menschen vermischt werde! — Unter frühern Päpsten wurde für Geld selbst Sodomiterei mit Thieren erlaubt und doch machen die Päpste den Anspruch auf Unfehlbarkeit.

Leo trat ganz in die Fußstapfen seines Vorgängers und die Kirche, von den Regierungen, besonders aber von der österreichischen, mit despotischer Liebe unterstützt, erholte sich immer mehr von dem Schlage, den ihr die Revolution versetzt hatte. Im Jahr 1827 bestand der päpstliche Generalstab aus 55 Kardinälen, 10 Nuntien, 118 Erzbischöfen und 642 Bischöfen. Die Armee der Weltgeistlichen, Mönche und Jesuiten vermag ich nicht zu taxiren.

Leo starb 1829 und ihm folgte Pius VIII., der bereits am 30. November 1830 ebenfalls starb, nachdem er den Obscurantismus nach besten Kräften befördert hatte. Wer daran zweifelt, der lese sein Generaledikt des heiligen Officiums vom 14. Mai 1829, worin in Gemäßheit eines heiligen Gehorsams und unter Strafe der Ausschließung und des Verbanntseins, außer den andern Strafen, welche schon durch die heiligen Kanone, Dekrete, Konstitutionen und Bullen der Päpste ausgesprochen werden, Allen und Jeden, die der Gerichtsbarkeit des Generalinquisitors unter= geben sind, geboten wird: binnen Monatsfrist Alles, was sie wissen oder erfahren werden, gerichtlich anzugeben, in Betreff Alles oder eines Jeden von Denen, welche Ketzer oder der Ketzerei verdächtig und von ihr angesteckt, oder ihre Gönner und Anhänger sind — die vom katholischen Glauben abgefallen sind — welche sich den Beschlüssen der heiligen Inquisition widersetzt haben oder sich wider= setzten, die entweder in eigener Person oder durch Andere, auf welche Art es auch geschehen mag, einen Diener, Ankläger, einen Zeugen bei dem heiligen Gerichte in ihrer Person, ihrer Ehre und ihren Vorrechten beleidigt haben, oder beleidigen, zu beleidigen ge= droht haben oder zu beleidigen drohen — welche in eigener Woh= nung oder bei Andern Bücher von ketzerischen Verfassern, Schriften, die Ketzereien enthalten oder religiöse Gegenstände ohne Bevoll= mächtigung des heiligen Stuhles behandeln, ehedem besessen haben oder jetzt besitzen" 2c. 2c.

Am 2. Februar 1831 bestieg der Kardinal Mauro Capellari unter dem Namen Gregor XVI. den päpstlichen Stuhl. Er hieß eigentlich Bartolommeo Alberti Capellari und wurde 1765 in Belluno im Venetianischen geboren. Im Jahre 1783 trat er unter dem Namen Mauro in den Kamaldulenserorden, und nach= dem er 1801 Abt, 1823 General seines Ordens geworden war, machte man ihn 1826 zum Kardinal.

Die Unzufriedenheit im Kirchenstaate war groß und bald nach seiner Besteigung des päpstlichen Stuhles brachen Aufstände aus, welche jedoch mit Hülfe österreichischer und französischer Truppen unterdrückt wurden. Anstatt, wie er verheißen, das Loos seiner unglücklichen Unterthanen zu erleichtern, zog er auf den Rath einiger Kardinäle die Zügel der Regierung noch schärfer an und jede freie Aeußerung wurde im Kirchenstaate noch härter bestraft, wie zu jener Zeit selbst in Oesterreich oder Preußen.

Schon unter Pius VIII. war Gregor XVI. zu politischen Unterhandlungen gebraucht worden und namentlich leitete er diejenigen, welche mit Preußen wegen der gemischten Ehen gepflogen wurden. Als Papst gerieth er mit allen Regierungen in Streit, denn er trachtete danach, seine geistliche Gewalt in ihrer alten Herrlichkeit wiederherzustellen. Alle Anmaßungen der Päpste und der Hierarchie wurden von ihm mit Starrsinn aufrecht erhalten, Alles was dem entgegenstand, bekämpft und alle Anstalten und Einrichtungen begünstigt, welche seit Jahrhunderten zur Unterstützung dieses Strebens gedient hatten. Die Wissenschaften wurden unterdrückt, die Jesuiten begünstigt und Klöster errichtet oder neu aufgeführt.

Mit Spanien und Portugal kam er in Streit, ebenso mit Preußen wegen der Erzbischöfe Droste von Vischering und Dunin; mit Rußland gleichfalls und auch mit der Schweiz wegen der Aufhebung der Klöster im Aargau.

Er starb am 1. Juni 1846, und die Welt freute sich, einen Mann los zu sein, dessen ganzes Trachten es gewesen war, die Weltuhr zurückzustellen, während es überall gährte und das Volk zum Fortschritt drängte.

Zu seinem Nachfolger wurde Pius IX. erwählt, der jetzt noch auf dem sogenannten Stuhl Petri sitzt und von dem man hofft, daß er der letzte eigentliche Papst gewesen sein wird. Sein Name ist Giovanni Maria Graf Mastai=Ferretti. Er wurde am 13. Mai 1792 in Sinigaglia geboren. Er war ein von den Damen sehr wohlgelittener junger Mann geworden, als er 1815 in die päpstliche Garde treten wollte; allein leider konnte er nicht angenommen werden, da er an der fallenden Sucht oder Epilepsie litt. Er beschloß daher, die geistliche Laufbahn einzuschlagen, und fing an, die unnütze Wissenschaft zu studiren, welche man Theologie nennt, die aber ben relativen Nutzen hat, daß sie zu hohen Ehren und Stellen führen kann.

Ein römisch-katholischer Priester darf aber an keinem körperlichen Gebrechen leiden, und die Kirche hat sehr triftige Gründe dafür; der junge Graf Ferretti würde daher mit seinen epileptischen Anfällen gleichfalls von ihr zurückgewiesen worden sein, wenn sich nicht der Himmel mit einem Wunder hineingemischt hätte. Ein Geistlicher in Loretto, Namens Strambi, heilte ihn von dem gräßlichen Uebel durch Magnetismus, das heißt durch Handauflegen, — eine Kraft, welche übrigens auch viele Ketzer haben und ausüben.

Da nun nichts seiner Weihe als Priester im Wege stand, so wurde er in Rom als Priester ordinirt und 1823 mit der Mission nach Chili in Südamerika geschickt. Von dort kehrte er nach zwei Jahren zurück, wurde 1827 Erzbischof von Spoleto, 1833 Bischof von Imola und 1840 Kardinal. Am 16. Juni 1846 wurde er zum Papst gewählt und als Pius IX. am 21. Juni gekrönt.

Selten trat ein Papst seine Regierung unter so günstigen Umständen an, denn die Härte seines Vorgängers ließ jede versöhnliche Maßregel, jede Verbesserung als doppelt werthvoll erscheinen. Da Pius IX. ein milder und für einen Papst freisinniger Mann war, so trugen ihm die Italiener eine an Enthusiasmus grenzende Liebe entgegen. Man erwartete indessen mehr von ihm, als er in seiner Stellung als Papst leisten konnte und wollte, und die von der revolutionären Partei ihm zugemutheten Schritte überschritten diese Grenze.

Das Jahr 1848 brach an; auch der Papst mußte dem Sturme folgen und die Verfassung vom März 1848 bewilligen, obwohl mit Widerstreben. Das konstitutionelle Regieren war aber einem Papste ein ungewohntes Ding, und um den heraufbeschworenen Geist in seine Schranken zu bannen, wurde von ihm

Graf Pelegrino de Rossi zum Minister ernannt, welcher das Volk durch strenge Maßregeln in Furcht halten wollte. Das ging nicht im Jahr 1846, und die Folge waren Aufstände in Rom und die Ermordung des mißliebigen Ministers. Die Aufregung stieg, und das von dem Volksverein dirigirte Volk zog vor den Quirinal, seine Wünsche darzulegen. Der Papst wollte „sich nicht imponiren lassen," allein als man das kanonische Recht — das heißt wirkliche metallene Kanonen — gegen ihn anwandte, hatte er nachzugeben und ein demokratisches Ministerium zu ernennen, an dessen Spitze Graf Mamiani della Rovere stand. Da sich Pius aber aller Macht beraubt sah, so hielt er es für zweckmäßig am 24. November 1848 unter dem Schutze des baierischen Gesandten Grafen Spaur und in einer Verkleidung als Abbate aus Rom zu fliehen und sich in Gaëta unter den Schutz des Königs von Neapel zu stellen. Die Folge davon war, daß Rom zur Republik erklärt wurde.

Eine politische Geschichte Roms liegt außer dem Bereiche dieser Schrift, die weniger mit dem Fürsten des Kirchenstaates, als mit dem Oberhaupt der römisch-katholischen Christenheit zu thun hat. Daß dieser zugleich weltlicher Fürst und als solcher in politische Händel verwickelt ist, ist ein Umstand, welcher selbst von vielen Katholiken beklagt wird, da er dem Oberhaupt der Kirche die Würde raubt. Wie derselbe in seiner Eigenschaft als Fürst durch französische Bajonnette noch immer künstlich erhalten wird, ist bekannt, wie auch die ziemlich gewisse Hoffnung, daß mit dem Aufhören dieses Schutzes der Papst von seinen weltlichen Regierungssorgen erlöst werden wird.

So bewegt und trübe die Laufbahn des gegenwärtigen Papstes als Fürst war, so waren doch seine Erfolge als Oberhaupt der Kirche für ihn sehr günstig. Er trat genau in die Fußstapfen seines Vorgängers, allein that es in weniger schroffer Weise, als dieser. Es gelang ihm, mit fast allen Mächten Konkordate abzuschließen, durch welche die Macht und das Ansehen der römischen Kirche wieder hergestellt wurde. Besonders erfolgreich war er in dieser Beziehung in Frankreich und Oesterreich, wo die Kirche ihren ganzen verderblichen Einfluß auf die Schulen wieder gewann.

Die Fürsten, durch das Jahr 1848 erschreckt, hielten es für nothwendig, den verdummenden und knechtenden Einfluß der Kirche auf das Volk wieder zur Unterstützung ihrer eigenen despotischen Gelüste zu Hülfe zu rufen, während andererseits die römische Kirche, besonders in Deutschland, danach strebte, sich von dem Einfluß der weltlichen Regierungen möglichst frei zu machen. Zu dem letzteren Zwecke wurden die Piusvereine gestiftet, deren erster 1848 im April in Mainz gegründet wurde und deren Zahl bald so sehr wuchs, daß bereits im Oktober desselben Jahres eine Generalversammlung von 83 solcher Vereine beschickt wurde. Von diesen Vereinen gingen nun unter verschiedenen Namen wieder andere Vereine hervor, die sämmtlich für die Wiederherstellung der römischen Herrlichkeit in der umfassendsten und praktischsten Weise wirkten.

Der ausgesprochene Zweck dieser Vereine ist es, mit allen gesetzlichen Mitteln zu wirken für die Freiheit des römischen Glaubens und Kultus, für das göttliche Recht der Kirche zu lehren und zu erziehen; für unbeschränkten Verkehr zwischen Bischöfen und Gemeinden und zwischen beiden und dem Papste; für Heilung der Nothstände und für freie Verwaltung und Verwendung des Kirchenvermögens. In politischer Beziehung wollten die Vereine nur zur Unterstützung der obrigkeitlichen Gewalt und zur Förderung der staatlichen Zwecke indirekt beitragen; allein sie beschränkten sich keineswegs darauf, sondern griffen wo immer möglich direkt in die Politik ein.

Pius IX. ist weit entfernt, das Unzeitgemäße der Lehren der römisch-katholischen Kirche zuzugeben, sondern im Gegentheil eifrig bemüht, den Glauben an alle im Mittelalter zur Geltung gebrachten Dogmen wieder zu erwecken, und die Welt erlebte von ihm die wunderbare Thatsache, daß er die wahnsinnige Lehre von der unbefleckten Empfängniß der Jungfrau Maria am 8. Dezember 1854 in der Peterskirche durch feierlichen Akt zum Dogma erhob.

Während die Thätigkeit der römischen Kirche in Deutschland solche Erfolge errang, verlor sie immer mehr und mehr in Rom und in ganz Italien und besonders in Sardinien und im jetzigen Königreich Italien, dessen konstitutionelle Regierung den Anmaßungen der Kirche entschieden entgegen trat.

Den härtesten Schlag erhielt jedoch die römische Kirche, oder vielmehr die päpstliche Gewalt durch den im Jahr 1866 stattgehabten Umschwung der Dinge. Die von dem österreichischen Reichstag ausgesprochene theilweise Aufhebung des Konkordats beraubt sie der Leitung des Schulwesens und der Kontrole über die Ehe und damit zweier der mächtigsten Hebel ihrer Macht.

Die große Thätigkeit, welche die römische Kirche durch ihre Vereine und andre ihr zu Gebot stehende Mittel entwickelt, und das immer breitere Auftreten derselben machten nicht nur manche Regierungen stutzig, sondern veranlaßten auch die Männer der Wissenschaft und selbst diejenigen, welche sich nie um die Religion kümmerten, sich gegen die verfinsternden und die Entwicklung des freien Volksfortschrittes hemmenden Bestrebungen der Kirche mit aller Kraft zu erheben. Was immer auch Papst Pius IX. von dem in diesem Jahr von ihm zusammen berufenen Konzil für sanguinische Hoffnungen hegen mag, wer die Lage der Dinge mit vorurtheilsfreiem Auge betrachtet, sieht mit sonnenheller Klarheit, daß ein für das Mittelalter berechnetes Institut im Jahre 1869 nicht wieder neu aufblühen kann. Der Genius der Freiheit wird die Finsterlinge in den Staub treten.

V.

Sodom und Gomorrha.

> „Es ist kein feyner Leben auf erden,
> denn gewisse zinß haben von seinem Lehen,
> eyn Hürlein daneben und unserem Herre Gott
> gedienet."

Die Reformation wurde recht eigentlich durch das Schand=leben der römisch=katholischen Geistlichkeit hervorgerufen, denn der Ablaßunfug war nur die nächste Veranlassung. Es verlohnt sich daher schon der Mühe, einen Blick in diese geistliche Kloake zu thun und zu prüfen, woher es kommt, daß gerade Diejenigen, welche durch ihre Stellung vorzugsweise dazu berufen waren, den Menschen als Muster der Sitte voranzugehen, sich durch die zügellosesten sinnlichen Ausschweifungen so sehr befleckten, daß sie da=durch den allgemeinen Abscheu gegen sich hervorriefen.

Die schaffende und erhaltende Kraft oder Macht, die wir Gott nennen, hat allen lebenden Geschöpfen den Geschlechtstrieb ge=geben. Sie machte ihn zu dem mächtigsten Triebe, weil sie damit die Fortpflanzung verband, worauf sie bei allen organi=schen Geschöpfen besonders vorsorglich bedacht war; ja sie stellte es nicht in den freien Willen, dem Geschlechtstriebe zu folgen, sondern zwang dazu, ihm zu folgen, indem sie die unnatürliche Unter=drückung desselben empfindlich strafte. Der gewaltsam unterdrückte Geschlechtstrieb macht Thiere toll und Menschen zu Narren, wie wie wir an einigen Beispielen im Kapitel von den Heiligen gesehen haben.

Die Befriedigung des Geschlechtstriebes ist also eine Natur=pflicht und an und für sich ebenso erlaubt und unschuldig, wie die Befriedigung des Durstes. Vom sittlichen Standpunkt aus beurtheilt, verdienen der Fresser und der Säufer in nicht geringerem Grade unsern Tadel, als der in der sinnlichen Liebe ausschweifende Wollüstling und die seltsame und verkehrte Ansicht, wodurch wir selbst die naturgemäße Befriedigung des Geschlechtstriebes gleichsam zu einem Verbrechen, oder doch zu einer Handlung stempeln, deren man sich schämen muß, — verdanken wir einzig und allein der mißverstandenen, verunstalteten christlichen Religion.

Das gesellschaftliche Zusammenleben macht es durchaus nothwendig, daß die Leidenschaften der Menschen geregelt werden, sei es nun durch die sogenannte Sitte oder durch Gesetze. Wollte ein Jeder seinen Leidenschaften den Zügel schießen lassen, so würden sich Staat und Gesellschaft bald in wilde Anarchie auflösen. Damit ein jeder Bürger, auch der schwächste, im Genuß seines Lebens und Eigenthums selbst gegen den stärksten geschützt sei, muß Jeder seinen natürlichen Leidenschaften eine vom Gesetz bestimmte Grenze setzen, welche von den Vollziehern dieser Gesetze, hinter denen die Gesammtkraft des Volkes steht, sorgfältig bewacht und geschützt wird.

Die Erfahrung lehrt, daß der Geschlechtstrieb gar oft die gewaltigsten und verderblichsten Wirkungen hervorbringt, und so mußte er denn natürlich auch die ganz besondere Aufmerksamkeit der Gesetzgeber in Anspruch nehmen. Sie fanden in der Ehe das geeignetste Mittel, den Folgen geschlechtlicher Ausschweifungen vorzubeugen, und alle civilisirten Völker alter und neuer Zeit betrachteten die Ehe als die festeste Grundlage des Staatslebens und in jeder Hinsicht als ein höchst segensreiches und die Menschen veredelndes Institut.

Die christliche Kirche verkannte die Wichtigkeit der Ehe durchaus nicht, und da sie unablässig bemüht war, den größtmöglichen Einfluß auf die Menschen zu erlangen, so bemächtigte sie sich auch vorzugsweise der Ehe, obwohl dieselbe die Kirche nicht mehr berührt, wie jede andere gesellschaftliche Einrichtung, und behauptete, daß zur Schließung derselben die priesterliche Einsegnung durchaus nöthig sei; ja sie ging so weit, daß sie diese rein gesellschaftliche Uebereinkunft, über welche höchstens dem Staat eine Kontrole zusteht, für ein sogenanntes Sakrament erklärte.

Wir haben im vorigen Kapitel gesehen, daß die Päpste selbst die schamlosesten Betrügereien nicht scheuten, wenn es die Vergrößerung ihrer Macht galt, und so kann es uns nicht mehr besonders auffallen, wenn wir nachweisen, daß sie auch in Bezug auf die Ehe wahrhaft lächerliche Inkonsequenzen begingen.

Die Ehe, dieses heilige Sakrament, wurde den Geistlichen verboten, weil es sie verunreinige! — Den wahren Grund dieses Verbotes habe ich bei Erwähnung Gregors VII. im vorigen Kapitel erwähnt, und der angegebene Zweck wurde damit erreicht, obwohl dadurch Folgen erzeugt wurden, welche der römischen Kirche fast eben so großen Nachtheil brachten, wie den Menschen im Allgemeinen.

Die Geistlichen wurden durch das Cölibat — so nennt man die erzwungene Ehelosigkeit römischer Priester — völlig isolirt und ihre Verbindung mit den übrigen Menschen und dem Staate zerrissen, dafür aber desto fester an die Kirche, das heißt an den Papst, gefesselt; denn dieser ist es ja, von dem jeder römisch-katholische Geistliche in höchster Instanz sein zeitliches Heil zu erwarten hat. Der alte Vice-Gott in Rom ist ihm Familie und Vaterland. Ein echt römisch-katholischer Geistlicher kann gar kein guter Patriot oder Staatsbürger sein.

Was kümmern sich die Päpste um die abscheulichen Folgen des Cölibats. Sie wollen unumschränkt herrschen um jeden Preis, wenn auch durch ihren schändlichen Egoismus die Moralität der ganzen Welt sammt dem Christenthum zu Grunde geht. Die heiligen Väter in Rom werden durch nichts Anderes bewegt, als durch ihren Eigennutz, welche erhabenen Gründe sie auch mit salbungsvollen Worten zur Bemäntelung desselben vorbringen mögen.

Weder Tonsur noch Weihen vermögen es, den Geistlichen die „menschlichen Schwächen", wie man dummer Weise die Regungen des Naturtriebes häufig nennt, abzustreifen. Die Natur respektirt einen geweihten Pfaffenleib eben so wenig, wie den irgend eines andern thierischen Organismus, und kämpft mit ihm um ihr Recht. Diese Kämpfe enden bei gewissenhaften Geistlichen, denen es mit ihrem Keuschheitsgelübde Ernst war, gar häufig mit Selbstmord oder Wahnsinn, oder mit unnatürlicher Befriedigung des Geschlechtstriebes oder mit freiwilliger Verstümmelung. — Der schlechtere Theil der Geistlichen, die ich hauptsächlich mit „Pfaffen" meine, betrachtet dagegen die Ehe als eine Fessel, von der sie der gute Gregor befreit hat, und thut wie jener Mönch, der nach langen Kämpfen endlich dem Rathe eines alten Praktikus folgte: „Wenn mich der Teufel reizt, so thue ich, was er will, und dann hört der Kampf auf." Sie wissen sich, was die Befriedigung des Geschlechtstriebes anbetrifft, für die Ehe schadlos zu halten, indem sie nach Clemens VI. Ausdruck „wie eine Heerde Stiere gegen die Kühe des Volkes wüthen."

Diese Pfaffen nennt der heilige Bernhard „Füchse," die den Weinberg des Herrn verderben und die Enthaltsamkeit nur zum Deckel der Schande und Wollust brauchen, vor denen schon der Apostel Petrus gewarnt habe. „Man müsse," fährt er fort, „ein Vieh sein, um nicht zu merken, daß man allen Lastern Thür und Thor öffne, wenn man rechtmäßige Ehen verdamme."

Jesus war selbst nicht verheirathet; aber bei vielen Gelegenheiten äußerte er sich über die Ehe und erkannte sie als eine durch göttliche Anordnung geheiligte Anstalt an*); ja wir wissen,

---

*) Matth. 5, 31. 32; 19, 3—7. 9.

daß er mit seiner Mutter und seinen Jüngern einer Hochzeitsfeier in Kana in Galiläa beiwohnte*), was er nicht gethan haben würde, wenn er die Ehe überhaupt als eine unsittliche Verbindung erkannt hätte.

Die Apostel halten darüber ganz dieselben Ansichten. Paulus nennt die Ehe einen in allen Betrachtungen ehrwürdigen Stand**) und erklärt sogar die Untersagung derselben für eine Teufelslehre***). Kurz nach allen in der Bibel enthaltenen Lehren des Christenthums ist das Band, welches die Ehe um Mann und Weib schlingt, ein höchst ehrwürdiges.

Die Christen der ersten Zeit waren auch weit davon entfernt, die Ehe der Geistlichen als etwas Unerlaubtes zu betrachten, ja sie setzten dieselbe bei ihnen sogar voraus. Petrus selbst, dessen Nachfolger die Päpste sein wollen, und die meisten der Apostel waren verheirathet. Paulus verlangt von den Bischöfen und Diakonen, daß sie im ehelichen Stande leben sollten. Er schreibt an Thimotheus: „Ein wahres Wort: wer ein Bischofsamt sucht, der strebt nach einem edeln Geschäft. Ein Bischof muß deswegen tadellos sein, eines Weibes Mann, nüchtern, ernst, wohlgesittet, zum Lehrer tüchtig; kein Trunkenbold, nicht streitsüchtig (nicht schmutziger Habgier ergeben), sondern sanft, friedliebend, frei von Geiz; der seinem Hause gut vorstehe, der seine Kinder im Gehorsam erhalte mit allem Ernst: denn wer seinem eigenen Hause nicht vorzustehen weiß, wie kann er die Gemeinde Gottes regieren?†) Die Diakonen seien eines Weibes Männer, wohl vorstehend ihren Kindern und ihren Häusern."††)

---

*) Joh. 2, 2.
**) Hebr. 13, 4.
***) 1. Tim. 4, 3.
†) 1. Tim. 3, 1—5.
††) Tim. 1, 3. 12.

An **Titus** schreibt er: „Deswegen habe ich Dich in Kreta zurückgelassen, damit Du das, was noch fehlt, vollends in Ordnung brächtest und in jeder Stadt Priester (Aelteste) ansetzest, wie ich Dir aufgetragen habe; wenn nämlich Jemand unbescholtenen Rufes ist, **eines Weibes Mann**, der gläubige Kinder hat."*)

Diese Stellen, welche noch durch zahlreiche andere vermehrt werden könnten, sprechen so deutlich, daß es kaum begreiflich erscheint, wie die Päpste es wagen konnten, die Rechtmäßigkeit des Cölibats der Geistlichen aus der Bibel beweisen zu wollen. Sie würden auch mit diesem Gesetz nie durchgedrungen sein, wenn nicht schon seit früher Zeit in der christlichen Kirche die Idee von der Verdienstlichkeit des ehelosen Lebens gespukt hätte.

Wie diese dem Christenthum so durchaus fremde Ansicht von der Ehe in demselben allmälig Wurzel faßte, auseinander zu setzen, würde sehr weitläufig sein, und da ich hier mich darauf nicht einlassen kann, so will ich mich bemühen, den Gang der Sache in flüchtigen Umrissen zu skizziren.

Zur Zeit als Jesus auftrat, hatte der Glauben an die alten Götter eigentlich längst aufgehört. Der öffentliche Gottesdienst bestand in leeren Ceremonien und an die Stelle der Religion war die Philosophie getreten. Selbst das Volk nahm Theil an den philosophischen Streitigkeiten, wie heut zu Tage an den religiösen und hing theils diesen, theils jenen der unendlich vielen aufgestellten Systeme an.

Als nun das Christenthum entstand, und die Zahl der Anhänger desselben sich vermehrte, wurden auch die alten philosophischen Ansichten, deren man sich nicht so schnell entäußern konnte, in dasselbe mit hinüber genommen und man versuchte es, so gut es anging, dieselben mit den christlichen Lehren zu vereinigen.

Die reine Philosophie — Vernunftwissenschaft, Erkenntnißlehre

---

*) Tit. 1, 5—6.

— kann nie Schwärmerei erzeugen, welche eine entschiedene Feindin der Vernunft ist; werden ihr aber religiöse Bestandtheile beigemischt, so kann sie gar leicht nicht allein zur Schwärmerei, sondern selbst zum wüthendsten Fanatismus führen. Aber fast alle philosophischen Systeme jener Zeit hatten religiöse Bestandtheile in sich aufgenommen, theils griechischen, altorientalischen, egyptischen oder jüdischen Ursprungs und ihre Anhänger und Bekenner waren meistens Gnostiker, das heißt Geheimwisser oder Offenbarungskundige. In diese Systeme kam nun noch das christliche Element und das Resultat dieser Vereinigung waren oft sehr erhabene, aber noch häufiger höchst abgeschmackte Lehrbegriffe über Gott, Weltschöpfung, die Person Christi, den Ursprung des Uebels, das Wesen des Menschen u. s. w. Wir haben es hier nur mit ihren Ansichten über die Ehe zu thun.

Vorherrschend unter den Offenbarungs-Philosophen war die Ansicht, daß die Materie — das Körperliche — die Quelle alles Bösen, und daß die Welt nicht durch den höchsten Gott, sondern durch ein ihm untergeordnetes, unvollkommeneres Wesen, — Demiurg (Werkmeister) — geschaffen sei. Der Körper des Menschen stehe unter der Herrschaft der Materie und der bald mehr oder minder bösartig gedachten Demiurgos, und das Heil des menschlichen Geistes bestehe darin, daß es sich von den Fesseln der Materie und des Demiurgos losmache und zu dem höchsten Gott zurückkehre. Mit andern Worten heißt das: der Mensch soll ein rein geistiges Leben führen und alle vom Körper ausgehenden sinnlichen Regungen wie einen Feind bekämpfen.

Hieraus geht schon deutlich hervor, daß die Ansichten dieser Schwärmer der geschlechtlichen Vereinigung und der Ehe nicht günstig sein konnten. Ehe ich einige dieser Ansichten namhaft mache, muß ich noch von dem Briefe des Paulus an die Korinther reden, welcher auf diese „Philosophie" von bedeutendem Einfluß war.

Die Christen in Korinth konnten sich über ihre Meinung von der Ehe nicht einigen und baten den Apostel Paulus um Belehrung. Dieser erfüllte ihr Begehr, und was er ihnen antwortete, kann Jeder in der Bibel nachlesen. (1. Korinth. Kap. 7.) Aus diesem Schreiben geht hervor, daß es Paulus für besser hielt, **unverheirathet zu bleiben**; aber er erklärt ausdrücklich, daß er mit diesem Rathe den Christen keine Schlinge werfen wolle, und daß derjenige, der es für besser halte zu heirathen, damit durchaus keine Sünde begehe. (1. Korinth. 7, 32.)

Vergleichen wir die in diesem Briefe enthaltenen Rathschläge mit seinen an andern Stellen stehenden Aussprüchen über die Ehe, so möchte man mit dem römischen Statthalter Festus ausrufen: „Paule, dein vieles Wissen macht dich rasen!" Allein in dem Briefe selbst ist der Schlüssel zu seiner Handlungsweise enthalten: **„Ich wollte euch aber vor Sorgen bewahren."**

Die Christen erwartete damals eine stürmische Zeit der Verfolgungen und Trübsal, dann auch die baldige Wiederkehr Christi zum Weltgericht, und dieser Glaube hatte auf die Antwort des Paulus unverkennbaren Einfluß. Ein Unverheiratheter wird die Leiden des Lebens meistens leichter ertragen, als ein Familienvater; das wird Jeder fühlen, der eine Familie hat.

Dieser Brief des Paulus diente den Vertheidigern des **Cölibats der Geistlichen als Hauptstütze;** sie vergaßen dabei aber außer den besondern Umständen, unter denen er geschrieben wurde, **daß er an alle Christen zu Korinth und nicht allein an die Geistlichen geschrieben war;** und hätte man die in ihm in Bezug auf die Ehe enthaltenen Rathschläge allgemein als Befehl anerkennen wollen, so würde das Christenthum bald ein Ende gehabt haben, indem seine Anhänger ausgestorben wären. — Denn, wenn Paulus sagt: wer heirathet thut wohl; wer nicht heirathet thut besser, so sagt er doch auch: Es ist dem Menschen gut, daß er kein Weib berühre. Das hätten sich die

Geistlichen, welche das Cölibat vertheidigen, nur ebenfalls merken und als einen **Befehl** erachten sollen. Ehe ist besser als Hurerei und was Paulus **darüber** dachte, geht aus Folgendem hervor:

Durch die Rathschläge des Apostels, vielleicht auch dadurch verführt, daß die Frauen, welche Ehelosigkeit gelobten, von der christlichen Gemeinde erhalten und oft zu untergeordneten Kirchenämtern — zu Diakonissinnen — gewählt wurden, versprachen mehrere Wittwen in Korinth, sich nicht wieder zu verheirathen. Die jungen Weiber hatten sich jedoch zu viel Kraft zugetraut. Die Ehelosigkeit wurde ihnen höchst unbequem und viele von ihnen hätten gern wieder geheirathet, wenn sie es wegen ihres Gelübdes gedurft hätten. Aber der „**Fleischesteufel**" — um auch einmal diesen beliebten pfäffischen Ausdruck zu gebrauchen — kehrt sich an kein Gelübde und plagte die armen verliebten Weiberchen so sehr, daß sie es endlich machten, wie der oben erwähnte Mönch und ihm den Willen thaten, damit sie nur Ruhe gewannen. — Sie waren aber sehr schwer zu beruhigen, und ihr unzüchtiges Leben fing an, Aufsehen zu machen. Paulus fand sich dadurch veranlaßt, zu verordnen, daß diese Frauen, wenn sie Neigung dazu bekämen, trotz ihres Gelübdes lieber heirathen, als ein unzüchtiges Leben führen sollten, „damit nicht den Gegnern des Christenthums dadurch eine willkommene und gerechte Veranlassung gegeben werde, dasselbe zu verlästern."

Die Päpste handelten jedoch ganz anders wie der Apostel. Ihnen war es nur um Ausrottung der Ehe unter den Priestern zu thun und sie gestatteten sogar gegen eine Geldabgabe außereheliche, geistlich-fleischliche Ausschweifungen, unbekümmert um das Aergerniß, welches dadurch gegeben wurde; ja sie gingen selbst mit dem schändlichsten Beispiel voran!

Von ihnen gilt, was Paulus ahnungsvoll vorhersah: „Bestimmt aber sagt der Geist, daß in den letzten Zeiten einige vom

Glauben abfallen werden, achtend auf Irrgeister und Teufelslehren, die mit Scheinheiligkeit Lügen verbreiten, gebrandmarkt am eigenen Gewissen, die verbieten zu heirathen und gewisse Speisen zu genießen, welche Gott geschaffen, daß sie dankbar genossen werden von den Gläubigen und von denen, welche die Wahrheit erkannt."

Doch ich will wieder zu unsern Offenbarungsnarren zurückkehren und anführen, was einige Sekten derselben von der Ehe hielten.

Julius Cassianus, ein Hauptnarr, erklärte die Ehe für Unzucht und die ganze zahlreiche Sekte der Enkratiten floh die Berührung der Weiber überhaupt als eine Sünde. Zu ihnen gehörten die Abeloniten in der Gegend von Hippo in Afrika, die sich durchaus des geschlechtlichen Umgangs enthielten. Um aber die Vorschrift des Paulus (1. Korinth. 7, 29), daß diejenigen, die Weiber haben, seien als hätten sie keine," buchstäblich zu erfüllen, nahmen die Männer ein Mädchen und die Weiber einen Knaben zur beständigen Gesellschaft zu sich, um in Verbindung mit dem andern Geschlecht, aber doch außer der Ehe zu leben.

Ein gewisser Marzion, der von dem Heidenthum zum Christenthum übertrat, trieb es mit der Entsagung besonders weit und litt wahrscheinlich am Unterleibe, denn dafür sprechen seine hypochondrischen Lebensansichten. Seine Genossen redete er gewöhnlich an: Mitgehaßte und Mitleidende! — Dieser trübselige Narr erklärte jedes Vergnügen für eine Sünde; er verlangte, daß jeder von den schlechtesten Nahrungsmitteln leben sollte, und von der Ehe wollte er vollends nichts wissen, denn diese erschien ihm als eine privilegirte Unzucht. Er verlangte von seinen Anhängern, wenn sie verheirathet waren, daß sie sich von ihren Weibern trennten oder doch das Gelübde leisteten, sie nicht als ihre Weiber zu betrachten. — Diese Sekte be=

stand bis zur Mitte des vierten Jahrhunderts unter besondern Bischöfen.

Manche Lehren dieser philosophischen Christensekten führten zur Auflösung aller sittlichen Ordnung. Kapokrates, der wahrscheinlich zur Zeit des Kaisers Habrian in Alexandrien lebte, lehrte: daß die Befriedigung des Naturtriebes nie unerlaubt sein könne, und daß die Weiber von der Natur zum gemeinschaftlichen Genusse bestimmt wären. Wer sich der sittlichen Ordnung unterwerfe, der bleibe unter der Macht des Erdgeistes; sich aber allen Lüsten ohne Leidenschaft hingeben, heiße gegen ihn kämpfen und ihm Trotz bieten.

Ein anderer Schwärmer Namens Marzius führte geheimnißvolle Ceremonien ein und machte besonders die Weiber damit bekannt, wodurch bei ihnen alle Schamhaftigkeit vernichtet wurde.

Von den Anhängern des Kapokrates erzählt man, daß sie bei ihren Versammlungen die Lichter verlöschten und untereinander das thaten, wobei sich übrigens Niemand gern leuchten läßt. Die Abamiten trieben es ähnlich. Vor ihrem Tempel, den sie das Paradies nannten, war eine bedeckte Halle. Unter dieser entkleideten sie sich und marschirten dann nackt und paarweise in die Versammlung. Hier ergriff jedes Männlein ein Fräulein — — und das nannte man die mystische Vereinigung. Ganz so, wie bei unsern gut protestantischen Muckerversammlungen. Die Seelenbräute sind eine uralte Erfindung.

Andere Häretiker — so hieß die ganze Klasse dieser seltsamen Philosophen — gestatteten zwar die Ehe, verhinderten aber die Schwangerschaft, indem sie es machten wie Onan, der Erzvater der Onanie.

Montanus, der in der Mitte des zweiten Jahrhunderts in Phrygien lebte, sagte: daß Jesus und die Apostel der menschlichen Schwäche viel zu viel nachgesehen hätten. Er verachtete alles Irdische und legte auf die Ehelosigkeit sehr großen Werth.

Die Valesier, eine Secte des dritten Jahrhunderts, zwangen ihre Anhänger zur Kastration; ja sie trieben dieselbe so leidenschaftlich, daß sie gar häufig Fremde durch List in ihre Häuser lockten und diese unangenehme Operation mit ihnen vornahmen.

Die Lehren dieser Schwärmer, besonders über das Verdienst der Ehelosigkeit, fanden in der christlichen Kirche sehr großen Beifall, und besonders waren es die des Montanus, welche sowohl unter Geistlichen als Laien großen Anhang fanden. Wenn nun auch die römische Kirche schon frühzeitig jede kirchliche Gemeinschaft mit den Montanisten abbrach, so behielt sie doch ihre Lehre über die Fasten und das Verdienstliche der Ehelosigkeit.

Daß alles Irdische verachtet werden müßte, wurde bald der allgemeine unter den orthodoxen Christen geltende Grundsatz. Wie den Anhängern des Montanus war ihnen Jesus und seine Jünger viel zu milde und nachsichtig, und auf welche Abwege sie durch ihre ascetische Schwärmerei geriethen, haben wir im ersten Kapitel gesehen.

Je mächtiger der Geschlechtstrieb war und je mehr sinnliches Vergnügen seine Befriedigung gewährte, desto verdienstlicher erschien es, ihn zu bekämpfen, und diejenigen, denen es vollkommen gelang, standen im höchsten Ansehen und waren Gegenstand der allgemeinen Bewunderung.

Die Kirchenväter in den ersten Jahrhunderten waren meistens der Ansicht, daß die Seelen gefallener Geister zur Strafe in einen Körper gebannt wären, und daß die **sittliche Freiheit des Menschen** in der Fähigkeit bestände, sich durch Besiegung „**des Fleisches**" aus der niedern Ordnung empor zu schwingen. — Der Irrthum lag in der Uebertreibung; setzt man statt „Besiegung" und Abtödtung **Herrschaft**, so wird wohl jeder Vernünftige mit der Lehre einverstanden sein.

Die Ehe hielt man zwar nicht eigentlich für böse; allein man betrachtete sie als ein **nothwendiges Uebel** zur Fortpflanzung des Menschengeschlechtes und zur Verhinderung der Ausschweifungen, von dem man so wenig als nur möglich Gebrauch machen müsse; man würdigte das schönste Verhältniß zu einer bloßen Kinderbesorgungsanstalt herab.

Die Vorliebe für den ehelosen Stand wurde immer allgemeiner und stieg zum Fanatismus, so daß einer der ältesten Kirchenlehrer, Ignatius, sich zu der Erklärung gezwungen sah: daß es sündlich sei, sich der Ehe aus Haß zu entziehen.

Der Philosoph Justinus, welcher den Märtyrertod erduldete, hielt es für sehr verdienstlich, wenn man den Geschlechtstrieb ganz und gar unterdrücke, indem man sich dadurch dem Zustande der Auferstandenen annähere. Er verwarf daher auch die Ehe ganz und gar und verwies auf Christus, der nur deshalb von einer Jungfrau geboren sei, um zu zeigen, daß Gott auch Menschen hervorbringen könne ohne geschlechtliche Vermischung. Einen Jüngling, der sich selbst kastrirte, belobte er sehr.

Athenagoras und Andere, die nicht so strenge waren, gaben die Ehe nur wegen der Kindererzeugung zu. Clemens von Alexandrien vertheidigte zwar die Ehe und wies auf das Beispiel der Apostel hin; allein er gestand doch zu, daß derjenige vollkommener sei, welcher sich der Ehe enthalte.

Origenes, der sich selbst entmannte, sein Schüler Hierax und Methodius verdammten die Ehe, und ihre Lehren fanden unter den Mönchen Egyptens großen Beifall.

Einer der heftigsten Eiferer gegen die Ehe war Quintus Septimus Florens Tertullian, Priester zu Karthago. Er erklärte die Ehe zwar nicht für böse, aber doch für unrein, so daß sich der Mensch derselben schämen müsse. Die zweite Ehe nannte er geradezu Ehebruch. Auf die Frage, was aber aus dem Menschengeschlechte werden solle, wenn die Ehe aufhöre, antwortete er: „Es kümmere ihn wenig, ob das Menschengeschlecht ausstürbe; man müsse wünschen, daß die Kinder bald stürben, da das Ende der Welt bevorstände." — Und Tertullian war selbst verheirathet!

Die Lehren dieses sehr geachteten Kirchenvaters waren von sehr großem Einfluß. Die Geistlichen, welche diese Ansichten von der Verdienstlichkeit der Enthaltsamkeit verbreiteten und anpriesen, mußten natürlich mit dem Beispiel vorangehen, und sie hatten in jener Zeit auch noch die besten praktischen Gründe, sich der Ehe zu enthalten, da sie es ja hauptsächlich waren, welche den Verfolgungen zum Opfer fielen.

So kam es denn allmälig, daß die verheiratheten Kirchenlehrer in eine Art von Verachtung geriethen, und dieser Umstand war ein Beweggrund mehr für die Geistlichen, sich der Ehe zu enthalten. Fanatische Bischöfe mußten es bei den ihnen untergebenen Geistlichen mit Gewalt durchzusetzen, daß sie sich nicht verheiratheten, und das Volk sah immer mehr in dem ledigen Stand einen höhern Grad der Heiligkeit.

Diese Ansicht war schon im fünften Jahrhundert ziemlich allgemein, und diejenigen Geistlichen, welche nicht aus Ueberzeugung unverheirathet blieben, thaten es aus Scheinheiligkeit, und die verheirathet waren, mußten den Glauben zu erwecken, als lebten sie mit ihren Frauen wie mit Schwestern. Fälle von Selbstentmannung kamen sehr häufig vor; aber dessen ungeachtet war um diese Zeit die Ehelosigkeit der Geistlichen weder allgemein, noch wurde sie von der Kirche geboten.

Der erste Versuch hiezu geschah im vierten Jahrhundert auf der in Spanien von neunzehn Bischöfen abgehaltenen Synode zu Elvira (zwischen 305—309). Hier wurde es nicht allein verboten, Verheirathete als Priester anzustellen, sondern man untersagte auch denen, die bereits im Ehestand lebten, den geschlechtlichen Umgang mit ihren Weibern.

Andere Synoden folgten diesem Beispiel und da man nun sehr häufig den unverheiratheten Geistlichen den Vorzug gab, so bewog dies viele zum ehelosen Leben und der Scheinheiligkeit und Heuchelei waren Thür und Thor geöffnet.

Auf der ersten allgemeinen Kirchenversammlung zu Nicäa (325) stellte ein spanischer Bischof den Antrag, die Ehe der Priester allgemein zu untersagen; allein da erhob sich Paphnutius, Bischof von Ober-Thebais, ein achtzigjähriger, in der höchsten Achtung stehender, unverheiratheter Mann, und vertheidigte die Ehe mit solcher Wärme und so überzeugend, daß sich die Versammlung damit begnügte, den Geistlichen die Beischläferinnen zu verbieten. — Doch selbst die Erlaubniß, sich zu verheirathen, brachte den dazu geneigten Priestern wenig Nutzen, denn der Zeitgeist erklärte sich einmal gegen die Ehe.

Einen bedeutenden Einfluß auf diese Cölibatsschwärmerei hatte das Mönchswesen. Den fanatischen Mönchen war die Ehe und jede geschlechtliche Berührung ein Gräuel; ja sie gingen in ihrem verkehrten Eifer so weit, daß sie sogar die Frauen verfluchten, und behaupteten, daß man sie gleich einer ansteckenden Seuche oder gleich giftigen Schlangen fliehen müsse. Sie riefen sich, wenn sie einander begegneten, Sentenzen zu, welche sie immer daran erinnern sollten, daß das Weib zu verachten sei, wie z. B. „Das Weib ist die Thorheit, welche die vernünftigen Seelen zur Unzucht reizt," und dergleichen.

Was die allgemein auf das Höchste verehrten Mönche als verwerflich bezeichneten, erschien nun auch den Laien so, und wenn sich auch nicht Jeder zum Mönchsleben stark genug fühlte, so suchte man doch, selbst in der Welt lebend, so viel als möglich Ansprüche auf ascetische Heiligkeit zu erwerben.

Dies Streben nach Heiligkeit erzeugte heldenmüthige Entschlüsse, die zwar subjektiv immer zu bewundern sind, aber doch mit Bedauern darüber erfüllen, daß so viel moralisches Pulver ins Blaue hinein verschossen wurde.

Jünglinge und Jungfrauen schwärmten für die Keuschheit.

Pelagius, später Bischof von Laodicea, bewog noch im Brautbett seine Braut zu einem enthaltsamen Leben; Andere wurden in derselben kritischen Lage von ihren Bräuten dazu beredet. Einige Beispiele habe ich schon früher angeführt.

Einzelne Sekten, wie die **Eustathianer** und **Armenier**, erklärten jetzt geradezu, daß kein Verheiratheter selig werden könne und wollten von verehelichten Priestern weder das Abendmahl annehmen, noch sonst mit ihnen irgend eine Gemeinschaft haben. Da sie aber auch das Fleischessen für sündlich erklärten und behaupteten, daß die Reichen, wenn sie nicht ihrem ganzen Vermögen entsagten, nicht selig werden könnten, so wurden ihre Lehren auf einem Konzil als irrthümlich verdammt.

Das weitere Umsichgreifen des Mönchswesens erzeugte ein immer allgemeineres Vorurtheil gegen die Ehe, und die verheiratheten Priester bekamen einen immer schwierigern Stand.

Viele der Kirchenväter, deren Schriften allgemeine Verbreitung fanden, waren mit ascetischen Ansichten aufgewachsen und eiferten heftig gegen die Ehe. Dies thaten Eusebius und Zeno, Bischof von Verona, derselbe, der erklärte, **daß es der größte Ruhm der christlichen Tugend sei, die Natur mit Füßen zu treten.**

Ambrosius, römischer Statthalter der Provinz Ligurien und Aemilien, trat zum Christenthum über und wurde acht Tage nach seiner Taufe zum Bischof von Mailand gemacht. Er kannte kaum die christlichen Lehren, und da er nicht hoffen konnte, sich durch Gelehrsamkeit auszuzeichnen, so versuchte er es durch ein ascetisches Leben. — Da es bis dahin noch für Ketzerei galt, die Ehe zu verdammen — die Apostel waren ja verheirathet gewesen, — so gestand er ihr immer noch einiges Gute zu; aber er konnte in den Anpreisungen des ehelosen Lebens kein Ende finden und hatte es besonders darauf abgesehen, den Jungfrauen ihre Jungfrauschaft zu erhalten. Maria stellte er ihnen beständig als Muster auf und erzählte die seltsamsten Wunder, die stattgefunden haben sollen, um die Jungfrauschaft dieses oder jenes Mädchens zu retten. Ja, er ging so weit, die Kinder zum Ungehorsam gegen die Eltern zu verführen, indem er in einem Aufrufe an die Jungfrauen sagte: „Ueberwinde erst die Ehrfurcht gegen deine Eltern! Wenn du dein Haus überwindest, so überwindest du auch die Welt."

Er erzeugte in Mailand durch seine Predigten einen solchen Keuschheitsfanatismus unter den Mädchen, daß die jungen Männer in Verzweiflung geriethen, und vernünftige Eltern ihren Töchtern verbieten mußten, seine Predigten zu besuchen. Sein Ruf war so weit verbreitet, daß man ihm aus Afrika Jungfrauen zusandte, damit er sie zur Keuschheit verführe.

Augustin, der nach einem wilden Leben zum Christenthum übertrat und endlich auch Bischof von Hippo wurde, verdammte zwar die Ehe ebenfalls nicht geradezu, trug aber durch seine Schriften sehr viel zur Cölibatsschwärmerei bei. Er lehrte, daß der unverheirathete Sohn und die unverheirathete Tochter weit besser seien, als die verehelichten Eltern und sagte: „Die ehelose Tochter wird im Himmel eine weit höhere Stufe einnehmen, als ihre verehelichte Mutter: ihr Verhältniß wird zu einander sein, wie das eines leuchtenden und eines finstern Sterns."

Die Ehe zwischen Joseph und Maria stellte er als Muster einer Ehe auf, denn sie lebten im ehelichen Verhältniß, hatten sich aber gegenseitig Enthaltsamkeit gelobt. Früher sei die Ehe nothwendig gewesen, um das Volk Gottes fortzupflanzen, jetzt aber, da das Christenthum bereits verbreitet sei, müsse man auch diejenigen, welche sich Kinder zeugen wollten, zur Enthaltsamkeit ermahnen. Man müsse wünschen, daß Alles ehelos bleibe, damit die Stadt Gottes eher voll und das Ende der Welt beschleunigt würde. — Uebrigens forderte Augustin von den Geistlichen nicht durchaus Ehelosigkeit.

Von dem allergrößten Einfluß auf das Cölibat und auf das Mönchsleben war der uns schon bekannte **Hieronymus**. Er hatte selbst aus Erfahrung die Macht des Geschlechtstriebes kennen gelernt und schildert seine Kämpfe so lebhaft, daß es Grauen erregt.

„Ich, schrieb er an Eustochium, der ich mich aus Furcht vor der Hölle zu solchem Gefängniß verdammte, der ich mich nur in der Gesellschaft von Scorpionen und wilden Thieren befand, befand mich doch oft in den Chören von Mädchen. Das Gesicht war blaß von Fasten, und doch glühte der Geist von Begierden im kalten Körper und in dem vor dem Menschen schon erstorbenen Fleische loderte das Feuer der Wollust. Von aller Hülfe entblößt, warf ich mich zu den Füßen Jesu, benetzte sie mit meinen Thränen, trocknete sie mit meinen Haaren und das widerspenstige Fleisch unterjochte ich durch wochenlanges Hungern."

Besonders eifrig bemüht war auch Hieronymus, die Frauen für das enthaltsame Leben zu gewinnen. Dies gelang ihm vortrefflich, denn durch seinen Umgang mit den vornehmen Römerinnen hatte er sich eine sehr genaue Kenntniß des weiblichen Herzens und seiner schwachen Seiten erworben.

Eine Stelle in seinen Briefen zeigt dies schon deutlich und beweist, daß die Weiber vor tausend Jahren nicht anders waren, als sie es heut zu Tage sind. Er schreibt nämlich an ein junges Mädchen, welchem der Aufenthalt im Hause der Mutter zu enge wird:

„Was willst du, ein Mädchen von gesundem Körper, zart, wohlbeleibt, rothwangig, vom Genusse des Fleisches und Weins und vom Gebrauch der Bäder aufgeregt, bei Ehemännern und Jünglingen machen? Thust du auch das nicht, was man von dir verlangt, so ist es doch schon ein schimpfliches Zeugniß für dich, wenn solche Dinge von dir verlangt werden. Ein wollüstiges Gemüth verfolgt unanständige Dinge desto brennender, und von dem, was nicht erlaubt ist, macht man sich desto lockendere Vorstellungen.

„Selbst dein schlechtes und braunes Kleid gibt ein Kennzeichen deiner verborgenen Gemüthsart ab, wenn es keine Falten hat, wenn es auf der Erde fortgeschleppt wird, damit du größer zu sein scheinst; wenn es mit Fleiß irgendwo aufgetrennt ist, damit zugleich das Garstige bedeckt werde und das Schöne in die Augen falle. Auch ziehen deine schwärzlichen und glänzenden Hosen, wenn du gehst, durch ihr Rauschen die Jünglinge an sich.

„Deine Brüste werden durch Binden zusammengepreßt, und der verengte Busen wird durch die Gürtel in die Höhe getrieben. Die Haare senken sich sanft entweder auf die Stirne oder auf die Ohren herab. Das Mäntelchen fällt zuweilen nieder, um die weißen Schultern zu entblößen, und dann bedeckt sie wieder eilends, als wenn es nicht gesehen werden sollte, dasjenige, was sie mit Willen aufgedeckt hatte."

Um die Mädchen zu verführen, Jesum zum Bräutigam zu erwählen, gebrauchte er oft sehr seltsame Mittel, indem er dieses zarte Verhältniß höchst üppig und unzart schilderte. So schreibt er zum Beispiel an Eustochium: „Es ist der menschlichen Seele schwer, gar nichts zu lieben; etwas muß geliebt werden. Die fleischliche Liebe wird durch die geistliche überwunden. Seufze daher und sprich in deinem Bette: des Nachts suche ich denjenigen, den meine Seele liebt. Dein Bräutigam muß in deinem Schlafgemach nur mit dir scherzen. Bitte, sprich zu deinem Bräutigam und er wird mit dir sprechen. Und hat dich der Schlaf überfallen, so wird er durch die Wand kommen, seine Hand durch das Loch stecken und deinen Bauch berühren."

Die keusche Ehelosigkeit erschien Hieronymus als das Höchste und von der Ehe weiß er nur das zu rühmen, — daß aus ihr Mönche und Nonnen erzeugt würden!

In sehr heftigen Streit gerieth er mit Jovian, welcher die Ehe vertheidigte. Er bekämpfte die Lehren desselben mit großer Gewandtheit, wenn uns auch die beigebrachten Argumente sehr häufig ein Lächeln ablocken.

In einer seiner Streitschriften führt er den Jovian redend ein. Er läßt ihn fragen, wozu Gott die Zeugungsglieder geschaffen und warum er die Sehnsucht nach Vereinigung in den Menschen gelegt habe? — Darauf antwortete Hieronymus, daß diese Körpertheile geschaffen wären, um den Flüssigkeiten, mit denen die Gefäße des Körpers bewässert sind, Abgang zu verschaffen!

„Auf das aber, fährt er fort, daß die Geschlechtsorgane selbst, der Bau der Zeugungstheile, die Verschiedenheit zwischen Mann und Weib, und die Gebärmutter, welche geeignet ist zur Empfängniß und Ernährung der Frucht, einen Geschlechtsunterschied zeigen, will ich in Kürze antworten.

Wir sollen wohl deßhalb nie aufhören der Wollust zu fröhnen, damit wir nie vergebens diese Glieder mit uns herumtragen? Warum soll wohl da die Wittwe chelos bleiben, wenn wir blos dazu geboren sind, nach Weise des Viehs zu leben? Was brächte es mir denn für Schaden, wenn ein Anderer meine Frau beschläft? — Was will da der Apostel, daß er zur Keuschheit auffordert, wenn sie gegen die Natur ist? Gewiß verdient es der Apostel, der uns zu seiner Keuschheit auffordert, zu hören: warum trägst du dein Schamglied mit dir herum? Warum unterscheidest du dich von dem Geschlecht der Weiber durch Bart, Haare und durch andere Beschaffenheit der Glieder? u. s. w. Laßt uns Christum nachahmen, der sich der Zeugungsglieder nicht bediente und sie doch hatte."

Die Art und Weise, wie der heilige Hieronymus die Ehe

bekämpfte, fand indessen wenig Beifall, wenn auch sehr viele mit ihm in der Hauptsache übereinstimmten, und er sah sich genöthigt, sich zu vertheidigen.

„In Streitschriften," sagte er, „habe man mehr Freiheit, als im Lehrvortrag, und könne sich in ihnen selbst einer Art von Verstellung bedienen, um seinen Feind desto besser zu Boden zu stürzen."

So schreibt er gegen einen Mönch, der ihn in Verdacht bringen wollte, daß er die Ehe überhaupt verdamme, ganz in der alten Art, und schließt: „Weg mit dem Epikur, weg mit dem Aristippus! Sind die Sauhirten nicht mehr da, dann wird auch die trächtige Sau nicht mehr grunzen. Will er nicht gegen mich schreiben, so vernehme er mein Geschrei über so viele Länder, Meere und Völker hinweg: Ich verdamme nicht das Heirathen! Ich verdamme nicht das Heirathen! Ich will, daß Jeder, welcher etwa wegen nächtlicher Besorgnisse nicht allein liegen kann, sich ein Weib nehme."

Im ersten Kapitel habe ich angegeben, wie sich die Republik der christlichen Gemeinde allmälig in eine Despotie verwandelte. Diese Veränderung, in Verbindung mit dem mächtigen Einfluß des Mönchswesens, wirkte für die Priesterehe sehr nachtheilig. Ihre Gegner traten immer entschiedener auf, und von der öffentlichen Meinung unterstützt, folgten immer mehr Familien dem Beispiele der von Elvira.

Ein allgemeines Verbot der Priesterehe war indessen bis zum Ende des vierten Jahrhunderts noch nicht gegeben worden; aber dessen ungeachtet verdankte sie ihr Fortbestehen weniger der Anerkennung ihrer Rechtmäßigkeit, als vielmehr einer theils auf besonderen Ansichten, theils auf dem Gefühl der Unausführbarkeit der strengen Grundsätze begründeten Nachsicht von Seiten der Bischöfe, während fortdauernd das Bestreben dahin gerichtet war, ihr völlig ein Ende zu machen.

Einen sehr bedeutenden Antheil an der Unterdrückung der

Priesterehen von Seiten der Machthaber der Kirche hatten der Geiz und die Geldgier derselben. War es den Priestern erlaubt, zu heirathen, so fiel auch ihr Nachlaß an ihre rechtmäßigen Kinder, und Alles, was mit List und Betrug zusammengescharrt war, ging der Kirche verloren.

Da ich keine Geschichte der Kämpfe um die Priesterehe schreiben, sondern mehr das Verderbliche des Cölibats zeigen will, und auch dargethan habe, wie die Idee von der Verdienstlichkeit der Ehelosigkeit unter den Christen Eingang gewann, so kann ich mich in Bezug auf den ersten Punkt um so kürzer fassen, als ich im Verfolg des zweiten noch genöthigt sein werde, auf jene Kämpfe zurückzukommen.

Die griechische Kirche hatte die Ueberzeugung gewonnen, daß ein so unnatürliches Gesetz, wie das Cölibat ohne die größten Nachtheile nicht durchzuführen sei, und auf einer unter Justinian II. im kaiserlichen Palast Trullus gehaltenen Synode (692) wurde beschlossen, daß die Geistlichen nach wie vor heirathen und mit ihren Weibern leben könnten. Dieser vernünftige Beschluß behielt in der griechischen Kirche bis auf den heutigen Tag seine Geltung.

Die trullische Synode begnügte sich aber nicht allein damit, die Priesterehe stillschweigend zu gestatten, wie es die von Nicäa that, denn dies würde am Ende wenig geholfen haben, sondern sie verordnete: daß ein Jeder, der es wagte, den Priestern und Diakonen nach ihrer Ordination die eheliche Gemeinschaft mit ihren Weibern zu untersagen, abgesetzt werden solle. Ferner daß diejenigen, welche ordinirt werden und unter dem Vorwande der Frömmigkeit nun ihre Weiber fortschicken, excommunizirt werden sollten.

Die Päpste Konstantin und Hadrian I. waren vernünftig genug, die Beschlüsse der trullischen Synode zu billigen, und Papst Hadrian II. (867—871) war selbst verheirathet. Noch am Anfang des elften Jahrhunderts kann man es als Regel annehmen, daß überall der bessere Theil der Geistlichen in einer rechtmäßigen Ehe, oder doch wenigstens in einem Verhältniß lebte, welches der Ehe gleich geachtet wurde.

Die Päpste Viktor II., Stephan IX. und Nikolaus II. setzten jedoch die Versuche fort, die Priesterehe abzuschaffen; aber der Hauptfeind derselben war Gregor VII.; er verbot sie geradezu und zwang die schon verheiratheten Priester, ihre Weiber zu verlassen.

Der Kampf der Geistlichen um ihre Rechte als Menschen dauerte zwei Jahrhunderte. Endlich unterlagen sie; aber dieser Sieg brachte der römischen Kirche keinen Segen. Die traurigen Folgen des Cölibats riefen, wie ich schon im Eingange bemerkte, die Reformation hervor. Aber selbst diese vermochte es nicht, den Starrsinn der Päpste zu brechen. Die Fürsten drangen bei der Trientiner Kirchenversammlung auf Abschaffung des Cölibats, welches als die Wurzel alles Uebels betrachtet wurde; aber vergebens; das Cölibat wurde von diesem Konzil bestätigt, und seine Beschlüsse gelten noch bis heute.

Das Vorurtheil von der Verdienstlichkeit der Selbstquälerei, und der Vorzug, welchen fanatische Bischöfe den unbeweibten Geistlichen gaben, bewogen viele von diesen zum chelosen Leben, wenn auch ihre Neigungen damit durchaus nicht übereinstimmten. Sie wußten es indessen schon anzustellen, daß sie den Schein der Heiligkeit bewahrten, dabei aber doch dem brüllenden Fleischesteufel im Geheimen opferten. Sehr günstig war dafür die seltsame Sitte, daß unverheirathete Geistliche, oder auch Laien, Jungfrauen zu sich ins Haus nahmen, welche gleichfalls Keuschheit gelobt hatten. — Diese Jungfrauen nannte man Agapetinnen oder Liebesschwestern. Mit diesen lebten die Geistlichen „in geistiger Vertraulichkeit und platonischer Liebe." Sie waren fortwährend mit ihnen beisammen und schliefen sogar meistens mit ihnen in einem Bette, behaupteten aber, daß sie — eben nur mit einander schliefen.

Dies zu glauben, — nun dazu gehört eben Glauben. Von einigen weiß man mit Bestimmtheit, daß sie mitten in den Flammen der Wollust unverletzt blieben. Der heilige Abhelm, zum Beispiel, legte sich zu einem schönen Mädchen, die sich alle Mühe gab, das geistliche Fleisch rebellisch zu machen. Der Heilige benahm sich aber wie die drei Männer im feurigen Ofen, und bannte den Unzuchts-teufel durch fortwährendes Psalmsingen.

Ich kannte einen zwanzigjährigen Dragonerfähnrich, dem dies Kunststück ohne Psalmensingen gelang. Wahrscheinlich ging es ihm und St. Abhelm wie jenem Abt in Baden, von dem uns Hämmerlin, Kanonikus zu Zürich und Probst zu Solothurn (starb 1460), erzählt, der sich zur Gesellschaft zwei hübsche Dirnen holen ließ, und als sie nun da waren, höchst ärgerlich ausrief: „Die verfluchten Versuchungen, gerade jetzt bleiben sie aus!"

Das faule Leben, welches die Pfaffen führten, und die ascetischen Uebungen, welche sie mit sich vornahmen, waren der Keuschheit nichts weniger als günstig. Von den geachtetsten und würdigsten Kirchenlehrern aus den ersten Jahrhunderten, denen es mit Besiegung des Geschlechtstriebes vollkommen ernst war, wissen wir, wie viel ihnen derselbe zu schaffen machte, und welche Kämpfe sie zu bestehen hatten.

Basilius hatte sich in eine reizende Einöde zurückgezogen; aber er gestand, daß er wohl dem Getümmel der Welt, aber nicht sich selbst entgehen könne. „Was ich nun in dieser Einsamkeit Tag und Nacht thue," schreibt er an einen Freund, „schäme ich mich fast zu sagen; — — indem ich die inwohnenden Leidenschaften mit mir herumtrage, bin ich überall gleicherweise im Gedränge. Deshalb bin ich durch diese Einsamkeit im Ganzen nicht viel gefördert worden."

Gregor von Nazianz behandelte seinen Körper auf die härteste Weise, aber dessen ungeachtet klagt er über die unaufhörlichen Neigungen zur Wollust, über die Anfälle des Teufels und seine eigene Schwäche. Er droht seinem rebellischen Fleisch, es durch Schmerzen aller Art so zu entkräften, daß es ohnmächtiger als ein Leichnam werden solle, wenn es nicht aufhören würde, seine Seele zu beunruhigen. Aber gerade seine Kasteiungen machten ihn so entzündbar, daß er einst, als ein Verwandter mit einigen Frauen in die Nähe seiner Wohnung zog, aus dieser flüchtete, um nur seine Keuschheit zu retten!

Aehnliche Beispiele haben wir schon im zweiten Kapitel kennen gelernt. Alle diese heiligen Männer sind entzündbar wie Streichhölzchen und gleichen jenem würdigen Priester aus dem Gebiete von Nursia, welcher gewissenhaft und standhaft genug war, seine Frau nach seiner Ordination zu fliehen. Als er hochbetagt war, erkrankte er an einem Fieber und war im Begriff, sein Leben zu enden, als seine Frau sich liebevoll über ihn beugte, um zu lauschen, ob er noch athme. Da raffte der Sterbende seine letzten Lebenskräfte zusammen und rief: „Fort, fort, liebes Weib, thu' das Stroh hinweg, noch lebt das Feuer!"

Climakus wußte ebenfalls aus Erfahrung, daß der „Fleischesteufel" der am härtesten zu besiegende ist. Er sagte: „Wer sein Fleisch überwunden hat, hat die Natur überwunden, ist über die Natur, ist ein Engel. — Ich kann mit David sagen, daß ich in mir den Gottlosen wahrgenommen, der durch seine Wuth meine Seele ängstigte, — durch Fasten und Abtödtung verlor er seine Hitze, und da ich ihn wieder suchte, fand ich kein Merkmal seiner Gewalt mehr in mir." Warum er ihn aber wieder suchte, das hat der fromme Mann vergessen anzugeben.

Der heilige Bernhard war ebenfalls ehrlich genug, die Macht dieses „Gottlosen" anzuerkennen: „Diesen Feind können wir weder fliehen, noch in die Flucht schlagen, wenn gleich Hieronymus die Flucht vor dem Weibe anräth, als der Pforte des Teufels, der Straße des Lasters,

— der Mann ist eine Stoppel, nähert er sich, so brennt er."

Was manche Heilige für wunderliche Dinge vornahmen, um die verzehrende Liebesgluth zu ersticken, haben wir schon früher gesehen. Der heilige Abt Wilhelm legte sich auf ein Bette von — glühenden Kohlen und lud seine Verführerin ein, sich zu ihm zu legen! Ja, dieser Heilige ließ das Grab seiner verstorbenen Geliebten öffnen, weil er das Andenken an sie nicht ausrotten konnte, und nahm ihren faulenden Körper mit in seine Zelle, um ihn sich als Stärkungsmittel unter die Nase zu halten, wenn ihn der Fleischesteufel kitzelte.

Solche Kämpfe hatten also sogar Heilige zu bestehen und gestanden ihre Schwachheit ein; aber wie wenige Heilige gibt es unter den Geistlichen! Die meisten gleichen wohl dem heiligen Augustin, Bischof von Hippo, der bekannte, daß er einst Gott gebeten habe: „er möge ihm die Gabe der Keuschheit verleihen, aber nicht sogleich, indem er wolle, daß seine wollüstigen Triebe erst gesättigt werden möchten." Dann ist die Keuschheit freilich leicht!

So stark nun auch der Glauben in der ersten Zeit des Christenthums war, so hieß es ihm doch etwas zu viel zumuthen, nichts Böses zu denken, wenn ein junger Mann und ein junges Weib in Einem Bette schliefen, und viele vernünftige Kirchenlehrer trachteten darnach, dies anstößige und verdächtige Zusammenleben zu bekämpfen.

Dies that unter Andern schon der heilige Chrysostomus. Er schrieb: „Ich preise glücklich diejenigen, welche mit Jungfrauen zusammen wohnen und keinen Schaden nehmen, und wünschte selbst, daß ich solche Stärke hätte; auch will ich glauben, daß es möglich sei, solche zu finden. Aber ich wünsche auch, daß die, welche mich tadeln, mich überzeugen könnten, daß ein junger Mann, welcher mit einer Jungfrau zusammen wohnt, sich an ihrer Seite befindet, mit ihr an einem Tische speist, sich mit ihr den ganzen Tag unterhält, mit ihr, um ein anderes zu verschweigen, lächelt, scherzt, schmeichelnde und liebkosende Worte wechselt, von Begierde fern gehalten werden könne. — — Ich habe vernommen, daß Viele zu Steinen und zu Statuen Neigung empfunden haben. Vermag aber so viel ein Kunstwerk, was muß da erst vermögen ein zarter lebender Körper?"

Jedenfalls mußte solches Zusammenleben den Weltkindern Stoff zum Spott und zur Verdächtigung geben, und wenn man einen Pfaffen angreifen wollte, so griff man ihn immer zuerst bei seiner Liebesschwester an. Viele Jungfrauen bestanden zwar auf Untersuchung ihrer Jungfrauschaft durch Hebammen; aber der heilige Cyprian meint mit Recht: „Augen und Hände der Hebammen können auch getäuscht werden."

Am sichersten war es freilich, wenn der Geistliche den Beweis seiner Unschuld führen konnte, wie der Patriarch Acacius, der von der Kirchenversammlung zu Seleucia (469) der Unzucht beschuldigt wurde. Er hob seine Kutte auf und bewies den ehrwürdigen Vätern durch den Augenschein, daß Unzucht bei ihm ein Ding der Unmöglichkeit sei.

Schon Tertullian spricht von der oftmals vorkommenden Schwangerschaft solcher „Jungfrauen" und von den verbrecherischen Mitteln, welche sie anwendeten, dieselbe zu verheimlichen; denn damals konnten sie sich noch nicht damit entschuldigen, daß sie einen Papst gebären würden, wie es später oftmals vorkam, als die Lehre geltend gemacht wurde, daß der Vater der Päpste der — heilige Geist sei!

Die Synode von Elvira fand es auch schon für nöthig, ihr Augenmerk auf die platonischen Bündnisse zu richten, und verordnete, daß Bischöfe und Geistliche nur Schwestern oder Töchter (aus früherer Ehe erzeugte) bei sich haben sollten, welche das Gelübde der Keuschheit geleistet hatten. Aber in den Verordnungen des

Erzbischofs Egbert von York (um 750) finden wir Strafen festgesetzt für Bischöfe und Diakonen, welche mit **Mutter, Schwester** u. s. w., ja mit **vierfüßigen Thieren** Unzucht treiben! Ein Beweis, daß solche Vergehungen vorkamen.

Später suchte man dem Uebel dadurch zu steuern, daß man das Alter, welches die Liebesschwestern haben mußten, sehr hoch ansetzte. Schon **Theodosius** II. sah sich genöthigt, zu bestimmen, daß die im Dienste der Kirche stehenden Diakonissinnen über **sechszig Jahre** alt sein mußten, da es vorgekommen war, daß ein Diakon eine vornehme Frau in einer Kirche von Konstantinopel geschändet hatte. Dieses Alter schützte jedoch nicht gegen die Unzucht, und ein ungenannter Bischof, der dagegen eiferte, kannte die geile Natur der **Pfaffenspatzen** — so nannte man später die Franziskaner zum Unterschied von den Dominikanern, die **Schwalben** hießen — indem er schrieb: „Auch nicht ein altes noch häßliches Frauenzimmer sollen die Geistlichen in ihr Haus nehmen, weil man da, wo man vor Verdacht sicher ist, am schnellsten sündige; auch die Lust sich nicht an das Häßliche kehre, indem der Teufel ihr das hübsch mache, was abscheulich ist."

Den Beweis, wie früh sich schon die verderblichen Folgen des Vorurtheils gegen die Priesterehe zeigten, liefern die Beschlüsse der ersten Konzilien. Das zu Elvira sah sich schon genöthigt, Strafen festzusetzen gegen unzüchtige Geistliche. „Wenn ein im Amte befindlicher Bischof, Priester oder Diakon," heißt einer ihrer Beschlüsse, „erfunden worden ist, daß er Unzucht getrieben habe, so soll er auch am Ende seines Lebens nicht zur Kommunion gelassen werden."

Das Konzil zu Neu-Cäsarea bestimmte, daß ein solcher Geistlicher abgesetzt werde und Buße thun solle. Ja, diese Beschlüsse redeten auch schon von **Knabenschändungen** und **Sodomiterei mit Thieren.**

Doch was nützen alle strengen Strafbestimmungen, wenn sie

gegen eine Sache gerichtet sind, welche der Natur durchaus entgegen ist; sie können höchstens bewirken, daß sich die mit der Strafe Bedrohten mehr Mühe geben, ihre Handlungen zu verheimlichen; und schon die hier genannten Kirchenversammlungen reden von Frauen der Geistlichen, die ihre im Ehebruch erzeugten Kinder umbrachten.

Gar viele Geistliche, die sich nach ihrer Ordination nicht von ihren Frauen trennen wollten, gelobten sich ihrer zu enthalten; aber der heilige **Bernhard** sagt: „**Eine Frau haben und mit dieser nicht sündigen, ist mehr als Todte erwecken.**" — Wie oft wurde nicht dieses Gelübde gebrochen, und wie oft wurde es nicht eben mit dieser Absicht geleistet! War ein Geistlicher gewissenhaft, so hatte er den größten Schaden davon, denn die mit der Enthaltsamkeit ihres Mannes unzufriedene Frau suchte sich einen Stellvertreter, und zeigten sich Folgen dieses Umganges, dann kam der unschuldige Mann in Verdacht, sein Gelübde gebrochen zu haben.

Daß die Frauen der Geistlichen sich gar häufig auf solche Weise und manchmal selbst mit der Erlaubniß oder mit Wissen ihrer Männer entschädigten, beweisen abermals die Bestimmungen des schon oft genannten Konzils von Elvira. Eine derselben lautet: „Wenn die Frau eines Geistlichen hurt und ihr Mann dies weiß und sie nicht sogleich verstößt, so soll er auch nicht am Ende des Lebens die Kommunion empfangen."

Doch nicht allein die Ehe der Geistlichen, ja sogar die der Laien wurde von der Kirche auf das Sorgfältigste überwacht. Ich finde augenblicklich dafür keinen früheren Beweis, als in dem Buch von den Kirchenstrafen, welches Regino, Abt von Prüm, im Jahr 909 auf Befehl des Erzbischofs **Rathbod von Trier** schrieb. Dort heißt es: „Der Verehelichte, der sich 40 Tage vor Ostern und Pfingsten oder Weihnachten, an jeder Sonntagsnacht, am Mittwoche und Freitage; von der sichtbaren Empfängniß bis zur Geburt des Kindes von der Frau nicht enthält, muß, wenn ein Sohn geboren wird, 30 Tage, wenn eine Tochter geboren wird, 40 Tage Buße thun. Wer in der Quadragesima (der vierzigtägigen Fastenzeit) vor Ostern seiner Frau beiwohnt, muß ein Jahr Buße thun oder 16 Solidos an die Kirche bezahlen oder unter die Armen vertheilen. Thut er es in der Besoffenheit und zufällig, so darf er nur 40 Tage Buße thun. — Jeder muß sich vor Empfang des Abendmahls der Frau sieben, fünf oder drei Tage enthalten.

Die Kirche verdankt das große Licht St. Iso in St. Gallen nur dem Umstande, daß er von seinen vornehmen Eltern — in der Osternacht gezeugt wurde, welche darüber Gewissensskrupel hatten und ihn der Kirche widmeten.

Schon früher bemerkte ich, daß der Eigennutz der Bischöfe großen Antheil an der Verdammung der Priesterehe hatte. Bekam ein verheiratheter Priester keine Kinder, — nun dann sah man durch die Finger. Die Folge davon war, daß sie die Schwangerschaft ihrer Weiber entweder verhinderten, wie Onan, oder daß sie zu gefährlichen Mitteln ihre Zuflucht nahmen.

Ein südamerikanischer Indianerstamm soll ein ganz unschädliches Mittel besitzen, die Empfängniß der Weiber zu verhindern, was oft von solchen Frauen angewendet wird, die nicht gleich eine Familie haben wollen. Mich wundert, daß noch Niemand dasselbe aufgefunden und nach Europa gebracht hat; er könnte sich große Verdienste um die römische Kirche und sonst erwerben.

Den Beweis dafür, wie es der Kirche ganz hauptsächlich darauf ankam, daß die Geistlichen keine Kinder bekommen, die sie beerben konnten, liefert ein Konzilium, welches Erzbischof Johann von Tours im Jahre 1278 in London hielt.

Dort heißt es in einer der Verordnungen: „Da die Fleischeslust den Klerikalstand vielfältig entehrt, besonders wenn es zum Kinderzeugen kommt, so verordnen wir, daß die Kleriker, besonders die in den heiligen Weihen sich befindlichen, sich nicht unterstehen, ihren im geistlichen Stande erzeugten Söhnen und ihren Konkubinen etwas testamentarisch zu vermachen. Solche Vermächtnisse sollen der Kirche des Testators zufallen."

Das Leben der Geistlichen in den ersten Jahrhunderten lernen wir sehr genau aus den Schriften der Kirchenväter kennen, welche sich bemühten, die unter denselben herrschende Verderbniß zu bekämpfen. Es erscheint oft unglaublich, daß die Religion, die Jesus lehrte, zu so abscheulichen Lastern führen konnte, wie sie uns in diesen Schriften berichtet werden. Daß die Geistlichen sich für das Verbot der Ehe auf andere Weise zu entschädigen suchten, nun das ist menschlich und an und für sich zu entschuldigen. Bei solchen Vergehungen muß man nicht sowohl den schwachen Menschen, als vielmehr das naturwidrige Verbot verdammen, welches zur Verletzung der Sittengesetze zwingt; aber anders ist es mit den von den Bischöfen begangenen Schändlichkeiten und Verbrechen, die in dem Geiz, der Herrschsucht und andern bösen Leidenschaften ihre Ursache haben.

Basilius schreibt an Eusebius, Bischof von Samosata: „Nur an die allernichtswürdigsten Menschen ist jetzt die bischöfliche Würde gekommen"; in einem Briefe, welchen er und zweiunddreißig andere Bischöfe an sämmtliche Bischöfe Galliens und Italiens richten, wird der schmachvolle Zustand der Kirche mit großer Wehmuth geschildert: „Die Schlechtigkeit der Bischöfe und Kirchenvorsteher," heißt es darin, „sei so groß, daß die Bewohner vieler Städte keine Kirchen mehr besuchen, sondern mit Weib und Kind außerhalb der Mauern der Städte unter freiem Himmel für sich Gebete verrichteten."

Gregor von Nazianz, Chrysostomus, Cyrill von Jerusalem u. s. w. können nicht grell genug die Sittenverderbniß der Geistlichen schildern. Diese hatten es damit so weit gebracht, daß man die Unzucht als förmlich zum Pfaffen gehörig betrachtete und nicht mehr für ein Verbrechen hielt. — Die afrikanischen Synoden sahen sich gezwungen, zu verordnen, daß kein Geistlicher allein zu einer Jungfrau oder Wittwe gehen solle!

Am lebhaftesten schildert die Geistlichen und den Sittenverfall der damaligen Zeit der schon oft genannte heilige Hieronymus. Er schreibt in einem Briefe an Eustochium: „Sieh, die meisten Wittwen, die doch verehelicht waren, ihr unglückliches Gewissen unter dem erlogenen Gewande verbergen. Wenn sie nicht der schwangere Bauch oder das Geschrei der Kinder verräth, so gehen sie mit emporgestrecktem Halse und hüpfendem Gange einher. — Andere aber wissen sich unfruchtbar zu machen und morden den noch nicht geborenen Menschen. Fühlen sie sich durch ihre Ruchlosigkeit schwanger, so treiben sie die Frucht durch Gift ab. Oft sterben sie mit daran, und dreifachen Verbrechens schuldig, gelangen sie in die Unterwelt, als Selbstmörderinnen, als Ehebrecherinnen an Christus, als Mörderinnen des noch nicht geborenen Sohnes. Ich schäme mich, es zu sagen, o der Abscheulichkeit! es ist traurig, aber doch wahr.

„Woher brach die Pest der Agapetinnen in unsere Kirchen herein? Woher ein anderer Name der Eheweiber ohne Ehe? Ja, woher das neue Geschlecht der Konkubinen? Ich will mehr sagen, woher die Hure eines Mannes? Ein Haus, ein Schlafgemach, nur oft ein Bett umfaßt sie, und nennen uns argwöhnische Leute, wenn wir etwas Arges vermuthen."

Und weiter in demselben Briefe: „Es giebt Andere, ich rede von Leuten meines Standes, welche sich beßhalb um das Presbyterat und Diakonat bewerben, um die Weiber besto freier sehen zu können. Ihre ganze Sorgfalt geht auf ihre Kleider, auf daß sie gut riechen, und die Füße unter einer weiten Haut nicht aufschwellen. Die Haare werden rund gekräuselt, die Finger schimmern von Ringen, und damit ihre Fußsohlen kein feuchter Weg benetze, berühren sie ihn kaum mit der Spitze. Wenn du solche siehst, solltest du sie eher für Verlobte, als für Geistliche halten. Einige bemühen sich ihr ganzes Leben hindurch nur darum, die Namen, Häuser und Sitten der Matronen kennen zu lernen. Einen von ihnen, den vornehmsten in dieser Kunst, will ich kurz beschreiben, damit du desto leichter am Lehrer die Schüler erkennest.

„Er steht eilfertig mit der Sonne auf, entwirft die Ordnung seiner Besuche, sieht sich nach einem kürzeren Wege um, und der überlästige Alte geht beinahe bis in die Kammern der Schlafenden. Wenn er ein zierliches Kissen oder Tuch oder sonst etwas von Hausrath sieht, so lobt, bewundert und berührt er es; indem er klagt, daß es ihm fehle, preßt er es mehr ab, als daß er es verlangte, weil sich eine jede Frau fürchtet, den S t a b l f u h r m a n n zu beleidigen. Ihm sind Fasten und Keuschheit zuwider; eine Mahlzeit billigt er nach ihrem feinen Geruche und nach einem gemästeten jungen Kranich. Er hat ein barbarisches und freches Maul, das immer zu Schmeichelworten gewaffnet ist. Du magst dich hinwenden, wohin du willst, so fällt er dir zuerst in die Augen." — Solcher geistlichen „Stabfuhrleute" gibt es auch noch heut zu Tage und ich könnte dem wackern Hieronymus mehrere nennen, die zu seinem Porträt vortrefflich passen würden.

Dergleichen Schilderungen erweckten dem Hieronymus natürlich viele Feinde, die sich dadurch rächten, daß sie ihn verlästerten. Viele Noth hatte er mit einem Diakon, Namens S a b i n i a n. Dieser hatte eine Wallfahrt zu allen lüderlichen Häusern Italiens unternommen und nebenbei eine Menge Jungfrauen genothzüchtigt und Ehefrauen verführt, von denen mehrere wegen dieser Verbrechen öffentlich hingerichtet wurden. Endlich verführte er auch die Frau eines vornehmen Gothen, der diesen Schimpf entdeckte, echt gothisch darüber ergrimmte und den lüderlichen Pfaffen auf Tod und Leben verfolgte. — Dieser kam mit einem Empfehlungsschreiben zu St. Hieronymus nach Bethlehem, wo er in ein Kloster gesteckt wurde. Hier sah er eines Tages eine Nonne aus dem Kloster der Paula, verliebte sich in dieselbe, schrieb ihr Liebesbriefe und erhielt die Versicherung, daß alle seine Wünsche erfüllt werden sollten, — als der Handel entdeckt und die Keuschheit der Nonne gerettet wurde. — Sabinian fiel Hieronymus zu Füßen und erhielt Verzeihung unter der Bedingung, daß er die ihm auferlegte Buße tragen solle. Er versprach Alles, hielt aber nichts, lebte lustig wie zuvor und verleumdete Hieronymus wo er konnte. — Solche Galgenfrüchte trug schon damals der heilige Christbaum der Kirche!

Die Gesetzgebung des Justinian war der Priesterehe durchaus nicht günstig, denn in einer Verordnung von 528 heißt es: — „Indem wir die Vorschrift der heiligen Apostel befolgen, verordnen wir, daß, so oft ein bischöflicher Stuhl in einer Stadt erlebigt ist, die Bewohner derselben über drei Personen von reinem Glauben und tugendhaftem Leben sich vereinigen, um aus ihnen den Würdigsten hervorzuheben. Doch treffe die Wahl nur einen solchen, der das Geld verachtet und sein ganzes Leben Gott weiht, der keine Kinder und keine Enkel hat. — — Der Bischof muß durchaus nicht durch Liebe zu den fleischlichen Kindern verhindert werden, aller Gläubigen geistlicher Vater zu werden. Aus diesen Ursachen verbieten wir, Jemanden, der Kinder und Enkel hat, zum Bischof zu weihen." In derselben Verordnung wird den Bischöfen auch verboten, in ihrem Testamente ihren Verwandten etwas von dem zu vermachen, was sie als Bischöfe erwarben.

Die folgenden Bestimmungen sind noch strenger, und in einem Erlaß von 531 befiehlt Justinian, daß Niemand zum Bischof geweiht werde, als wer keiner Frau ehelich beiwohne und Kinder zeuge. Statt der Frau möge ihm die heiligste Kirche dienen. — Diese ist aber, nach des heiligen Ambrosius üppiger Schilderung: eine nackte, reizende Braut; deren schöne und bezaubernde Gestalt Christum mit Begierde erfüllt und ihn bewogen habe, sie zur Gemahlin für sich zu erwählen!

Daß alle strengen Gesetze wenig fruchteten, dafür könnte man unendlich viel Beweise anführen. Alle Synoden waren bemüht, schärfere Verordnungen zu erlassen und auf einer im Jahr 751 gehaltenen wurde bestimmt: „der Priester, welcher Unzucht übt, soll in ein Gefängniß gesteckt werden, nachdem er vorher gegeißelt und ausgepeitscht worden ist."

Ratherius von Verona, der zu Anfang des 10. Jahrhunderts lebte, klagt: „O! wie verworfen ist nicht die ganze Schaar der Kopfgeschorenen, da unter ihnen keiner ist, der nicht ein Ehebrecher ist oder ein Sodomit."

Unter so bewandten Umständen war es denn wohl natürlich, daß vielen Christen Bedenken kamen, ob es wohl ziemlich sei, daß sie das, was sie für das Heiligste hielten, das Abendmahl, aus so beschmutzten Händen annehmen könnten.

Auf eine deshalb an ihn gerichtete Frage antwortete Papst Nikolaus I.: „Es kann Niemand, so sehr er auch verunreinigt sein mag, die heiligen Sakramente verunreinigen, welche Reinigungsmittel aller Befleckungen sind. Der Sonnenstrahl, welcher durch Kloaken und Abtritte geht, kann doch dieserhalb keine Befleckung an sich ziehen. Daher mag der Priester beschaffen sein, wie er will, er kann das Heilige nicht beflecken." Aus diesem beruhigenden Bescheid und passend gewählten Vergleich sieht man übrigens, daß die Pfaffen beim Papst in nicht besonders gutem Geruch standen!

Die Ansichten der Kirche von der Ehe übten aber nicht nur ihren demoralisirenden Einfluß auf die Pfaffen selbst aus; die Ehrwürdigkeit der Ehe im Allgemeinen litt darunter, denn es war nur natürlich, daß ein Verhältniß, welches von den so hoch verachteten Lehrern verachtet wurde, auch bei den Laien nicht in besonderer Achtung stehen konnte. Die Lüderlichen benutzten daher gern die Zeitansicht, um ledig zu bleiben und so ungezwungener ihren Leidenschaften zu folgen; und die Verheiratheten, welche ihrer Weiber überdrüssig waren, fanden leicht einen heiligen Vorwand, sich ihrer zu enthalten und sich außer dem Hause zu entschädigen.

Das Leben der Päpste um diese Zeit, besonders im elften Jahrhundert, war wenig geeignet, auf die Sittlichkeit der Geistlichkeit vortheilhaft einzuwirken. Ich verweise in Bezug hierauf auf das vorige Kapitel.

Ein großer Eiferer gegen die Priesterehe, obwohl auch gegen die Unzucht der Pfaffen, war der Kardinal Petrus Damiani, der durch seine Schriften einen ganz außerordentlich großen Einfluß ausübte; das heißt in Bezug auf das Cölibat, aber nicht auf die Besserung der Geistlichen. Er war im Jahre 1002 in Ravenna von ganz armen Eltern geboren, die schon so viele Kinder hatten, daß sie nicht wußten, was sie mit dem neuen Ankömmling anfangen sollten. Die harte Mutter faßte den Entschluß, den Knaben auszusetzen, wurde aber durch die Frau eines Priesters davon abgehalten.

Petrus weihte sich der Kirche und wurde endlich im Jahre 1058 oder 59 Kardinalbischof von Ostia. Er nahm diese Stelle nur mit Widerstreben an und, empört über die Verderbtheit der Pfaffen, gab er sie bald wieder auf und zog sich in ein Kloster zurück, wo er 1069 starb.

Damiani entwirft von dem Schandleben der Pfaffen in seinem liber Gomorrhianus ein trauriges Bild. Er beklagt und schildert darin ihre Hurerei, ihre widernatürliche Unzucht, insbesondere ihre Sodomiterei, ihre Unzucht mit Jünglingen und Knaben, ihre Unflätereien mit Thieren; die Unzucht der Pfaffen und Mönche unter einander, mit ihren Beichtkindern, und führt an, wie die gemeinschaftlichen Verbrecher, um ungestört fortsündigen zu können, sich einander in der Beichte absolvirten.

Damiani wird in seinem Eifer gegen die Weiber der Priester oft spaßhaft, und seine Anrede an dieselben ist wahrhaft originell. „Indeß rede ich auch euch an, ihr Schätzchen der Kleriker, ihr Lockspeise des Satans, ihr Auswurf des Paradieses, ihr Gift der Geister, Schwert der Seelen, Wolfsmilch für die Trinkenden, Gift für die Essenden, Quelle der Sünden, Anlaß des Verderbens. Euch, sage ich, rede ich an, ihr Lusthäuser des alten Feindes, ihr Wiedehopfe, Eulen, Nachteulen, Wölfinnen, Blutegel, die ihr ohne Unterlaß nach Mehrerem gelüstet. Kommt also und hört mich, ihr Metzen und Buhlerinnen, Lustdirnen, ihr Mistpfützen feister Schweine, ihr Ruhepolster unreiner Geister, ihr Nymphen, Sirenen, Hexen, Dirnen, und was es sonst für Schimpfnamen geben mag, die man euch beilegen möchte.

„Denn ihr seid Speise der Satane, zur Flamme des ewigen Todes bestimmt. An euch weidet sich der Teufel, wie an ausgesuchten Mahlzeiten, und mästet sich an der Fülle eurer Ueppigkeit. Ihr seid die Gefäße des Grimmes und des Zornes Gottes, aufbewahrt auf den Tag des Gerichts. Ihr seid grimmige Tigerinnen, deren blutige Rachen nur nach Menschenblut dürsten, Harpyen, die das Opfer des Herrn umflattern und rauben, und die, welche Gott geweiht sind, grausam verschlingen.

„Auch Löwinnen möchte ich euch nicht unpassend nennen, die ihr nach Art wilder Thiere eure Mähne erhebt und unvorsichtige Menschen zu ihrem Verderben in blutigen Umarmungen räuberisch umklammert. Ihr seid die Sirenen und Charybden, indem ihr, während ihr trügerisch anmuthigen Gesang ertönen laßt, unvermeidlichen Schiffbruch bereitet. Ihr seid wüthendes Otterngezücht, die ihr vor Wollustbrunst Christum, der das Haupt der Kleriker ist, in euern Buhlen ermordet."

Damiani muß ein komischer Kauz gewesen sein, und um seinen Reichthum an Schimpfwörtern könnte ihn manches Fischweib beneiden. Nicht weniger seltsam sind oft seine Vergleiche. So zum Beispiel vergleicht er, um der Markgräfin Adelheid von Turin die Nachtheile der Priesterehe begreiflich zu machen, die Priester mit ihren Frauen den Füchsen, die Simson bei den Schwänzen an einander band, Fackeln dazwischen steckte, sie anzündete, und sie dann in die Saatfelder der Philister jagte.

Damiani war es vorzüglich, welcher Papst Gregor VII. den Weg bahnte. Durch ihn und andere Eiferer kam es endlich so weit, daß die Orthodoxen die außereheliche Unzucht für weit weniger verbrecherisch hielten als die Ehe, und zur Zeit Kaiser Heinrichs IV. verstießen viele Ehemänner, sowohl Geistliche als Laien, ihre Weiber, und gesellten sich zu Jungfrauen, die ebenfalls, wie sie, Keuschheit gelobt hatten. Kurz es erneuerte sich wieder der Unfug mit den Liebesschwestern, der eigentlich unter den Geistlichen nie aufgehört, nur daß man die geheuchelte Keuschheit bei Seite gethan und in ehrlicher, offener Hurerei gelebt hatte.

Andere Ehemänner, in Verzweiflung darüber, daß sie als Verheirathete nicht selig werden könnten, verstießen gleichfalls ihre Frauen und begaben sich sammt Hab und Gut unter den Schutz der Mönche und führten eine gemeinsame kanonische Lebensweise.

Trotzdem stieß aber Gregors VII. Cölibatgesetz auf den entschiedensten Widerstand. Lambert von Aschaffenburg erzählt daß bei der Bekanntmachung desselben die ganze Schaar der Geistlichen gemurrt habe. Alle wären der Meinung gewesen, „daß es besser sei, zu freien, als Brunst zu leiden, und daß durch das Verbot der Ehe der Hurerei Thor und Thür geöffnet würde. Wolle Gregor auf seiner Meinung bestehen, so wollten sie lieber dem Priesterthume entsagen, dann möge er, den Menschen anstinken, sehen, woher er Engel zur Regierung des Volks in den Kirchen bekomme."

Mehrere Anhänger Gregors, welche das Cölibatgesetz mit Gewalt durchsetzen wollten, verloren beinahe das Leben darüber.

Als Bischof Altmann von Passau den Befehl des Papstes von der Kanzel verkündigte, mußten ihn die anwesenden vornehmen Laien vor den wüthenden Priestern schützen, die ihn in Stücke reißen wollten. — Der Bischof Heinrich von Chur gerieth durch seinen Eifer für das Cölibat ebenfalls in Lebensgefahr.

Als Erzbischof Johann von Rouen auf einer Synode das Gesetz verlas, entstand ein Tumult, man bombadirte den Erzbischof mit Steinen, so daß er in großer Eile die Kirche verlassen mußte.

In England fand Gregors Gesetz ebenfalls bedeutenden Widerstand; aber einer der englischen Prälaten tröstete sich, indem er sagte: „Man kann wohl den Priestern die Weiber, aber nicht den Weibern die Priester nehmen."

Bis zum Tode Heinrichs IV. von Deutschland wurden hier die beweibten Priester auf das Grausamste verfolgt, und da es den Päpsten nur um Ausrottung der Priesterehe zu thun war, so wurden außereheliche Unzucht und die oft daraus entstehenden Verbrechen weniger hart bestraft.

Auf die Anfrage des Abts Rudolf von Saüz, was einem Mönch geschehen solle, der es versucht hatte, einen Ehemann zu vergiften, antwortete Anselm, Erzbischof von Canterbury, — man solle ihn nicht zum Diakonat oder Presbyterial befördern!

Die englischen Geistlichen zeichneten sich ganz besonders durch ihre Liederlichkeit aus, und ehrenhalber mußte der Papst endlich offiziell dagegen einschreiten. Auf der Synode zu London (1125) wurde also bei Strafe der Absetzung den Priestern das Zusammenleben mit Weibern verboten. Der Legat des Papstes, Kardinal Johann von Crema, hatte große Mühe gehabt, diesen Beschluß durchzukämpfen, und noch am Abend desselben Tages, wo es ihm gelungen war, ertappte man ihn mit einer feilen Dirne. Er war unverschämt genug, sich damit zu ent=

schuldigen, „daß er nur ein Zuchtmeister der Priester sei."

Bischof Ranulph von Durham, genannt Flambard, oder Passaflaberer, war vielleicht der liderlichste Geistliche in der Welt. Er lebte wie ein türkischer Sultan. Schöne Mädchen in üppiger Entkleidung kredenzten ihm bei Tische den Wein, und damit er stets die Mittel hatte, flott zu leben, so bedrückte und plünderte er seine geistlichen Pflegekinder.

Sein Ruf war auch zu dem päpstlichen Legaten gedrungen. Dieser ließ ihn vor die Synode nach London citiren; allein Ranulph fand es nicht für gut, diesem Rufe zu folgen, und der Kardinal Johann entschloß sich selbst nach Durham zu gehen, um sich hier durch den Augenschein von der Wahrheit der Gerüchte zu überzeugen.

Ranulph wußte zu leben. Er empfing den Legaten Sr. Heiligkeit auf das Freundlichste, veranstaltete ein großes Gastmahl, bei dem alle Leckereien der Welt und die feinsten Weine aufgetragen wurden, so daß der Kardinal ganz außer sich vor Entzücken war, besonders da eine schöne „Nichte" des Bischofs, die auf ihre Rolle einstudirt war, sich alle mögliche Mühe gab, ihn vortrefflich zu unterhalten, ja sich endlich bewegen ließ, bei dem päpstlichen Legaten zu schlafen.

Nachdem dieser wie ein Gimpel in die ihm gestellte Falle gegangen war, versammelte der Bischof seine Kleriker und Knaben, welche Becher und Lichter trugen und begab sich jetzt in feierlicher Prozession an das Bette. Der Chorus rief: Heil! Heil!

Der verwirrte Legat fragte erstaunt: „Soll dies eine Ehrenbezeugung für den heiligen Petrus sein?" „Mein Herr," antwortete der Bischof, „es ist in unserem Lande Sitte, daß wenn ein Vornehmer heirathet, man ihm diese Ehre erzeigt. Stehet auf und trinket, was in diesem Kelche ist. Weigerst du dich, so sollst du den Kelch trinken, nach welchem du nicht mehr dürsten wirst."

Der Legat mußte gute Miene zum bösen Spiel machen; er erhob sich, „nackt bis zur Hälfte des Leibes" und trank den dargereichten Becher seiner Bettgenossin zu. Darauf entfernte sich der Zug mit dem Bischofe, der nun wegen seines Bisthums unbesorgt war.

Die Veranlassung zu dem Streite zwischen König Heinrich von England und Thomas Becket war auch ein lüderlicher Priester zu Worcestershire, der die Tochter eines Pächters geschändet und diesen ermordet hatte, und welchen der König trotz alles Protestirens des Erzbischofs vor den weltlichen Richterstuhl zog.

In Frankreich trieben es die Geistlichen ungefähr ebenso wie in England. Der Erzbischof von Besançon zum Beispiel machte sich aller möglichen Verbrechen schuldig. Um seinen Geiz zu befriedigen, verkaufte er Alles, was Käufer fand und plünderte seine Geistlichen dermaßen aus, daß sie in ärmlicher Kleidung, wie Bauern, umhergehen mußten. Nonnen und Geistlichen gestattete er für Geld die Ehe. Er selbst lebte mit einer Verwandtin, der Aebtissin von Reaumair Mont, hatte ein Kind von einer Nonne und nebenbei die Tochter eines Priesters als Konkubine; kurz, er gestattete sich alle geschlechtlichen Ausschweifungen und seine Geistlichen hielten sich Konkubinen.

Der Erzbischof von Bordeaux unterhielt eine Räuberbande, die er zu seinem Vortheil auf Expeditionen aussandte. Einst kam er mit einer Menge lüderlicher Mädchen und Kerle in die Abtei des heiligen Eparchius, lebte hier drei Tage in Saus und Braus und zog endlich ab, nachdem er das Kloster rein ausgeplündert hatte. „Seine übrigen Verbrechen verbietet die Schamhaftigkeit zu nennen," sagt Papst Innozens III. in seinen Briefen. Wer die Schandthaten der Pfaffen in jener Zeit studiren will, der lese diese päpstlichen Briefe. Dem Papste wurden so viele berichtet, daß er bald allein würde haben Messen lesen müssen, wenn er sie alle nach Verdienst bestraft hätte; er hielt es daher für besser,

Milde zu üben, so sehr und oft diese schlecht angebrachte Milde auch empören inß.

Ein Mönchpriester hatte mit einem Mädchen verbotenen Umgang gehabt. Als die Dirne schwanger war, ergriff er sie, als wolle er mit ihr scherzen, am Gürtel und verletzte sie so hart, daß eine Fehlgeburt erfolgte. Der Fall kam vor Papst Innozens III. und dieser entschied: „daß wenn die Fehlgeburt noch kein Leben gehabt habe, der Mönch den Altardienst auch ferner verrichten könne; daß er aber, wenn diese schon Leben gehabt habe, des Altardienstes sich enthalten müsse."

Schon im Jahr 428 hatte Papst Cölestin es für nöthig gefunden, Strafe darauf zu setzen, wenn Geistliche ihre Beichtkinder zur Unzucht verführten. Dergleichen Fälle kommen unendlich oft vor und werde ich im letzten Kapitel ausführlicher über die Beichte reden.

Einem starken Affen in einer Menagerie zu nahe zu kommen, war für eine Frau nicht so gefährlich, als mit einem Pfaffen in Berührung zu kommen. Da diese ein faules Leben hatten, so erhitzten sie Tag und Nacht ihre Phantasie mit üppigen Bildern und dachten an nichts anderes, als wie sie ihre geilen Triebe befriedigen könnten. Fälle der Nothzucht kamen unendlich viele vor.

Unter Heinrich VI. baten die Geistlichen in England um Erlassung der Strafen wegen begangener Nothzucht. — Zu Basel hatte im Jahr 1297 ein Geistlicher eine Jungfrau mit Gewalt geschändet. Man kastrirte ihn zur Strafe und hing das corpus delicti zum abschreckenden Beispiel für andere Pfaffen mitten in der Stadt an einer frequenten Passage auf. — Die Venetianer ließen in späterer Zeit einen Augustiner zu Brescia, der ein elfjähriges Mädchen genothzüchtigt und dann ermordet hatte, viertheilen.

Sodomiterei und Knabenschändung waren unter den Geistlichen ganz gewöhnlich und das schon seit den ältesten Zeiten der christlichen Kirche, wie die Konzilienbeschlüsse beweisen, von denen ich einige angeführt habe. Im Jahre 1212 wurde auf einem Konzil den Mönchen und regulirten Kanonikern verboten, zusammen in einem Bette zu liegen und Sodomiterei zu treiben.

Im Jahre 1409 wurden zu **Augsburg** auf Befehl des Raths vier Priester und ein Laie wegen Knabenschändung am Perlachthurme, mit gebundenen Händen und Füßen, in einem hölzernen Käfig aufgehängt, bis sie verhungerten. — Im nächsten Kapitel von den Klöstern werde ich zeigen, daß Sodomiterei bis auf die neueste Zeit als Folge des Cölibats unter den Pfaffen gebräuchlich ist.

Aus dem, was ich bisher mittheilte, geht schon hervor, daß die Bischöfe ihren Geistlichen in der Sittenlosigkeit meistens vorangingen, wenn sie es auch nicht alle so arg trieben, wie der Bischof **Heinrich von Lüttich**, der eine Aebtissin zur Mätresse und in seinem Garten einen förmlichen Harem hatte, und der sich rühmte, in 22 Monaten vierzehn Söhne gezeugt zu haben.

Unter so bewandten Umständen waren die Laien froh, wenn es diesen Kirchenstieren erlaubt wurde, Konkubinen zu halten, damit nur ihre Weiber und Töchter vor ihnen sicher wären. Ja, die Friesen gingen so weit, daß sie gar keine Priester duldeten, die nicht Konkubinen hatten. „Se gedulden oek geene Preesteren, sunder eheliche Fruwen (d. h. Konkubinen), up dat se ander lute bedde nicht beflecken, wente sy meinen, dat idt nicht mogelyk sy, und daven die Natur, dat sick ein mensche ontholden konne," heißt es in der Chronik.

Ich bemerkte schon früher, daß es den Päpsten mehr um die Vernichtung der Priesterehe, als um die Erhaltung der Keuschheit der Geistlichen zu thun war, denn sie wollten nicht, daß rechtmäßige Kinder das Gut erbten, was sie als Kirchengut betrachteten. Wenn nun auch die Konzilien, auf Betrieb Einzelner, dem Konkubinenwesen ein Ende machen wollten, indem sie Verordnungen dagegen erließen, so war man eben nicht strenge auf die Befolgung derselben bedacht.

Ja, vielen Bischöfen wäre es gar nicht recht gewesen, wenn ein Papst durchgreifende Maßregeln angeordnet hätte, denn diese Konkubinen waren für sie eine Quelle der Gelderpressung. Häufig, wenn sie Geld brauchten, fiel es ihnen ein, ihren Geistlichen das Konkubinat auf das Strengste zu verbieten, da es ihnen nur um die Strafgelder zu thun war.

Heinrich von Hewen, der in der Mitte des 15. Jahrhunderts Bischof von Konstanz war, führte selbst ein üppiges Leben, und die Abgaben, welche ihm seine Geistlichen von ihren Konkubinen entrichteten, verschafften ihm eine jährliche Einnahme von 2000 Gulden.

Zur Zeit der Reformation mußten die Priester in Irland für jedes mit ihren Konkubinen erzeugte Kind ihrem Bischof acht bis zwölf Thaler bezahlen.

Unter solchen Verhältnissen war es denn kein Wunder, wenn das Konkubinat trotz aller Verbote, welche bei allen Synoden wenig beachtete stehende Artikel wurden, in voller Wirksamkeit blieb, und endlich sahen die Päpste ein, daß es ein unvermeidliches Uebel sei und suchten nun selbst Vortheil daraus zu ziehen. Sie dekretirten, daß jeder Geistliche, mochte er nun eine Konkubine haben oder nicht, einen bestimmten jährlichen Hurenzins entrichten müsse.

Als Beleg dafür, daß das Konkubinat unter den Geistlichen im 15. Jahrhundert allgemein war, und zugleich um die Sitten des Klerus überhaupt durch den Mund eines Zeitgenossen kennen zu lernen, will ich einige Stellen aus einem Werke des Nikolaus de Clemanzis anführen, der in den ersten Jahrzehnten des 15. Jahrhunderts lebte, eine Zeit lang päpstlicher Geheimschreiber, Schatzmeister und Kanonikus der Kirche zu Langres war und 1440 als Kantor und Archidiakonus zu Lijeur starb.

Seine Schilderung der Bischöfe ist wahrhaft scheußlich. Nach ihm trieben und gestatteten sie für Geld alle Laster. Vorzüglich sind aber die Domherrn und ihre Vikare verdorbene Menschen. Sie sind der Habsucht, dem Stolze, Müßiggange und der Schwelgerei ergeben. Sie halten ohne Scham ihre unehelichen Kinder und Huren gleich Eheweibern im Hause und sind ein Gräuel in der Kirche.

Die Priester und Kleriker leben öffentlich im Konkubinate und entrichten ihren Bischöfen den Hurenzins. Die Laien wissen an mehreren Orten den Schändungen der Jungfrauen und Ehefrauen keinen andern Damm entgegenzustellen, als daß sie die Priester zwingen, sich Konkubinen zu halten.

„Ist Jemand," schreibt Clemanzis, „heut zu Tage träge und zum üppigen Müßiggange geneigt, so eilt er sogleich, ein Priester zu werden. Alsdann besuchen sie fleißig lüderliche Häuser und Schenken, wo sie ihre ganze Zeit mit Saufen, Fressen und Spielen zubringen, betrunken schreien, fechten und lärmen, den Namen Gottes und der Heiligen mit ihren unreinen Lippen verwünschen, bis sie endlich aus den Umarmungen ihrer Dirnen zum Altar kommen."

Clemanzis erwähnt hier auch des Saufens der Priester. Darin waren sie besonders stark und setzten einen Ruhm darein, es den Laien zuvorzuthun. Schon im ersten Jahrhundert stoßen wir auf Bischöfe, die vollendete Trunkenbolde waren. Einer derselben, Dröctigisilus, verfiel in Säuferwahnsinn. Die Pfaffen sagten, wenn sie guter Laune waren, von sich selbst: „Wir sind das Salz der Erde, aber man muß es anfeuchten, denn kein guter Geist wohnt im Trockenen. Besonders gut trank man in den Klöstern. Doch davon später.

Zu einem guten Trunk gehört natürlich auch eine gute Tafel und es ist ja noch heute Jedem bekannt, daß die katholischen Geistlichen einen trefflichen Tisch führen. Bischöfe jagten unermeßliche

Summen durch ihren Schlund, und um der nüchternen Gegenwart einen Begriff von ihren kostspieligen Fressereien zu geben, setze ich den Küchenzettel für das Gastmahl am Tage der Installation Georg Nevils, Erzbischofs von York, hieher.

Zu diesem Feste waren erforderlich: 300 Quart Weizen, 330 Tonnen Ale, 104 Tonnen Wein, 1 Pipe Gewürzwein, 80 fette Ochsen, 6 wilde Stiere, 1004 Hämmel, 300 Schweine, 300 Kälber, 3000 Gänse, 3000 Kapaunen, 300 Ferkel, 100 Pfauen, 200 Kraniche, 200 Ziegenlämmer, 2000 junge Hühner, 4000 junge Tauben, 4000 Kaninchen, 204 Rohrdommeln, 4000 Enten, 200 Fasanen, 500 Rebhühner, 4000 Schnepfen, 400 Wasserhühner, 100 große Brachvögel und 100 Wachteln, 1000 Reiher, 200 Rehe und 400 Stück Rothwild, 1506 Wildpretpasteien, 1400 Schüsseln gebrochenen Gelée, 4000 Schüsseln ganzen Gelée, 4000 kalte Custards, 2000 warme Custards, 300 Hechte, 300 Brachsen, 8 Robben, 4 Delphine oder Taumler und 400 Torten. — 62 Köche und 515 Küchendiener besorgten die Zubereitung dieser Speisen und bei der Tafel selbst warteten 1000 Diener auf.

Doch kehren wir wieder von der Pfaffenvöllerei zur Pfaffenhurerei zurück. — Die Basler Synode (1431—1448) gab sich die nutzlose Mühe, ernstliche Verordnungen gegen das Konkubinat zu erlassen; aber zu dem einzigen Mittel, demselben ein Ende zu machen, konnte man sich nicht entschließen, obgleich sehr angesehene Männer auf der Synode, wie der Geheimschreiber und Ceremonienmeister derselben, Clemens Sylvius Piccolomini, günstig für die Priesterehe gestimmt waren. Er äußerte: „Es gab, wie ihr wißt, verheirathete Päpste, und auch Petrus, der Apostelfürst, hatte eine Frau. Vielleicht dürfte es gut sein, wenn den Priestern zu heirathen gestattet wäre, weil viele verheirathet im Priesterthum ihr Seelenheil befördern würden, welche jetzt ehelos zu Grunde gehen."

Große Eiferer gegen das Konkubinat in dieser Zeit waren

Bischof Berthold von Straßburg und Bischof Stephan von Brandenburg. Der letztere klagt bitter über die Geistlichen in seiner Diözese und sagt, daß sehr Viele Beischläferinnen hielten, und durch ihr lüderliches Leben „nicht nur gemeine Leute, sondern auch Fürsten und Große" ärgerten.

„Und diese Priester," sagte er auf einer Synode zu Brandenburg, „haben eine solche Hurenstirn, daß sie es für eine Kleinigkeit halten, Unzucht und Ehebruch zu begehen. Denn wenn aus Schwachheit des Fleisches ihre Köchinnen und Mädchen von ihnen oder vielleicht von anderen geschwängert sind, so leugnen sie die Sünde nicht ab, sondern achten es sich zur hohen Ehre, die Väter aus so verdammlichem Beischlafe erzeugter Kinder zu sein. — Ja, sie laden die benachbarten Geistlichen und Laien beiderlei Geschlechtes zu Gevattern ein, und stellen große Festlichkeiten und Freudengelage über die Geburt solcher Kinder an. **Verflucht seien die, welche durch eigenes Geständniß das Kind werden lassen, was sie durch Leugnen noch zweifelhaft machen, und so einigermaßen der rechtlichen Strafe entgehen könnten!"** — Es ist dies ein schönes Pröbchen bischöflicher Moral.

Die Regierungen mancher Länder, welche einsahen, daß nur dadurch größerem Aergerniß vorgebeugt werde, waren vernünftig genug, das Konkubinat der Geistlichen beinahe als rechtmäßige Ehe gelten zu lassen. Dies thaten zum Beispiel mehrere Regierungen in der Schweiz, und die Obrigkeit schützte hier die Konkubinen der Geistlichen und deren Kinder gegen die Habsucht der geistlichen Vorgesetzten, indem sie Testamentsvermächtnisse für die ersteren als giltig anerkannten.

Zu dem Bischof von Tarent, der Legat des Papstes in der Schweiz war, sagte Jemand, daß die Nonnen dort thun könnten, was sie wollten, es würde nicht untersucht ꝛc., bekämen sie aber

Kinder, dann erwarte sie ein fürchterlicher, finsterer Kerker. Darauf erwiderte der Legat: „Selig sind die Unfruchtbaren!"

Doch mit den Klöstern haben wir es noch nicht zu thun, sondern vorläufig nur mit den Weltgeistlichen. — Das Konkubinat derselben, selbst wenn es gewissermaßen vom Gesetz geschützt war, konnte doch niemals die Ehe ersetzen und diente nur dazu, die Geistlichkeit verächtlich und lächerlich zu machen. Es lag in der Natur dieses Verhältnisses, daß selten Frauen von einigem Werth ein solches eingingen. Kam auch wohl hin und wieder ein Fall vor, wo sich ein Mädchen aus Liebe über die bestehenden Vorurtheile hinwegsetzte, so waren es doch meistens nur gemeine Dirnen, welche nur darauf trachten, die Geistlichen zu plündern. „Pfaffengut fließt in Fingerhut", sagt ein altes Sprichwort.

Dieses halbgeduldete Verhältniß konnte niemals ein geachtetes werden, und bleibt stets eine Entwürdigung. Es kam wohl vor, daß einzelne Geistliche ihren Konkubinen alle Achtung zollen, wie sie einer Gattin zukommt, allein meistens und besonders von den Gebildeten wurden sie als Köchinnen oder sonstige Dienstboten im Hause gehalten. Solche Personen wußten nun den erlangten Vortheil trefflich zu ihrem Vortheil zu benützen. Sie schämten sich des Verhältnisses nicht, wohl aber der gebildetere Geistliche, der ihr Herr war, und der sich viel gefallen, ja oft ganz und gar unter den Pantoffel bringen ließ, damit nur seine menschlichen Schwachheiten nicht unter die Leute gebracht würden; denn diese ermangelten nicht, ihre Späße über die „Pfaffenköchinnen" anzubringen, und gar mancher Geistliche mußte sich still wegschleichen, wenn die jungen Burschen sangen:

> Mädchen, wenn du dienen mußt,
> So diene nur den Pfaffen,
> Kannst den Lohn im Bett verdienen
> Und darfst nicht viel schaffen.

Viele verdorbene Geistliche waren froh, daß die Ehe sie nicht an eine Frau fesselte; sie konnten ihre Lüsternheit nach Abwechslung befriedigen, indem sie die Dirne, die ihnen nicht mehr gefiel, wegjagten und eine neue nahmen. Solche Konkubinate, die leider sehr häufig vorkamen, waren gemeine Hurerei und dadurch wurde bei den Pfaffen eine Gemeinheit und Rohheit erzeugt, die sich besonders in ihrer Denkungsart über geschlechtliche Dinge äußerte, wie sie in der Ehe wohl nur selten entstehen können.

Solche Pfaffen machten aus ihrer Lüderlichkeit gar kein Geheimniß; ja sie rühmten sich derselben, und gleichzeitige, sehr glaubwürdige Schriftsteller erzählen, daß bei Freß- und Saufgelagen diese „Pfarrkarren" und „Kuttenhengste", wie sie Fischart nennt, mit den Bauern Wetten machten, deren Gegenstand so obscön war, daß ich sie gar nicht einmal näher andeuten mag, obwohl mir alle Prüderie sehr fern liegt.

Ja diese Pfaffen scheuten sich nicht, ihre unzüchtigen Verhältnisse auf der Kanzel zu erwähnen, und oft machten sie diese Unschicklichkeit dadurch noch schlimmer, daß sie dieselbe mit irgend welchen rohen Spähen würzten.

An den Kirchweihen wurden von ihnen die wildesten und lüderlichsten Gelage gefeiert. Alle benachbarten Pfarrer mit ihren Köchinnen besuchten den Geistlichen, der sein Kirchweihfest feierte, und dann wurde gefressen, gesoffen und andere Lüderlichkeiten getrieben.

Als der Bischof von Mainz den Bischof von Merseburg einst besuchte und unterwegs bei einem Pfarrer einkehrte, wo eben das Kirchweihfest gehalten wurde, begleitete ihn sein Leibarzt, der davon folgende ergötzliche Erzählung liefert:

„Der Bischof steigt abe, und nahet zu der Pfarrhe zu, zu seinem Handtwerk. Nun hatte der Pfarrher zehn ander Pfarren geladen zur Kirchweyhe, und ein yeglicher hatte eine Köchin mit sich gebracht. Do sie aber leute kommen sahen, lauffen die Pfaffen mit den huren alle in einen stalle, sich zu verbergen. Indes gehet ein Grafe, der an des Bischoffs hofe war, in den hofe, seinen gefug zu thun, und da er in den stall will, darein die huren und buben geflohen waren, schreyt des pfarrers köchin, Nicht Junker, nicht, Es seind böse hunde darinnen, sie möchten euch beissen. Er lest nicht nach, gehet hinein, vnd findet einen grossen hauffen huren und buben im stalle.

„Da der Grafe in die stuben kumpt, hat man dem Bischoff eyn feyste Ganß fürgesetzt zu essen, hebt der Grafe an, vnd sagt diß geschicht dem Bischoff zum Tischmerlein, gen abend kamen sie gen Merßburg, daselbs sagt der Bischoff von Mentz, diß geschicht dem Bischoff von Merßburg. Da das der heylig vatter hörete, betrübet er sich nicht vmb das, das die Pfaffen huren haben, sondern darumb, daß die köchin die buben im stalle hunde geheißen hätte, vnd spricht, Ach Herre Gott, vergebe es Gott dem weibe, das die gesalbten beß Herren hunde geheyßen hat. Das hab ich darumb erzelet, das man sehe, wie wir Deutschen das Sprichwort so fest halten, Es ist kein Dörflein so klein, es wirdt des jars einmal kirmeß darinne. Das aber geschrieben stehet, Es kumpt kein hurer im Himmel, des achten wir nit."

„Da wir uns nun genug mit der Hurerei beschäfftigt haben," heißt es in einer Predigt, „so wollen wir zum Ehebruch über= gehen."

Das Konkubinat war noch am Ende das allerunschuldigste Ergebniß des Cölibatgesetzes. Einen weit verderblicheren Einfluß auf die Moralität des Volkes hatten die sonstigen aus demselben entstehenden Folgen.

Man kann es als Regel annehmen, daß es noch immer der bessere Theil der Geistlichen war, welcher mit ständigen Konkubinen in einem der Ehe ähnlichen Verhältniß lebte. Die echten Pfaffen betrachteten aber die Frauen und Töchter der Laien als Wild, auf welches sie Jagd machten und welches sie durch alle möglichen niederträchtigen Verführungskünste in ihre Netze zu locken trachteten.

Diese Künste mußten einen um so größern Erfolg haben, als ihr Stand die Pfaffen mit den Frauen in häufige Berührung brachte und die Dummheit der Männer diesen Verkehr noch erleichterte. Trotz aller Beispiele und täglich unter ihren Augen vorgehenden Niederträchtigkeiten wurden die Männer nicht klug, denn die Pfaffen wußten sich einen solchen heiligen Schein zu geben, daß die Ehetölpel es kaum wagten, auch nur einen Verdacht zu haben.

Alle Erzählungen von ihrer Lüberlichkeit erklären die Pfaffen natürlich für schamlose Lügen, und war ein Fall einmal gar zu offenkundig geworden, dann verboten sie strenge, davon zu reden, und verwiesen auf das Beispiel des Kaisers Konstantin, der einst einen Priester, den er in flagranti ertappte, mit seinem kaiserlichen Mantel zudeckte, und prägten ihren Beichtkindern ein, was der fromme Rabanus Maurus sagte: „Wenn man einen Geistlichen sähe, die Hand auf dem Busen eines Weibes, so müsse man annehmen, daß er sie segne!" — Allerdings befanden sie sich nach solchem Segen gar häufig in „gesegneten Umständen"!

Einer derjenigen Schriftsteller früherer Zeit, welche die Schandthaten der Pfaffen mit der größten Rücksichtslosigkeit aufdeckten, war Poggio Bracciolino, den ich schon früher nannte. Die ganze Kuttenwelt gerieth in Allarm, und sein berühmter Gönner Cosmo de Medici empfahl ihm die größte Vorsicht. Im siebenten Kapitel, wo wir über den Mißbrauch des Beichtstuhls reden, werden einige der von ihm erzählten Fälle mitgetheilt werden.

Felix Hämmerlin, gestorben 1457, Chorherr zu Zürich und Zofingen und Probst zu Solothurn, schildert besonders die Verdorbenheit der Mönche; aber auch von den Weltgeistlichen weiß er manche Dinge zu erzählen, die man für ganz unglaublich halten müßte, wenn sie nicht auch noch von andern geachteten, ernsten und wahrheitsliebenden Männern jener Zeit bestätigt würden. — Die bestialische Rohheit mancher Pfaffen überstieg alle Begriffe. Selbst die Beschlüsse der Conzilien liefern die Beweise davon. Bald wird ihnen durch dieselben verboten, halbnackt, barfuß, oder in zerrissenen Jacken und Hosen den Gottesdienst zu halten; bald, keine obscönen Grimassen am Altar zu machen und keine schmutzigen Lieder zu singen.

Dies mußte ich vorherschicken, um folgender Geschichte Glauben zu verschaffen, die Hämmerlin erzählt: Ein Priester lebte in einem unerlaubten Verhältnisse mit einer sehr angesehenen Frau. Die Sache wurde bekannt, und er wurde gezwungen, von seiner Pfarre zu fliehen. Als er verzweiflungsvoll im Walde umherirrte, begegnete ihm ein Mönch, der ihn fragte, weshalb er so betrübt umherlaufe. Der Priester erzählte ganz treuherzig sein Leiden. Aber der vermeintliche Mönch war der Satan — vielleicht auch ein Schalk in einer Kutte — und erwiderte: „Nicht wahr, wenn du das böse Glied nicht hättest, dann könntest du in deiner Pfarrei sicher wohnen?" — „Allerdings, mein Herr," antwortete der Pfarrer. — „Nun, so hebe dein Gewand auf, damit ich es berühre, wie sie es ja auch berührt hat, dann kannst du dich ohne Scheu deiner Gemeinde zeigen, und es wird in dem Augenblicke verschwunden sein." Der Geistliche that, was der Mönch wollte, und rannte dann voller Freuden in seine Pfarrei zurück, ließ die Glocken läuten, versammelte die Gemeinde und bestieg die Kanzel. Voll Zuversicht hob er seine Kleider auf — et mox membrum suum abundantius quam prius apparuit.

Sehr lesenswerth sind die Schriften von Johann Busch, der Probst der regulirten Chorherren zu Soltau, in der Nähe von Hildesheim, und Visitator des Erzbisthums Magdeburg war. Er verfolgte mit großem Eifer die Priester, welche Koutubinen hielten, und strafte sie nicht mit Geld, wie sie es bis dahin gewohnt gewesen, sondern mit kanonischen Strafen.

Einst lud er einen Pfarrer sammt seiner Konkubine zu sich. Erstern ließ er in das Kloster kommen, aber die Dirne mußte draußen bleiben. Auf das Schärfste befragt, leugnete der Pfarrer standhaft und betheuerte mit einem heiligen Eide, daß er ganz keusch mit seiner Magd lebe. Nun ging Busch vor die Thür zu dem Mädchen und sagte: „Ich habe gehört, daß du bei deinem Herrn zu schlafen pflegst"; aber sie läugnete und meinte, daß sie nur mit Kühen, Kälbern und Schweinen zu thun habe. Als aber Busch sagte, daß ihr Herr bereits gestanden habe, da gestand sie auch, und der geistliche Herr hatte falsch geschworen.

Von den Satirendichtern jener Zeit will ich gar nicht einmal reden, denn es ist wahrscheinlich, daß sie hin und wieder etwas erfanden, um die Pfaffen lächerlich zu machen. Ihre Schriften wurden indeß überall mit Beifall gelesen, denn alle Welt war über die freche Sittenlosigkeit der Pfaffen empört.

Johann Franz Pito, Prinz von Mirandola, der die seltsame Unterredung mit Papst Alexander VI. hatte, schilderte in einer Eingabe an Papst Leo X. (1513) den Verfall des Klerus, und ist besonders darüber empört, daß solche Knaben, welche den höhern Geistlichen zur Befriedigung ihrer unnatürlichen Wollust gedient, zum Kirchendienste erzogen wurden.

Geiler von Kaisersberg (starb 1510) war Lehrer der Theologie zu Freiburg und wurde dann Prediger zu Straßburg. Er erklärte einst dem Bischof: daß wenn ein Unkeuscher keine Messe lesen dürfe, er nur die Geistlichkeit des ganzen Sprengels suspendiren möge, denn die meisten lebten in einem ärgerlichen Konkubinate.

Dieser eben so sittenreine als gelehrte originelle Mann schilderte in seinen trefflichen Predigten die Mönche und Pfaffen nach dem Leben. In einer derselben „vom menschlichen Baum", heißt es: „Soll nämlich die Frucht der ehelichen Keuschheit auf den Aesten des Baumes wachsen, so hüte dich, sieh dich vor, schäme dich. Zum Ersten hüte dich vor den Mönchen. Diese Tengerserlin gehen nicht aus den Häusern, sie tragen etwas von der Frucht hinweg.

„Ja, wie soll ich sie aber erkennen! Zu dem Ersten erkenne sie, wenn einer in dein Haus kommt, so telscht er ein kleines Novizlein mit sich, es ist kaum eine Faust groß, das bleibt in einem Winkel sitzen, dem gibt man einen Apfel, bis die Frau ihn durch das ganze Haus geführt hat.

„Zum Andern, so siehe seine Hände an, so bringt er Gaben, das schenkt er dir, das der Frau, das den Kindern, das der Dienerin.

„Das dritte Zeichen ist, wenn er dir unbescheidene Ehre anthut. Wenn du ein Handwerksmann bist, nennt er dich Junker. — Wenn du einen semmelfarbenen Mönch siehst, so zeichne dich mit dem heiligen Kreuze, und ist der Mönch schwarz, so ist es der Teufel, ist er weiß, so ist es seine Mutter, ist er grau, so hat er mit beiden Theil.

„Zu dem Andern hüte dich vor den Pfaffen, die mache dir nicht geheim, besonders die Beichtväter, Leutpriester, Helfer und Kapläne. Ja, sprichst du, meine Frau hasset Mönche und Pfaffen, sie schwört, sie habe sie nicht lieb. Es ist wahr, sie wirft es so weit weg, daß es Einer in drei Tagen mit einem Pferd nicht erreichen möchte. Glaub ihr nicht, denn der Teufel treibt die Frauen, daß sie der geweihten Leut begehren."

Interessante Belege zu der Lüderlichkeit der Geistlichen enthalten die Schriften der Aerzte. Aus ihnen lernt man die schrecklichen Folgen des Cölibats an den Leibern der Pfaffen selbst kennen. Es war nur ein Unglück, daß sie diese weiter mittheilten und auch die Menschen körperlich zu Grunde richteten, welche sie bereits geistig elend gemacht hatten. Alle Aerzte klagten, daß die Lustseuche, welche deutsche Landsknechte aus Frankreich mitgebracht haben sollten, durch die Pfaffen auf eine grauenerregende Weise verbreitet wurde.

Vergebens waren alle Ermahnungen zur Mäßigkeit. Kaspar Torella, erster Kardinal am Hofe Alexanders VI., Bischof von St. Justa in Sardinien und Leibarzt des Papstes, bat die Kardinäle und sämmtliche Geistlichen: „doch ja nicht des Morgens bald nach der Messe Unzucht zu treiben, sondern des Nachmittags und zwar nach geschehener Verdauung, sonst würden sie ihre Sündhaftigkeit mit Abzehrung, Speichelfluß und ähnlichen Krankheiten zu büßen haben, und die Kirche würde ja ihrer schönsten Zierden beraubt werden."

Einige Aerzte waren sogar boshaft genug, die Besorgniß auszusprechen, daß die Geistlichen die Lustseuche auch in den Himmel verpflanzen würden; und der Arzt Wendelin Hock forderte den Herzog von Württemberg auf, der Lüderlichkeit der Pfaffen Einhalt zu thun, da sonst das ganze Land verpestet werde. Diese Besorgniß war keineswegs aus der Luft gegriffen, denn die venerischen Krankheiten nahmen so überhand, daß man in den meisten größeren Städten eigene Spitäler dafür erbaute, welche man Franzosenhäuser nannte.

Bartholomäus Montagna, Professor der Heilkunde zu Padua, hatte an den Leibern seiner geistlichen Freunde die beste Gelegenheit, die Lustseuche zu studiren, und schrieb daher ein Buch, in welchem er einige Kardinalkrankheiten schrecklich genug schildert. Alexander VI. selbst hatte fürchterlich zu leiden, und der Kardinalbischof von Segovia, der die Aufsicht über die Hurenhäuser zu Rom hatte, widmete ihnen so große Sorgsamkeit, daß er darüber sein Leben einbüßte.

Zur Zeit der Reformation kamen unzählige Nichtswürdigkeiten der Pfaffen an das Licht. Als Luther anfing Lärm zu schlagen, da regte es sich von allen Seiten, und Schriften gegen die Geistlich'eit erschienen in unendlicher Zahl und überschwemmten ganz Europa.

Luther, Melanchthon, Zwingli und Andere forderten laut die Erlaubniß zur Ehe für die Priester, und letzterer richtete im Namen vieler Geistlichen Schriften an seine Vorgesetzten, die aber alle nichts fruchteten. Aus einer derselben will ich nur Folgendes anführen:

Ein Schulmeister, der verheirathet war, hatte Lust, ein Priester zu werden, und wurde es mit Einwilligung seiner Frau. Er hatte sich aber zu viel zugetraut, indem er dachte, das Keuschheitsgelübbe halten zu können. Er wehrte sich lange und hätte gern seine Frau wieder zu sich genommen; da er dies aber nicht durfte, so hing er sich an eine Dirne, verließ den Wohnort seiner Frau, um diese nicht zu kränken, und kam in das Bisthum Konstanz. Die Frau, welche hörte, daß er eine Haushälterin habe, zog ihm nach. Der Mann, welcher sie lieb hatte, schickte die Haushälterin weg und nahm seine Frau wieder zu sich, da er meinte, es sei dies doch besser, da es ohne „weibliche Pflege" nun einmal nicht ginge. Der Generalvikar und die Konsistorialräthe theilten aber seine Ansicht nicht; sie befahlen ihm bei Verlust seiner Pfründe, seine Frau wegzuschicken. Der arme Geistliche erbot sich, dieselbe als Konkubine jährlich zu verzinsen; allein das war umsonst, sie mußte fort. Darauf nahm er seine fortgeschickte Konkubine wieder zu sich, und Alles war in bester pfäffischer Ordnung; der Generalvikar hatte nichts dagegen zu erinnern!

Der Rath von Zürich gestattete bald nach einer Deputation, in welcher Zwingli die Ehe wacker vertheidigt hatte, daß sich die Priester verheiratheten. Mehrere machten sogleich von dieser Erlaubniß Gebrauch und verkündeten ihren Entschluß von der Kanzel. Das Volk bezeugte laut seinen Beifall, und bei der Trauung eines Priesters in Straßburg, wo man bald dem guten Beispiele folgte rief man im Volke, er habe Recht gethan, und wünschte ihm tausend glückliche Jahre.

Erasmus von Rotterdam, der durch seine Schriften sehr viel beitrug, die Macht der Päpste zu untergraben, nannte die Reformation das „lutherische Fieber," oder ein Lustspiel, da es mit einer Heirath schließe. Als er Luthers Vermählung erfuhr, scherzte er: Es ist ein altes Mährlein, daß der Antichrist von einem Mönch und einer Nonne kommen soll. Er schrieb gleichfalls gegen das Cölibat, meinte aber, daß die Päpste es schwerlich abschaffen würden, da ihnen der Hurenzins gar zu gut thue.

Auf der Trientiner Synode, wo all der alte römische Kohl wieder aufgewärmt wurde, bestätigte man auch wieder aufs Neue das Cölibat und erließ die strengsten Befehle gegen das Konkubinat. Aber auch diese Beschlüsse halfen nicht viel. In Polen lebten zur Zeit der Reformation fast alle Geistlichen in heimlicher Ehe, und viele bekannten sie selbst öffentlich. Dieser Zustand änderte sich auch nach der Trientiner Synode nicht, und daß das Konkubinat fortbestand, lehren die unzähligen spätern Verordnungen dagegen.

In denjenigen Ländern, in welchen die Reformation festen Fuß gefaßt hatte, waren die Geistlichen freilich darauf bedacht, ihr Schandleben vor den Augen der Welt mehr zu verbergen; aber wie begreiflich wurde damals nichts für die Sittlichkeit gewonnen, sondern diese wurde im Gegentheil noch mehr dadurch gefährdet. Die Pfaffen blieben trotz aller Conzilienbeschlüsse liebebedürftige Menschen, um die Sache einmal recht zart auszudrücken, und da beim unvorsichtigen Genuß harte Strafen drohten, so waren sie darauf angewiesen, sich in der Kunst der Verstellung und Heuchelei zu vervollkommen. Das Handwerk des Frauenverführens wurde nun jesuitischer betrieben, und das war wahrlich kein Gewinn.

In den echt katholischen Ländern genirte man sich indessen weniger, und der Kardinal Bellarmin zum Beispiel führte ein Leben, als hätte nie eine Reformation stattgefunden. Man erzählt von ihm, daß er 1624 Geliebten gehabt und nebenbei zur Sodomiterei noch vier schöne Ziegen gehalten habe! Mehr kann man von einem Kardinal billigerweise nicht verlangen.

Im siebenzehnten Jahrhundert erschienen noch sehr zahlreiche, die Unzucht der Pfaffen betreffende Verordnungen, und da man einmal das Konkubinat nicht ausrotten konnte, so viel Mühe man sich auch gab, so bestimmte man nun das Alter der Köchinnen und Haushälterinnen auf fünfzig Jahre, und trotz dieses Alters, welches gegen das höchst rücksichtslose Kinderbekommen sicherte, worauf es hauptsächlich ankam, mußten die Pfaffenköchinnen sich einer strengen Prüfung unterwerfen.

Im achtzehnten und neunzehnten Jahrhundert werden die Provinzialsynoden immer seltener, und dies ist der Grund, weshalb die beständigen Erinnerungen an die Keuschheitsgesetze wegfallen, welche nur hin und wieder in den bischöflichen Hirtenbriefen eingeschärft werden.

Man hatte eingesehen, daß Pfaffenfleisch sich nicht ertödten läßt, und war weit diplomatischer geworden. Anstatt bei Keuschheitsvergehen an die große Glocke zu schlagen, vertuschte man sie, und suchte den Glauben zu verbreiten, als stehe es mit der Keuschheit der Pfaffen sehr gut. Fand man eine Erinnerung nöthig, so sorgte man auch dafür, daß keine Kunde davon unter die Leute kam, und in dem Ausschreiben Joseph Konrads, Bischofs von Freisingen und Regensburg an den Regensburger Klerus, vom 7. Januar 1796, heißt es ausdrücklich: „Uebrigens wollen wir, daß von diesen Statuten keine Nachricht unter das Volk komme, damit nicht der Klerus verachtet und verspottet werde. Wir haben uns auch deswegen der lateinischen

Sprache bedient, damit für die Ehre des Klerus gesorgt und das Volk bei seiner guten Meinung erhalten werde, **da einige in demselben glauben, es dürfe auch nicht der Verdacht eines schändlichen Verbrechens auf die Priester und seine Seelsorger fallen.**"

Ein Umlaufschreiben des Bischofs Ignaz Albert von Augsburg vom 1. April 1824 ist im Allgemeinen außerordentlich diplomatisch abgefaßt und um so mehr wird man darin von folgender Stelle frappirt: — „Ja, wir wissen es, daß es bei einigen Pfarrern schon zur Gewohnheit geworden ist, **an Kirchfesten und Jahrmärkten mit den Köchinnen zu erscheinen und im Pfarrhause oder in Wirthshäusern einzusprechen und in später Nacht vollgefressen und vollgesoffen nach Hause zurückzukehren.**"

In Spanien stand es mit der Sittlichkeit der Geistlichen in den ersten Jahrzehnten dieses Jahrhunderts sehr schlecht, und der Großinquisitor Bertram erklärte: daß die ganze Strenge der Inquisition dazu nöthig sei, um Kleriker und Mönche von Verbrechen zurückzuhalten, und zu verhindern, daß der Beichtstuhl in ein Bordell umgewandelt werde. — Wie es mit der Moralität der Geistlichen in der Schweiz steht, werden wir im nächsten Kapitel an einigen Beispielen sehen. — In Südamerika überbieten die Pfaffen alle andern Stände an Lüderlichkeit, was dort etwas heißen will. In Peru besteht das Konkubinat in voller Blüthe.

Wie es mit der Sittlichkeit der römischen Geistlichkeit in Deutschland steht, **will ich hier nicht erörtern.** Leser, die in katholischen Distrikten unseres Vaterlandes wohnen, **wissen es.** Das Cölibat besteht noch, und wenn auch die höhere Bildung unseres Zeitalters es nicht gestattet, daß die Lüderlichkeit der Pfaffen mit derselben frechen Unverschämtheit auftritt wie früher, so bleiben die Folgen dieses Cölibats doch überall dieselben. Diese

Folgen waren es fast ebenso sehr wie die Habsucht der Pfaffen, welche die Reformation herbeiführten; und wenn das jetzt zusammentretende Konzil über die Mittel berathen sollte, die katholische Religion in den schwankenden Ländern zu rehabilitiren, so sollte es nicht vergessen, daß die Aufhebung des Cölibats das wirksamste sein würde.

VI.

Die Möncherei.

Im Weltgewühle wohnt
Der Sünde freche Fülle,
In heil'gen Mauern thront
Unheiligkeit in Stille.

Wie das Mönchswesen entstand, habe ich früher angedeutet. Klöster stiegen im Mittelalter wie Pilze aus der Erde hervor. Bis zur Reformation waren allein 14,993 Bettelmönchklöster errichtet worden! Durch die Reformation und die darauf folgenden Kriege gingen in Deutschland 800 Klöster zu Grunde, in Sachsen allein 130; aber dessen ungeachtet fand Kaiser Joseph II. bei seinem Regierungsantritte noch 1565 Mönchs- und 604 Nonnenklöster in seinen Staaten. Zur Zeit Luthers belief sich die Zahl der Mönche auf 2,465,000, und das stehende Heer der Bettelmönche allein auf eine Million!

Es ist fast unmöglich, alle Spielarten dieser Mönche und Nonnen aufzuzählen und unterlasse es daher, wie Marnix de St. Albegonde in seinem berühmten „Bienenkorb" deß heil. Röm. Immenschwarms ꝛc." und bemerke nur mit seinen Worten: „Wie etliche in Schneeweis, etliche inn kohlschwarz, die andern in Eselgraw, inn grasgrün, in feuerrobt, in himmelblaw, inn bunt oder geschecket gekleyd gehn, die eynen eyn helle, die andern eyn trübe kapp antragen, die eyn Rauchfarb vom Fegfeuer geräuchert, die ander von Requiem Todenpleych. Den einen Mönch graw wie ein Spaz, den andern hellgraw wie eyn Klosterkatz: Etliche vermengt mit schwarz und weis, wie Atzeln, Raupen vnd Läus, die andern Schwefelfarb und Wolffsfarb, die Dritten Eschenfarb vnd Holtzfarb, etliche inn vil Röcken ober einander, die andern in eyner blosen Kutt: Etliche mit dem Hemb vbern Rock, die andern ohn eyn Hemb, oder mit eym panzerhemb, oder härin hemb, oder Sanct Johanns Cameelshaut auf bloser haut: Etliche halb, etliche ganz beschoren; etliche bärtig, die andern Unbärtig vnd Ungeberbig: Etliche gehn barhaupt, vil Barfüßig, aber all miteynander müßig: Etliche sind ganz Wüllin, etlich Leinin, etlich Schäfin, etlich Schweinin; Etlich füren Juden Ringlein auff der Brust, die andern zwey schwerter kreutzweis zum kreutzstreich darauff geschrenckt, die dritten ein Crucefix für eyn Vollenbüchs, die Vierten zwen Schlüssel. Die fünfften Sternen, die sechsten kränzlin: die siebenden Spiegel auß dem Eulenspiegel, die achten Bischofshut, die Neunten flügel, die Zehenben Tuchschären, die eylfften Kelch, die zwölfften Muscheln vnd Jacobsstäb, die Dreizehnden geysseln, die Vierzehenden schill, vnd andre sonst auff der Brust seltsam grillen, von Paternostre, Ringen vnd Prillen. Sehet da, die Feldzeychen sind schon ausgetheylt, es fälen nur die Federpusch, so ziehen sie hin inn Krig gerüst."

Es war dies eine ungeheure Macht, besonders durch ihren Reichthum, zu welchem sie durch die Schenkungen frommer Schwachköpfe und durch — Betrügereien gelangten. Hatte eine Kirche oder ein Kloster Lust nach einem schönen Landstrich, so fand sich bald im Klosterarchiv eine vergilbte Pergamenturkunde, ausgestellt von diesem oder jenem Fürsten der Vorzeit, welcher den ersehnten Landstrich dem Kloster schenkte. Im Kloster St. Medardi zu Soissons war eine förmliche Fabrik von falschen Dokumenten. Der Mönch Guernon beichtete auf dem Sterbelager, daß er ganz Frankreich durchzogen habe, um für Klöster und Kirchen falsche Dokumente zu machen. Da war es denn freilich kein Wunder, daß zur Zeit der Revolution das Vermögen der Geistlichkeit in Frankreich auf 3000 Millionen Franken angeschlagen werden konnte!

Die Pfaffen verschmähten kein Mittel, um reich zu werden,

denn sie hatten es längst erkannt, daß Geld Macht ist, und dann — wollten sie gut leben. Ihre Gelübde wußten sie damit trefflich zu vereinigen, und was die fanatischen Stifter der Klöster eingerichtet hatten, um dem Wohlleben zu steuern, wurde von ihren Nachfolgern so gedreht und gewendet, daß es ihnen zu einer Quelle des Erwerbes und Wohllebens wurde.

Die Karthäuser zum Beispiel, denen ihre Regel den Genuß des Fleisches verbot, kultivirten die Obstbaumzucht und die Fischereien in solchem Grade, daß sich von deren Ertrage auch ohne Fleisch sehr luxuriös leben ließ. **Karthäuserobst** ist in der ganzen Welt bekannt. Die Obstbaumschule der Karthause in Paris trug jährlich 30,000 Livres ein. Dafür konnte denn auch ihr Prior während einer Krankheit für 15,000 Livres **Hechtbouillon** verzehren!

Die Messe war, wie die Mönche lehrten, die einzige Erfrischung für die armen Seelen im Fegefeuer, die mächtigste Vogelscheuche für den Teufel, und war für dreißig Kreuzer zu haben, ja die Bettelmönche lasen für die Hälfte und fanden sich um so besser.

Einzelne Klöster wurden außerordentlich reich durch einen Ablaß, zu welchen ihnen der Papst ein besonderes Privilegium gegeben hatte. Der **Portiuncula-Ablaß** brachte den Franziskanern Millionen. — Ein Hieronymitenkloster bei Valladolid mit achtzig Mönchen hatte das ausschließliche Privilegium, die Kreuzbulle zu verkaufen, was ihm jährlich 12,000 Dukaten eintrug.

So gern nun auch die Mönche nahmen, so ungern **gaben** sie, und Jeder, der es wagte, sie mit Gewalt dazu zu zwingen, wurde bis in den tiefsten Abgrund der Hölle verflucht, wie folgende Formel zeigt, die einer jeden Schenkungsurkunde angehängt war: „Sein Name sei vertilgt aus dem Buche des Lebens; und alle Plagen Pharaons sollen ihn treffen — der Herr werfe ihn aus seinem Eigenthum, und gebe solches seinen Feinden — sein

Theil sei bei dem Verräther Judas — bei Datan und Abiram — seine Aecker werden wie Sodom, und Schwefel verderbe sein Haus wie Gomorrah, — die Luft schicke Legionen Teufel über ihn — er sei verflucht vom Fuße bis zum Haupte, daß ihn die Würmer mit Gestank verzehren und sein Eingeweide ausschütte wie Judas — sein Leichnam werde verzehrt von den Vögeln und wilden Thieren, und sein Gedächtniß von der Erde vertilgt — verflucht alle seine Werke, verflucht wenn er aus- und eingeht, verflucht sei er im Tode wie ein Hund, und wer ihn begräbt, sei vertilgt. Verflucht die Erde, wo er begraben wird, und er bleibe bei den Teufeln und seinen Engeln im höllischen Feuer!" — Dabei mußte einem Christen des Mittelalters wohl der Appetit nach Klostergut vergehen!

Wenn nun auch das Hauptgeschäft der Mönche im Handel mit geistlicher Waare bestand, so ließen sie sich doch auch zu dem mit irdischen Dingen herab, als die ersten im Kurs zu fallen begannen. Viele Klöster wußten sich das Recht zu erwerben, Wein und Bier zu verzapfen und verdienten damit viel Geld. In Nürnberg verkaufte eins jährlich 4500 Eimer Bier. Jeder Bettler, der in seine Bierstube kam, erhielt einen Pfennig, aber das Glas Bier wurde ihm für zehn Pfennige verkauft.

Im Allgemeinen gaben sich die Mönche aber mehr mit dem Trinken als mit dem Verkaufen ab, und die Klosterkeller stehen bei allen allen Zechern im besten Andenken. Die frommen Väter hatten in ihren Kellern Fässer, die größer waren als die Zellen ihrer Vorfahren, der armen Einsiedler.

Als man in Oesterreich die Klöster aufhob, fand man selbst in Nonnenklöstern herrlich versehene Weinkeller. Die Kanonissinnen zu Himmelspforten in Wien hatten in dem ihrigen noch 6800 Eimer und Raum für das doppelte. Es gab da einen Gottvaterkeller, Gottsohn- und Heiligengeistkeller, einen Muttergottes-, Johannes-, Xaveri- und Nepomukkeller. Der allergrößte, der Gottfohnkeller, war leer bis auf ein einziges Faß. — Was mag nun erst in Mönchsklöstern für ein Vorrath gewesen sein!

Saufen galt bei den alten Rittern für eine Tugend und es war die einzige, in welcher sie es einigermaßen weit brachten, worin sie aber dennoch im Allgemeinen von den Mönchen übertroffen wurden; einzelne Ausnahmen fanden freilich statt und es kam sogar vor, daß Mönche von einem Ritter todtgesoffen wurden.

Ein sehr geachteter protestantischer Geistlicher zu Caen in Frankreich war angeklagt worden, über die Ohrenbeichte der Katholiken schlecht gesprochen zu haben. Die Sache wurde sehr strenge untersucht, aber man konnte an dem Geistlichen keine Schuld finden und er wurde freigesprochen. Der Jubel darüber war in Caen ungeheuer und Jeder suchte seine Freude auf irgend eine Weise an den Tag zu legen. Dies that denn auch ein Ritter, welcher in einem ziemlich schlechten Rufe stand. Er lud zwei Kapuziner ein und „der Wein floß in Strömen." Es begann ein Wettsaufen, welches damit endete, daß einer der Mönche mausstodt auf dem Platze blieb. — Seelenvergnügt ging nun der protestantische Edelmann zu dem Geistlichen und sagte: „Er sei über dessen Freisprechung außerordentlich erfreut und habe gedacht, dies durch nichts besser an den Tag zu legen als dadurch, daß er dieser Freude einen Mönch opferte. Eigentlich hätte es ein Jesuit sein sollen; da er diesen aber nicht habe bekommen können, so möge der Geistliche diesmal mit einem Kapuziner vorlieb nehmen."

Wenn die Klöster nicht selbst stark genug waren, sich zu beschützen, so rechnete es sich irgend ein Fürst zur Ehre, ihr Schutzherr zu sein, wofür ihm dann von den Klosterherren diese oder jene Rechte eingeräumt wurden. Aber nicht alle Schutzherrn machten davon einen so ernsthaften Gebrauch, wie der Herzog Julius von Braunschweig. Dieser ließ die Aebtissin von Gandersheim, eine geborene von Warberg, die sich mit ihrem Stiftsverwalter zu tief eingelassen hatte, nach der Stauffenburg abführen und hier (1587) lebendig einmauern!

Meistens brauchten die Klöster keinen Schutz; die Aebte und Prälaten waren große Herren, welche Lehnsleute hatten, die ihnen zu allerlei Diensten verbunden waren, wie auch Leibeigene. Oft war es bei diesen Lehnsleistungen übrigens nur auf einen gnädigen Spaß abgesehen, der mitunter sehr mittelalterlich derb war.

Der Lehnsmann eines Klosters zu Bologna mußte jährlich dem Abt einen Topf mit Reis mit einem Huhn darin bringen, und diesen Sr. Hochwürden unter die Nase halten, denn — er war nur den Dampf davon schuldig.

Ein Bauernhof zu Soest in Westphalen hatte die Verpflichtung, dem Dominikanerkloster alljährlich ein Ei auf einem vierspännigen Wagen zu bringen. — Im Queblinburgischen mußten Bräute den Herren Pfaffen ihren „Stech- oder Bunzengroschen" zahlen und im Paderbornschen eine Bodshaut liefern. — Mehreren schwäbischen Klöstern mußten die Bräute einen kupfernen Kessel geben, „so groß, daß sie darin sitzen konnten," und die Beweisführung war natürlich das Hauptgaudium für die frommen Herrn.

Die Gräfin Hibba von Eulenburg ließ sich von Wittwen, die wieder heiratheten, einen Beutel ohne Naht mit zwei „Schreckenbergern" darin liefern, und unfruchtbare Eheleute mußten im Hildesheimschen alljährlich, wegen des Abgangs an Taufgeld, damit man mit ihrem Unvermögen Geduld habe, einen „Geduldshahn" opfern.

Die Fuchsnatur der Pfaffen offenbarte sich auch in ihrer Lüsternheit nach Hühnern und ihre Lehnsleute mußten davon herbeischaffen, so viel sie nur immer konnten. Es gab Haupt- und Leibhühner, Rauchhühner, Erbzins- und Fastnachtshühner, Pfingst-, Sommer-, Herbst-, Ernten-, Wald-, Garten-, Heu- und Ehrenhühner! Audubon hat diese Hühnerarten in seiner Naturgeschichte der Vögel vergessen; doch waren sie ja auch nur in Europa zu Hause und Gloger, als er sein treffliches Werk schrieb, hätte sich darum bekümmern sollen.

Manche Aebte und Bischöfe unterhielten Heere, wie es Fürsten nicht vermochten. Der Bischof Galen von Münster hatte 42,000 Mann Infanterie, 18,000 Reiter und die schönste Artillerie, und die meisten Klöster waren verbunden, ein mehr oder minder bedeutendes Kontingent zu den Truppen des Landesbischofs stoßen zu lassen. Als die Reformation und die Revolution die Klöster gehörig angezapft hatte, da wurde dies manchem schwer genug, und eine Aebtissin schrieb an die Kreisdirektion: „daß sie und ihre Kanonissinnen im letzten Kriege so von den Franzosen zugerichtet worden, daß sie nicht im Stande seien, auch nur einen halben Mann aufsitzen zu lassen."

Ehe wir nun einen Blick in die Klöster thun, wollen wir einmal prüfen, welchen Nutzen die Mönche der Welt brachten. Wir werden leider finden, daß dieser zu dem Uebel, dessen Ursache sie waren, so wenig im Verhältniß steht, daß er fast ganz und gar verschwindet."

Die Vertheidiger des Mönchswesens machen geltend, daß durch Mönche das Christenthum in die fernsten Welttheile getragen wurde. Es ist das ein sehr zweifelhaftes Verdienst; denn das Mönchs-Christenthum brachte mehr Fluch als Segen, wohin es auch immer kam, namentlich aber solchen Völkern, die unter dem Einfluß eines ewig milden heitern Himmels sich gebildet hatten und für welche das scheußliche Mönchs-Christenthum mit seinen trübseligen ascetischen Ansichten eine moralische Unmöglichkeit war. Das erste Kloster wurde 1525, also 4 Jahre nach der Eroberung von Mexiko, gebaut und 12 Millionen unglücklicher Indianer wurden dem blutigen Pfaffengotte als Opfer geschlachtet!! Aehnlicher Art waren die Wirkungen des durch Mönche verbreiteten Christenthums fast überall. Die Marianneninseln wurden früher von

150,000 glücklichen Naturkindern bewohnt, und im Laufe der Zeit wurden sie durch christliche Krankheiten, Trunksucht und das Franziskaner-Evangelium auf 1500 elende, Christen genannte Subjekte reduzirt.

Um auch dem Teufel zu geben, was ihm gebührt, will ich wenigstens bemerken, daß die Jesuiten, welche sich viel mit dem Missionswerke beschäftigten, neben dem vielen Schlechten, dessen Urheber sie sind, in manchen Gegenden der Erde segensreich wirkten, so daß das Untergehen ihrer Missionen zu beklagen ist, wie zum Beispiel in Südamerika an den Ufern des Amazonenstroms und des Orinoko.

Das Missionswesen, wie es von Katholiken und Protestanten betrieben wurde und zum Theil noch betrieben wird, ist ein an der Menschheit begangenes himmelschreiendes Unrecht, welches ich ein Verbrechen nennen würde, wenn ihm nicht, großentheils wenigstens, ehrlich-dummer Glaubenseifer zu Grunde läge. Die protestantischen Missionäre, besonders diejenigen, welche von dem puritanischen England auszogen, haben vor den Mönchen nur allein das voraus, daß ihr Fanatismus weniger blutig war. Die Bewohner der Freundschaftsinseln liefern die schlagendste Illustration zu dieser Behauptung, die jedem in die Augen fallen muß, der die Schilderungen der dort lebenden Indianer vor und nach Einführung des Christenthums liest. — Männer, wie Dr. Livingstone, sind unter den Missionären sehr selten. Er und die wenigen ihm gleichgesinnten Männer sind ein Segen für die Menschheit; allein ihr geläutertes Christenthum würde wenig Gnade finden vor den Augen der Inquisition oder selbst vor orthodoxen englischen Christen. Ich nenne hier Dr. Livingstone und die ihm gleichgesinnten Männer, da es ein bitteres Unrecht sein würde, sie in den Tadel einzuschließen, der den größten Theil derjenigen trifft, welche sich wie sie „Missionäre" nannten und nennen.

Den Mönchen verdanken wir, sagen die Klöstervertheidiger

weiler, die Erhaltung der Kunst und der Wissenschaften, wie auch die der meisten alten Klassiker. Daran ist allerdings etwas Wahres und besonders erwarben sich die Benediktiner Verdienste in dieser Beziehung; aber eine andere Frage ist es, ob sich nicht ganz ohne Mönche, ja ganz ohne Christenthum, Künste und Wissenschaften weit frühzeitiger und herrlicher entfaltet haben würden.

Die alten Griechen dienen uns noch heute in manchen Zweigen der Kunst als unerreichbare Muster und sind jemals die Wissenschaften unter der Herrschaft der römischen Kirche so ins Volk gedrungen, wie bei ihnen? — Alle die herrlichen Resultate, welche sie erzielten, erreichten sie ohne Christenthum, ohne Mönche, und eine Thatsache ist es, daß die Wissenschaften in Europa erst anfingen, recht aufzublühen, als das Mönchswesen anfing abzusterben. Ja noch mehr, sind nicht noch heut zu Tage die Heimathländer der Pfaffen und Klöster in Bezug auf Wissenschaften so gut wie Null?

In der Malerei, Bildhauerkunst und Baukunst leisteten die Mönche noch das Meiste; allein, welche krasse Geschmacklosigkeit herrscht nicht in den mönchischen Erzeugnissen der erstgenannten Künste. Einige technische Fertigkeit mochten sie allenfalls erlangen; aber bei der Komposition der Gemälde wie der Skulpturen war ihnen überall ihre Unwissenheit im Wege, und sie brachten Dinge hervor, die an Abgeschmacktheit nicht ihres Gleichen finden. Wer alte Gemälde gesehen hat, besonders solche, die aus Mönchshänden hervorgingen, wird mir Recht geben.

Von den unendlich vielen Beispielen mönchischer Geschmacklosigkeit und Borniertheit, wie sie sich in Gemälden äußert, nur zwei. In Erfurt befand — oder befindet sich vielleicht noch — ein Gemälde, welches die Transsubstantiation verherrlichen soll. Die vier Evangelisten werfen kleine Papierchen in eine Handmühle, und auf den Zetteln liest man die Worte: „Das ist mein Leib." Die vier großen Kirchenlehrer halten einen Kelch unter, und das Jesulein fährt geschroten aus der Mühle in den Kelch.

An einem andern Orte befindet sich eine Darstellung von dem Opfer Abrahams. Isaak kniet kläglich auf dem Holzstoß, und sein Vater setzt ihm eine Pistole auf die Brust. Der Hahn ist gespannt, und man sieht, der Erzjude will eben abdrücken; man zittert, aber oben in den Wolken schwebt schon der Erretter, ein Engel, der so geschickt aus der Höhe herunterpißt, daß durch sein heiliges Wasser das Pulver auf der Pfanne naß und dadurch Isaak errettet wird.

Es würde mich zu weit führen, wollte ich den Einfluß des mönchlichen Christenthums auf die Malerei und Kunst überhaupt weiter ausführen; ich überlasse das den unbefangenen Fachmännern und begnüge mich damit, auf die in den Museen aufgehäuften Erzeugnisse hinzuweisen, welche dieser Religionsanschauung ihr Dasein verdanken. Es ist gewiß viel relativ Herrliches darunter; allein man vergleiche es mit den Werken, die aus einer Zeit und von Künstlern stammen, die sich von dem eigentlichen römischen Christenthum emanzipirt haben.

Den Mönchen verdanken wir auch die Schauspiele, rufen die Klosterfreunde. — Nun, auf diesen Ruhm werden die frommen Männer, welchen die Schauspiele ein Greuel sind, eben nicht besonders stolz sein; allein die Sache hat ihre Richtigkeit. Unsere Schauspiele gingen allmälig aus den sogenannten Mysterien hervor, welche in den Klöstern aufgeführt wurden; aber Shakespeare, Lessing, Schiller, Göthe und Konsorten, welche die rein christlichen Vorbilder verließen und sich zu viel mit den Schauspielen der alten Heiden beschäftigten, haben sie vollkommen verpfuscht!

In diesen Klosterschauspielen erreicht die Mönchsdummheit ihren Gipfelpunkt, und wer einmal recht von Herzen lachen will, der suche sich dergleichen Machwerke zu verschaffen, und wer das nicht kann, der lese das vortreffliche Werk von Karl Julius

Weber, die Möncherei. Der treffliche Mann ist todt; aber wenn er sich noch um die Erde bekümmern sollte, würde er sich gewiß freuen, daß ich in diesem Buche mir seine fabelhafte Belesenheit zu Nutze machte.

Ein Lieblingsthema der Mönche scheint die Schöpfung gewesen zu sein, denn sie wurde sehr oft dargestellt, und höchst erbaulich ist es, wenn Gott, der im Schlafrock, mit Brille und Perrücke erscheint, von Adam auf den Knieen darum gebeten wird — erschaffen zu werden.

In einem breiaktigen „Passionsspiel", welches 1782 unter dem Titel „die Sündfluth" in Ingolstadt aufgeführt wurde, klagt Gott Vater über das sündige Leben der Menschen:

<blockquote>
Ist das, o Mensch! das Leben dein!
Der Henker soll Gott Vater sein,
Es thut mich bis in Tod verdrießen,
Daß ich euch Schwengl hab' machen müssen. —
</blockquote>

Neptun und Aeolus bieten nun Gott ihre Dienste an, das sündige Geschlecht zu vertilgen, und Ersterer sagt höchst ärgerlich:

<blockquote>
Thut länger Ihr so barmherzig sein,
So schlagens uns noch in b' Fressen 'nein,
Ein Exempel müßt Ihr statuiren,
Sonst thun's einem noch ins Haus hofiren.
</blockquote>

Endlich ist die Arche fertig und zum Abfahren bereit. Der Engel trinkt mit Noah eine Flasche Wein; dieser geht endlich in die Arche, der Engel schiebt den Riegel vor, und nun geht das Donnerwetter, das Regnen und der Sturm los, daß die Menschen in der Luft herumfliegen.

Als endlich die Geschichte zu Ende ist und Noah opfert, spricht Gott:

<blockquote>
Pot Clement, was riecht so süß?
Das ist zu meiner Ehre gewiß.
</blockquote>

> Zum Zeichen, wie ich dir gewogen,
> Nimm um den Hals den Regenbogen.

Fama posaunt dies nach allen vier Winden in einer herrlichen Arie aus:

> Das bleibt der Welt nun immer kund,
> Geschlossen ist der Gnadenbund.
> Pum, Pum, Pumpidipum, Pum!

In einer Passionskomödie, die in einem schwäbischen Kloster aufgeführt wurde, tritt Judas zu den versammelten Pharisäern:

Judas. Gelobt sei Jesus Christ, ihr lieben Herrn!
Phar. In Ewigkeit! Judas, was ist dein Begehr'n?
Judas. Ich will euch verrathen Jesum Christ,
> Der für uns am Kreuz gestorben ist.

Größerer Unsinn kann wohl nicht leicht in vier Zeilen gesagt werden!

Besonders stark in derartigen Schauspielen waren die Jesuiten; wenn sie sich auch von solchen plumpen Dummheiten frei hielten, so ersetzten sie dieselben reichlich durch mehr innerliche. Ein sehr schönes, originelles Stück ist des Paters Sautter „Genius der Liebe", und ein Theaterdirektor könnte heutzutage sein Glück machen, wenn er diese brillante Oper, mit Offenbach'scher Musik, auf die Bühne brächte.

Heilige Jungfrauen (aus meinem zweiten Kapitel) bringen dem Genius „Gaben der Liebe" in goldenen Schalen. Der Genius singt:

Genius. Nun! was bringt mir, liebe Bräute,
> Euer Galantismus heute?
St. Luzia. Herr! dir zum süßen Augenschmaus
> Stach ich mir selbst die Augen aus.
St. Euphemia. Für dich, o Herr, zur Morgengab'
> Schnitt ich mir Nas' und Lefzen ab.

St. Apollonia.	Viel weißer als das Elfenbein
	Siehst du hier Zähne, Jesus mein!
St. Magdalena.	Ich bringe dir zum Opfer dar
	Meine schöne blonde Haar;
	Nimm auch von mir verschreiten Musch
	Den rothen und den weißen Tusch.
Chor.	Pupillen,
	Mammillen
	Und Zähne schneeweiß!
	Jungfräuliche Haar',
	Nasen und Lefzen und mehr solche Waar'
	Steh'n, heilige Liebe, hier alle dir preis!

Die Prozessionen sind auch eine Erfindung der Mönche, und ihr seltsamer Geschmack verwandelte sie in die seltsamsten, abenteuerlichsten und lächerlichsten Possenspiele. Besonders bunt und toll waren die am Charfreitage und am Fronleichnamsfeste. Alle Personen aus dem alten und neuen Testament erschienen in entsprechendem Kostüm — natürlich nach mönchischer Anordnung und Angabe — im Zuge. Wie im wilden Heere wirbelte der tollste Maskenzug, Menschen und Thiere durch einander, die Straßen entlang. Jede Gruppe sang ihr eigenes Lied, und dem Zuschauer wurde ganz schwindlich dabei. Nahm er aber nicht andächtig den Hut ab, oder unterstand er sich gar, über den tollen Spuk zu lachen, dann konnte es ihm leicht sehr übel ergehen, denn die Geistlichen ermahnten selbst von der Kanzel herab, die Spötter zu züchtigen.

Noch unter Karl Theodor von Baiern predigte der Karmeliter F. Damascenus in München: „Liebe Christen, morgen ist Prozession. Ihr werdet da an vielen Fenstern **Freimaurer** und **Freidenker** sehen, — Unchristen, die unsrer spotten. Waffnet euch mit dem Eifer des Herrn, **greifet nach Steinen und werfet sie nach ihnen.**" — Anstatt den Eiferer zu bestrafen, ließ ihm Karl Theodor sein Wohlgefallen an seinem Eifer zu erkennen geben! —

Diese Prozessionen endeten gar häufig mit Lüderlichkeiten und Saufereien, wenn sie nicht schon damit begannen. Engel, Apostel und Teufel soffen sich gemeinschaftlich voll, und der Bauernlümmel, der Christus vorstellte und der gewöhnlich der dümmste war, kam meistens betrunken ans Kreuz und fing an zu extemporiren. Ein solcher Christus, den ein nicht ganz klar sehender Ritter Longinus mit der Lanze in der Seite kitzelte, anstatt die mit Blut gefüllte Schweinsblase zu treffen, schrie ganz erbost: „Hol mich der Teufel, Arm und Bein schlag ich dir entzwei, wenn ich herunter komme!"

Es kamen noch weit unanständigere und lächerliche Scenen bei dieser Kreuzigung vor, die ich aber weglassen muß, weil sie zu sehr an die Zote streifen. — Wäre ich ein Pfaffe oder ein Frommer, so müßte ich mit einem Seufzer meine Augen zum Himmel aufschlagen und an diesen „Mißbrauch des Heiligsten" meine salbungsvollen Redensarten knüpfen; ich mache aber nicht den geringsten Anspruch darauf, von irgend Jemand für einen „frommen Christen" gehalten zu werden, und muß ehrlich gestehen, daß mich diese Sachen weit mehr amüsiren als empören.

Da wir nun einmal bei der spaßhaften Seite der Möncherei sind, die ich bei der Charakteristik derselben nicht unberücksichtigt lassen durfte, so mögen diejenigen Leser, welche sich vielleicht daran ärgern, diesen Kelch gleich auf einmal leeren. Ich will es übrigens kurz machen, obwohl dieses Thema ein besonderes Buch verdiente.

Wer hätte nicht schon von den berühmten Predigten des Paters Abraham a Santa Clara gehört! Sie sind in einer neuen Auflage zum Amüsement der Ketzer erschienen und ich will mich daher nicht lange bei ihnen aufhalten, da sie Jedem zugänglich sind.

Diese Predigten, welche oft die originellsten und seltsamsten Vergleiche und Wendungen enthalten, hatten seiner Zeit auf das

Volk eine große Wirkung. In seinem Eifer brachte er oft die seltsamsten Dinge vor, wovon der Schluß einer Predigt über den Ehebruch als Probe dienen mag: „Ja, ja! es gibt so verdorbene Männer, daß sie diesem Laster nachrennen und wenn sie zu Hause die schönsten Frauen haben! Wie gern würden wir, was uns betrifft, die Stelle dieser Männer vertreten!"

In ähnlicher Art, aber noch derber und oft unfläthig, predigte in der Mitte des 16. Jahrhunderts der Pater Cornelius Adriansen zu Brügge in Flandern, wo er in dem zu jener Zeit herrschenden großen Revolutionskrieg eine nicht unbedeutende Rolle spielte. Er sprach, was ihm gerade in den Mund kam und das war dann häufig sehr derb niederländisch.

Einst verglich er des Himmels Süßigkeit mit — Hammelfleisch und weißen Rüben, welches Gericht er wahrscheinlich sehr gern aß. Der Rath der Stadt konnte es ihm nie recht machen und er schimpfte über ihn ganz öffentlich von der Kanzel, so daß ihm endlich das Predigen untersagt wurde. Eine Rede gegen diesen Rath schloß er mit einer neuen Beschuldigung und bereitete auf dieselbe mit den Worten vor: „Nun noch eine Klette an seinen Hintern!" — Diesen Pater Cornelius werden wir im nächsten Kapitel genauer kennen lernen, wenn ich von dem Mißbrauch des Beichtstuhls rede.

Noch populärer und einflußreicher als Cornelius und Abraham a Santa Clara übte der kurz vor der Revolution in Neapel verstorbene Pater Rocco aus. Dieser sagte dem Könige Ferdinand die derbsten Wahrheiten und man durfte ihn nicht hindern, denn in seiner Hand lag das Schicksal Neapels. Alle Lazzaroni zitterten, wenn er den Mund aufthat und Niemand wagte eine Miene zu verziehen, wenn er auch die lächerlichsten Dinge vorbrachte.

Einst jagte er einen Marktschreier von seiner Bühne herab, trat an seine Stelle, hielt das Kreuz in die Höhe und rief mit Donnerstimme: „Dies ist der wahre Policinello!" Alles zitterte und er hielt den Ehebrecherinnen eine furchtbare Strafpredigt über den seltsamen Text: „und Alexanders Bucephalus ließ Niemand aufsitzen als seinen Herrn und übertraf die Menschen an Tugend."

„Ich will sehen," sprach er, „ob eure Sünden euch leid sind. — Wem es mit der Buße Ernst ist, der hebe die Hand in die Höhe." — Alle Hände reckten sich in die Höhe. — „Nun, heiliger Michael, der du mit deinem Flammenschwerte am Throne des Ewigen stehest, haue alle die Hände ab, die sich in Heuchelei er, heben!" — und alle Hände sanken wie mit einem Schlage wieder herunter. Nun aber begann Rocco eine furchtbare Strafpredigt und schloß dieselbe mit Erzählung einer Vision oder eines Traumes, in welcher er durch eine Abtrittsöffnung tief, tief hinunter gesehen auf eine ungeheure Schaar von Lazzaroni's, die der Teufel sich alle hinten hinein gesteckt habe in eine Oeffnung, die so groß gewesen sei, wie der See Agnano.

Die römische Kirche zählt unter ihren Mönchspredigern so viele originelle Leute, daß ich nur einige wenige anführen kann. — Ein Kapuziner hatte sich von einem andern eine Passionspredigt machen lassen; sie schloß „Und Christus verschied." Dieser Schluß schien dem Pater doch gar zu dürftig und er fügte noch schnell hinzu: „Nun, Gott sei dem armen Sünder gnädig!"

Der Liebling des Würzburger Publikums am Ende des vorigen Jahrhunderts und einer der größten Feinde der Aufklärung war der achtzigjährige Kapuziner Pater Winter. Eine Rosenkranzpredigt schloß er einst mit folgender Frage: „Wer sind die Neuerer?" — sehr lange spannende Pause — „Esel sind sie, Amen!"

Ein Franziskaner hielt 1782 bei Einkleidung einer Nonne zu Gmünd eine Predigt, die von ganz Teutschland mit vielem Lachen gelesen wurde. Besonders komisch ist der Schluß: „Nun, geistliche Braut, seien Sie ein junger Affe, der seiner Mutter, der würdigen Frau Oberin, Alles nachäfft — äffen Sie nach dem alten Affen in Tugenden, Kasteiungen und Bußwerken, — äffe nach, du junger

Affe, ihre Keuschheit, Demuth, Geduld und Auferbaulichkeit! — Und Sie, würdige Frau Oberin! gleichen Sie dem alten Bären, der ein ungeledtes Stück Fleisch so lange leckt, bis es die Gestalt eines jungen Bären hat; — lecke, du alter Bär, gegenwärtiges geistliches Stück Fleisch so lange, bis es dir vollkommen ähnlich ist; — lecke du auch dein ganzes Konvent, sammt allen Kost= und Klosterfräuleins! — Lecke, du alter Bär, die sämmtliche Familie der geistlichen Braut und alle hier in dem Herrn Versammelten; — zuletzt lecke auch mich, damit wir alle wohlgeleckt und gereinigt den Gipfel der Vollkommenheit erreichen mögen. Amen!"

Eins der originellsten Predigertalente war aber wohl der sogenannte Wiesenpater zu Jsmaning in Bayern, der vor hundert Jahren lebte. Seine Rosenkranzpredigt: „Der heilige Rosenkranz überg'waltigt d'Höllenschanz" und seine Schwanzpredigt sind höchst komisch. Die letztere soll bewirken, daß die Bauernburschen sich nicht mehr, wie sie zu thun pflegten, Sauschwanz schimpften, sondern beim Namen nannten. In ihr kommt folgende Stelle vor: „Warum, meine Christen, ist gewachsen dem Hund sein Schwanzerl? Dem Hund sein Schwanzerl ist gewachsen, damit er wedle und wackle, daß ihm nicht fahren die Mucken ins Loch. — Wir Geistlichen sind aber die wahren Schwänzerl, wir müssen wedeln und wackeln, damit nicht fahren die Seelen der gläubigen Christen ins Loch des Teufels!"

Wenn nun auch einzelne Spötter über solche Mönchspredigten lachten, so waren sie doch von Wirkung auf das Volk und dem Bildungsgrade desselben angemessen. Wäre dies nicht der Fall gewesen, so hätte Luther gewiß nicht in derselben Weise gepredigt. Einst predigte er über die letzte Posaune: „So geht es in der Feldschlacht; man schlägt die Trommel und bläst die Trommete Tara-tan-ta-ra! — man macht ein Feldgeschrei Her! Her! Her! — der Hauptmann ruft Hui=Hui=Hui! Bei Sodom und Gomorrha war die Trommete und Posaune Gottes, da ging es

Pumperlepump=Plitz=Platz=Schein! — Schmier! Denn wenn Gott donnert, so lautet es schier wie eine Pauke Pumperlepump — das ist das Feldgeschrei und die Taran=tan=tara Gottes, daß der ganze Himmel und alle Luft wird gehen Kir=Kir=Pumperlepump!" — Nun denke man sich dazu die Geberden des heftigen Mannes und bewundere die Zuhörer, welche zitterten und bebten und nicht lachten!

Von den evangelischen, protestantischen, lutherischen und anderen nicht römischen Predigern hört man auch zu Zeiten Unsinn, welcher dem vorangeführten nicht viel nachgibt. Ich kannte einen Garnisonsprediger Jtehe in Berlin, der sehr häufig in Knittelversen predigte. Meistens reden die Herren aber langweiligen Unsinn.

Hätten die Mönche weiter nichts gethan, als schlechte Schauspiele aufgeführt und verrückte Predigten gehalten, dann könnte man ihnen ihr Dasein allenfalls verzeihen, allein sie übten einen unendlich unheilvollen Einfluß dadurch, daß sie sich der Erziehung des Volkes bemächtigten und über die Schule hinaus demselben Laster einimpften, die in den Klostermauern ausgebrütet wurden und in denselben die größten Schandthaten und Niederträchtigkeiten hervorbrachten, die in der „Welt" sicher sehr selten vorkommen und dann mit den härtesten und entehrendsten Strafen, die das Gesetz vorschreibt, bestraft werden.

Wer von den Klostergeistlichen nichts weiter kennt, als ihre Lächerlichkeiten, der ist gar leicht geneigt, sie für harmlose Dummköpfe zu halten; wer aber tiefer in das Klosterleben hineinsieht, der entsetzt sich vor der Bosheit und Verworfenheit dieser „frommen" Herren, die in den echt römisch=katholischen Ländern noch heute den größten Einfluß haben.

Mönche zu Lehrern des Volkes zu machen, ist das schwerste und verderblichste Unrecht, welches man an demselben begehen kann und unbegreiflich bleibt es, daß die Erfahrungen von Jahrhunderten darüber noch nicht genügend aufgeklärt haben, und daß in vielen Ländern Europas das Schulwesen mit dem Mönchswesen auf das engste verbunden und selbst in protestantischen Ländern von der Kirche abhängig gemacht ist.

Das pedantische Pennalwesen, welches noch heut zu Tage selbst in vielen — protestantischen Schulen, besonders in England herrscht, ist die Folge der Mönchsschulen, wo die Kinder auf die schauberhafteste Weise behandelt wurden.

Man sollte es kaum für möglich halten, daß die preußische Regierung noch am Anfange dieses Jahrhunderts den Trappisten, den allerwahnsinnigsten Mönchen, die es gab, die Erlaubniß ertheilte, zu Bieren und Walba im Paderbornischen Schulen zu errichten!

Diese fanatischen bornirten Mönche übernahmen junge Leute, ja Kinder beiderlei Geschlechts von drei bis vier Jahren, — zur Erziehung! Der Abt reiste überall selbst umher, leichtgläubige Eltern zu verführen, ihm ihre armen Kinderchen zu übergeben. Auf diese Weise wurden hunderte dieser unglücklichen Opfer zusammengeschleppt. Es wäre ihnen besser gewesen, man hätte sie gleich bei der Geburt erstickt! — Die Mütter wären wahnsinnig geworden, hätten sie gesehen, wie die Trappisten mit den unschuldigen Kindern umgingen. Die Schilderung, welche ein Augenzeuge davon macht, wendet einem nicht ganz gefühllosen Menschen das Herz im Leibe herum!

Die Kinder, meistens im Alter von vier bis zehn Jahren, lebten in düstern Zellen, deren ganzes Geräth ein Strohsack, ein Todtenkopf, Spaten und Hacke war, womit sie ihre Kartoffelfelder bearbeiteten, die sie nebst Wasser und Brod nährten. Sie waren gekleidet wie die Trappisten und mußten ganz ebenso leben, wie ihre Lehrer. Sie durften nicht reden und die ganze Anstalt glich einem Taubstummen-Institute. Wenn solch ein armes Kind zur Unzeit sprach, lachte, aß oder sonst einen kleinen Fehler beging, wurde es bis aufs Blut gegeißelt. Fortwährend Prügel, gewürzt durch etwas Latein, das war die ganze Erziehung, denn alle andern Wissenschaften wurden verachtet.

Es konnte nicht ausbleiben, daß viele der Kinder durch die Flucht sich dieser barbarischen Behandlung zu entziehen suchten; allein die armen Geschöpfe wurden leicht wieder eingefangen und die fürchterlichen Strafen schreckten von ferneren Fluchtversuchen ab. Klagen konnten die Aermsten Niemandem, denn die Eltern durften ihre Kinder nicht sprechen und diese waren bis zum 21. Jahr Eigenthum des Klosters!

Die Folge davon war, daß eine große Menge der Kinder krank oder wahnsinnig wurden. Es kamen Gerüchte davon unter das Volk und der Ex-Jesuit Le Clerc schrieb öffentlich gegen diese Kindermordanstalt. Seine Stimme fand Gehör und Friedrich Wilhelm III. von Preußen machte der Scheußlichkeit ein Ende.

Aber nicht alle Fürsten denken so vernünftig und wir sehen in andern Staaten Klöster und Klosterschulen in höchster Blüthe. Die Mönche trachten danach, ihre Schüler zu Mönchen oder doch möglichst mönchähnlich zu machen, und in der höchsten Vollkommenheit zeigen sich diese Bestrebungen bei der Erziehung der Novizen, weshalb ich Einiges darüber sagen will.

Climakus spricht: „Es ist besser gegen Gott sündigen, als gegen seinen Prior." Das erste Gesetz in einem Kloster ist unbedingter Gehorsam, und deshalb trachtet man denn auch vor allen Dingen danach, Geist und Körper in Fesseln zu legen. Ein Novize darf gar keinen Willen haben; er muß auf den Wink der frommen Väter oder des Novizenmeisters aufpassen, wie ein Pudel in der Dressur. Er muß auf Befehl krank und gesund sein, sich in Wasser oder Feuer stürzen und die unsinnigsten Dinge vornehmen, wenn sie ihm geheißen werden.

Die Novizen sind die Hofnarren der Paires und müssen sich

alle Ausbrüche ihrer guten oder bösen Laune gefallen lassen. Diese nehmen mit ihren Zöglingen die allerverrücktesten Dinge vor, um sie „an Gehorsam und an Demuth zu gewöhnen."

Die Novizen mußten zum Beispiel manchmal, mit schweren Reitstiefeln angethan, auf einem Bein um den Tisch hüpfen, oder ein Dutzend Purzelbäume schlagen, so gut sie es konnten. Dann wurde ihnen wieder befohlen, Fischeier oder Salz in die Erde zu säen, oder man spannte sie an einen Wagen und ließ sie einen Strohhalm oder eine Feder spazieren fahren.

Kapuziner haben ihren Novizen Heu und Stroh vorgesetzt oder sie aus Sautrögen essen lassen. Ein Vergnügen, welches sie sich oftmals machten, war, daß sie auf dem Fußboden einen Strich mit Kreide zogen und nun dem Novizen befahlen, diesen aufzulecken. Das war an und für sich schon arg genug; aber überdies zogen sie den Strich absichtlich über den Speichel, womit sie die Dielen zu verzieren pflegten.

Oft ließ man die armen Dulder auch exerzieren. Es wurde ihnen ein alter Kessel über den Kopf gestülpt, ein Bratspieß oder Flederwisch an die Seite gesteckt und eine Bratpfanne als Gewehr über die Schulter gelegt.

Wehe dem Unglücklichen, der es wagte, die Miene zu verziehen oder sich gar Worte des Widerspruchs zu erlauben; ihn erwarteten strenge Strafen. Wenn ein Novize vielleicht beim Gesange zu früh einfiel, oder die Thür zu heftig zuwarf, etwas fallen ließ und dergleichen, so war dies eine culpa levis, und man strafte ihn damit, daß man ihn auf den Knieen liegend, mit ausgestreckten Armen ein langes Gebet sprechen ließ, oder indem er einen Finger in die Erde steckte, was man Bohnen pflanzen nannte.

Eine culpa media war es, wenn es der Novize unterließ, dem Obern die Hand oder den Gürtel zu küssen, oder vergaß, sich vor dem Allerheiligsten, wenn es vorbeigetragen wurde, zu verneigen, oder wenn er ohne Erlaubniß auslief. Für solche Vergehen mußte er hungern, oder mit seinem Gürtel um den Hals, an der bloßen Erde essen.

Ging er „ohne geistliche Waffen", das heißt ohne Rock, Skapulier und Gürtel zu Bette; besaß er irgend etwas als Eigenthum, schrieb er Briefe oder opponirte sich gar gegen Obere, dann beging er eine culpa gravis und wurde mit entsetzlichen Hieben, Fasten und Einsperrung bestraft.

Eine culpa gravissima aber war es, wenn er einen andern geschlagen, verwundet oder gar getödtet, oder wenn man den Novizen auf wiederholter Unkeuschheit ertappt hatte, oder wenn er den Versuch machte, aus dem Kloster zu entweichen. Diese Verbrechen wurden nach den Umständen oder nach Laune der Obern mit einjähriger Einsperrung bei Wasser und Brod, oder auch mit täglicher Geißelung und ewigem Gefängniß bestraft.

Und was für Gefängnisse waren es, in welchen die Aermsten oft wegen geringer Vergehen jahrelang sitzen mußten. Pater Franz Sebastian Ammann, der Benediktinerstudent im Kloster Fischingen und dann Guardian (Vorsteher) mehrerer Klöster in der Schweiz gewesen war, und dem wir die interessantesten und abschreckendsten Aufschlüsse über das jetzige Klosterleben verdanken, beschreibt auch den im Kapuzinerkloster auf dem Wesamlin bei Luzern befindlichen Kerker (Custodie). Er liegt an einem feuchten und grauenhaften Orte, ist von dicken Balken aufgeführt, mit zwei Thüren und einem kleinen stark vergitterten Fenster versehen und inwendig ungefähr 12 Fuß lang, 6 breit und ebenso hoch. Da er nicht heizbar ist, so hat hier schon Mancher durch Kälte und schlechte Nahrung sein Leben eingebüßt. Wie mögen nun erst dergleichen Löcher im Mittelalter beschaffen gewesen sein!

Die gewöhnliche Beschäftigung der Novizen war sehr dazu geeignet, den Menschen in ihnen zum Vieh herabzuwürdigen. Ihre wissenschaftlichen Studien bestanden darin, daß sie ascetische Schriften oder das Brevier lesen mußten, woraus allerdings sehr viel Weisheit zu holen war! — Dann mußten sie sich im Schweigen und im Niederschlagen der Augen, kurz in der Heuchelei üben. Wer zu unrechter Zeit den Mund aufthat, mußte eine zeitlang ein Pferdegebiß im Munde tragen, und wer seine Augen zu viel umherschweifen ließ, erhielt eine Brille oder Scheuklappen.

Ferner war es das Geschäft der Novizen zu läuten, die Treppen, Gänge, ja selbst die Abtritte zu fegen. Wer verschlief, der mußte mit der Matratze oder mit dem Nachttopfe am Halse erscheinen, oder im Sarge schlafen. — Holz, Licht und Wasser herbeizuholen, gehörte ebenfalls zu ihren Verrichtungen, und außerdem mußten sie noch im Chore singen bis zur äußersten körperlichen Erschöpfung.

Dabei fehlte es nicht an allerlei Kreuzigungen des Fleisches. Sie mußten in der größten Hitze bürsten bis sie fast verschmachteten; den Abspülicht der Geschirre als Suppe essen, oder wenn sie hungrig waren, mit jedem Löffel voll Speise eine Leiter hinaufsteigen und durften ihn erst dann in den Mund stecken, wenn sie oben angelangt und noch etwas darin war.

Zu Meran in Tyrol mußte 1747 an einem Feste ein Kapuziner-Noviz — er war der Sohn eines Grafen — drei Stunden lang gebunden an einem Kreuze hängen und fortwährend rufen: „Erbarmen mir großem Sünder!" — Er hatte einen Krug zerbrochen! Fischingen, in welchem der obengenannte ehemalige Guardian Ammann von seinem siebenten bis vierzehnten Jahre war, stand in dem Rufe, eines der sittenreinsten und vorzüglichsten Klöster der Schweiz zu sein, und welche Nichtswürdigkeiten gingen hier vor! *)

---

*) Oeffnet die Augen, ihr Klöstervertheidiger u. s. w. von F. G. Ammann. 7. Aufl. Bern, bei C. A. Jenni Sohn. 1841. Ein höchst lesenswerthes Schriftchen, welches nur wenige Groschen kostet.

Die lüderlichen Patres lebten untereinander wie Hund und Katze und einer suchte dem andern auf jede Weise zu schaden. Ammann wurde von einem seiner Lehrer so lange mit einem schweren Lineal auf die Fingerspitzen geschlagen, bis Blut herausspritzte und die Hände ganz dick geschwollen waren. Dann mußte er in einem offenen Gange mitten im Winter zwei Stunden lang auf dem Ziegelboden sitzen; und warum? — Weil er von einem andern Lehrer nichts Böses zu sagen wußte! — Mönche sind nur eins in ihrem Hasse gegen die Weltgeistlichen, aber diese werden von ihnen gründlich gehaßt.

Ein von dem ehemaligen Benediktiner zu Rom, Raffaeli Cocci, 1846 (bei Pierer in Altenburg) veröffentlichtes Buch enthält über die Novizen und über die Klosterverhältnisse so entsetzliche Thatsachen, daß sich beim Lesen derselben die Haare sträuben. Der Unglückliche wurde durch seine von den Geistlichen ganz umgarnten Eltern gezwungen, ins Kloster zu gehen und hatte hier Schreckliches zu leiden, bis es ihm endlich 1842 gelang, nach England zu fliehen, wo er wohl noch lebt.

Interessant ist zu beobachten, wie den Knaben schon von Jugend auf unter dem Schleier der Religion der bitterste Haß gegen die Protestanten in das Herz gepflanzt wird. Diese, lehrt man, beteten den Mammon als Gott an und glaubten nicht an Christum; täglich kämen bei ihnen Fälle vor, wo einer den andern todtschlüge; die Römisch-katholischen, die in ihre Länder kommen, würden zum Tode verurtheilt; sie hätten keine Gesetze, sondern lebten fortwährend in einem anarchischen Zustande.

Wenn ein Novize Vernunft zeigte, dann war es um ihn gethan; er hatte die entsetzlichsten Qualen zu erdulden. Man wandte die äußersten Mittel an, den rebellischen Geist des Knaben durch Einwirkungen auf die Sinne zu brechen, was bei vielen zum Wahnsinn führte. Cocci fand einst nach einer schrecklichen Predigt in seiner Zelle ein grinsendes Todtengerippe und ein anderes Mal ein scheußliches Gemälde des jüngsten Gerichts, welches mit vielen Lichtern beleuchtet war. Wenn solche Mittel nicht fruchten wollten, dann folgten die grausamsten Geißelungen.

Weiter unten, wenn ich von den Folgen des Cölibats in den Klöstern rede, wird sich zeigen, welchen schändlichen Verführungen die unter Leitung der Mönche stehenden Knaben ausgesetzt sind, und ein jeder Vater wird daraus erkennen können, wie höchst gefährlich es für seine Kinder ist, wenn er diese in Klosterschulen unterrichten läßt.

Welche Vortheile kann auch diesen Gefahren für die Sittlichkeit gegenüber die Erziehung durch Geistliche gewähren! Der größte Theil derselben, mögen sie nun Katholiken, Lutheraner oder Reformirte heißen, sind beschränkt und diejenigen, die es nicht sind, müssen so scheinen, da ihre Existenz davon abhängt. Die unter ihrer Leitung erzogenen Knaben saugen von Jugend auf eine Menge falscher Ansichten und Vorurtheile ein, die sie dann ihr ganzes Leben lang wie eine Sklavenkette mit sich herumschleppen und die ihnen vielfach in ihrem Fortkommen hinderlich sind. Man nehme die Erziehung aus den Händen der Geistlichen und trenne die Kirche durchaus von der Schule; ehe das nicht geschieht, werden wir nicht Männer erziehen, welche den Anforderungen des gegenwärtigen Jahrhunderts entsprechen.

Ich erwähnte oben, daß die Novizen für geringe Vergehen grausam geißelt wurden und muß Einiges über das Geißeln überhaupt sagen, da es eine ganz außerordentlich große Rolle in der römischen Kirche und besonders in den Klöstern spielt. Ich habe einen ganzen Band über das Geißeln geschrieben, und Andere haben es vor mir gethan; aber dennoch den Gegenstand nur oberflächlich behandeln müssen, da er in der That zu reichhaltig ist, um in einem Bande erschöpft werden zu können. Hier muß ich mich vollends auf nur wenige und fragmentarische Angaben beschränken.

Schon unter den Christen der ersten Jahrhunderte gewann der Gedanke Raum, daß es verdienstlich, und zur Erlangung der Seligkeit förderlich sei, sich Entbehrungen und körperliche Qualen freiwillig aufzuerlegen. Der Gedanke lag nahe, sich diese durch selbst ertheilte Schläge zu verursachen und wir finden daher schon frühzeitig unter den Christen Selbstgeißler, besonders unter den Mönchen. In den Statuten vieler Klöster heißt es darüber: „Wenn die Mönche die Geißelung an sich selbst ausüben, so sollen sie sich an Christum, ihren liebenswürdigsten Herrn erinnern, wie er an die Säule gebunden und gegeißelt ward, und sollen sich bemühen, wenigstens einige geringe von den unaussprechlichen Schmerzen und Leiden selbst zu erfahren, welche er erdulden mußte." —

Andere Gründe für die Selbstgeißelung waren, daß man dadurch sein Gewissen beruhigte, wenn man eine Sünde begangen hatte und als durch die Pfaffen der Glaube aufkam, daß man durch diese oder jene von ihnen auferlegte Pönitenz sich entsündigen könne, so lag der Gedanke nahe, daß dieß durch selbst gegebene Schläge geschehen könne. Ein weiterer Grund dafür war auch der, daß man dadurch die „Anfechtungen des Fleisches" besiegen wollte.

Allmälig wurde die freiwillige Geißelung als Bußmittel immer beliebter. Es bildeten sich besondere Gebräuche dabei und das Verhältniß zwischen Sünde und Hiebe wurde festgestellt. Besondere Bußbücher bestimmten, durch welche Strafen gewisse Sünden gebüßt werden konnten. Geißelhiebe wurden gleichsam die Scheidemünze der Buße besonders für diejenigen, welche der römischen Kirche keine andern Münzen zahlen konnten.

In der Mitte des 11. Jahrhunderts gab es in Italien einige Männer, welche im Selbstgeißeln Unerhörtes leisteten. Sie geißelten sich nicht nur für ihre Sünden, sondern übernahmen auch die Buße für die Sünden Anderer.

Von den vielen Geißelhelden will ich nur den berühmtesten

aufführen. Es war dies der Mönch Dominikus der Gepanzerte, welchen Namen er erhielt, weil er beständig, außer wenn er sich geißelte, einen eisernen Panzer auf dem bloßen Leibe trug. Petrus de Damiani, Kardinalbischof von Ostia, war Abt des Benediktinerklosters zu Fonte-Avallana, in welchem Dominikus lebte. Er erzählt:

„Kaum vergeht ein Tag, ohne daß er mit Geißelbesen in beiden Händen zwei Psalter hindurch seinen nackten Leib schlägt, und dieses in den gewöhnlichen Zeiten, denn in den Fasten oder wenn er eine Buße zu vollbringen hat (oft hat er eine Buße von hundert Jahren übernommen), vollendet er häufig unter Geißelschlägen wenigstens drei Psalter. Eine Buße von hundert Jahren wird aber, wie wir von ihm selbst gelernt haben, so erfüllt: Da dreitausend Geißelschläge nach unserer Regel ein Jahr Buße ausmachen, und wie es oft erprobt ist, bei dem Hersingen von zehn Psalmen hundert Hiebe stattfinden, so ergeben sich für die Disciplin eines Psalters fünf Jahre Buße, und wer zwanzig Psalter mit der Disciplin*) absingt, kann überzeugt sein, hundert Jahre Buße vollbracht zu haben. Doch übertrifft auch darin unser Dominikus die Meisten, da er als ein wahrer Schmerzenssohn, da Andere mit einer Hand die Disciplin ausüben, mit beiden Händen unermüdet die Lüste des widerspenstigen Fleisches bekämpft. Jene Buße von hundert Jahren vollendete er aber, wie er mir selbst gestanden hat, ganz bequem in sechs Tagen." — Er gab sich also nach dem angegebenen Maßstabe (3000 für ein Jahr) während dieser sechs Tage 300,000 Hiebe. Er mußte sich also täglich sieben Stunden geißeln und in jeder Sekunde derselben zwei Hiebe geben, was angeht, da er sich mit beiden Händen geißelte.

---

*) Ursprünglich bedeutet dieses Wort alle Strafen und Züchtigungen; als aber die Disciplin durch Geißeln über jede andere Art den Preis davon trug, wurde das Wort Disciplin der technische Ausdruck, womit man diese Art Züchtigung bezeichnete, und endlich nannte man selbst das Instrument, welches zum Schlagen gebraucht wurde, die Disciplin.

Welchen Anblick mag der Körper dieses Geißelhelden dargeboten haben, denn schon beim achten Psalter war das Gesicht zerschlagen, voller Striemen und blau und braun. Der Körper Dominikus', erzählt Damiani mit Stolz, habe ausgesehen, wie die Kräuter, welche der Apotheker zu einem Ptisane zerstoßen habe!

Es entstand unter den Frommen Streit darüber, ob man sich beim Geißeln entkleiden solle, oder nicht, und ferner, ob Schläge auf Rücken und Schultern, oder auf den Hintern, der Gesundheit weniger nachtheilig oder dem Himmel angenehmer seien. Die ganze geißelnde Welt theilte sich in zwei Parteien; die eine zog die **obere Disciplin** vor (disciplina supra, oder im besten Mönchslatein secundum supra), die andere die **untere Disciplin** (disciplina deorsum, secundum sub).

Die Gegner der untern Disciplin sagten, sie verstoße gegen die Schamhaftigkeit, und der Abbé Boileau sagt in seinem berühmten Werke darüber: „Der h. Gregorius von Nyssa lobt in seiner kanonischen Epistel den Gebrauch, die todten Körper zu vergraben, welches man seiner Meinung nach thue, damit die Schande der menschlichen Natur nicht dem Sonnenlichte ausgesetzt werde. — Aber ist es bei der verdorbenen Natur nicht weit schamloser und niederträchtiger, beim Lichte der Sonne die Lenden junger Mädchen und ihre, obwohl der Religion geweihten, nichtsbestoweniger wunderschönen Schenkel zu zeigen, als einen bloßen und entstellten Leichnam?"

Trotzdem fand die untere Disciplin bei den Frauen den meisten Beifall, und die medizinischen Gründe des gelehrten Abbé Boileau, die ich hierhersetze, machten wenig Eindruck; — im Gegentheil.

„Wenn man ein Uebel flieht," sagt der Abbé, „so muß man wohl Acht geben, daß man nicht unkluger Weise in das entgegengesetzte rennt, und daß man, nach dem lateinischen Sprüchwort, um die Scylla zu vermeiden, nicht in die Charybdis geräth.

Wenigstens ist die Geißelung der Lenden um so viel gefährlicher, als die Krankheiten des Geistes mehr zu fürchten sind, als die des Körpers. Die Anatomen bemerken, daß die Lenden sich bis zu den drei äußern Muskeln der Hinterbacken erstrecken, dem **großen**, dem **mittleren** und dem **kleinen**, so daß darin drei Zwischenmuskeln enthalten sind, oder ein einzelner, welchen man den **breiköpfigen** Muskel nennt, oder den triceps, weil er an drei Orten des os pubis beginnt, an dem obern Theil nämlich, an dem mittlern und dem inneren. Hieraus folgt nun ganz nothwendig, daß, wenn die Lendenmuskeln mit Ruthen- oder Peitschenhieben getroffen werden, die Lebensgeister mit Heftigkeit gegen das os pubis zurückgestoßen werden und unkeusche Bewegungen erregen. Diese Eindrücke gehen sogleich in das Gehirn über, malen hier lebhafte Bilder verbotener Freuden, bezaubern durch ihre trügerischen Reize den Verstand, und die Keuschheit liegt in den letzten Zügen."

„Man kann nicht daran zweifeln, daß die Natur auf dieselbe Weise verfährt, weil es außer den Nierenblut-, Samen- und Fettadern (veines emulgentes, spermatiques et adipeuses) noch zwei andere gibt, welche man Lendenadern nennt, und die sich zwischen dem Rückgrat, zu beiden Seiten des Rückenmarkes, befinden, und vom Gehirn einen Theil der Samenbestandtheile herführen, so daß diese durch die Heftigkeit der Peitschenhiebe erhitzte Materie sich in die Theile stürzt, welche zur Fortpflanzung dienen, und durch den Kitzel und den Stoß des os pubis zur rohen fleischlichen Lust anreizen."

Diese hier erwähnten Folgen der untern Disciplin — die wir Müttern zur Beachtung empfehlen — waren entweder ihren Anhängern nicht bekannt, oder wurden von ihnen nicht gefürchtet, indem sie es, so künstlich zu fleischlicher Lust aufgeregt, vielleicht für um so verdienstlicher hielten, ihr „Fleisch" zu besiegen. Wie die Herren Jesuiten auf diese Wirkung spekulirten, werden wir im letzten Kapitel sehen.

Die Kirche wollte lange Zeit hindurch das Geißeln nicht als eine Nothwendigkeit anerkennen; allein die Gegner desselben unterlagen, und das Selbstgeißeln sowohl, als das Geißeln als Strafe wurde allgemein und mit einem Fanatismus betrieben, der in unserer Zeit völlig unbegreiflich ist. Der heilige Antonius von Padua kann die Geißelmode nicht genug loben; aber der heilige Franziskus nennt ihn ein „Rindvieh", und ich will dem Heiligen um so weniger widersprechen, als dieses heilige Rindvieh der Urheber der Geißlerprozessionen wurde,*) aus denen die Geißlerbrüderschaften hervorgingen, die Jahrhunderte hindurch eine große Rolle in der römischen Kirche spielten.

Das Geißeln fand unter den frommen Frauen besonders viele Anhänger und wurde in den Nonnenklöstern besonders mit Leidenschaft getrieben. Ueber den Grund will ich mir weiter keine Untersuchungen gestatten, sondern nur den Verdacht aussprechen, daß der triceps und das os pubis mehr mit dieser Leidenschaft zu thun hatten, als die Religion und als die armen Frauen selbst ahnten.

Die Karmeliter hatten eine ziemlich vernünftige Regel, bis sie unter die Herrschaft der heiligen Therese kamen; dieselbe, welche den Mönchen buchstäblich die Hosen auszog und diese ihren Nonnen anzog. In den Regeln, die sie gab, spielte die Selbstgeißelung eine Hauptrolle. Während der Fasten besonders geißelten sich manche ihrer Mönche und Nonnen drei bis vier Mal täglich, ja sogar während der Nacht.

Das Kloster zu Pastrana war eine freiwillige Marteranstalt. Eine Zelle war gleichsam das Geißelzeughaus. Hier waren alle nur möglichen Geißelinstrumente angehäuft, und jeder Novize hatte

---

*) Wer sich über diesen römisch-katholischen Wahnsinn näher unterrichten will, lese „Die christlichen Geißlergesellschaften" von Dr. C. G. Förstemann, oder l'Histoire des Flagelans von Thiers, oder den zweiten Theil der Histor. Denkmale des christl. Fanatismus, die Geißler, von Corvin.

das Recht, sich dasjenige Folterwerkzeug auszusuchen, welches ihm für seine Buße am passendsten schien. — Eine beliebte Art der Selbstquälerei war das sogenannte Ecce homo. Sie wurde gewöhnlich in Gesellschaft vorgenommen. Die bußbedürftigen Brüder stellten sich im Refektorium auf. Einer trat nun aus der Reihe heraus. Er war nackt bis zum Gürtel und sein Gesicht mit Asche bedeckt. Unter dem linken Arm schleppte er ein schweres hölzernes Kreuz und auf dem Kopf trug er eine Dornenkrone, in der rechten Hand trug er eine Geißel. So ging er mehrmals im Refektorium auf und nieder, peitschte sich fortwährend und sagte mit kläglicher Stimme einige besonders zu dieser Gelegenheit verfaßte Gebete her. — War er fertig, dann folgten die andern Brüder.

Der Karmeliterorden hat berühmte Geißelhelden und Heldinnen hervorgebracht, und ich erinnere nur an die heilige Therese und an die heilige Katharina von Carbone, von denen ich schon im Kapitel von den Heiligen weitläufiger gesprochen habe. Die letztere brauchte zum Geißeln Ketten mit Häkchen, oder eine gewöhnliche Geißel, in welche sie Nadeln und Nägel steckte, oder die sie mit Dornenzweigen durchflochten hatte. Mit solchen gräßlichen Werkzeugen geißelte sie sich oft zwei bis drei Stunden lang.

Maria Magdalena von Pazzi, eine Karmeliternonne zu Florenz, erlangte durch ihre Selbstquälerei und mehr noch durch die Folgen derselben einen hohen Ruf. Sie war 1566 in Florenz geboren und die Tochter angesehener Eltern. Schon als Kind hatte sie eine Leidenschaft für das Geißeln, und als sie siebenzehn Jahre alt war, nahm sie den Schleier. Es war ihre größte Freude, wenn die Priorin ihr die Hände auf den Rücken binden ließ und sie in Gegenwart sämmtlicher Schwestern mit eigener Hand auf die bloßen Lenden geißelte.

Diese schon von Jugend auf vorgenommenen Geißelungen hatten ihr Nervensystem ganz und gar zerrüttet, und keine Heilige hat so häufig Entzückungen gehabt. Während derselben hatte sie es besonders mit der Liebe zu thun, und schwatzte darüber das wunderlichste Zeug. Der himmlische Bräutigam erschien ihr sehr häufig, und sie sah ihn in allen möglichen Lagen. Einst blieb sie, das Kruzifix in der Hand, sechszehn Stunden lang in Betrachtungen über das Leiden Christi versunken und sah im Geiste eine der Martern nach der andern, welche er erduldet hatte. Dieser Anblick rührte sie so sehr, daß sie Ströme von Thränen vergoß und ihr Bette davon so naß wurde, als ob es in Wasser getaucht worden wäre. Dann fiel sie in Ohnmacht, blaß wie der Tod, und blieb eine lange Zeit ohne Bewegung liegen.

In diese Entzückungen verfiel sie gewöhnlich, nachdem sie das Abendmahl genommen hatte, oder wenn sie sich in die Betrachtung eines heiligen Ausspruchs vertiefte. Besonders geschah das, wenn sie über ihren Lieblingstext nachdachte; dieser war: Und das Wort ward Fleisch. Einst gerieth sie dabei in eine Verzückung, welche von Abends fünf Uhr bis zum andern Morgen dauerte. Während derselben rief sie plötzlich aus: „Das ewige Wort ist in dem Schooße des Vaters unermeßlich groß; aber in Mariens Schooß ist es nur ein Pünktchen. — Deine Größe ist unergründlich und Deine Weisheit unerforschlich, mein süßer, liebenswürdiger Jesus!"

Das innere Feuer drohte sie zu verzehren, und häufig schrie sie: „Es ist genug, mein Jesus! Entflamme nicht stärker diese Flamme, die mich verzehrt. — Nicht diese Todesart ist es, die sich die Braut des gekreuzigten Gottes wünscht; sie ist mit allzu vielen Vergnügungen und Seligkeiten verbunden!"

So steigerte sich ihr Zustand von einer Stufe des Wahnsinns zur andern, und endlich bildete sie sich ein, förmlich mit Christus vermählt zu sein und sowohl von ihm, wie von ihrem Schwiegervater und dessen Adjutanten, dem heiligen Geiste Visiten zu erhalten. Die Hysterie erreichte den höchsten Grad, und „der Geist der Unreinigkeit blies ihr die wollüstigsten und üppigsten Phanlaſſen ein, ſo daß ſie mehrmals nahe daran war, ihre Keuſchheit zu verlieren. Aber die Qualen, denen ſie ſich nach ſolchen Verſuchungen unterzog, waren entſetzlich. Sie ging in den Holzſtall, band einen Haufen Dorngeſträuch los und wälzte ſich ſo lange darauf, bis ſie am ganzen Körper blutete und der Teufel der Unzucht ſie verlaſſen hatte. So ging es fort, bis endlich der barmherzige Tod ihren Qualen ein Ende machte. Die arme Wahnſinnige wurde natürlich **heilig** geſprochen.

Die unendlich vielen Abarten des Ciſterzienſerordens haben ſich im Punkte des Selbſtgeißelns ſehr ausgezeichnet, allein von ihnen keine ſo ſehr, als die Trappiſten. Sogar Mönche nannten den Stifter dieſes Kloſters zu La Trappe den „Scharfrichter der Religiöſen". Der Orden war durch die Revolution ſehr herabgekommen; aber Karl X. nahm ihn unter ſeinen beſonderen Schutz, und von 1814—1827 zählte man in Frankreich nicht weniger als 600 Nonnenklöſter dieſes Ordens. Die Geißel war hier an der Tagesordnung, und Mademoiſelle Adelaide de Bourbon, die Beſchützerin dieſer Klöſter, wie auch die alternde Frau von Genslis, geißelten ſich von Zeit zu Zeit mit den Nonnen in frommer Andacht.

Die Krone der Ciſterzienſer iſt aber die hochgeprieſene Mutter **Paſſidea von Siena**, von der ich ſchon früher erzählte, daß ſie es für verdienſtlich hielt, ſich wie einen Schinken in den Rauch zu hängen. Im Geißeln leiſtete ſie Dinge, welche ſelbſt Dominikus den Gepanzerten mit Neid erfüllt haben würden. Die natürliche Folge des unmäßigen Geißelns war ebenfalls ein dem Wahnſinn nahe kommender Zuſtand, in welchem ihr Chriſtus erſchien. Das Blut floß aus ſeinen Wunden, er ſtreckte ihr die Arme entgegen und rief mit zärtlicher Stimme: „Schmecke, meine Tochter, ſchmecke!" —

Eliſabeth von Genton gerieth durch das Geißeln förmlich in bachantiſche Wuth, was aber die Pfaffen heilige Verzückung nannten. Am meiſten raste ſie, wenn ſie, durch ungewöhnliche

Geißelung aufgeregt, mit Gott vereinigt zu sein glaubte, den sie sich als einen schönen, nackten Mann und in beständigem Bräutigamstaumel mit seiner irdischen Geliebten dachte. Dieser Zustand des Entzückens war so überschwenglich beglückend, daß sie häufig in den Ausruf ausbrach: „O Gott! o Liebe, o unendliche Liebe! o Liebe! o ihr Kreaturen, rufet doch alle mit mir: Liebe! Liebe!" —

Ich könnte die Zahl solcher Beispiele unendlich vermehren: allein ich halte es für überflüssig, da die Wirkungen so ziemlich überall dieselben waren.

Daß das Geißeln unter den Strafen die Hauptrolle spielte, kann man sich nach dem Gesagten wohl denken. Die Klosterregel der heiligen Therese ist so reichlich mit Geißelverordnungen gespickt, daß manches Kloster, welches derselben folgte, ein eigenes Magazin für Ruthen haben mußte.

Die beschuhten oder grabuirten Karmeliter, die sich viel mit dem Studiren beschäftigten und deßhalb einige Vorrechte genossen, erhielten dennoch trotz ihrer Gelehrsamkeit bei den kleinsten Vergehungen Prügel. Am allerhärtesten wurden aber die Vergehungen mit hübschen Klosterfrauen bestraft, besonders ein mit denselben begangenes Verbrechen, welches zwar nicht genannt, aber in dem Orden sehr häufig vorgekommen sein muß. Schon auf den bloßen Verdacht hin, dasselbe begangen zu haben, wurde ein Mönch, ohne Hoffnung auf Milderung oder Barmherzigkeit zu haben, mit ewigem Gefängniß bestraft, und zwar: **um dort erbärmlich gequält zu werden**, wie der Beisatz in den Statuten lautet.

Nicht so streng scheint man indessen dergleichen Vergehungen genommen zu haben, wenn sie mit nicht geistlichen Frauen begangen wurden, und die Mönche trugen Sorge, daß solche in der Nähe waren. Besonders scheinen die Weiber der Klosterdiener, die in den Wirthschaftsgebäuden, der sogenannten Vorstadt, wohnten, eine große Anziehungskraft für die heiligen Väter gehabt zu haben, und besonderen Werth hatten diejenigen Weiber, welche keine Kinder bekamen, oder in der Klostersprache „steriles" (Unfruchtbare) waren. — Der bekannte Schriftsteller Karl Julius Weber wohnte einst einer Unterhaltung bei, welche ein Domherr mit seiner Köchin hatte, die von ihm einen höhern Lohn forderte. Der Domherr wollte nicht einsehen, warum sie mehr verlange wie eine andere; allein sie machte ihre Vorzüge geltend und rief mit Selbstgefühl: „Ja, ich bin aber auch eine Stereliese!"

Der Orden von Fontevrauld war ein kurioser Orden. In dem Kloster lebten Mönche und Nonnen zusammen, die oft bei einander schlafen mußten, um Versuchungen gewaltsamer Weise und einzig zu dem Zweck herbeizuführen, sie !besto glorreicher zu überwinden. Die Regel dieses Ordens fand so viele Liebhaberinnen, daß nicht selten zwei- bis dreitausend Nonnen im Kloster waren. Da die Schwangerschaften gar zu häufig vorkamen, mußte die Zucht etwas strenger eingerichtet werden.

Dieses Kloster zu Fontevrauld, oder Eberardsbrunnen, hatte fünfzig Mönchsklöster unter sich. Besonders zahlreich war aber die Zahl der Novizen im Stammhause, und meistens führten hier fürstliche oder andere vornehme Damen das Regiment, denn dieser Orden hatte das Eigenthümliche, daß hier das männliche Geschlecht dem weiblichen untergeben war.

Das Geißeln an einem jungen Frater oder Novizen war für die Damen ein Hauptvergnügen und wurde höchsteigenhändig vollzogen und am liebsten der „untern Disziplin" der Vorzug gegeben. Oft ließen sich beide Theile — Mönche und Nonnen — zusammen diszipliniren; die Nonnen vom Beichtvater und die Mönche von der Aebtissin.

Die verbesserten Regeln des Cisterzienserordens waren besonders beim weiblichen Geschlecht mit dem Geißeln sehr freigebig. War eine Nonne gestorben, dann mußten die Schwestern sich noch viele

Wochen lang zum Heil der Seele der Todten den Hintern zer=
hauen. Dies Geißeln zum Heil der armen im Fegefeuer schwitzenden
Seelen fand in vielen Nonnenklöstern statt, und auch in Leyden,
wie uns der gelehrte aber etwas derbe Marnix Herr von St. Alde=
gonde in seinem „Bienenkorb" folgendermaßen erzählt:

„Noch ober alle dise heylsame hülffmittel, haben die liebe
andächtige Schwestern zu Leyden in Holland, vnd inn allen Re=
gularissenklöstern, noch etwas gefunden, das sehr artig ist. Denn
zwischen Remigy vnd aller Heyligentag, nachdem man die Vigilien
von neun Lektionen sehr andächtiglich hat gesungen, so geht Ihre
Frau Mater inn eyn finster Kellerlein, mit eyner Ruten inn der
hand, vnnd da kommen die Schwesterlein, eyne vor, die ander
nach, mit dem hindern bloshaupts, ja etliche auch wol gantz Mutter=
nackend, vnnd legen sich für sie, vnnd empfangen die selige Diszplin
oder züchtigung für die Seelen im Fegfeuer. Dann als manchmal
sie zehen streich empfangen, so manche Seelen fliegen knapp inn
schnapps dem Himmel zu, wie die Kile inn eyn Mausloch. Ist das
nicht köstlich Ding, mit Nonnenärssen die Seelen auflasen? Ei der
kräfftigen Nonnenfürz, welche so feine Blaßbälg zuns Fegfeuer geben!
Ich denk, die andern Nonnen, Beginen vnnd Schwestern werdens
jnen auch nach thun müssen, vnnd solls allein wolstandshalben
geschehen; auch das es der Pater offtmals thun muß, wann kein
Mater vorhanden ist; denn malet schon der Müller mit bei tag, so
versiehts doch die Müllerin bei nacht."

Sebastian Ammann, der Ex=Prior der Kapuziner, den ich
schon früher erwähnte, gibt eine Beschreibung davon, wie die
Geißelung noch in gegenwärtiger Zeit in den Kapuzinerklöstern
angewandt wird. Ich führe es hier nur an, damit die Leser nicht
glauben, das was ich erzählte, nur dem „finstern Mittelalter"
angehöre.

„Die Geißel ist ein Instrument, aus Eisendraht geflochten,
ungefähr vier Schuh lang; ein Theil davon, den man beim Schlagen

um die Hand windet, ist einfach, derjenige aber, mit dem man auf den Leib schlägt, fünffach geflochten und an den fünf Enden gewöhnlich mit eisernen Zacken versehen. Die Geißelung geschieht bei den Kapuzinern auf zweierlei Art. Im Chore Nachts bei der Mette heben sie die Kutten auf und klopfen sich auf den bloßen Steiß, bis der Obere ein Zeichen zum Aufhören giebt. Da sie keine Hosen tragen, so geht die Scene schnell auf das Kommando vor sich. In dem Speisezimmer, wo die Geißelung am hellen Tage im Angesichte aller Conventualen vor sich geht, pflegt sie auf folgende Weise zu geschehen. Derjenige, welchem die Strafe zu Theil wird, muß, bevor er zu Tische geht, das wollene Hemd (Schweißblät) und die leinene Schürze (Mutande), die unter der Kutte getragen werden, ausziehen und so mit den Andern sich zum Tischgebete einstellen. Nach diesem gehen alle übrigen zu Tische; der Sträfling aber wirft sich auf die Kniee, legt die Geißel vor sich hin auf den Boden, faßt mit beiden Händen die Kapuze und zieht sich die Kutte über den Kopf aus, legt dieselbe vor seine Brust hin, so daß der vordere Leib bedeckt, der hintere aber ganz nackt ist. In dieser Lage hält er mit der linken Hand die Kutte und in der rechten die Geißel.

„Auf ein Zeichen, das ihm der Obere giebt, beginnt er laut Bußpsalmen, das Miserere, De profundis und lateinische Gebete zu sprechen, und schlägt sich so lange auf den nackten Rücken über die Achseln, bis der Obere zufrieden ist und das Zeichen zum Aufhören giebt. Zwickt sich der Pönitent mit der Geißel nicht heftig genug, so läßt ihn der Guardian länger beten und zuschlagen. — Wer noch nicht alles Schamgefühl verloren hat, wie ergraute Kapuziner, der unterzieht sich dieser Operation gewiß ungern. Daß diese schamlose Handlung Anlaß zu der naturwidrigsten Unzucht gegeben habe, könnte ich Jedem mannigfach beweisen, der daran zweifeln sollte. —"

Die Folgen des Cölibats zeigten sich bei den Mönchen auf

eine noch widerlichere Weise als bei den Weltgeistlichen, die durch ihren Verkehr mit den Menschen doch noch Gelegenheit fanden, den mächtigen Geschlechtstrieb auf natürliche Weise zu befriedigen. Die strenge Zucht in vielen Klöstern erschwerte dies aber den Mönchen sehr, und so nahmen denn bei ihnen die unnatürlichen Laster auf eine schaubererregende Weise überhand. Die zahlreichen Verbote, keine **weiblichen Thiere** in Mönchsklöstern und keine **Schooßhündchen** in Nonnenklöstern zu leiden, sprachen laut genug dafür, welche Wege der unterdrückte Geschlechtstrieb aufsuchte.

Das ascetische Leben, die schwächende Diät und der häufige Genuß der Fische, wie auch das Geißeln trugen sehr viel dazu bei, den „Fleischesteufel" mehr gegen die Mönche als gegen andere Menschenkinder aufzureizen; und ich sehe eigentlich nicht ein, warum nicht statt des Cölibatgesetzes ein anderes gegeben wurde, welches alle Knaben, die sich dem Klosterleben widmeten, zur Kastration verurtheilt. Dann würden sie Ruhe haben und nicht durch fleischliche Anfechtungen in ihren frommen Betrachtungen gestört werden und das Familienleben durch ihre Unsittlichkeit verpesten.

Uebrigens ist der Gedanke kein Originalgedanke; es gab schon längst vor mir Leute, welche ihn **praktisch** ausführten. Der Ritter **Bressant de la Nouveraye**, empört über die scandalöse Prozession, welche zur Feier der **Bluthochzeit** in Rom veranstaltet wurde, gelobte alle Mönche zu combabisiren, die ihm in die Hände fielen. Wie ein Indianer die Skalpe seiner Feinde, so trug der grimmige Ritter die für die Erfüllung seines Gelübdes zeugenden Trophäen an seinem Wehrgehänge. — Jphaner Bauern, welche das Kloster Birfling in der Grafschaft Kassel zerstörten, nahmen an den erwischten Mönchen dieselbe Operation vor.

Die in den Klöstern herrschende Sittenlosigkeit übertrifft die kühnste Phantasie. Um die Folgen derselben zu verbergen, wurden sehr häufig die Mittelchen der Klosterapotheke in Anspruch genommen, und manches gefallene Mädchen blieb durch ihre Hilfe in den Augen der Welt eine reine Jungfer; aber auch mancher Ehemann verschwand durch sie.

Ammann kennt einen Pater, der einem Mädchen in Rapperswyl, das von ihm schwanger gewesen sein soll, einen Trank zum Abtreiben gab. Der Vorgesetzte war genau davon unterrichtet; aber er hielt es „zur Ehre der Geistlichkeit" nicht für angemessen, davon viel Aufhebens zu machen.

Mönche und Nonnen lebten in der innigsten Vertraulichkeit und schienen der Ansicht, daß sie nur dazu geschaffen wären, sich einander zu ergänzen. Bebel wollte ein Nonnenkloster kennen, in welchem nur eine keusche Nonne gewesen, — die nämlich noch kein Kind gehabt hatte.

Das Kinderbekommen war die Schattenseite des Nonnenlebens, aber die frommen Vestalinnen wußten sich zu helfen. Das Mittel war sehr einfach, „zur Ehre der Geistlichkeit" wahrscheinlich brachten sie die Kinder um. Bei Abbrechung des Klosters Mariakron fand man „in den heimlichen Gemächern und sonst — Kinderköpfe, auch ganze Körperlein versteckt und vergraben," und der Bischof Ulrich von Augsburg erzählt, daß Gregor I., der auch sehr für das Cölibat eingenommen gewesen, davon zurückgekommen sei, als einst aus einem Klosterteiche sechstausend Kinderköpfe herausgefischt wurden. Das Wort des Bischofs mag für diese fast unglaublich klingende Thatsache bürgen.

Als Kaiser Joseph II. diese Wiedehopfnester ausnahm, fragte er einen Prior: Wie stark sind sie? — „Zweihundert, Ew. Majestät." — Wie? — „Ja, Ew. Majestät, wir haben aber auch vier Nonnenklöster zu versehen." — Der Kaiser drehte dem offenherzigen Prior den Rücken zu, um sein Lachen zu verbergen.

Die Aebtissinnen waren aber auch für ihre Freunde, die Mönche, auf das Liebevollste besorgt. Kranke Nonnen wurden nicht aufgenommen, ja nicht einmal solche, welche einen übelriechenden Athem halten. Was dieser der Heiligkeit für Hindernisse in den Weg legen soll, kann ich nicht wohl begreifen; allein für die Unheiligkeit ist er höchst unbequem und bei Eheleuten, wenn ich nicht irre, in manchen Ländern ein Grund zur Scheidung.

Nichts ist possierlicher — erzählt der Ex-Prior Ammann — als wenn sich die Nonnen die körperlichen Gebrechen ihrer geliebten Paires vorwerfen. Dies erinnert an andere keineswegs der Keuschheit geweihte Häuser, und viele Geschichtsschreiber aus der Zeit der päpstlichen „babylonischen Gefangenschaft" sagen auch wirklich geradezu: „Von Nonnen kann man aus Scham gar nicht sprechen; ihre Klöster sind Hurenhäuser, und ein Mädchen, das den Schleier nimmt, thut dasselbe, als ob sie sich für eine Hure erkläre."

Schon die Synode zu Rouen (um 650) sah sich genöthigt, das Gesetz zu erlassen: daß Nonnen, die mit Geistlichen oder Laien Unzucht getrieben, durchgeprügelt und ins Gefängniß geworfen werden sollten.

Robert von Abrissel, der Stifter des obenerwähnten Klosters von Fontevrauld, ein sehr heiliger Mann, brachte die Nächte bei Nonnen zu, um seine Stärke zu prüfen in der Tugend der Enthaltsamkeit. Sehr vernünftig war es von ihm, daß er sich zu dieser Probe nur die allerschönsten Nonnen aussuchte. Siegte er, dann war sein Sieg um so verdienstlicher, und unterlag er, nun, dann lohnte es doch auch der Mühe.

Bebel, den ich schon mehrmals nannte, ist sehr reich an spaßhaften Anekdoten von Mönchen und Nonnen. Zwei mögen hier einen Platz finden.

Ein Mönch, der in einem Nonnenkloster einkehrte, wurde von den Nonnen auf das Freundlichste aufgenommen und bewirthet. Er sprach so viel von Tugendsinn, Gottesfurcht und Züchtigkeit, daß ihn die Nonnen für ein Muster der Enthaltsamkeit hielten und ihm sogar in ihrem eigenen Schlafsaal ein Bett anwiesen.

Mitten in der Nacht fing der Mönch plötzlich an zu schreien: Ich mag nicht! ich mag nicht! Man kann sich denken, wie die Nönnchen die Ohren spitzten und wie eifrig sie herbeiliefen, um sich nach der Ursache des sehr verdächtig klingenden Ausrufs zu erkundigen.

Der Schalk erzählte ihnen nun, daß ihm eine Stimme vom Himmel befohlen habe, sich zu der jüngsten Nonne ins Bette zu legen, denn sie beide wären dazu ausersehen, einen Bischof hervorzubringen; er aber wolle nicht.

Die frommen Nonnen waren hocherfreut, wußten ihn zum Gehorsam gegen Gottes Stimme zu bekehren und führten ihn endlich an das Bette der glücklichen Schwester. Als diese einiges Bedenken fand, erklärten sich sogleich alle Uebrigen bereit, ihre Stelle zu vertreten, so daß sie sich bestimmen ließ und den Mönch zu sich nahm. —

Das Resultat war aber — eine Tochter! Diese konnte freilich nicht Bischof werden; und als man den Mönch zur Rede stellte, schob er den mißrathenen Bischof darauf, daß die Nonne nicht freiwillig gekommen wäre.

Einen ähnlichen Streich spielte den Nonnen der Pförtner ihres Klosters, welcher den sonderbaren Namen Omnis mundus führte. Während einer Nacht kroch er in die Feueresse und brüllte durch ein großes Rohr in den Kamin ihres Schlafsaals: „O ihr Nonnen, hört das Wort Gottes!" Die Nonnen zitterten und zagten; als sie aber in der nächsten Nacht wieder dieselbe Stimme hörten, fielen sie alle nieder, denn sie meinten, ein Engel spräche zu ihnen und sangen: „O Engel Gottes, verkünde uns deinen Willen!"

Die Antwort ließ nicht lange auf sich warten; sie lautete: „Haec est voluntas Domini ut Omnis mundus inclinet vel supponat vos!" — Was bedeutet dieser Orakelspruch? fragten sich die Nonnen und kamen bald dahin überein, daß der Pförtner

Omnis mundus bei ihnen schlafe, woraus wohl ein Bischof oder gar ein Papst entstehen sollte.

Der schlaue Pförtner wurde gerufen. Er fügte sich, und die Aebtissin, welche zuerst mit ihm allein blieb, sang beim Hinausgehen: „Wie sehr freut mich das, was mir gesagt worden ist." — Nun kam die Priorin an die Reihe. Diese sang: „Herr Gott, dich loben wir!" Die dritte Schwester: „Der Gerechte wird sich im Herrn freuen," und die vierte: „Lasset uns alle fröhlich sein."

Aber nun hatte das Latein des Pförtners ein Ende und als er davonlief, schrieen ihm die übrigen Nonnen nach: „Wenn erhalten wir denn nun den Ablaß!" *)

Aber nicht immer kam ein reisender Mönch, der angenehme Offenbarungen hatte, und nicht jedes Kloster besaß einen brauchbaren Pförtner; aber das Verlangen war da und wollte befriedigt sein. Viele behalfen sich so gut es ging; aber was wollte das sagen? Einige verliebten sich in Jesus und schwärmten so lange für ihn, bis sie sich wirklich einbildeten oder träumten, Besuche von ihm zu empfangen.

Die Nonne Armelle glaubte wirklich in der Seitenwunde Christi zu wohnen und Maria a la Coque erhielt gar von ihm die Erlaubniß, ihr Herz in das seinige zu legen. Dann bekam sie es wieder; aber Christus rieth ihr, wenn sie von der Operation Seitenstechen empfinde, zur Ader zu lassen.

Andere, die nicht so schwärmerisch waren, beschäftigten sich in ihren Gedanken fortwährend mit Männern, und als Abraham a St. Clara einst in einem Nonnenkloster die Beichte hörte, gestanden ihm fast alle Nonnen, daß sie von Hosen geträumt hätten. — Der fromme Pater war nicht wenig ergrimmt. „Was! ihr wollt Bräute Christi sein?" fuhr er sie an. „Christus hatte keine

---

*) Die Einführung der erzwungenen Priestereheloſigkeit u. ſ. w. von Theiner, Bd. 2, S. 108.

Hosen; ist euer Bräutigam ohne Hosen, und ihr denkt und träumt von Hosen? — Gehet hin in das ewige Feuer, da werdet ihr Hosen sehen, glühende, feurige Hosen, die ihr werdet angreifen und damit spielen müssen" u. s. w.

Neben ihren Träumereien von Männern, Hosen und dergleichen phantastischen Dingen verliebten sich die armen Nönnchen in Ermangelung anderer Liebesgegenstände in einander. Grecourt erzählt ein Geschichtchen von zwei Nonnen, die ihre Reize bewundern und in ihrer Unschuld mit dem Rosenkranz messen:

— Eh bon Dieu! dit Sophie,
Qui l'aurait cru? Vous l'avez, chère amie,
Plus grand que moi d'un Ave Marie!

Die Nonnen waren überhaupt ein seltsames Völkchen und der Mangel an Männern brachte bei ihnen neben den beklagenswerthen auch oft höchst komische Wirkungen hervor.

In einem flandrischen Kloster fing plötzlich eine Nonne an, in ihrem Bette höchst befremdliche Bewegungen zu machen. Das hätte am Ende nichts zu bedeuten gehabt; aber die Sache wurde ansteckend, und bald arbeiteten die Nonnen sämmtlich des Nachts so heftig, daß die Bettstellen knackten. Das sonderbare Uebel pflanzte sich in andere Klöster fort und machte so großes Aufsehen, daß die Geistlichkeit amtlich einschritt und mit Weihkessel und Wedel in die Klöster rückte, um die Teufel aus den Nonnen auszutreiben. Ob sie „die Teufel — à la Boccaccio — in die Hölle schickten", davon meldet die Chronik nichts.

Im 15. Jahrhundert bekam eine deutsche Nonne den Einfall, eine andere zu beißen. Dieser gefiel der Spaß und sie biß wieder eine andere, bis das Beißen förmlich epidemisch wurde und sich mit rasender Schnelligkeit von einem Nonnenkloster zum andern verbreitete. Bald bissen sich alle Klosterkätzchen von der Ostsee bis nach Rom!

In einem französischen Kloster wurde es unter den Nonnen

Mode, wie die Katzen zu miauen, und die Sache nahm so überhand, daß es viel Skandal gab. Alle Verbote fruchteten nichts und das miauen wurde immer ärger. Endlich erhielt eine Kompagnie Soldaten den Befehl, diesen Katzenteufel zu bannen, in ein Kloster zu rücken und eine der Klosterkätzchen nach der andern über das Knie zu legen und mit Ruthen zu bearbeiten, bis ihnen das Miauen verginge. Es verging ihnen aber schon von der bloßen Furcht und die Exekution wurde überflüssig.

Diese Nonnen, besonders wenn sie alt und garstig wurden, konnten aber wahre Teufel sein, und ihr ganzer Haß traf die jungen und hübschen Schwestern. Diese wurden mit Argusaugen bewacht und wehe ihnen, wenn sie auf dem Umgange mit einem Manne ertappt wurden. Dann vergaßen jene ihre eigene Jugend und begingen die empörendsten Grausamkeiten. Von den unzähligen Beispielen will ich nur einige anführen.

Im Kloster Wattum verliebte sich eine Nonne in einen Mönch. Solche Liebe war selten platonisch, und diese war es auch nicht, denn die Nonne fühlte sich schwanger. Sie verbarg ihre Lage, so lange es irgend angehen wollte, dann aber entdeckte sie sich ihren Mitschwestern. Das hatte ihr ein böser Geist gerathen, denn diese stürzten über sie her und überhäuften sie mit Schmähungen und Schimpfworten. Einige riethen, die Verbrecherin zu schinden oder zu verbrennen; andere wollten, daß sie auf glühende Kohlen gelegt werde!

Nachdem sich der erste Sturm gelegt hatte, ließen die erfahreneren Nonnen sie in ein Gefängniß werfen und fesseln. Hier mußte sie bei Brod und Wasser unter fortwährenden Mißhandlungen liegen. Dem Mönche war es gelungen zu entfliehen.

Als die Stunde der Niederkunft heranrückte, bat das arme Geschöpf flehentlich, man möge sie aus dem Kloster entlassen denn ihr Geliebter habe ihr versprochen, sie mitzunehmen. Die Nonnen lockten ihr nun nach und nach heraus, daß der Mönch sie auf erhaltene Nachricht an einer bestimmten Stelle in der Nacht und in weltlichen Kleidern erwarten würde.

Diese Entdeckung war den Megären willkommen! Ein handfester Pater, begleitet von einigen andern, begab sich, gehörig verschleiert und mit einem Knittel versehen, an den bezeichneten Ort. Der Mönch wurde ergriffen und im Triumph ins Kloster geschleppt. Hier erwartete ihn seine Geliebte und ein gräßliches Schicksal! Das arme Weib wurde von den Nonnen gezwungen, ihren Geliebten zu entmannen! Dann wurde die Unglückliche wieder in das Gefängniß geschleppt.

Das arme gequälte Geschöpf schlief hier einst vom Fasten und Weinen ermattet ein und träumte, oder glaubte zu träumen, daß ein Bischof mit zwei Weibern zu ihr komme, und daß die letztern bald darauf mit ihrem in glänzende Windeln gehüllten Kinde davongingen. Als sie wieder zu sich kam, fühlte sie sich ihrer Bürde entledigt. Die Nonnen untersuchten hierauf ihre Brüste, ihren ganzen Leib, berührten und brückten alle Theile desselben, und fanden ihn weder irgendwo verletzt, noch eine Spur von einer Ermordung des Kindes. Die Geschichte wurde nun für ein Wunder erklärt und als solches im Kloster bis auf späte Zeiten für den Neugierigen erzählt. Dies trug sich in der Mitte des 12. Jahrhunderts in England zu.

Doch wir brauchen nicht so weit zurückzugehen, denn noch weit ärgere Schändlichkeiten wurden von den Nonnen in neuerer Zeit begangen.

Am Ende des vorigen Jahrhunderts wurden in einem deutschen Staate die Klöster aufgehoben. Der mit der Regulirung dieser Angelegenheit beauftragte Kommissarius hatte die Nonnen eines Karmeliterklosters aufgefordert, dasselbe zu verlassen. Da seinem Befehle nicht Folge geleistet wurde, so begab er sich selbst in das Kloster und wiederholte der Aebtissin und ihren geistlichen Töchtern den fürstlichen Befehl. Zugleich ließ er sich die nöthigen Nach=

weisungen und auch das Personenverzeichniß geben. In diesem waren einundzwanzig Nonnen angegeben; als er aber die Versammelten mit den Augen zählend überlief, konnte er immer nur zwanzig herausbekommen. Er zählte noch einmal — dasselbe Resultat.

Um sich unnütze Mühe zu ersparen, rief er die Personen namentlich auf; die Nonne Alberta fehlte. Auf die Frage des Kommissärs, warum diese nicht anwesend sei, konnte er deutlich bemerken, daß sämmtliche Nonnen in große Verlegenheit geriethen und die Aebtissin mit dem Beichtvater sehr seltsame Blicke wechselte. Dies veranlaßte ihn, ernstlich auf das persönliche Erscheinen der Nonne zu bringen.

Die Aebtissin hatte sich unterdessen gefaßt. Sie sagte, daß der gegenwärtige Zustand der Nonne Alberta ihr persönliches Erscheinen unmöglich mache, da sie gefährlich krank sei. Der Kommissär, der nun einmal mißtrauisch gemacht war und irgend eine Nichtswürdigkeit vermuthete, drang darauf, zur Kranken geführt zu werden, denn er wolle sie sehen. Nach vielen Ausflüchten rückte die Aebtissin endlich mit dem Geständniß heraus, daß die Abwesende in so hohem Grade wahnsinnig sei, daß sie gewiß Niemanden erkennen und ein Besuch ganz nutzlos sein würde.

Das ganz eigenthümliche und befremdende Benehmen der Nonnen, die blaß waren wie ein Tuch und so zitterten, daß sie sich kaum auf den Füßen halten konnten, veranlaßte den Regierungsbeamten, nach den näheren Umständen der Krankheit zu forschen, und so erfuhr er denn, daß der gegenwärtige Klosterarzt gar nichts von dem Wahnsinn der Nonne wisse. Sein Vorgänger habe die Krankheit für unheilbar erklärt und zur Wahrung der Ehre des Klosters habe man die Sache geheim gehalten. Seit acht Jahren befinde sich die Nonne Alberta in einem beklagenswerthen Zustande. Nähern Aufschluß wollte ihm Niemand geben. Der Regierungsbeamte hielt es jedoch für seine Pflicht, der Sache auf den Grund zu gehen und nach ernstlichen Drohungen ließen sich endlich zwei Nonnen dazu bewegen, ihn zu Alberta zu führen.

Sie leiteten ihn treppauf treppab durch eine Menge schmaler Gänge in eine Art von Hintergebäude, bis sie endlich wieder vor einer Treppe stehen blieben. Der Kommissär wollte hinansteigen, aber die Nonnen sagten ihm, daß hier die Wohnung der Nonne Alberta sei. Er entdeckte jedoch nichts, was nur entfernt einem Aufenthaltsort für Menschen ähnlich sah, und war starr vor Erstaunen, als die Nonnen auf einen Bretterverschlag unter der Treppe wiesen, in welchem sich selbst ein Hund elend gefühlt haben würde.

Aus diesem Verschlage trat ein großes, bleichgelbes Mädchen von etwa fünfunddreißig Jahren hervor, mit bloßen Füßen und mit halbverfaulten Lumpen nur nothdürftig bekleidet. Die langen schwarzen Haare flatterten unordentlich um ihren Kopf und aus ihren tiefen Augenhöhlen blitzte in unheimlicher Glut ein dunkles Augenpaar, dessen Feuer weder Leiden noch Thränen hatten erlöschen können.

Die ganze Erscheinung erweckte das tiefste Mitleid. Mit herzzerreißendem Gewimmer warf sich das arme Geschöpf dem Kommissär zu Füßen, umklammerte seine Kniee und bat, sie doch nicht wieder so entsetzlich zu geißeln. Als sie aber die theilnehmende Miene des tieferschütterten Mannes sah, bat sie nur Rettung und Befreiung.

Ihre Reden waren abgerissen und verwirrt, und man sah, daß die langen Leiden den Geist dieses kräftigen Mädchens gestört hatten. Sie wurde sogleich in das Refektorium gebracht, wohin sie nur ungern folgte, denn der Anblick ihrer weiblichen Henker konnte sie nicht ermuthigen. — Der Kommissär befahl sogleich, daß ihr reinliche Kleidung und ein gutes Bett gegeben würde und verließ am andern Tage in der heftigsten Entrüstung das Kloster,

nachdem er die Nonnen mit den schwersten Strafen für die geringste
Mißhandlung der Alberta bedroht hatte.

Bald darauf begab sich der Vicepräsident des damaligen Landes-
kollegiums, Graf Th..., mit dem Kommissär in das Kloster. Die
Lage des armen Mädchens hatte sich aber leider wieder verändert
und der Wahnsinn die Oberhand gewonnen. Sie sprach ohne
Zusammenhang und gebrauchte eine Menge unflätiger Worte.
Die Oberin und die Nonnen konnten ihre hämische Schadenfreude
nicht unterdrücken. Der Präsident, der dies bemerkte, hielt den
entarteten Weibsbildern eine Predigt, wie sie dieselbe wohl noch
niemals von einem ihrer gefälligen Paters gehört haben mochten
und die deßhalb auch einen tiefen Eindruck machte. Dann stieg er
mit Alberta in einen bereit gehaltenen Miethwagen und brachte sie
in zweckmäßige Pflege.

Diese hatte auch einen guten Erfolg. Die körperliche Gesundheit kam wieder; aber nun zeigte sich an ihr die Hysterie, welche
wohl der Hauptgrund ihres Wahnsinns gewesen sein mochte, in
einem furchtbaren Grade; ja ihre Begierde nach Befriedigung des
Geschlechtstriebes ging so weit, daß sie die sich ihr nähernden
Männer mit Gewalt anpackte.

In den lichten Zwischenräumen gab sie Aufschluß über ihre
Geschichte. Sie war aus Würzburg, mitten im schönen Franken,
wo ihr Vater ein ziemlich bedeutender Weinhändler war. In seinem
Hause waren die Pfaffen willkommene Gäste, und besonders hatten
sich die barfüßigen Karmeliter, die in der Stadt ein Kloster besaßen,
darin eingenistet.

Alberta wurde eine auffallende Schönheit. Wie es aber besonders schönen Mädchen oft zu gehen pflegt, hatte sie keine Neigung
zur Häuslichkeit und ließ sich lieber von den Herren den Hof machen.
Bald spann sie ein Liebesverhältniß an, welches durch den Reiz
des Geheimnisses noch anziehender wurde und damit endete, daß sie
ihre Jungfräulichkeit einbüßte.

Ihre Eltern, welche noch mehrere Kinder hatten, waren mit ihr sehr unzufrieden und wären sie gern aus dem Hause los gewesen. Unter solchen Verhältnissen fand der Vorschlag der Karmeliter, Alberta in ein Kloster zu schicken, bei ihnen bald Anklang. Alberta, leichtsinnig und bigott dabei, ließ sich durch Schmeicheleien und Drohungen bewegen, ihre Einwilligung zu geben und wurde in ein Kloster nach N—brg gebracht. Man empfing sie dort freundlich und behandelte sie auch während des Probejahrs recht gut, denn der Vater hatte versprochen, das seiner Tochter zukommende Vermögen an das Kloster zu zahlen.

Als sie aber das Gelübde abgelegt hatte und sich die Auszahlung des versprochenen Geldes verzögerte, ja sogar die Aussicht bevorstand, daß dieselbe niemals geschehen werde, da mußte es Alberta büßen, welche von den Nonnen schon wegen ihrer Schönheit und ihrer Abneigung gegen alle weiblichen Beschäftigungen gehaßt wurde.

Mit dem Zustande dieses Mädchens ging unterdessen eine traurige Veränderung vor. Das einsame Leben in der Zelle und der Mangel an theilnehmenden Umgebungen waren Veranlassung, daß sie fortwährend an ihren Geliebten dachte, von welchem sie durch Mönchskniffe getrennt worden war. Die Phantasie verweilt so gern bei vergangenen Freuden, besonders in trauriger Einsamkeit. Diese Phantasien nahmen aber bald eine für ihre Gesundheit bedenkliche Richtung. Sie hatte vom Baume der Erkenntniß gegessen, und die veränderte Lebensweise trug sehr viel dazu bei, ihre Sinnlichkeit aufzuregen.

Die Karmeliternonnen dürfen kein Fleisch essen, und ihre Nahrung besteht größtentheils aus stark gewürzten Mehlspeisen und Fischen, welche das Blut erhitzen und der Keuschheit nichts weniger als zuträglich sind. Alberta suchte ihre rebellischen Sinne durch Mittel zu besänftigen, welche gerade das Gegentheil bewirkten und wurde dadurch in einen solchen Zustand versetzt, daß sie sich endlich genöthigt sah, sich dem Klosterarzt zu entdecken. Es war dazu fast zu spät, denn die Hysterie hatte sich beinahe zur Mannestollheit (Nymphomanie) ausgebildet.

Vielleicht wurden die Andeutungen des höchst achtbaren Arztes mißverstanden; vielleicht reizte auch das Pikante der Sache den Vorstand des männlichen Karmeliterhospiziums, kurz, er und die Oberin kamen dahin überein, daß er es versuchen solle, die Nonne zu kuriren. Er mußte der Oberin aber bald gestehen, daß er dieser Kur nicht gewachsen sei und rieth nun, es mit der Geißel und häufigem Fasten zu versuchen.

Aber das hieß Oel ins Feuer gießen. Die arme Nonne ging bei diesem Kampfe mit ihren Sinnen fast unter, und die Oberin, anstatt aufs Neue ärztliche Hilfe herbeizurufen, beschloß, sie von allen lebenden Wesen zu entfernen, damit der Ruf des Klosters nicht leide. Man brachte sie in den abscheulichen Verschlag unter der Treppe, gab ihr nicht einmal nothdürftige Nahrung und Kleidung und ließ sie täglich von boshaften Nonnen geißeln; so daß durch die schlechte Behandlung, welche sie acht Jahre lang zu erdulden hatte, ihre Krankheit in Wahnsinn überging. — Alberta wurde nicht wieder geheilt; sie endete ihr Leben in einem Irrenhause.

Es ist eine ziemlich bekannte Erfahrung, daß die Weiber im Allgemeinen weit grausamer sind, als Männer. Von der Grausamkeit der Nonnen will ich noch ein anderes, ebenfalls der neueren Zeit angehöriges Beispiel anführen.

Der Wundarzt Ferdinand Baumann, der in dem Dörfchen Hornstein in der Nähe einer Prämonstratenserabtei wohnte, hatte eine große Vorliebe für die Klöster, und dieselbe wurde von seiner Frau getheilt. Aus diesem Grunde beschlossen beide, ihre jüngste Tochter Magdalena „dem Himmel" zu weihen, da die älteste große Geschicklichkeit und Neigung für die Landwirthschaft zeigte.

Der Hausfreund Baumanns war Abt der benachbarten Abtei,

und er bestärkte die Eltern noch in ihrem Entschlusse, ja verwendete sich selbst bei den Klarissinnen in der Hauptstadt für die künftige Aufnahme des Mädchens, und bewirkte, daß man von ihr eine nur mäßige Aussteuer verlangte. Magdalena wurde nun in allen einer Nonne dienlichen Geschicklichkeiten und auch in der Wundarzneikunst unterrichtet und meldete sich nach vollendetem sechzehnten Jahre zur Aufnahme.

Sie war ein wunderschönes Mädchen geworden und bezauberte alle Herzen durch ihr anmuthiges Wesen. Es fehlte ihr daher auch nicht an Freiern, unter denen der junge Rehling die redlichsten Absichten hatte und in keiner Hinsicht zu verwerfen war. Magdalena blieb aber fest bei ihrem Entschluß, ins Kloster zu gehen, in welchem sie durch ihre bigotte Mutter nur noch mehr bestärkt wurde.

Der Vater war wankend geworden, denn die seltsamen, schmunzelnden Mienen und die höchst sonderbaren Redensarten des Beichtvaters des Klosters, wie auch das habgierige Benehmen der Nonnen, erfüllten ihn mit bangen Besorgnissen, aber er hatte nicht Energie genug, der Mutter und den Pfaffen gegenüber fest aufzutreten.

Magdalena wurde eingekleidet und vor allen Dingen in die Mysterien des Geißelns eingeweiht, für welches das arme Mädchen bald anfing zu schwärmen. Die kleine Disciplin bestand aus 36, die große aus 300 Hieben auf Rücken und Hintern. — Das Noviziat ging zur Zufriedenheit vorüber, und Magdalena that Profeß zur Verzweiflung des jungen Rehling.

Sie sah aber bald allerlei Dinge, die ihr theils gar nicht gefielen, theils sehr befremdlich vorkamen; allein sie durfte ihre Bemerkungen nicht laut werden lassen. — Endlich kam das Fest der Himmelfahrt Mariä und mit ihm die große Disciplin, die sie nur der Theorie nach und im Allgemeinen kennen gelernt hatte. — Das Zimmer, in welchem die Geißelung vorgenommen wurde, war zwar verdunkelt; allein durch die Ritzen der Fensterläden fiel Licht genug herein, um alles, was vorging, ziemlich genau erkennen zu lassen. Nur mit großem Widerwillen löste die schamhafte Jungfrau den Gürtel und entblößte den untadelhaften, wunderschönen Körper, an welchem sich die lüsternen Blicke der alten Klosterkatzen und der Aebtissin weideten.

Magdalena geißelte sich mit allem Eifer, bemerkte aber, daß es die andern Nonnen mehr wie eine Spielerei betrieben. Nur eine Nonne, Namens Griselda, übertrieb die Sache so sehr, daß das Blut über ihren Körper herabströmte und die Spitzen der Geißel an manchen Orten wohl einen Zoll tief in das Fleisch eingeschnitten hatten.

Magdalena, welche zur Klosterapothekerin ernannt worden war, eilte ihr zu Hilfe, und stellte sie in kurzer Zeit gänzlich wieder her. Sie hatte es aber nicht unterlassen können, Griselda aufzufordern, sich doch in der Folge nicht wieder so hart zu geißeln, und dies kam der Aebtissin zu Ohren, welche darüber sehr ungehalten wurde. Als sich Magdalena entschuldigen wollte, schrie sie dieselbe herrisch an und gebot ihr zu schweigen. Die Folge davon war ein erhöhter Bußeifer der Griselda. Diese fuhr nicht allein fort, sich so hart wie früher zu geißeln, sondern quälte sich auch dermaßen mit dem Cilizium — ein stachlichter Drathgürtel, der auf der bloßen Haut getragen wird —, daß die Stacheln tief in das Fleisch eingedrungen waren. Der herbeigerufene Wundarzt erklärte, daß nur die sorgfältigste Operation der Nonne das Leben retten könne, und nun erst verbot die Aebtissin, mit Gutbefinden des Beichtvaters, der Griselda auf das Strengste sich ferner so heftig zu geißeln.

Magdalena, der nun auch das Aderlassen und Schröpfen überlassen wurde, bemerkte bald, daß die erstere Operation mit der zweiundzwanzigjährigen Schwester Theodora fast jeden Monat vorgenommen werden mußte. Sie bemerkte dem Mädchen, daß ein so großer Blutverlust nothwendig die Wassersucht zur Folge habe, und die arme Nonne gestand ihr weinend, daß sie dies auf Befehl der Aebtissin thun müsse, um die Wallungen des Blutes und die damit verbundenen wollüstigen Träume und verbotenen Gelüste, welche Folge des häufigen Geißelns wären, zu unterdrücken, was auch immer für kurze Zeit durch das Aderlassen gelinge. — Die Unterhaltung Magdalena's mit Theodora und andere ähnliche Dinge kamen der Aebtissin zu Ohren und erbitterten sowohl diese als die ältern Nonnen.

Der Pater Beichtvater hatte seine Pläne auf das schöne Mädchen nicht aufgegeben, sondern ging recht systematisch zu Werke, zum Ziele zu gelangen. Auf seine Veranstaltung wurde sie zur Oberkrankenpflegerin des Klosters ernannt, welcher Posten sie in häufigere Berührung mit dem Pater Olympius brachte, vor dem sie indessen von einer wohlmeinenden Schwester gewarnt wurde. Dieser scheinheilige Schurke machte ihr allerlei geistliche Geschenke und erwies ihr überhaupt so viel Aufmerksamkeiten, daß die andern Nonnen neidisch wurden. Magdalena suchte sich von dem ihr übertragenen Amte loszumachen, nur um die Berührungen mit Pater Olympius zu vermeiden. Dieser erkannte sehr gut ihre Absicht und machte ihr im Beichtstuhl darüber heftige Vorwürfe, so daß sie genöthigt war, denselben zu verlassen.

Magdalena war nun bereits drei Jahre im Kloster, und die Augen waren ihr vollständig geöffnet. Mit Schaudern erkannte sie nun zu spät, daß der Weg zur Rückkehr in die Welt für sie verschlossen sei, und verfiel in tiefe Schwermuth. Häufig fand man sie seufzend und in Thränen. Es fing ihr an Alles gleichgültig zu werden, und in ihrer Betrübniß achtete sie nicht immer auf die vorgeschriebenen Formen und beging allerlei Fehler, die mit leichten Bußen bestraft wurden, welche sie bei ihrer aufgereizten Stimmung sehr erbitterten.

Zu dieser Zeit war die Tochter eines andern Wundarztes

Nonne geworden, und da sie einige Proben von Geschicklichkeit abgelegt hatte, so nahm man Magdalena ihre bisherige Stelle und fing an, sie mit großer Geringschätzung zu behandeln. Man warf ihr die Geringfügigkeit des von ihr ins Kloster gebrachten Geldes vor und nannte sie ein lästiges, durchaus unnützes Geschöpf.

Nun ging dem armen Mädchen die Geduld aus. Anstatt die Vorwürfe ruhig hinzunehmen, antwortete sie heftig und mit Spott, und wollte nicht schweigen, wenn die parteiische Priorin ihr den Mund verbot. Alsbald wurde der Aebtissin dies widersetzliche Benehmen hinterbracht, und ihr Magdalena als ein durchaus boshaftes, zänkisches und ungehorsames Geschöpf geschildert. Die Aebtissin fuhr zornig auf und schrie: „Ein solches Benehmen soll dieser Bauerndirne nicht ungestraft hingehen; man muß ihr den Nacken beugen und sie durch Zwang in die Schranken der Ordnung bringen." Damit ließ sie Magdalena zu sich bescheiden.

Diese erschien und sah, daß bereits zwei stämmige Laienschwestern bei der Aebtissin waren; eine der Mägde hatte eine große Kinderruthe in der Hand. Die Aebtissin las Magdalena ordentlich den Text und kündigte ihr an, daß sie bestraft werden solle. Die Arme weinte und bat; Alles vergeblich. Endlich äußerte sie in ihrem Eifer, daß sie kein Kind und der Ruthe längst entwachsen, eine solche Züchtigung auch für eine Nonne unschicklich sei. Die Aebtissin ward immer zorniger und gebot Magdalena, die Erde zu küssen.

Diese war sehr bereit, dem Befehl Folge zu leisten, denn sie hoffte, daß es mit dieser Strafe für diesmal abgethan sein werde. Kaum lag sie aber auf der Erde, als sogleich eine der Laienschwestern über sie herfiel und sich auf ihren Rücken setzte, während die andere ihr das Gewand aufhob und die Ruthe tüchtig gebrauchte. Als dies vorüber war, mußte Magdalena der Aebtissin die Hände küssen und sich für die gnädige Strafe bedanken. Die Nonnen standen auf der Lauer und begleiteten sie mit Hohngelächter, als Magdalena wieder in ihre Zelle ging.

Von nun an hatte die Unglückliche fortwährend von den Verfolgungen zu leiden, deren Ziel sie durch die Feindschaft der Aebtissin, der Priorin und des Beichtvaters geworden war.

Als sie eines Abends nicht in ihrer Zelle war und in der ihrer einzigen Freundin Crescentia gefunden wurde, schleppte man sie am andern Tage durch förmlichen Kapitelbeschluß zur großen Disciplin. Doch damit war es noch nicht genug; es trafen sie noch eine Menge anderer Strafen, darunter auch die Degradation von dem Nonnenrang zu dem einer Laienschwester.

Sie beging die Unvorsichtigkeit, einen Brief an ihre Eltern zu schreiben, in welchem sie ihnen ihre grauenvolle Lage schilderte und auf die rührendste Weise um Hülfe bat. Der Brief wurde aufgefangen und sie gezwungen, einen andern lügenhaften abzuschicken, den ihr der Pater Olympius in die Feder diktirt hatte. Für das Verrathen von Klostergeheimnissen an Laien erhielt sie abermals eine derbe Geißelung und wurde vier Wochen lang in den Thurm gesperrt, wo sie einen Tag um den andern Wasser und Brod erhielt.

Ihre Lage verschlimmerte sich noch, als die Aebtissin starb und ihre Hauptfeindin, die Priorin, an deren Stelle kam. Vergeblich bat Magdalena um Rückgabe des schwarzen Nonnenschleiers; sie mußte nach wie vor als Laienmagd Dienste in der Küche verrichten. Für jedes kleine Versehen erhielt sie hier die Ruthe, und als sie einstmals bei der Feier des Palmenfestes einen aus Blei gegossenen und fünfzig Pfund wiegenden „heiligen Geist", weil derselbe ihr zu schwer war, fallen ließ, so daß derselbe zerbrach, erklärte dies Olympius für absichtliche Bosheit, für ein Religionsverbrechen! Die Aermste empfing in dem neben dem Refektorium gelegenen Gefängnisse eine starke Disciplin.

Um diese Zeit erhielt sie Besuch von einigen Verwandten;

welche sie jedoch nur hinter der Klausur sprechen durfte. Was sie gesprochen hatte, wurde untersucht und man erklärte sie für ein gänzlich verworfenes Geschöpf. —

Die Sehnsucht nach „der Welt" wurde nun in Magdalena immer mächtiger, und sie sann auf Flucht. Sie war auch so glücklich, das Freie zu gewinnen, aber später wurde sie erlappt und mußte wieder in das Kloster zurückkehren, obgleich ein hoher Geistlicher, den sie um Hülfe angerufen hatte, sich für sie verwendete.

Pater Olympius reizte die Aebtissin zu stets neuen Verfolgungen an, und Magdalena wurde endlich zum Gefängniß auf unbestimmte Zeit verurtheilt. Als man sie dorthin bringen wollte, wehrte sie sich mit der Kraft der Verzweiflung, und man mußte einen Franziskanerlaienbruder zur Hülfe rufen. — Durch diesen Widerstand erbittert, ließ ihr die Aebtissin in Gegenwart der Priorin in dem Gefängniß auf einem Bunde Stroh abermals sehr derb die Ruthe geben.

Als einst Magdalena's Gefängniß ausgebessert werden mußte, wurde sie in ein benachbartes gebracht, in welchem die Schwester **Christine** nun schon **dreizehn Jahre** saß. Sie war zum Gerippe abgezehrt, vom Geißeln lahm und dem Wahnsinn nahe.

An Festtagen wurde Magdalena zum Abendmahl in die Kirche gelassen und mußte monatlich einmal bei Pater Olympius beichten. Dieser Schurke hatte seinen Verführungsplan noch immer nicht aufgegeben und drang mit unzüchtigen Anträgen in sie; allein sie schrie um Hülfe, und der Pater stellte sich, als habe er ihr nur die Disciplin geben wollen. Um wenigstens in etwas seinen Sinnen zu genügen, befahl ihr der heilige Mann, sich zu entblößen; allein es kamen einige Schwestern herbei, bei denen er sein Betragen schlecht genug entschuldigte.

Die Einkerkerung des unglücklichen Geschöpfes hatte nun unter fortwährenden Mißhandlungen drei Jahre und acht Monate gebauert, als endlich ein Schornsteinfeger, der in der Nähe ihres Gefängnisses arbeitete und Gewimmer hörte, die Sache der Obrigkeit anzeigte. Es wurde vom betreffenden Ministerium sogleich eine Kommission ernannt, welche in dem St. Klarenkloster eine Untersuchung anstellte.

Als man Magdalena ihre Freiheit ankündigte, weinte sie laut vor Freuden; allein die Aermste war so elend, daß sie sich kaum bewegen konnte. Man übergab sie sogleich dem Leibarzt des Kurfürsten und dem Hofwundarzt zur sorgfältigsten Pflege.

Das von Beiden über den Zustand des armen Mädchens abgegebene Gutachten sprach sich dahin aus: daß die unaufhörlichen Geißelungen ihr die heftigsten Schmerzen zugezogen hätten, an denen sie fortwährend leide, besonders bei verhärtetem Stuhlgange, ohne daß man dies als eine Wirkung der goldenen Ader betrachten könne. Durch die lange Einsperrung ohne alle Bewegung und durch die heftigen Schläge auf die muskulösen und tendinösen Theile der Schenkel und Füße seien diese entzündet, und da man bei ihr keine vertheilenden Mittel angewendet habe, so hätten sich diese Theile dermaßen verhärtet und zusammengezogen, daß sie gänzlich estorpirt und schwerlich Hoffnung vorhanden sei, sie wieder so weit zu heilen, daß sie ihre geraden Glieder wieder würde gebrauchen können.

Während ihrer ärztlichen Behandlung wurde Magdalena viermal verhört und es kamen alle im Kloster verübten Schändlichkeiten an den Tag, so sehr sich auch das Pfaffengezüchl schlangengleich drehte und wand.

Eine Nonne, Namens Paschalia, die eben so wie Magdalena gequält worden war, sollte wahnsinnig geworden und an einem Nervenschlage gestorben sein; aber einige von den fünf Nonnen, die den Muth hatten, die Wahrheit zu gestehen, behaupteten, sie habe sich in der Verzweiflung im Gefängniß an ihrem Busenschleier erhängt. Daß man auf einen solchen Selbstmord von Seiten

Magdalena's ebenfalls gefaßt war, ergab sich aus den Papieren der Abtei.

Obgleich alle Umstände gegen die Aebtissin und ihr Gelichter sprachen, obgleich sich über Magdalena's Bestrafung kein einziges Protokoll vorfand, — die Schuldigen wußten sich doch so durchzulügen, daß sie ohne Strafe davonkamen, und die einzige Folge dieser Entdeckungen war eine Einschränkung der Macht der Aebtissin und genauere Beaufsichtigung des Klosters.

Magdalena sollte zeitlebens im kurfürstlichen Hospital bleiben, und wenn sie genesen würde, Freiheit haben, auszugehen, anständige Gesellschaften zu besuchen und zu empfangen. Das Klarenkloster mußte ihr die nöthige Ausstattung und außerdem jährlich zweihundert Gulden geben.

Erst nach fünf bis sechs Jahren konnte Magdalena wieder gehen, und ihr geknickter Körper erholte sich allmälig. Im Klostergefängniß hatte sie im Fall der Befreiung eine Wallfahrt nach Loretto gelobt. Diese unternahm sie nun mit Erlaubniß der Behörde; allein sie kehrte nicht mehr in ihre Heimath zurück. Im August 1778 starb sie fünfundvierzig Jahre alt, in einem Krankenspital zu Narni in Italien.

Trotz solcher Erfahrungen gibt es doch noch heute Klöster! Und daß in denselben noch ähnliche Schandthaten verübt werden, beweisen die Schriften von Sebastian Ammann, Rafaello Ciocci und Andern.

Von der Lieblosigkeit, mit welcher Kranke in den Klöstern behandelt werden, hat uns ebenfalls Ammann folgendes Beispiel erzählt: — „Im Kloster Solothurn litt P. Theophil an einem ungeheuren Leistenbruch so schmerzhaft, daß er verzweifelte. Man legte ihn in einem Zimmer neben der Küche auf einen Strohsack und ließ ihn da zappeln. Niemand besuchte ihn, als der Klosterknecht, der ihm dreimal des Tages Essen zutrug. Ich habe in den letzten Jahren seines Lebens nie einen Arzt bei ihm gesehen.

Seine Unterleibsbeschwerden, das erschreckliche Elend und die gänzliche Verlassenheit mögen ihm sein martervolles Leben unerträglich gemacht haben. — An einem Tage vor dem Mittagsessen, um halb elf Uhr, war ich noch bei ihm und fand ihn äußerst schwermüthig; es ist aber gewiß, daß er um elf Uhr noch lebte. Um halb zwölf Uhr wollte der Klosterknabe die Speisegeschirre bei P. Theophil abholen und fand ihn an der Zimmerdecke aufgeknüpft leblos. Als wir die Anzeige von diesem Unglück hörten, sprangen wir Alle vom Tische auf; ich war der erste bei ihm und wollte mit einem Messer das Handtuch zerschneiden, an dem er hing; aber P. Guardian Raimund untersagte mir dies, weil es Schade um das Handtuch sei. Man ging lieber langsam zu Werke, weil man keine Rettung versuchen wollte. Seine Hände und Füße waren noch ganz warm, und ich verlangte, daß man auf der Stelle einen Arzt herhole, damit man die möglichsten Anstalten zum Wiedererwecken des vielleicht noch nicht Entseelten treffe. Allein P. Raimund tobte und verbot die Herbeirufung eines Arztes aufs Strengste, weil es ein erschreckliches Aergerniß absetze, wenn es unter die Weltlichen käme, es habe sich ein Kapuziner erhängt. Keine Bürste wurde zum Reiben seines Leibes angewandt, sondern man legte den Leichnam ohne Weiteres auf einen Toblensarg und machte bekannt, P. Theophil sei an einem Schlagfluß (Apoplexie) gestorben."

Ein anderes Beispiel, wie schnell die Pfaffen diejenigen zu expediren wissen, die ihnen unbequem oder gefährlich werden, erzählt Rafaello Ciocci.

Don Alberico Amatori, Bibliothekar im Kloster Santa Croce di Gerusalemme zu Rom, war durch das Lesen der Bibel von vielen Irrthümern und Mißbräuchen der römischen Kirche überzeugt worden. Er und fünfzehn ihm gleich gesinnte Mönche, darunter Rafaello Ciocci, unterschrieben eine Eingabe an den Ordensgeneral Nivardi Taffini, in welcher sie um Einräumung eines bequemen Klosters baten, wo sie nach ihrer Ueberzeugung leben konnten.

Alle diese Mönche schienen mit dem Charakter ihrer Mutter Kirche sehr schlecht bekannt zu sein, da sie einfältig genug waren zu glauben, daß dieselbe auch nur im Entferntesten daran denken könne, ihre Wünsche zu erfüllen. Der unerhörte Vorschlag erregte allgemeines Entsetzen! Amatori wurde vor ein Tribunal gefordert, und mit Entrüstung vernahmen die geistlichen Herren, daß er à la Luther die Bibel zur Grundlage des ganzen Kirchenwesens machen wolle. Man gebot ihm Schweigen, um die Sache nicht öffentlich werden zu lassen, und faßte im Geheimen einen Entschluß über das Schicksal der ketzerischen Mönche.

Der Mönch Stramucci wurde ins Kloster San Severin in den Sümpfen geschickt, wo er in Folge „der ungesunden Luft," oder durch anderes Zuthun, nach Verlauf weniger Monate von einem starken Mann in ein Gerippe verwandelt war. Don Andrea Gigli wurde nach Rom berufen. Er war damals sehr gesund; allein er nahm täglich mehr ab und nach zwei Monaten wurde er eines Morgens todt im Bett gefunden. — Don Eugenio Ghioni blieb in Rom; aber nach vier Monaten starb auch er, erst 31 Jahre alt. — Don Marian Gabrielli, ein blühender Jüngling, starb ebenfalls. Alle diese Krankheiten nannte man „Auszehrung!" — Der Abt Bucciarelli, ein Mann von herkulischer Gestalt, starb nach kurzer Krankheit von nur drei Tagen. Der Abt Berti hatte nach zwei Monaten einen „Fieberanfall" und starb nach einer Krankheit von zehn Tagen. — Don Antonio Balbini bekam nach Verlauf von 34 Tagen furchtbare Krämpfe und starb. — Die übrigen sechs kämpften Monate lang zwischen Leben und Tod. Nur Don Alberico und Ciocci blieben lange Zeit von dem geheimnißvollen Todesengel unberührt.

Aber die Rache zögerte nur, sie schlief nicht. Eines Abends

nach dem Essen bekam Ciocci schreckliche Krämpfe im Magen und ein furchtbares Brennen in Brust und Gurgel. In wenigen Minuten war er schwarzgelb im Gesicht und vor den Mund trat ihm Schaum. — Die herbeilaufenden Mönche schrieen, daß er besessen sei und versuchten nun ihren abgeschmackten Hokuspokus mit Weihwasser und Reliquien, wodurch der Kranke, der diesen Unsinn verabscheute, nur geärgert wurde. Endlich kam ein Arzt, aber nicht der gewöhnliche, sondern wie man sagte, der nächste, den man habe finden können. Er gab Ciocci eine Arznei, wodurch aber die Schmerzen sogleich noch bedeutend vermehrt wurden.

Ciocci bestand nun darauf, daß man den gewöhnlichen Klosterarzt holen solle, der sein Freund war, und da man wahrscheinlich hoffte, daß er zu spät kommen werde, schaffte man ihn auch herbei. Nachdem derselbe sich etwas orientirt hatte, betrachtete er die vom ersten Arzt gegebene Arznei, von der noch einige Tropfen im Glase waren, und voll Zorn und Entsetzen warf er sie nach der Untersuchung und einem bedeutungsvollen „Aha" zum Fenster hinaus. — Durch die zweckmäßigen Mittel, welche der wackere Mann anwendete, wurde Ciocci gerettet.

In demselben Kloster wurde eines Tages der Novizenlehrer Pacifico Bartoci, der sich durch seine Strenge verhaßt gemacht hatte, im innern, offenen Hofe des Klosters von unbekannter Hand mit einem Steine auf den linken Schlaf getroffen, daß er in Folge der erhaltenen Verletzung zehn Tage darauf starb *).

Man bemerke wohl, daß hier nicht vom Mittelalter, sondern von der Zeit zwischen 1835 und 1845 die Rede ist, und daß diese oder ähnliche Nichtswürdigkeiten noch ebenso wahrscheinlich heutigen Tages stattfinden.

---

*) Ungerechtigkeiten und Grausamkeit der römischen Kirche im neunzehnten Jahrhundert. Erzählung von Raffaele Ciocci. Altenburg bei Pierer.

Ich würde die mir gesteckten Grenzen zu sehr überschreiten, wenn ich auch nur einen kleinen Theil der mir noch bekannten im Kloster begangenen Schandthaten anführen wollte, deshalb übergehe ich auch die sehr interessante Geschichte des Urban Grandier, der durch die nichtswürdigsten Chikanen auf den Scheiterhaufen gebracht wurde, weil er die Begierden einer Aebtissin und ihrer Nonnen zu Loubun nicht befriedigen wollte. Einer unserer besten Romanschriftsteller, Willibald Alexis, hat diesen Stoff zu einem Roman bearbeitet.

Ein in den Klöstern gebräuchliches Sprüchwort sagt: „Man kommt zusammen, ohne sich zu kennen, man lebt mit einander, ohne sich zu lieben und stirbt, ohne beweint zu werden." Ein unter solchen Verhältnissen bestehendes Zusammenleben mußte den bessern unter den Mönchen zur Hölle werden, und mancher arme Pater, den seine bigotten Eltern dem Klosterleben in früher Jugend geopfert hatten, sprach mit heißen Thränen den Wunsch aus, daß ihn die Mutter bei der Geburt doch lieber ersäuft, als in ein Kloster geschickt haben möchte.

Zur Zeit als das Klosterleben in seiner höchsten Blüthe war, etwa im elften Jahrhundert, herrschte unter den Menschen eine wahre Wuth, ins Kloster zu gehen; nur als Mönch glaubte man der Seligkeit gewiß zu sein. Hermann, Herzog von Zähringen, schlich sich in Bauernkleidung vom Fürstenstuhl ins Kloster zu Clugny und diente demselben als Schweinehirt bis an seinen Tod, wo erst sein Stand bekannt wurde. Der Mann eignete sich ganz gewiß besser zum Schweinehirten als zum regierenden Fürsten und es war schön von ihm, daß er seinen Beruf erkannte.

Doch nicht alle trieb Andacht oder Demuth ins Kloster; viele suchten in demselben weiter nichts, als ein faules, überliches Leben, was sie auch meist in reichem Maße fanden. Das Gelübde der Keuschheit, welches den Laien immer als das schrecklichste erschien,

betrachtete man in sehr vielen Klöstern als eine leere Form, und
Saul, der Abt des Klosters zur heiligen Maria im Bis-
thum Monbennabi in Spanien, verwandelte dasselbe geradezu in ein
Bordell.

Sogar das Konkubinat, ja selbst die Ehe, waren unter den
Mönchen nicht selten. Im zehnten Jahrhundert lebten in manchen
Klöstern die Aebte und sämmtliche Mönche im Konkubinat oder in
förmlicher Ehe und statteten ihre Söhne und Töchter mit Kloster-
gütern aus. Unter Abt Habamar von Fulda waren die meisten
Mönche verheirathet.

Doch wir brauchen nicht so weit ins graue Mittelalter hinauf
zu steigen; dergleichen Fälle kamen noch in neuerer Zeit vor.
Im Jahre 1563 fand man in vielen Klöstern Niederösterreichs
Eheweiber, Konkubinen und Kinder der Mönche, und noch vor
einigen zwanzig Jahren hielt der Prälat Augustin Bloch in der
Schweiz ein allerliebstes Kammermädchen, welches als Student verkleidet war.

Doch ich wollte es diesen Klosterherren gern verzeihen, wenn
sie ihre Schätzchen hinter den heiligen Mauern sittsam verbergen;
davon hat die Welt eben keinen Schaden; aber mehr Unheil richten
sie an, wenn sie ihre Verführungskünste außerhalb derselben wirken
lassen. Um dies thun zu können, müssen sie die Grundsätze
lockern, kurz die sinnlichen Ausschweifungen als höchst unbedeutende,
kleine Verirrungen hinstellen, besonders wenn sie mit einem Pater
begangen werden.

Wo die Mönche zu Hause sind, da gibt es fast kein Bürger-
oder Bauernhaus, wo nicht ein Pater der Hausfreund ist. Kommt
der heilige Mann, dann lecken ihm die Alten die schmutzigen Hände
und die Kinder liegen auf den Knieen, bis er seinen Segen ertheilt
hat. Das Beste wird nun dem geehrten Gaste vorgesetzt, und wenn
die Leute auch zu arm sind, sich selbst ein Glas Wein zu gönnen,
so ist doch gewiß eins für den heiligen Mann bereit. Er läßt es

sich gut schmecken, denn die armen Leute würden es ja für Verachtung auslegen, wenn er ihre Gaben verschmähte! Welch Gesicht schneidet er aber, wenn das gewöhnliche Glas Wein, oder seine Leibspeise fehlen!

„Was die Töchter der Lust bei Wüstlingen der Welt, das sind die Mönche bei Betschwestern und den Stillen im Lande," denn diese Herren haben Tugenden, welche Frauen zu schätzen wissen und sind — verschwiegen. Vor einem solchen heiligen Manne brauchen sie sich ihrer Sündhaftigkeit nicht zu schämen, denn die Beichte zwingt sie ja, die geheimsten Sünden zu sagen. Diese Beichte wird daher von den Mönchen sehr heilig gehalten. Denjenigen, der das Beichtgeheimniß verletzt, treffen die schrecklichsten Strafen und selbst vor den weltlichen Gerichten, — was auch ganz in der Ordnung ist. Das Gericht zu Toulouse ließ 1579 einen Priester enthaupten, welcher einen ihm in der Beichte anvertrauten Mord der Behörde anzeigte. Der Mörder blieb unbestraft. Man geräth in Verlegenheit zu entscheiden, wie man über dieses Urtheil urtheilen soll.

Mönche sind nicht allein sehr liebevolle, sondern auch sehr bequeme Hausfreunde. Mag ein junger Bursch ein Mädchen gern, dann braucht er sich nur an seinen Herrn Pater zu wenden, dann wird sich die Sache schon machen. Mit der kleinen Sünde wird es sich schon finden, denn der fromme Herr hat einen Ueberfluß an Absolution, und wenn man noch so oft sündigte, eine Beichte, — und man ist wieder rein wie ein neugebornes Kind! Man glaube daher ja nicht, daß die Beichte dazu beiträgt, die Sittlichkeit zu befördern; wozu sie benutzt wird, davon werden wir im nächsten Kapitel einige Beispiele sehen.

So leicht nun die Mönche geschlechtliche Verirrungen nehmen, so strenge sind sie, wenn Jemand das Fasten gebrochen hat, und es ist empörend, wenn wir lesen, daß die reiche Abtei St. Claude in Burgund im Jahre 1629 einem gewissen Guillon den Kopf

abschlagen ließ, — weil der arme Mann während einer Hungers=
noth zur Fastenzeit sich ein Stück Pferdefleisch vom Schindanger
geholt hatte!

Starb ein Abt, so waren die lüderlichen Mönche darauf be=
dacht, einen solchen an die erledigte Stelle zu setzen, von dem sie
nicht besorgen durften, daß er sie in ihrer Lebensweise störe. Die
Wahl traf daher nicht selten das lüderlichste Subjekt des ganzen
Klosters.

Johann Busch erzählt, daß die Mönche eines Klosters nach
dem Tode des Abtes zur Wahl eines andern schritten, der dem
Verstorbenen an Tugenden gleiche. Die meisten Stimmen hatte
ein Pater, der nicht anwesend war, sondern während der Wahl
in der Schenke saß und soff. Da man ihn von diesem ange=
nehmen Orte nicht weglocken konnte, so ging eine Deputation der
Mönche dorthin, ihm das Ergebniß der Wahl zu verkündigen.
Erst nach langem Bitten ließ er sich bewegen, die neue Würde
anzunehmen. Als es geschehen war, wurde ein großes Gastmahl
gehalten, bei dem alle Mönche mit ihren Concubinen sich voll=
tranken. Während sie so betrunken waren, daß sie nichts sahen
und hörten, kam Feuer aus und die ganze feiste, lüderliche Gesell=
schaft verbrannte lebendigen Leibes.

Obwohl nun die Mönche unzählige gefällige Nonnen hatten
— in Deutschland gab es allein 200,000 — so sind sie doch be=
sonders lüstern nach Kindern der Welt. Oft gerathen sie dadurch
freilich in arge Verlegenheiten, welche Spott und Hohn oder un=
endliche Prügel zur Folge haben.

Der Abt des Klosters zu Gulbholm bei Schleswig hatte
ein Liebchen in der Stadt, bei welchem er oftmals die Nacht zu=
zubringen pflegte. Gewöhnlich nahm er des bessern Scheins wegen
einen vertrauten Pater mit. Dieser wurde ihm endlich unbequem
und er ließ den Begleiter zu Hause. Dies verdroß denselben und
echt mönchisch dachte er sogleich auf Rache.

Als nun der Abt wieder einmal die Nacht bei seiner Geliebten zubrachte, weckte der boshafte Mönch das ganze Kloster und rief: Dominus noster Abbas mortuus est in anima. Die Mönche deuteten das auf den leiblichen Tod des Abts, und das war es eben, was der Pater wollte. Alsbald zog man mitten in der Nacht mit Fackeln, Kreuz und Fahne an den bezeichneten Ort, um die Leiche des Abts einzuholen, und war nicht wenig überrascht, den frommen Herrn anstatt auf der Todtenbahre, bei seiner Buhlerin zu finden.

Doch ich brauche abermals nicht so weit zurückzugehen; die neuere Zeit liefert Beweise dieser Art in Menge, und Ammann, der dreißig Jahre im Kloster war, führt deren eine Menge an.

Im Jahre 1832 pflegte ein Pater Namens A m a b ä u s jedes Mal, wenn er sich unter einem frommen Vorwand entfernen konnte, die Nacht bei einem berüchtigten Frauenzimmer in M e l s zuzubringen. Um den frommen Heuchler auf der That zu ertappen, lauerten ihm einst einige junge Bursche auf und erwischten ihn richtig in den Armen der Buhlerin. Im Triumph schleppten sie ihn nach dem Kloster und die Versetzung nach Schwyz war seine ganze Strafe.

Zwei andere Klostergeistliche, Pater A u g u s t i n, Pfarrer in T u ß n a n g, und P. B e n e d i k t, Pfarrer in B e t t w i e s e n, verführten viele Frauen und gingen ganz ungescheut in ihre Häuser unter dem Vorwande, daß sie die Sterbesakramente dorthin zu bringen hätten.

In mehreren Orten der Schweiz, wo Klöster waren, wagte sich kein Frauenzimmer am Abend auf die Straße, denn die brünstigen Pfaffen fielen sie förmlich an, und ihre viehische Geilheit schonte selbst nicht unreife Kinder.

Pater F r i e d r i c h aus dem Kapuzinerkloster in A p p e n z e l l hatte sich, so lange er noch bloßer Frater war und nicht das Kloster verlassen durfte, mit u n n a t ü r l i c h e n A u s s c h w e i f u n g e n beholfen; als er aber Pater wurde und mehr Freiheit hatte, verlangte er nach natürlichen. — Eines Tags zog er von Appenzell nach dem Flecken Teufen in das St. Gallerland, um in einigen katholischen Gemeinden zu predigen und Beichte zu hören. Als er nicht weit von Teufen sich einem Walde näherte, lief ihm ein Mädchen nach und bat ihn um ein Heiligenbildchen, wie die Kinder überall, wenn sie einen Kapuziner sehen, zu thun pflegen. — Pater Friedrich zog ein gemaltes Bildchen aus seiner Kapuze, zeigte es dem Mädchen und versprach es ihm zu schenken, wenn es weiter mit ihm kommen wolle. Auf diese Weise lockte er das unschuldige Kind in den Wald. Sobald er dasselbe in ein Gebüsch gebracht hatte, verübte er an ihm die brutalste Nothzucht.

Das kleine Mädchen schrie um Hülfe und sein Vater, der seine Stimme hörte und erkannte, eilte auf das Schnellste herbei und ertappte den geilen Pfaffen auf der That. Er behielt Mäßigung genug, dem Mönche nicht auf der Stelle den verdienten Lohn zu geben, machte aber sogleich Anzeige von der schändlichen Handlung des Paters. Dieser wurde festgenommen und nach Troegen gebracht, wo man die Sache gerichtlich untersuchte. Es ergab sich, daß das arme Kind geschändet und bedeutend verletzt war.

Höchst merkwürdig sind die Ansichten, welche den Pater zu diesem Verbrechen leiteten, die aber fast von allen Mönchen in den Klöstern getheilt werden. Er glaubte, die Reformirten wären alle so schlecht, daß sie nichts für Sünde hielten, und daß bei ihnen Alles erlaubt sei, weil sie nicht beichten müssen! Daher meinte er denn, in den Augen derselben kein Verbrechen zu begehen, wenn er ein reformirtes Kind nothzüchtige!

Der Pater wäre zur öffentlichen Ausstellung an den Pranger und zum Staupenschlag, oder zu einer großen Geldbuße verurtheilt worden, wenn sich der damalige Landammann, Joseph Anton Bischofsberger, des Schurken nicht auf das Angelegentlichste angenommen hätte. Er kam also ohne die verdiente Strafe davon*).

Diese Pfaffenlüderlichkeit ekelt mich an und wahrscheinlich auch die Leser; allein der Vollständigkeit wegen muß ich doch noch einige Worte über die in den Klöstern herrschenden **unnatürlichen Laster** sagen, welche traurige Folgen des schändlichen Cölibats sind.

Ammann behauptet, daß unter 200 Kapuzinern wenigstens 150 Onanisten sind. Er ist darüber ein kompetenter Richter, denn nur ein Kapuziner konnte diese so genau kennen, als es bei ihm der Fall ist.

Im Kloster Fischingen trieb ein gewisser Pater Berchtold sein Wesen, dessen hauptsächliches Geschäft es zu sein schien, Klosterschüler und junge Mönche zu verführen. Absichtlich hörte er die Beichte nicht in einem öffentlichen Beichtstuhl, sondern in einem dunkeln Winkel, und viele Knaben, die ihm hier beichteten, klagten, daß er sie habe verführen wollen; allein der Guardian nahm davon nicht die mindeste Notiz. Berchtold wurde natürlich immer dreister und trieb sein abscheuliches Laster so ungescheut, daß man doch endlich gezwungen war, ihn auf seine Zelle zu beschränken und zu versetzen.

Als Ammann eben die Gelübbe abgelegt hatte, schlich dieser Knabenschänder auch in der Nacht zu ihm, setzte sich auf sein Bett, holte eine Flasche Schnaps und einiges Gebäck hervor und begann, ihm von seinen Siegen über die Frauen zu erzählen. Als Ammann ihn bat, von etwas Anderem zu reden, oder seine Zelle zu verlassen, sagte er: „Ja es ist eitel, von solchen guten Bissen zu reden, die wir einmal nicht haben können. Doch können wir

---

*) Wer die tolle Wirthschaft, welche die Pfaffen in der Schweiz mit den Bürgerfrauen und Mädchen treiben, genau kennen lernen will, der lese das Büchelchen von Ammann, welches ich weiter oben anführte.

einander auch Freude machen." — — Ammann wurde endlich genöthigt, durch Klopfen an der dünnen Seitenwand der Zelle Hülfe herbei zu rufen, worauf ihn der Verführer verließ.

An die Stelle dieses saubern P. Berchtold kam P. Joseph aus Freiburg. Dieser war noch ärger als sein Vorgänger, indem er sich nicht allein durch das oben bezeichnete Laster, sondern auch noch durch seine verschmitzte Heuchelei und raffinirte Bosheit auszeichnete.

Dieser Schandbube wurde niemals bestraft, sondern nur versetzt, wodurch nur Veranlassung gegeben wurde, daß sich seine abscheuliche Wirksamkeit immer mehr verbreitete.

In Sursen hatte dieser P. Joseph einen bildschönen Jüngling so sehr entkräftet, daß derselbe unter den schrecklichsten Schmerzen starb und noch auf dem Sterbebette seinen Verführer und Mörder verfluchte.

Dieses unnatürliche Laster ist bei Mönchen und selbst bei weltlichen katholischen Geistlichen in der Schweiz sehr gewöhnlich, und im Jahre 1835 wurden zwei derselben, Professor Schär und Kaplan Eisenring, im Städtchen Wyl wegen Sodomiterei zur Untersuchung gezogen und später zum Zuchthause verurtheilt. Es gelang ihnen aber, ins Ausland zu entfliehen.

Das Verhör ergab die abscheulichsten Thatsachen, und das Publikum wollte anfangs gar nicht glauben, daß diese Männer, welche Stifter und Bezirkspräsidenten des katholischen Vereins waren, solche Schandthaten begangen haben konnten. Sie wurden durch Ammann selbst angeklagt, der sich dadurch viele Feinde machte.

Diese Untersuchung hatte noch eine andere Entdeckung zur Folge. Ein sechszehnjähriger Knabe kam zu Ammann und entdeckte ihm, daß der Prior der Karthause zu Ittlingen im Thurgau mit ihm noch weit schändlichere Dinge getrieben, als sie Schär und Eisenring zur Last gelegt wurden. Er habe, durch den Prior beschwichtigt, nicht geglaubt, eine so große Sünde zu begehen, aber jetzt sei ihm die Sache klar, da jene Beiden dafür zum Zuchthaus verurtheilt wären.

Aehnliche Thatsachen würden ans Tageslicht kommen, wenn wir einmal von den Klöstern anderer Länder so genaue und offenherzige Schilderungen erhielten, wie sie uns Ammann und Rafael Ciocci von der Schweiz und von Rom geliefert haben. Es ist durchaus kein Grund vorhanden, anzunehmen, daß die Mönche in andern Gegenden sittenreiner sind, denn dieselben Ursachen erzeugen gewöhnlich auch dieselben Wirkungen, höchstens mit einigen, in der Hauptsache nichts ändernden Variationen.

Und solchen Männern sollen wir unsere Kinder zur Erziehung anvertrauen!? Haben die Regierungen nicht den Muth und den Willen, das Volk von dieser moralischen Pest zu befreien, so muß sich jeder Familienvater selbst helfen. Die Zeiten haben sich wesentlich geändert und keine Regierung wagt es mehr, die Unterthanen in die Kirche zu treiben, oder sie zu zwingen, zur Beichte zu gehen. Uebt sie auch noch einen Zwang aus auf solche Bürger, die Staatsdienste suchen, so sollten doch wenigstens diejenigen, welche ihre eigenen Herren sind, ihr Haus gegen den Einfluß lüderlicher, scheinheiliger Pfaffen bewahren, und durch vernünftige Lehren im Hause den in der Schule erhaltenen Unterricht unschädlich machen, wenn die Regierung nämlich darauf besteht, den Besuch sogenannter konfessioneller Schulen zu erzwingen. Wenn das Volk es ernstlich verlangt, wird nicht nur die Schule von dem Einfluß der Kirche befreit werden, sondern der Staat wird auch aufhören, sich um die Religion seiner Unterthanen weiter zu bekümmern, als es zum Schutz der kein Gesetz verletzenden Ausübung der verschiedenen Religionen nöthig ist.

Werft zunächst die Pfaffen aus den Häusern und aus den Schulen und den unvernünftigen Glauben aus dem Herzen, — das Weitere findet sich von selbst.

VII.

Der Beichtstuhl.

Tout homme est homme, et les Moines sur tous.
La Fontaine.

Eine der sinnreichsten und verderblichsten Erfindungen der römischen Kirche ist die Ohrenbeichte. Mit Hülfe derselben hat sie lange die Welt regiert ohne große Kosten und Beschwerden. Ueber den hohen Werth derselben herrscht nur eine Stimme und selbst der Ketzer Marnix von St. Albegonde meinte schon vor dreihundert Jahren, daß dieselbe der Kirche nehmen, ihr die Augen ausstechen heiße. Er sagte nämlich: — „denn diese Ohrenbeichte ist ihr unzweifelhaft ein Paar Augen werth: nämlich das eine braucht sie, um alle Heimlichkeiten und verborgenen Anschläge aller Könige und Fürsten dieser Welt zu erfahren, wodurch sie in den friedlichen Besitz aller Regierungen und Herrschaften gekommen ist. Das andere gebraucht sie, um damit in die Busen der jungen Mädchen und betrübten Frauen zu sehen und zu tasten, und dadurch ihre Heimlichkeiten zu ergründen und zu erfahren, und ihnen darnach solche liebe Buße aufzuerlegen, daß ihre geängstigten Gewissen getröstet und ihre Herzen merklich erleichtert werden. O wie manchmal haben die heiligen Pfaffen und Mönche den betrübten und unfruchtbaren Weibchen in ihrer Ohrenbeichte so guten Rath gegeben, daß sie dadurch bald fröhliche Mütter geworden sind, und von derselbigen Zeit an zu ihren heiligen Beichtvätern solche innige Liebe wie zu ihren eigenen Männern selbst bekommen haben."

Ich habe schon in den vorhergehenden Kapiteln hin und wieder von der Beichte geredet. Ich will mir nicht die unnütze Mühe geben zu beweisen, daß die Ohrenbeichte ihre Rechtfertigung nicht in den Evangelien findet, denn die zu ihren Gunsten angeführten Stellen begründen sie ungefähr in derselben Weise, wie mit der Stelle des Psalms „Lobet den Herrn mit Pauken," das Geißeln. Die Ohrenbeichte war eben, wie das Fegfeuer und andere sinnreiche Erfindungen ähnlicher Art, eines der vielen Mittel, durch welche sich die römische Kirche die Herrschaft über die Menschen erwarb.

Das Beichtgeheimniß sollte heilig gehalten werden; allein die Jesuiten hatten darüber ihre besondere Ansicht und es ist bewiesen, daß sie den Inhalt der Beichte ihren Vorgesetzten mittheilten, besonders wenn sie für die Erhaltung und das Beste ihres Ordens zweckmäßig erschien. Um überall zu herrschen und die Fäden der Regierung in der Hand zu haben, waren sie stets auf das Eifrigste bestrebt zu bewirken, daß Jesuiten als Beichtväter regierender Fürsten oder sonstiger sehr einflußreicher Personen angestellt wurden. Da sie in Bezug auf Sünden sehr spitzfindig und tolerant waren, so nahm man sie auch gern als Beichtväter an.

Jesuiten durften nichts schreiben und veröffentlichen ohne Zustimmung ihrer Vorgesetzten; was also von irgend einem dem Orden Angehörigen veröffentlicht wurde, kann als ein Ausdruck der in demselben gut geheißenen Ansicht betrachtet werden. Obwohl ich aus den Werken der Jesuiten eine sehr reichhaltige, interessante Auswahl von Stellen treffen könnte, über deren Moral sich jeder rechtliche Mensch entsetzen würde, so begnüge ich mich doch damit, nur einige wenige anzuführen, die hinreichend begründen, weshalb die Jesuiten als Beichtväter gern gewählt wurden.

„Die erste Regel sei: So oft Worte ihrer Bedeutung nach zweideutig sind, oder verschiedene Sinne zulassen, ist es keine Lüge, selbige in dem Sinne zu gebrauchen, den der Sprechende mit ihnen verbinden will; obschon die Zuhörenden und der, dem man schwört, selbige in einem andern Sinne nehmen — ja ob auch der Sprechende von keiner gerechten Sache geleitet werde." (Sanchez opus mor. Lib. I. cap. 9 n. 13 pag. 26).

Zwei Seiten später, nachdem der gelehrte Jesuit verschiedene Arten erlaubter Lügen ausgeführt hat, sagt er: „Ja, es ist dies von großem Nutzen, um Vieles verdecken zu können, was verdeckt werden muß, aber ohne Lüge nicht verdeckt werden könnte, wenn nicht diese Art und Weise gestattet wäre. — — Man hat aber gerechte Ursache, sich solcher Zweideutigkeiten zu bedienen, so oft dies nothwendig und nützlich ist, um das Heil des Körpers, die Ehre und das Vermögen zu schützen: oder zur Uebung irgend einer andern Tugend." —

„Es ist erlaubt, denjenigen zu tödten, von dem man gewiß weiß, daß er sofort einem nach dem Leben stellt, so daß eine Frau z. B., wenn sie weiß, daß sie in der Nacht von ihrem Manne getödtet wird, und nicht entfliehen kann, jenem zuvorkommen darf."

Und weiter hin:

„So oft Jemand zu Folge des oben Gesagten ein Recht hat, einen Andern zu tödten: dann kann dies auch ein Anderer für ihn thun, wenn dies die christliche Liebe anräth." (Busenbaum: Med. Theolog. mor. L. III. Tract. IV. D. V. et VIII. Pracc. u. X. ibid.)

„Ist einem Beichtvater, der eine Frau oder einen Mann zu verzeihlichen bösen Handlungen verlockt, das Begehen einer schweren Schuld beizumessen? — Die Hände oder die Brüste einer Frau zu berühren, mit den Fingern zu kneifen und zu zwacken: das sind in Betreff der Keuschheit läßliche Sünden, wenn es zur bloßen Ergötzlichkeit ohne weitere Absicht oder Gefahr der Befleckung vorgenommen wird." (Escobar: Theol. mor. Tract. V. Exam II. Cap. V. n. 110 pag. 608).

„„Wie verhält es sich rücksichtlich des Beischlafes mit der Verlobten eines Anderen?"" — „Er überschreitet nicht die gewöhnliche

Hurerei, weil sie noch nicht die Frau jenes Mannes ist (ibid. Tract. I. pag. 141)."

„An mortiferum, virilo membrum in os uxoris immittere? Negat Sanchez tom. 3, de Matr. tom. 3 lib. 9 d. 17. n. 15. At cum aliis auderem objicere tanto Doctori, id non esse simpliciter osculum pudendorum, sed quendam ad peccatum diversae speciei, id est, praeposteram venerem ausum. (Escobar: Theol. mor. Tract. I. Exam VIII. Cap. III. n. 69. pag. 148).

„Wer nur äußerlich geschworen hat, ohne den Vorsatz „zu schwören," ist nicht gebunden (es sei denn des etwaigen Skandales wegen) da er nicht geschworen hat, sondern (mit dem Eide) gespielt hat." (Busenbaum: Medull. Theol. lib. III. Tract. II. De II. Dec. Prace. dubium IV. (An in juramento liceat uti aequivocatione n. V. pag. 143).

„Ist derjenige, der zum erstenmale Hurerei treibt, verbunden, diesen Umstand in der Beichte zu entdecken? — Jungfrauen sind hierzu wegen der Defloration verbunden; aber Jünglinge nicht." So meint Suarez. Jedoch halte ich es mit Vasquez für wahrscheinlicher, daß auch eine Jungfrau nicht dazu verbunden ist, sei es selbst, daß sie noch unter elterlicher Gewalt stehe, da, wenn die Jungfrau freiwillig einwilliget, ihre Hurerei keine Schändung ist; sie begeht kein Unrecht, weder gegen sich selbst, noch gegen ihre Eltern, da sie die Herrin ihrer Jungfrauschaft ist. (Escobar. Theol. mor. Exam. II. Cap. VI. n. 41. pag. 13).

Die Fehler eines Fürsten können, vornehmlich im zarten Alter, durch gute Erziehung gebessert werden (wodurch oft verdorbene Naturen gezügelt und umgewandelt worden sind). Aber wenn dies nicht gehen sollte, und Bitten und Mühe erfolglos bleiben; so halte ich dafür, daß man sie übersehe, so weit dies das öffentliche Wohl gestattet, und die verderbten Sitten des Fürsten nur

Privatsachen berühren; dagegen wenn er den Staat in Gefahr bringt, wenn er sich als Verächter der väterlichen Religion zeigt und sich nicht bessern will, so halte ich dafür, daß man ihn ab- und einen Andern einsetze, was, wie wir wissen, in Spanien nicht blos einmal geschehen ist. Wie ein gereiztes Thier muß er durch Aller Geschosse angegriffen werden, weil er die Menschlichkeit verleugnet und zum Tyrannen geworden ist. (Mariani: de rege et regis institutione lib. I. Cap. III.)

„Ob es erlaubt ist, einen Tyrannen mit Gift zu tödten?" — Es ist rühmlich, dieses ganze pestartige und verderbliche Geschlecht aus der Gesellschaft der Menschen zu vertilgen. — — Und Beispiele solcher Morde giebt es viele, sowohl in alter, als neuer Zeit. Es ist zwar schwer, einem Fürsten Gift zu mischen, indem er von seinem Hofe umgeben ist und zudem die Speisen vorher kosten läßt. Wenn sich aber dazu eine günstige Gelegenheit darbietet: wer sollte da so spitzfindig und subtil sein, daß er unter beiden Todesarten einen Unterschied zu machen suchte? — Mariani ibid.*)

Diese Proben der Jesuitenmoral, die ich bedeutend vermehren könnte, auf den Beichtstuhl angewandt, erklären es hinlänglich, warum Jesuiten als Beichtväter Glück machten. Der Beichtstuhl wurde zur Erreichung politischer und kirchlicher Zwecke benutzt, aber hauptsächlich diente er den Pfaffen dazu, ihre Lüsternheit zu befriedigen.

---

*) Die Erlaubniß dies Buch zu drucken lautet:

Stephanus Hojeda Visitator Societatis Jesu in provincia Toletana, potestate facta a nostro patre Generali Claudio Aquaviva, do facultatem, ut imprimantur libri tres, quos de Rege et Regis institutione composuit P. Johannes Mariana, ejusdem Societatis, quippe approbatos prius a viris doctis et gravibus ex eodem nostro ordine. In cujus rei fidem has literas dedi meo nomine subscriptas, et mei officii sigillo munitas. Madriti in collegio nostro quarto Nonos Decembris MDLXXXXVIII.

Stephanus Hojeda, Visitator.

Schon im Jahre 428 hatte Papst Cölestin es für nöthig gefunden, Strafe darauf zu setzen, wenn Geistliche ihre Beichtkinder zur Unzucht verführten. Dergleichen Fälle kamen unendlich oft vor und mit diesen Beichtstuhlgeschichten könnte man Folianten füllen.

Poggio Bracciolini, von dem ich schon früher redete, erzählt, daß die Beichtstühle dazu benutzt wurden, die Mädchen und verheiratheten Frauen zu verführen. Beichtete eine derselben, daß sie sich eine fleischliche Schwachheit habe zu Schulden kommen lassen, so kam es sehr häufig vor, daß ihr der fromme Beichtvater die unzüchtigsten Anträge machte. Um sich das Verführungswerk zu erleichtern, verfehlten sie denn nicht, den lüsternen Kindern recht überzeugend vorzureden, daß ein Bischen Unzucht mit einem frommen Geistlichen so gut wie nichts zu bedeuten habe, und daß die Sünde hundert Mal kleiner sei, als wenn sie mit einem fremden Ehemanne begangen würde.

Ansiniro, ein Augustinereremit zu Padua, hatte alle seine Beichttöchter verführt. Die Sache wurde ruchbar und er deshalb angeklagt. Vor Gericht drang man sehr ernstlich in ihn, alle diejenigen anzugeben, welche ihm den Willen gethan. Er nannte eine große Menge von Mädchen und Frauen aus den angesehensten Familien, stockte dann aber plötzlich und wollte nicht weiter reden. Der Sekretär, der ihn vernahm, bedrohte ihn mit den härtesten Strafen, wenn er nicht die Wahrheit reden und in seinem Bekenntniß fortfahren werde. So gedrängt nannte der Pater auch den Namen, welchen er verschweigen wollte und man kann sich die Ueberraschung des Sekretärs denken, als er den seiner eigenen für so tugendhaft gehaltenen Frau hörte!

Hin und wieder kamen die Pfaffen auch schlimm an. Ein Priester, dem eine hübsche Frau beichtete, fand den Platz hinter dem Altar sehr bequem und wollte sie bewegen, hier seinem unzüchtigen Gelüste zu genügen. Die Frau äußerte, daß sie den

Platz nicht anständig finde, versprach aber, an einem andern Orte seine Wünsche zu erfüllen und schickte ihm als Liebespfand eine sehr schöne Torte und eine Flasche guten Wein. Der erfreute Pfaffe dachte zwei Fliegen mit einer Klappe zu treffen und überreichte die herrliche Torte seinem Bischof, der damit bei einem Gastmahl seine Tafel zierte. Als man sie aufschnitt, fand man darin, was man gewöhnlich nicht dem Beichtstuhl, sondern dem Nachtstuhl anvertraut.

Man forschte natürlich nach dem Ursprung dieser schmutzigen Ueberraschung und dieser ergab sich bald aus der Untersuchung.

Kein Ort war den geilen Pfaffen zu heilig und die Regierungen mußten dieselben oft strafen, weil sie einen Altar oder einen andern für heilig geltenden Ort als Sopha betrachtet hatten. Ein Kaplan zu Solothurn beging selbst die schreiende Sünde, die Orgel zum Schauplatz seiner unerlaubten Freuden zu wählen!

Wäre die Kirche nicht stets darauf bedacht gewesen, das Nützliche mit dem Angenehmen zu verbinden, und ihre frommen Diener so viel als thunlich für die mancherlei mit ihrem Amte verbundenen Entbehrungen zu entschädigen, dann hätte sie dem Standal schnell ein Ende machen können. Sie hätten nur zu verordnen brauchen, daß die Weiber bei Weibern, statt bei Männern beichteten; aber wahrscheinlich fürchteten sie, daß die Weiber nicht schweigen könnten.

„Mensch bleibt Mensch und ein Pfaffe vorzüglich." Ich würde auch lieber das Sündenregister eines schönen Mädchens mit anhören, als das eines alten Mannes und hin und wieder würde ich wahrscheinlich auch schwach genug sein, die gemachten Entdeckungen zu meinem Privatvortheil zu benutzen; allein ich bin auch kein Priester. Wüßte ich es nicht aus andern Quellen, so würde mich schon die Ermahnung des heiligen Borromäus an die Pfaffen lehren, daß sehr viele von diesen die Beichte der Weiber lieber hörten, als die der Männer. Der Heilige, der stets des oben angeführten Motto's eingedenk ist, schreibt den Beichtvätern vor, alle Thüren zu öffnen, wenn sie die Beichte irgend einer Weibsperson anzuhören hätten; er schlägt ihnen vor, irgend einen Vers aus den Psalmen, zum Beispiel cor mundum crea in eu Domine, an einem freien Ort anzuschreiben, wo er ihnen beständig vor Augen wäre und sie ihn bei vorkommenden Versuchungen gleichsam als Zauberformel oder als Retro Satanas gebrauchen könnten. —

Von dem Geißeln habe ich schon geredet. Da dieses nicht ohne Entblößung stattfinden konnte, so ist es begreiflich, daß es die lüsternen Pfaffen sehr bald bei der Beichte einführten. Anfänglich begnügten sie sich damit, die Geißelung als Buße **vorzuschreiben**; allein gar bald maßten sie sich das Recht an, dieselbe **eigenhändig zu ertheilen**. Dies wurde von der Kirche selbst als ein Mißbrauch angesehen und Papst Hadrian I., der im Jahre 772 Papst wurde, verordnet: „Der Bischof, Priester und der Diakon, sollen diejenigen, welche gesündigt haben, nicht geißeln."

Die Verordnung fruchtete jedoch nichts. Die Geistlichen ließen sich das angenehme Recht nicht nehmen, besonders da sie darin durch hochstehende Prälaten unterstützt wurden, und der schon früher genannte Kanzler der römischen Kirche, Kardinal **Pullus**, nicht das geringste Bedenken trug, nicht allein das Geißeln zu empfehlen, sondern auch sogar öffentlich bekannt zu machen, daß die völlige Entkleidung der Büßenden und ihr Niederwerfen zu den Füßen des Beichtvaters selbst in den Augen Gottes das Verdienst des Sünders vermehre, da es noch Kennzeichen äußerster Demuth und Erniedrigung wären.

Solche Lehren trugen den Pfaffen gute Früchte. Das Hintertheil eines Mannes zu zerbläuen konnte, wenn derselbe eine hohe Stellung in der Welt hatte, allenfalls ihrem Stolze und ihrer Eitelkeit schmeicheln; allein diese Strafe bei Frauen anzuwenden, hatte für den Schönheitssinn der Pfaffen einen weit höheren Reiz, und alle Mittel, welche der Kirche zu Gebote standen, wurden angewandt, die natürliche Schamhaftigkeit der Weiber und Mädchen zu besiegen.

Bei der Schamhaftigkeit fällt mir eine Anekdote ein, die zu spaßhaft ist, als daß ich sie den Lesern vorenthalten sollte. In den vierziger Jahren kam ein junges Mädchen zu dem katholischen Pfarrer eines Ortes, um bei ihm zu beichten. Nachdem sie allerlei unbedeutende Sünden gestanden hatte, stockte sie und wurde feuerroth. Der Pfarrer ermahnte väterlich fortzufahren, aber das verschämte Mädchen sagte, daß es ihr unmöglich sei, ihm hier ihre Sünden zu bekennen. Der gute Geistliche, dem dergleichen wohl schon oft vorgekommen sein mochte, fragte, ob sie ihm lieber zu Hause beichten wolle, wo sie weniger beobachtet wäre, und das Mädchen erklärte sich seufzend bereit dazu.

Zur bestimmten Stunde erschien sie auf dem Zimmer des Herrn Pfarrers, der sie mit einiger Unruhe und Neugierde erwartet hatte. „Nun mein Kind, wir sind allein, was ist's, das dich drückt? — Die Mutter Kirche hat Trost; habe Zutrauen u. s. w." — Ach Herr Pfarrer, ich kann's nicht sagen, erwidert die kleine Unschuld und hält den Schürzenzipfel vor das Gesicht. — „Nun, mein Gott, es wird doch keine Todsünde sein! — Ach nein, aber — „Nur offen heraus, was ist's?" — Ach, ich habe mit meinem Liebsten etwas — etwas gemacht! — „Nun, was denn, mein Kind?" — Ach, ich kann's wahrhaftig nicht sagen. — „Nun, hat er vielleicht das gethan?" fragte der Pfarrer, indem er ihr in die Backen kneipt, um ihr das Geständniß zu erleichtern. — Ach nein? — „Oder vielleicht das?" — wobei er den Arm um ihre Taille legt und ihr einen Kuß auf den Mund drückt. — Das Mädchen schüttelt beständig mit dem Kopf und der Pfarrer, ein noch junger Mann, glüht im Gesichte beinahe ebenso sehr, wie seine verschämte Beichttochter. — Er wird in seinem heiligen

Eifer immer hitziger und versucht alles Mögliche, was der Geliebte nur mit ihr gethan haben konnte, und da sie fortwährend beharrlich schüttelt, so schreitet er sogar zum Alleräußersten, in der vollen Ueberzeugung, daß er nun das Richtige getroffen habe. Aber wie groß ist sein Erstaunen, als er auf seine Frage ein abermaliges Kopfschütteln als Antwort erhielt. — „Nun, ins Satans Namen," bricht er los, „was hast du denn mit ihm gemacht!" — Ach Herr Pfarrer — — ich habe — ihn krank gemacht! — Ich überlasse es den Lesern, sich das Gesicht des guten Pfarrers auszumalen. —

Auf solche Weise verfuhren nun wohl nicht alle römisch-katholischen Geistlichen, um die Schamhaftigkeit ihrer Beichtkinder zu besiegen; bei den meisten gelang es ihnen durch biblische Spitzfindigkeiten, und wo dieselben nicht helfen wollten, mit Verweigerung der Absolution und Androhung der ganzen Teufelsflüche. Zu solchen äußersten Mitteln brauchten die heiligen Väter indessen nur selten zu schreiten, denn die Beichte ist schon an und für sich ein höchst wirksames Mittel zur Ertödtung der Scham.

Das Mädchen oder die Frau, welche einem fremden Manne die geheimsten Regungen ihrer Sinnlichkeit und die dadurch hervorgebrachten Wirkungen mit allen Details — so verlangen es häufig die lüsternen Beichtväter — schildern kann, kostet es auch keine große Ueberwindung sich vor demselben zu entblößen; wer die nackte Seele gesehen hat, mag auch den nackten Körper sehen! —

Weigerte sich indessen dennoch eine Beichttochter und wollte nicht daran glauben, daß die Pfaffen ein Recht dazu hätten, die Entblößung zu verlangen, dann entgegneten diese ihnen, daß Christus gesagt habe: Gehet hin und zeiget euch den Priestern; wollte es eine andere unschicklich und anstößig finden, dann antwortete man ihr: „Ach Larifari! Adam und Eva waren im Paradiese nackt und am Auferstehungstage werden wir keine Hosen tragen." So kam es allmälig so weit, daß man gar nichts mehr darin fand, wenn ein Beichtvater einem Mädchen oder einer Frau mit eigener Hand die Ruthe gab.

Die Pfaffen standen schon seit den ältesten Zeiten mit vollem Recht in schlechtem Ruf und es ist daher wohl begreiflich, daß die Ehemänner ziemlich unruhig waren, wenn ihre Frauen zur Beichte gingen. Selbst sehr fromme und heilige Bücher enthalten darüber höchst ergötzliche Geschichten, wenn sie auch meistens ernsthaft langweilig und im schrecklichsten Mönchslatein erzählt sind.

In einem Buche von Scotus, betitelt Mensa philosophica, findet sich zum Beispiel die folgende:

Einem Weibe, welches eben in den Beichtstuhl ging, um ihre Sünden zu bekennen, folgte im Geheimen ihr Ehemann nach, da ihn die Eifersucht plagte, zu welcher er auch wohl gute Gründe haben mochte. Er verbarg sich in der Kirche so, daß er seine Frau genau beobachten konnte; aber kaum sah er sie von dem Beichtvater hinter den Altar führen, als er sehr eifrig hervorstürzte und demselben vorstellte, daß seine Frau viel zu zart sei, die Geißelung auszuhalten; solle aber einmal gegeißelt werden, nun dann erbiete er sich, die Strafe auf sich zu nehmen. Die Frau war sehr vergnügt über diesen Vorschlag und der Beichtvater willigte ein. Kaum hatte sich der Mann vor diesem niedergeworfen und in die gehörige Geißelpositur gesetzt, so rief seine Frau: „Nun ehrwürdiger Vater, haut nur recht tüchtig zu, denn ich bin eine sehr große Sünderin!" —

Nach den Beispielen von den Wirkungen des Cölibats auf die Geistlichen, welche ich in den vorigen Kapiteln gegeben habe, werden es die Leser sehr natürlich finden, daß diese Art und Weise der beichtväterlichen Absolution zu unendlich vielen Mißbräuchen Veranlassung gab. Die Zahl der davon bekannten Beispiele ist unendlich groß, obgleich die Pfaffen stets bemüht waren, dergleichen Erzählungen als Verläumdungen hinzustellen. Ich könnte eine ganze Galerie davon aufführen, begnüge mich aber damit, nur einige Geschichten dieser Art zu erzählen, deren Wahrheit bis in die kleinsten Details durch gerichtliche Untersuchungen ans Tageslicht gekommen ist, und weil sie mir ganz vorzüglich geeignet scheinen, die römisch-katholischen Geistlichen und ihre Beichte zu illustriren.

Die erste davon ist die von dem Bruder Cornelius Adriansen zu Brügge. Derselbe war zu Dortrecht geboren. Seine Eltern bestimmten ihn zum geistlichen Stande, und nachdem er seine Studien vollendet hatte, kam er im Jahre 1548 nach Brügge in das dortige Franziskanerkloster. Bald entdeckte man in ihm eine Menge theologischer Kenntnisse und eine ganz besondere Gabe „populär" zu predigen, wodurch seine Obern bewogen wurden, ihm das Predigeramt anzuvertrauen.

Seine Predigten waren ganz eigenthümlicher Art, und man wird sie am besten beurtheilen können, wenn ich ein Bruchstück aus einer derselben mittheile. Seine Reden wurden übrigens schon bei seinen Lebzeiten gesammelt und zum Ergötzen der Ketzer in den Niederlanden im Druck herausgegeben.

Am 15. Dezember 1560 ereiferte er sich sehr, weil einige angesehene deutsch-protestantische Prediger und Anhänger der Augsburgischen Konfession nach Antwerpen gekommen waren. Nachdem er einen Theil des Textes ausgelegt hatte, ergriff er die Gelegenheit, seinem Grimm über die Ketzer Luft zu machen. Er brüllte wie verrückt: „Bah! ich möchte beinah vor Zorn und Tollheit aus der Haut fahren! Ah Bah! da sind nun zu Antwerpen, dem höllischen Pfuhl, dem teuflischen Abgrund, wo alles verfluchte Gift und stinkender Unflath zusammen kommt, wiederum neue Verräther, Verführer, Betrüger, neue Schelme und Bösewichter aus dem verdammten und verfluchten Deutschland angekommen, und vermeinen in diesen edeln Niederlanden, — die sich jederzeit so standhaft im christlichen Glauben gehalten, bis die magern, dürren,

lebernen beutſchen Arſchkerben ihre beſchiſſene Supplikation übergeben — ihre Augsburgiſche Konfeſſion einzuführen und fortzupflanzen.
Bah, ſeht doch wie ſchnell ſie mit ihrer teufliſchen Augsburgiſchen
Konfeſſion gelaufen kommen, ſobald ſie gehört, daß dieſe verfluchten
Geuſen die Religion verändern wollen! Ei ja, eben recht! wie?
wir ſitzen da und warten darauf, bis ihr kommt? Bah! alles
bereit? Ah bah, es iſt zu verwundern, wie ihr ſo lange geblieben
ſeid mit eurer ſchönen Konfeſſion von Augsburg, welche erſtlich ſo
ſüß, lieb und betrüglich von dem falſchen, verdammten, hölliſchen
Ketzer, dem unbeſtändigen Zweifalter und Wetterhahn Philipp
Melanchthon verfaßt und zuſammengeſtellt, dann aber mit ſeinem
teufliſchen, hölliſchen Gift ſo verdorben und nach ſeinem
ketzeriſchen Sinn verfälſcht worden, daß auch die Zwinglianer,
Calviniſten und Sakramentirer ſich damit behelfen und vertheidigen können und wollen. Darum ſcheiß ich in die Augsburgiſche Konfeſſion! Bah! die Zeit ſoll noch kommen, daß dieſe
Konfeſſion an den Galgen gehängt und mit Koth und Dreck ſoll
beworfen werden, ja daß alle Katholiſchen den Arſch daran wiſchen
werden; bah, ſo ſeht! — Ah bah! die Wiedertäuferei iſt tauſend
Mal beſſer als die Konfeſſion von Augsburg. Bah! Gott ſchände
die Augsburgiſche Konfeſſion, bah! der Teufel hole die Augsburgiſche Konfeſſion! Wie, was meint ihr, daß wir toll und
thöricht ſein und daß wir uns ſo von dieſen lebernen Arſchkerben
ſollen überteufeln und äffen laſſen, von dieſen deutſchen Verräthern,
den erſten Abtrünnigen und Ausgebannten von der römiſch-katholiſchen
Kirche?" u. ſ. w.

Seine Predigten wimmelten von Unflätereien, von denen
die obigen nur eine beſcheidene Probe ſind, und hörte er, daß man
ſich darüber aufgehalten habe, dann ſchrie er von der Kanzel wie
beſeſſen: „Bah, darum haltet das Maul und laßt mich predigen,
was mir der heilige Geiſt eingiebt." Er übte indeſſen einen bedeutenden Einfluß auf den großen Haufen aus und ſeine Predigten

waren besonders geschickt dazu, den Haß gegen die Protestanten zum Fanatismus anzufachen. Einstmals predigte er gar, „daß man den schwangern Weibern der Ketzer den Leib aufschneiden solle, um die Kinder, ehe sie geboren wären, zu verbrennen."

Diese Predigten fallen indessen schon in eine spätere Zeit. Bald nach Antritt seines Predigeramtes hatte er sein Augenmerk auf einen andern Gegenstand gerichtet, — nämlich auf die schönen Mädchen und Frauen von Brügge. Er fing an, gegen das eheliche Leben zu predigen und setzte es mit allen ihm zu Gebote stehenden Mitteln herab; denn es sei fast nicht möglich, als Verheirathete selig zu werden. Dagegen konnte er die Jungfräulichkeit nicht hoch genug preisen und verhieß den Mädchen, welche darin beharren würden, ganz gewiß die Seligkeit.

Heutzutage würde man darüber selbst in streng katholischen Ländern lachen und höchstens einige verhimmelnde Ebelianische Seelenbräute würden vielleicht in dem guten Pater den sehr fleischgewordenen Parallel sehen; aber damals, als die meisten Leute noch eine ungeheure Sorge um ihr „Seelenheil" hatten, verursachten seine Predigten einen solchen Aufruhr unter den Weibern in Brügge, daß alle Männer die Geduld verloren, denn ihre Frauen flohen sie förmlich und die Mädchen beschlossen, in ihrem Leben nicht zu heirathen. — Doch „der Geist ist willig, aber das Fleisch ist schwach." Die armen Frauen geriethen in Verzweiflung und liefen zu Bruder Cornelius, um sich Trost und Rath zu holen. Dieser hörte sie freundlich an und belehrte sie über die Mittel, durch welche es möglich sei, im ehelichen Stande fortzuleben, ohne vom Teufel geholt zu werden. Zunächst, sagte er, sei es nöthig „der Begierde und dem Gefallen an dem fleischlichen Werke der Ehe" zu widerstehen, wenn auch dem Werk, oder der Ausübung selbst nicht. „Denn," argumentirte er, „das Werk an und für sich ist von Gott angeordnet, aber die verdorbene ausgeartete Natur hat es verunreinigt, befleckt, beschmutzt und verunehrt mit ihren schlechten, faulen, fleischlichen Affekten und Neigungen." Darum sollten sie denselben durchaus widerstehen und das eheliche Werk ausüben, als übten sie es nicht aus. Dies war nun freilich für die meisten ein unmögliches und übermenschliches Ding, besonders wenn sie ihre Männer lieb hatten und täglich kamen sie zu ihm mit weinenden Augen und beklommenem Herzen.

Zu denen, die weder jung noch sonderlich hübsch waren, sagte er, daß sie ihre Anfechtungen und Uebertretungen ihrem Pastor oder Beichtvater sehr genau und ausführlich berichten müßten, damit sie ihnen vergeben würden und sie Absolution bekämen; aber zu denen, die er für seine Beigenossenschaft (devotarship) wünschte, sagte er: weil sie nun solchen innerlichen Sünden und Gebrechen ihres Körpers nicht widerstehen könnten, so wäre es nöthig, daß derselbe gekasteiet werde mit einer äußerlichen Strafe oder Pönitenz. Die betrübten Frauen willigten sehr gern darin, sich derselben zu unterziehen.

Hierauf sagte er ihnen, daß sie sich ganz und gar unter seine Aufsicht und seinen Gehorsam begeben müßten, und als sie auch damit einverstanden waren, gab er ihnen eine Regel, nach welcher sie alle Monate auf einen bestimmten Tag bei ihm mit Bewilligung ihrer Männer zur Beichte erscheinen und in welcher sie ihm ihre Uebertretungen mittheilen mußten.

Als sie nun die Regel angenommen hatten und bei ihm zur Beichte erschienen, gebot er ihnen bei dem Gelübde ihres Gehorsams, alle unkeuschen Gedanken, Begierden und Handlungen, die sie hatten und begingen, ungeschmückt, frei heraus, ohne Scham zu gestehen; je glatter, unverhohlener, gröber und genauer, je besser: damit er im Stande sei, sie davon zu säubern, reinigen, purgiren, absolviren und deshalb zu kasteien und strafen. Dies thaten denn die Frauen ebenfalls. „Nun, wohlan, meine Töchter," sagte Cornelius darauf, für diese heimlichen und unkeuschen fleischlichen Sünden des Körpers gehört sich auch eine heimliche Säuberung, Purgirung, Reinigung (er liebte es sehr, wohl fünf bis sechs Synonyme hinter einander zu gebrauchen) und heilige Disziplin oder sekrete Pönitenz, welche vor den Augen der Menschen verborgen gehalten werden muß, weil sie nicht verstehen und begreifen was geistlich ist; ja sie würden sich darüber aufhalten und Aergerniß nehmen, wenn sie es wüßten; so sind sie durch die Verderbtheil des Fleisches in ihren Ansichten und Begriffen verwirrt, geblendet und geschändet. Darum, meine Töchter, legt die Hand auf eure Brust und schwört bei Gott und allen Heiligen, daß ihr diese heimliche Disziplin oder heilige, sekrete Pönitenz weder euern Männern, noch euern Eltern, noch irgend einem der weltlich gesinnten Menschen, noch irgend einem Geistlichen, sei es in der Beichte oder anders, nicht zu erkennen geben und offenbaren wollt."

Nachdem nun die Frauen diesen Eid geleistet hatten, nahm er sie als Büßerinnen und Disziplintöchter an und hieß sie, in das Haus der Nätherin Calle de Naighe, seiner Vertrauten, stets durch die Vorderthür zu gehen; denn dieses Haus hatte von der Seite des Klosters her ebenfalls einen Eingang, so daß diejenigen, welche Bruder Cornelius durch denselben hinein gehen sahen, die Frauen nicht sahen und umgekehrt.

Als nun die frommen Frauen das erste Mal zu der Nätherin kamen, gab sie jeder derselben eine Ruthe und hieß sie dieselbe in das Disziplinzimmer tragen, das nächste Mal aber selbst Besen zu kaufen und davon eine Ruthe mitzubringen.

Als Cornelius in das Disziplinzimmer zu seinen Beicht=töchtern eintrat, sagte er: „Nun, wohlan, meine Töchter, damit ihr diese heilige Disziplin oder sekrete Pönitenz bequem empfangen könnt, ist es nöthig, daß ihr euern Körper entblößt; darum befehle ich euch bei dem Gelübde eures Gehorsams, daß ihr euch entkleidet."

Als die Frauen seinen Willen erfüllt hatten, mußten sie ihm

selbst die Ruthe in die Hand geben und ihn demüthig bitten, daß er ihren sündigen Körper disziplinire und kasteie, was er denn sehr bedächtig mit einer Anzahl Schläge that, die eben nicht wehe thun konnten. Diese Handlung begleitete er mit allerlei vom Geißeln handelnden Reden aus alten Büchern und sagte unter Anderem: daß Gott die Demuth der Büßenden, die sich nackt auszögen, lieber habe, als die Heftigkeit der Schläge.

Im Winter, wenn es zu kalt war, um sich nackt auszuziehen, mußten seine Disziplinkinder sich auf einem großen Kissen niederlegen; Bruder Cornelius hob ihnen den Rock auf und disziplinirte sie auf diese Weise. Ebenso machte er es auch im Sommer mit denjenigen Frauen, die nicht lange von Hause wegbleiben konnten, oder mit Wittwen, die lange unter seiner Disziplin gestanden hatten und an deren Bußwerkzeugen er sich bereits satt gesehen hatte; ja zuletzt ließ er wohl zu, daß diese die Disziplin von seiner Vertrauten, der Nätherin, empfingen.

Daß die Wittwen, die bereits vom Baum der Erkenntniß gegessen, Anfechtungen hatten, nahm er als selbstverständlich an, und interessirte sich vor allen Dingen für ihre Träume, die sie ihm stets ganz genau erzählen mußten.

Ehe er aber die verheiratheten Frauen und Wittwen zu seiner Bußanstalt heranzog, hatte er schon längst eine Disziplinschule von jungen Mädchen errichtet, bei der ich mich etwas länger aufhalten muß, da sich dabei die ganze Schändlichkeit des nichtswürdigen Pfaffen offenbart und weil es Jungfrauen waren, die den alten lüsternen Sünder zu Schanden machten und sein Treiben zur Untersuchung brachten. —

Abbé Parny in seiner köstlichen Satire „La guerre des Dieux," in welcher die Heidengötter von der heiligen Dreieinigkeit mit den himmlischen Heerschaaren besiegt werden, hat den köstlichen Einfall, alle Satyrn und Faune, der alten Heidenzeit die Stammväter der Mönche werden zu lassen. Der witzige

Abbé kannte gewiß viele Mönche von der Art des Bruder Cornelius.

Im Jahre 1553 befand sich unter den Frauen, welche täglich die Predigten des Bruders Cornelius besuchten, eine fromme und geachtete Wittwe mit ihrem schönen und gescheidten Töchterchen. Diese machten die Bekanntschaft einiger jungen Mädchen, die schon lange zu der Beigesellschaft des Pastors gehörten und stets bemüht waren, für dieselbe Rekruten zu werben. Das reizende sechzehnjährige Calleken Peters schien ihnen besonders der Mühe werth. — Die Mutter sah mit Vergnügen, wie ihr Töchterchen durch die Unterhaltung mit den frommen Mädchen so schön über geistliche Dinge reden lernte, und ließ Calleken die Gesellschaft derselben besuchen, so oft sie nur wollte.

Hier hörte sie von der geheimen Pönitenz reden und fragte, was dieselbe denn eigentlich zu bedeuten habe? Bisher waren die Mädchen sehr bereit gewesen, ihr Red und Antwort zu geben, allein nun meinten sie, daß Calleken darüber nur von Pater Cornelius selbst belehrt werden könne, und riethen ihr, sich an den heiligen Mann zu wenden, was sie denn auch beschloß.

Cornelius, der benachrichtigt wurde, daß sich ein so frisches Fischchen fangen wolle, setzte einen Tag fest, an welchem sie bei ihm erscheinen solle, und außer ihr fanden sich an demselben noch zwei ausgezeichnet schöne Mädchen ein, die ebenfalls in der Diszilin unterrichtet werden sollten; sie hießen Aelken, van den B. und Betken P.

Der Pater fragte Calleken, ob es ihr Ernst damit sei, ihre jungfräuliche Reinheit und Sauberkeit zu bewahren und zu dem Ende unter seine Obedienz, Unterthänigkeit und Gehorsam sich verdemüthigen wolle? Als sie bejahte, lobte er sie sehr und ersuchte sie, ihn mit Einwilligung ihrer Mutter an einem bestimmten Tage der Woche zu besuchen.

Nach einer mehrwöchentlichen Vorbereitung nahm er sie feierlich als Beichtkind an und ließ sie den schon oben angeführten Eid schwören. Darauf wies er sie an, gleich den andern Mädchen, in seine Disziplinkammer zu kommen und sich dort zur Pönitenz vorzubereiten. — Diese Kammer hatte er damals in einem Hause auf dem Steinhauersdyk in Brügge bei einer Wittwe, Frau Pr., bei der die oben genannte Belken und einige andere Mädchen in Kost waren, um die Kochkunst zu erlernen. Die Nätherin wurde erst des Paters Vertraute nach dem Tode der Wittwe.

Als Calleken zum ersten Mal in die Kammer trat, forderte sie Cornelius auf, bei dem Gelübde ihres Gehorsams, ihm alle Anfechtungen und Versuchungen, welche der menschlichen Natur so eigen, zu beichten und namentlich die unkeuschen Träume, Gedanken und Begierden, welche der jungfräulichen Reinigkeit so sehr zusetzten, ungescheut ihm mitzutheilen, indem er nur auf diese Weise Mittel finden könne, letztere zu beschützen.

Das arme, unschuldige Kind, welches von dergleichen Anfechtungen noch durchaus nichts wußte, stotterte etwas her, aber Cornelius erwiderte: „Bah, ich weiß recht gut, daß euch alle die Unkeuschheiten und Unreinigkeiten, welche zwischen Verheiratheten und Weltmenschen vorzufallen pflegen, bekannt sind: denn die Welt ist so im Argen und verdorben, daß junge Mädchen von acht bis neun Jahren recht gut wissen, auf welche Weise sie in die Welt gekommen sind. Bah! ein Mädchen von sechszehn bis siebenzehn Jahren wie ihr sollte nichts von solchen Versuchungen, Begierden, Dudlungen wissen? Bah, ihr hättet in der Welt bleiben sollen, ihr wäret bald Mutter von drei bis vier Kindern."

Calleken vor Scham ganz roth, sah zur Erde nieder und wußte nichts weiter zu sagen, als daß ihre Mutter sie auf das Sorgfältigste vor allen eiteln, leichtfertigen und unehrbaren Aeußerungen bewahrt hätte. — „O bah!" fuhr der Pfaffe fort, „darauf achte ich noch nicht. Die angeborne und gebrechliche Natur muß euch in dem Alter, welches ihr nun habt, darüber belehren; darum ist es nicht möglich, daß ihr nicht bisweilen mit fleischlichem Streit angefochten werdet, den ihr' allein aus Verschämtheit mir verschweigt. Aber ich kann euch durchaus nicht absolviren, denn meine Seligkeit hängt daran, und darum bereitet euch das nächste Mal besser darauf vor, alle eure natürlichen Anfechtungen zu erkennen zu geben." — Hiermit entließ er Calleken und befahl ihr, auf einen bestimmten Tag wieder zu kommen, was sie in Gottes Namen zu thun gelobte.

Als sie wieder zu ihm kam, nahm er sie in seine Disziplinkammer und ermahnte sie, alle Verschämtheit, die er ein falsches, böses Thier nannte, draußen zu lassen. Auf seine abermaligen Fragen nach fleischlichen Regungen antwortete ihm das unschuldige Mädchen, daß sie täglich Gott bitte, sie vor dergleichen Anfechtungen zu bewahren. Das lobte der Pater zwar, meinte aber doch, sie müsse Gott eigentlich um Versuchungen und Anfechtungen bitten, denn ein Zustand, in welchem diese ausbleiben, sei keine Heiligkeit zu nennen. „Bah!" fuhr er fort, „es ist eine Ehre, eine quälende Natur zu haben, und daß man zu ungleichen Personen, nämlich Frauen zu Männern und Männer zu Frauen, mit natürlich brennender Hitze geneigt ist; allein was ist denn für ein Verdienst, wenn man kein Gefühl dafür hat? Bah, mein Kind, schämt euch nicht zu gestehen, daß ihr auch Fleisch und Blut gleich allen Menschen habt, oder ich muß euch für heuchlerisch und ganz und gar für durchtrieben halten, weil ihr nicht gestehen wollt, bisweilen fleischliche Gedanken oder unreine Begierden zu haben." Nun fuhr er fort, sie zu ermahnen, ihm rund heraus, je unumwundener je besser, alle ihre unkeuschen Gedanken und dergleichen zu sagen.

Calleken wurde immer verschämter, je länger sie den Satyr in Priestertracht anhörte. Dieser glaubte daher vor allen Dingen auf hinarbeiten zu müssen, diese ihm so hinderliche Scham zu richten, und nachdem er sie durch väterliche, gleißnerische Worte zutraulich gemacht hatte, fragte er feierlich: „Nun Calleken, mein Kind, sagt mir, ob ihr mir die Seligkeit eurer Seele auch mit ganzem Herzen anvertraut? Sie antwortete: „Ja, ehrwürdiger Vater." — „Nun wohl," fuhr er fort, „wenn ihr mir euer Seelenheil anvertraut, so könnt ihr mir mit noch minderer Gefahr euren irdischen, vergänglichen Körper anvertrauen; denn wenn ich eure Seele selig machen soll, so muß ich vor Allem euren Körper geeignet, rein, sauber und fähig machen zu allen Tugenden, Andachten und Pönitenzien. Ists nicht so, mein Kind?" — Sie antwortete: „Ja, ehrwürdiger Vater." Nun wohlan, mein Kind, so ist es nöthig, daß ihr meiner heiligen Obedienz unterthänig seid und thut, was ich euch befehlen werde."

Hierauf setzte er sich auf eine Bettstelle, die in dem Zimmer stand und sie mußte sich zwei Schritt von ihm hinstellen. Darauf sagte er, daß es zur Ueberwindung der Verschämtheit, welche der Disziplin und Pönitenz so durchaus zuwider, durchaus nöthig sei, daß sie sich seinem Willen füge, und er gebiete ihr daher bei ihrem Gelübde des Gehorsams, sich sogleich vor ihm nackt auszuziehen.

Calleken antwortete heftig erschrocken: „Ach, ehrwürdiger Vater, wie könnte ich das thun, ich müßte mich gar zu sehr schämen!" — „Mein Kind," rief er, „das muß so sein, unser Beider Seligkeit hängt daran, darum weg mit der Scham und thut gehorsamlich, was ich befohlen habe." — „Ach, ehrwürdiger Vater," stammelte das geängstigte Mädchen, „ich will euch lieber künftig alle meine Anfechtungen und fleischlichen Gedanken offenbaren (das arme Kind hätte sie gewiß erfinden müssen), als dies thun, denn ach — mir ist, als würde ich lieber sterben! Darum bitte ich demüthig, ehrwürdiger Vater, erlaßt es mir!" — Cornelius bestand aber fest darauf, denn ohne dasselbe sei es gar nicht möglich, eine vollkommene Andächtige zu werden; es sei das erste Mittel zum Empfang der heiligen, heimlichen Disziplin. Er

verlange unbedingten Gehorsam, wie ihn alle übrigen Disziplin=
schüler leisteten.

Seine Worte hatten endlich die gewünschte Wirkung. Das
schöne Mädchen hatte ihr Mieder auf und zog es aus; als sie aber
ihr Leibchen aufschnürte, stürzten ihr die hellen Thränen aus den
Augen und Cornelius sagte: „Bah, mein Kind, faßt Muth und
kämpft tapfer und klug gegen die Verschämtheit und Heuchelei, dann
sollt ihr einen Sieg feiern, dann soll Alles Triumph, Friede und
Glorie sein."

Als sie nun bis aufs Hemd entkleidet war und auch dieses
fallen lassen sollte, verwandelte sich die Gluth ihres Gesichts in
tödtliche Blässe. — Als Cornelius dies sah, stand er eiligst auf und
holte aus einem Schrank einige starkriechende Essenzen, mit deren
Hülfe sie bald wieder aus der Ohnmacht erwachte.

„Für dies Mal ist es genug, mein Kind," redete er ihr freund=
lich zu, „das nächste Mal sollt ihr nicht allein bei mir sein, sondern
in Gesellschaft einiger Mädchen, die ihr kennt und die euch mit gu=
tem Beispiel vorangehen werden." Als sie sich wieder angekleidet
hatte, ermahnte er sie, keinem Menschen etwas zu sagen und ihm
zu geloben, am bestimmten Tage sich auch wirklich wieder in seinem
Disziplinzimmer einzustellen.

Sie hielt Wort und fand dort die oben erwähnten beiden
schönen Mädchen, die gar keine Umstände machten, sich sogleich aus=
kleideten und ganz dreist nackt vor den Pater hinstellten. Calleken
folgte dem Beispiel und Cornelius lobte sehr das Glorreiche
eines solchen Sieges über die verfluchte Scham, die allem
frommen Werk im Wege sei. Damit hatte es für dies Mal sein
Bewenden, denn Cornelius pflegte seine frommen Töchter mehrere
Monate lang im Entkleiden zu üben, denn sein Grundsatz war,
sie mußten freiwillig die Scham aufgeben und selbst die Disziplin
begehren.

Während dieser mit Calleken vorgenommenen seltsamen Exer=

cilien wurde sie von einem der Mädchen, die schon seit Langem zu des Paters schamlosem Freikorps gehörte, gefragt: ob sie denn nun wisse, was die Disziplin, oder heilige sekrete Pönitenz sei? Callefen antwortete, daß sie es wohl beinahe ahne, aber noch nicht sicher wisse. „Ei," sagte das Mädchen, „wenn du diese noch nicht verdient hast, dann mußt du wohl ein ganz anderes reineres Mädchen sein als alle andern; allein ich denke, daß du deine Anfechtungen nicht recht bekannt und gestanden hast." Nun wurde sie zum unbedingten Gehorsam gegen Bruder Cornelius ermahnt: sie müsse, hieß es, ihre Seele ihm ganz und gar übergeben, denn sonst könne es unmöglich etwas werden. Callefen versprach ganz zu thun, wie die Mädchen ihr riethen.

Die vielen Reden von fleischlichen Anfechtungen, von natürlichen, unsauberen Begierden, unkeuschen Träumen u. s. w. hatten das unschuldige Mädchen ganz verwirrt gemacht, so daß sie Tag und Nacht an nichts anderes dachte, was denn auch mit wirklichen Anfechtungen endete, so daß sie beim erfreuten Pater etwas zu beichten hatte. Sie wurde nun der Disziplin für würdig geachtet und wurde eine Devote wie die andern.

Diese Bußgenossenschaft, zu welchem die schönsten Frauen und Mädchen von Brügge gehörten, bestand eine ganze Reihe von Jahren, ohne daß außerhalb des Kreises derselben das Geringste verlautete. Aber der Krug geht so lange zu Wasser bis er bricht, und auch den frommen Beschäftigungen des saunischen Paters sollte ein Ende gemacht werden.

Bei einer kleinen Festlichkeit einiger Mitglieder dieser Genossenschaft, der auch Pater Cornelius beiwohnte, ging es sehr lustig zu. Der Pater tanzte mit einer hübschen Beichttochter und küßte sie in seiner frommen Weinlaune auf den Mund. — Callefen Peters hörte davon durch eine der Anwesenden und war sehr betreten, dann sagte sie, „man steht doch mutternackt vor ihm, und wie kann man wissen, ob ihn nicht etwas Menschliches anwandelt."

Die Andere erklärte ihn für einen Engel in Menschengestalt, der nicht sündigen könne; allein Calleken antwortete: „Ich behaupte nicht gerade, daß er sündigt, aber wie nun, wenn ihn eine menschliche Schwachheit ergreifen sollte, wie wolltest du dich benehmen, um nicht mit zu sündigen?" — „Ich würde es in Demuth geschehen lassen," antwortete die Andere, „denn ich bin überzeugt, unser Herr Gott würde mir solches nicht zur Sünde rechnen um des heiligen Mannes Willen, indem dieser die Handlung ohne eigentlich fleischliches Gelüste vollbrächte."

Calleken wollte diese Religion nicht einsehen, allein der Pater, der Nachricht von dieser Unterredung erhielt, bekam einen großen Schrecken und nach mehreren Unterredungen mit Calleken ließ er sich von ihr in Gegenwart eines andern Paters eine Erklärung unterschreiben, daß sie an ihm nie etwas bemerkt, was ihr Aergerniß gegeben habe, und daß sie nichts von einer heimlichen Disziplin wisse. Der Pater stellte ebenfalls ein Zeugniß aus, daß er Ohrenzeuge einer solchen Erklärung gewesen und Cornelius wurde wieder ruhig, besonders da er sah, daß Calleken Peters das Geheimniß bewahrte und auch nicht aus seiner Beichtgenossenschaft austrat.

Nach zwei Jahren kamen ihr aber Skrupel und sie wollte von dem Pater aus der Bibel bewiesen haben, daß die heimliche Disziplin zur Seligkeit absolut nothwendig sei. Sie warf ihm vor, daß er auf der Kanzel die Bibelstellen ganz anders auslege als ihr, und er rief sehr verlegen: „Ah bah! wenn ich auf der Kanzel stehe, rede ich für die Weltkinder."

Bei einem abermaligen Disput über diesen Gegenstand riß dem Pater die Geduld und er befahl ihr, sich auf der Stelle zu entkleiden und die Pönitenz zu empfangen; allein Calleken weigerte sich durchaus und erklärte, daß nur Beweise aus der Bibel sie vermögen könnten, zum alten Glauben an die Nothwendigkeit der heimlichen Disziplin zurückzukehren. Er tobte und gab ihr drei Wochen Zeit, sich zu bedenken.

Sie war bei ihrem Entschluß geblieben und ging nach drei Wochen in's Kloster. Cornelius war nicht zu Hause und sie kam auf den Gedanken, eine Unterredung mit dem Guardian zu haben. Im Laufe derselben fragte sie denselben, ob er Kenntniß habe von der Art und Weise, wie Pater Cornelius disziplinire?

Nachdem der Guardian sich überzeugt hatte, daß nur Gewissensangst das Mädchen zu ihm trieb, so erklärte er ihr endlich, daß Cornelius zu den Menschen gehöre, von denen Christus gesagt: „Wehe denen, die einen von diesen Kleinsten ärgern; es wäre ihm besser, daß ihm ein Mühlstein an seinen Hals gehängt und er in die Tiefe des Meeres versenkt würde."

Sie ging nun nicht mehr zu Cornelius, allein dieser belästigte sie fortwährend, und sie beschloß daher, gegen alle fernere Theilnahme an der Bußsodalität zu protestiren. Cornelius war wüthend, behandelte sie wie einen bösen Geist und übergab sie feierlich dem Teufel.

Bis jetzt hatte das Mädchen geschwiegen, aber nun erhob sie sich mit dem Stolz und Muth der gekränkten und mißhandelten Unschuld und rief: „Wehe euch, ihr fleischlich gesinnter Mensch, der ihr mit all diesem Nacktausziehen und Diszipliniren nichts anderes gesucht habt, als eure unkeuschen Augen und niederträchtigen Begierden zu befriedigen, zum großen Aergerniß und Skandal von so vielen unschuldigen Mädchen. Wehe euch, es wäre euch besser, daß euch ein Mühlstein an den Hals gehängt und ihr in die Tiefe des Meeres versenkt würdet!"

Die Wuth des Paters war unbeschreiblich. Die Scene endete damit, daß er sie am Arm ergriff und zur Thüre hinaus schob, wobei er wie wahnsinnig schrie: „Weg von hier, ihr Paulianerin! ich sehe nun, daß ihr eine Paulianerin geworden seid, wie Beiken Maes; weg, weg, ich übergebe euch dem Teufel!"

Calleken Peters ging ruhig nach Hause und lebte still und sittsam, ohne — aus Rücksicht für den Guardian und andere

Frauen — von der seltsamen Bußanstalt des Paters zu reden, die immer fortblühte. Sie heirathete und kümmerte sich nicht darum; aber drei Jahre nach der oben erzählten Scene kam die ganze Geschichte durch die oben erwähnte Betken Maes an den Tag.

Es war dies ein ausgezeichnet braves Mädchen. Sie hatte sich ganz und gar der Krankenpflege gewidmet und wohin sie immer kam, erschien sie wie ein Engel des Trostes. Sie hatte auch zur Bußgesellschaft von Cornelius gehört, allein gab ihn als Beichtvater auf und beichtete einem trefflichen Augustinermönch. Cornelius war wüthend und verketzerte sie überall, allein Betken schwieg.

Als sie einst bei einer Kranken war, die zu sterben meinte, verlangte dieselbe in einer Kapuze zu sterben, die sie von Cornelius erhalten, der ihr gesagt hatte, daß sie, wenn sie in derselben sterbe, gar nicht einmal in das Fegfeuer kommen werde. Betken suchte ihr den Unsinn auszureden; die Frau wurde böse, genaß aber und erzählte die Sache Cornelius.

Dieser verleumdete sie nun in allen Klöstern und Privathäusern, welche ihr die Kundschaft aufkündigten. Er wußte es sogar soweit zu bringen, daß ihr Beichtvater, weil er seine vereidigten Beichttöchter verleite, in den Bann gethan wurde. Betken selbst wurde als Ketzerin sogar auf der Straße verfolgt und verspottet.

In dieser Noth beichtete sie dem Provinzial der Augustiner das Geheimniß der Bußanstalt. Der Provinzial beschloß den Vermittler zu machen und bewog Cornelius, gegen ihr Versprechen zu schweigen, von der Kanzel seine Reden gegen sie zu widerrufen. Er that dies in verblümter, nur Wenigen verständlicher Weise und erklärte überall, daß er den Schritt nur auf Anbringen angesehener, dem Erasmianismus anhängender Häuser gethan habe. Seine Meinung aber über das Mädchen sei dieselbe.

Betken Maes war völlig wie vogelfrei; sie traute sich aus

Furcht vor dem Pöbel nicht auf die Straße und die Nächte durch=
wachte sie in Angst, da sie jeden Augenblick eine Gewaltthat der
Fanatiker, oder einen Besuch der schrecklichen Inquisition erwartete.
Der Trieb der Selbsterhaltung bewog sie zum letzten Mittel. In
mehreren Häusern, wo man sie noch duldete, erzählte sie die Be=
trügereien des Paters Cornelius und gab detaillirte Schilderungen
von seiner Pönitenzanstalt. Anfangs glaubte man, sie erzähle
ein von der Rachsucht eingegebenes Märchen; aber die Sache ver=
breitete sich und kam dem Magistrat zu Ohren, der diese Gelegenheit
nicht ungern ergriff, um dem verhaßten Mönch an den Kragen zu
kommen.

Cornelius opponirte sich und drohte sogar mit der Inquisition.
Das zwang den Rath vollends, alle Rücksichten fallen zu lassen
und Calleken Peters und alle Sodalinnen des Paters mußten zu
ihrer großen Beschämung persönlich vor Gericht erscheinen. Unter
ihnen befanden sich sehr viele angesehene Frauen und Fräuleins.
Ihre Unschuld erkannte man wohl im Allgemeinen an, aber es
erging ihnen wie den vornehmen „Seelenbräuten" des Königsberger
Muckers Ebel, der Makel des Lächerlichen blieb zeitlebens an
ihnen kleben.

Das Urtheil des Cornelius fiel sehr milde aus, denn die Pfaffen
hatten damals noch die Oberhand. Er wurde von Brügge nach
Ypern versetzt, da ihm kein förmlicher Angriff auf die Tugend der
Frauen bewiesen werden konnte. Mehr als das Gericht, bestrafte
ihn die Satire des Volks, die ihn auf alle mögliche Weise verfolgte.
Er starb im Jahre 1581, aber sein Name hat sich noch in der
Tradition erhalten und manches Mädchen wird roth und kichert
heimlich, wenn „Broer Cornelis" genannt wird.

Doch was wollen alle Künste des plumpen flämischen Paters
sagen gegen die feine Niederträchtigkeit der Jesuiten in der=
gleichen Dingen! Sobald sie ihre Wirksamkeit begonnen, bemühten
sie sich, Mädchen und Frauen für ihre Geißelsodalitäten zu ge=

winnen. Sie hatten sich nicht für die Geißelung auf den Rücken, sondern auf die unterhalb derselben gelegene Gegend entschieden. Diese Art der Disziplin wurde von den Jesuiten in Löwen die spanische genannt und angewandt, weil sie der Gesundheit zuträglicher sei, als die obere, oder aus andern Gründen.

Während die roheren Mönche des Mittelalters wirklich hin und wieder aus dummem Religionseifer die Geißel anwendeten, thaten es die Jesuiten meistens, um unter dem Deckmantel der Religion ihre raffinirte Wollust zu befriedigen. Wie sie dabei zu verfahren pflegten, will ich in der berüchtigten Geschichte von dem Jesuiten Girard und Fräulein Cadière zeigen, soweit es der Umfang dieser Blätter gestattet. Der Prozeß, den das Fräulein gegen ihren Beichtvater einleitete, machte am Anfang des 18. Jahrhunderts ein ungeheures Aufsehen; ganz Europa nahm daran Theil. — Das Hauptwerk über diesen wichtigen Rechtshandel umfaßt acht Bände und man wird es begreiflich finden, daß meine Darstellung nur eine sehr skizzenhafte sein kann.

Katharine Cadière war die Tochter eines wohlhabenden Kaufmanns zu Toulon und am 12. November 1702 geboren. Sie hatte drei Brüder; der älteste verheirathete sich, der zweite trat in den Dominikanerorden und der dritte wurde Laienpriester. Der Vater war schon während der Minderjährigkeit Katharinens gestorben, die nun bei ihrer bornirt bigotten Mutter als deren Liebling blieb. Sie entwickelte sich sowohl körperlich als geistig auf die vortheilhafteste Weise. Das heißt, sie wurde sehr schön und ihrer trefflichen Gemüths- und Geistesanlagen wegen wurde sie von allen, die sie kannten, sehr wohl gelitten. Allein die Erziehung ihrer bigotten Mutter, die darin von Geistlichen unterstützt wurde, die abgeschmackten Heiligenlegenden und mystischen Bücher, die man ihr schon frühzeitig zu lesen verstattete, gaben ihrem Geiste eine ganz eigenthümliche schwärmerische, mystische Richtung. Das Beispiel der heiligen Frauen der römischen Kirche und die heiligen Offenbarungen und Visionen, deren dieselben gewürdigt wurden, lagen ihr beständig im Sinn, und ihr höchster Wunsch war es, diesen halbtollen Närrinnen ähnlich zu werden. Dies war denn auch der Grund, weßhalb sie mehrere vortheilhafte Heirathsanträge ausschlug.

So erreichte sie das Alter von fünfundzwanzig Jahren und man darf voraussetzen, daß in einem körperlich so üppigen und dabei so phantasiereichen Mädchen die gewaltsam unterdrückte Natur längst angefangen hatte, ihre Rechte geltend zu machen, und daß es nur eines leichten Reizes bedurfte, um ihre sinnlichen Begierden zu hellen Flammen anzublasen.

Zu dieser Zeit, im Jahr 1728, kam der Jesuit Pater Johann Baptist Girard als Rektor des königlichen Seminars der Schiffsprediger zu Toulon an. Früher hatte er in Aix gelebt. Ihm ging ein großer Ruf als ausgezeichneter Kanzelredner und als durchaus streng sittlicher Mann voraus, und er erlangte denn auch gar bald in seinem neuen Wirkungskreise eine ganz außerordentliche Geltung und Verehrung. Besonders strömten die Frauen zu seinen Predigten und in seinen Beichtstuhl. Eine große Menge junger Mädchen trat in eine Art von Orden, in welchem unter Girards Leitung fromme Uebungen vorgenommen wurden. Diese fromme Schaar machte ihm viele Freude, denn es waren schöne Mädchen darunter und die Frömmigkeit und Ehrbarkeit des Jesuiten waren nur das Schafsfell, mit welchem der reißende Wolf der rohesten Sinnlichkeit bedeckt wurde.

Vor allen Dingen trachtete Girard zunächst danach, durch seine Lehren die Herzen und die Phantasie der jungen Mädchen zu vergiften. Wie eine Spinne ihr Opfer mit unendlich vielen feinen Fäden umzieht, ehe sie ihm das Blut aussaugt, so war auch der Jesuit bemüht, seine Opfer im Netze der raffinirtesten Sinnlichkeit zu fangen. Er durfte nicht zu schnell vorwärts gehen, denn Uebereilung konnte Alles verderben. Auch hatte er dazu

keine Ursache, da er über den sichern Erfolg seiner Verberbungs-
theorie vollkommen beruhigt war.

Als er bemerkte, daß die Mädchen bereits mit schwärmerischer
Innigkeit und felsenfestem Vertrauen an ihm hingen, fing er allmälig an, ihnen andere Strafen, als es bisher geschehen war,
für ihre Sünden aufzuerlegen und kam nach und nach auf die
Disziplin.

Die meisten Mädchen ahnten aus Dummheit auch nicht das
allergeringste Böse und andere, durch das Geißeln angenehm sinnlich
aufgeregt, fanden ein geheimes Vergnügen daran, wenn sie sich
dessen vielleicht auch nicht klar bewußt waren. Noch andere mochten
wohl den Pater und seine Absichten durchschauen, allein sie waren
weit entfernt, denselben entgegenzuwirken, weil sie es nicht ungerne
gesehen haben würden, wenn sie heimlich und ungestraft von der
verbotenen Frucht hätten naschen können. Diese und vielleicht auch
finanzielle Gründe machten eine der Beichttöchter, Fräulein Guiol,
dem Jesuiten ganz und gar ergeben, und sie ließ sich zu all seinen
Plänen gern gebrauchen.

Diese Guiol war ein gescheidtes, durchtriebenes Geschöpf und
dem Pater von unendlichem Nutzen. Er durfte bei seinen Beicht-
töchtern bald weiter gehen und bei der Disziplin seine Lüsternheit
noch auf andere Weise als mit den Augen befriedigen, wenn er sich
auch wohl hütete, zum Aeußersten zu schreiten, wo er seiner Sache
nicht ganz gewiß war, wie etwa bei der Guiol.

Zur Zahl seiner Pönitentinnen gehörte auch Katharine
Cabidre. Das in seiner vollsten Blüthe prangende geistvolle
Mädchen erregte nicht nur seine Sinnlichkeit, sondern flößte ihm
auch ein Gefühl ein, welches ich Liebe nennen würde, wenn ich
es für möglich hielte, daß eine solche hohe Leidenschaft in der
Brust eines derartigen Menschen Raum gewinnen könnte. Ihr
verständiges und tugendhaftes Wesen erforderte aber ganz besondere
Behandlung und Rücksicht und er beschloß, hier mit unge-

wöhnlicher Umsicht zu Werke zu gehen. Er machte die Guiol zu
seiner Vertrauten und diese verhieß ihm ihren Beistand.

Als er das Innere des Mädchens sondirte, erkannte er bald
ihre schwärmerische Richtung und war bemüht, den Funken zur
Flamme anzublasen. Er rühmte ihre ganz besonderen Anlagen,
prophezeite, daß Gott mit ihr ganz besondere Absichten hege und
wußte sie zu dem Versprechen zu bewegen, sich zur schnelleren Erreichung derselben gänzlich seiner Leitung und seinem Willen zu überlassen.

So wurde das Mädchen innerlich vergiftet, ohne nur eine
Ahnung davon zu haben. In ihrem Busen wogte ein Meer von
unbestimmten, aber unbeschreiblich süßen Gefühlen. Kurz „das
Püppchen wurde geknetet und zugericht, wie's lehren thut manche
welsche Geschicht." Dahin war Girard im Lauf eines Jahres ge-
langt; nun galt es, den zündenden Funken in das Brennmaterial
zu werfen, welches er in ihr angehäuft hatte.

Katharina war längere Zeit krank gewesen und besuchte
Girard im Refektorium der Jesuiten. Er machte ihr zärtliche Vorwürfe, daß sie ihn während ihrer Krankheit nicht habe rufen lassen,
und gab ihr einen glühenden Kuß. — Dem erfahrenen Mädchen-
kenner konnte es nicht entgehen, welche außerordentliche Wirkung
dieser Kuß hervorbrachte. Katharina mußte ihm in den Beichtstuhl folgen und hier forschte er genau nach ihren Ideen und
Stimmungen, befahl ihr täglich zum Abendmahl zu gehen und
fleißig die Kirche zu besuchen; auch weissagte er ihr baldige Visionen
und ermahnte sie, ihm über diese, wie überhaupt über ihre
psychischen und physischen Zustände den gewissenhaftesten Bericht
abzustatten.

Diese Visionen stellten sich denn auch wirklich ein und erhitzten
ihr Blut und ihre Phantasie immer mehr. Ob sie allein durch den
aufgeregten Gemüthszustand des Mädchens und durch das geistige
Gift des Pfaffen, oder durch materielle Mittel hervorgerufen worden,

weiß ich nicht anzugeben. Es kam aber endlich so weit, daß sie ihm klagte, wie sie nicht mehr ihm Stande sei, laut zu beten und ihm die heftige Liebe zu verbergen, die sie für ihn empfinde. Ueber den ersten Punkt beruhigte er sie bald und „die Liebe," fuhr er fort, „die ihr zu mir tragt, soll euch keinen Kummer machen; der liebe Gott will, daß wir beide miteinander vereinigt werden sollen. Ich trage euch in meinem Schoße und in meinem Herzen; von nun an seid ihr nichts mehr, als eine Seele in mir, ja die Seele meiner Seele. So lasset uns denn in dem heiligen Herzen Jesu einander recht brünstig lieben."

Anstatt nun der Natur freien Lauf zu lassen und der aufs Höchste aufgeregten Sinnlichkeit Genüge zu leisten, verfuhr er weit teuflischer. Sein Bemühen war nun darauf gerichtet, den durch ihn hervorgerufenen hysterischen Zustand zur äußersten Stufe heranzubilden. Dies gelang ihm auch. Fräulein Cadière verfiel in hysterische Krämpfe, während welcher sie wunderbare Visionen heiliger und unheiliger Art hatte, die sich aber meistens um Pater Girard bewegten.

Schon zur Fastenzeit des Jahres 1729 hatte sie eine wunderbare Vision. Sie hörte eine Stimme, welche ihr zurief: „Ich will dich mit mir in die Wüste führen, wo du nicht mehr mit Menschenkost, sondern mit Engelspeise genährt werden sollst." — Von nun an widerstand ihr jede Speise, und überwand sie ihren Ekel dagegen mit Gewalt, so folgte darauf heftiges Erbrechen. Dann bekam sie einen Blutsturz. Pater Girard und seine Vertrauten erklärten diese Zufälle als ein Zeichen der ihr nun bald zu Theil werdenden Wundergabe.

Katharina verfiel nun aus einer Verzückung in die andere. Auf ihrem Gesichte standen Blutstropfen und an ihrer linken Seite und an Händen und Füßen wurden blutige Stigmen oder Wundenmale sichtbar, mit denen nach dem römischen Aberglauben besonders heilige von Gott auserlesene Personen begnadigt werden. — Ja hiermit endeten die Wunder nicht. Als der Pater dem Fräulein die Haare abgeschnitten hatte, bildete sich um ihr Haupt eine Art von Heiligenschein, und das Tuch, mit welchem sie ihr Gesicht abgetrocknet hatte, erhielt davon das Bild eines leidenden Christus mit der Dornenkrone!

Wie weit diese wunderbaren Zustände der geistigen und körperlichen Krankheit des Fräuleins und wie weit sie jesuitischem Betruge zugeschrieben werden müssen, weiß ich nicht zu beurtheilen. Daß Girard jedoch die Entdeckung des letztern sehr fürchtete, geht schon aus der Sorgfalt hervor, mit welcher er darüber wachte, daß von dem Zustand des Fräuleins außerhalb des eingeweihten und gläubigen Kreises nichts bekannt wurde. Der Mutter hatte er gesagt, daß Katharina in vierundzwanzig Stunden sterben werde, wenn man nur ein Wort über die wunderbaren Vorgänge fallen ließe.

Girard hatte nun selbstverständlich freien Zutritt im Hause der Madame Cabière, denn er mußte ja für die Seele ihrer Tochter sorgen und — die Stigmen untersuchen! Bei diesen Visiten war er stets so vorsichtig, den jüngeren Bruder Katharinas, der damals gerade im Jesuitenkollegium Theologie studirte, bis an die Hausthür mitzunehmen und sich auch von ihm wieder abholen zu lassen. Er schloß sich stets mit seiner Beichttochter in deren Zimmer ein und konnte sich an den wunderbaren Stigmen, besonders dem in der Seite, gar nicht satt sehen. Verfiel Katharina in hysterische Krämpfe und Ohnmacht, was für Besessenheit galt, dann wandte der Jesuit die ihm dadurch vergönnte Zeit dazu an, seine Lüsternheit auf brutale Weise zu befriedigen, so weit es anging. Wenn das Fräulein erwachte, fand sie sich unanständig entblößt und hinter ihr stand mit hämischem Gesichte der fromme Jünger Jesu.

Fräulein Cabière beklagte sich hierüber mehrmals bei der Guiol, aber diese leichtfertige Person lachte sie aus, daß sie dabei nur etwas Unanständiges finden könne, und ebenso erzählten ihr die andern Mitglieder der Schwesternschaft, daß Pater Girard sich mit ihnen noch ganz andere Freiheiten herausnehme, worüber sie indessen durchaus nicht ungehalten wären.

Der galante Jesuit war aber auch stets bemüht, sich immer fester in die Gunst seiner Schülerinnen zu setzen. Er wußte ihnen die Andacht sehr zu erleichtern und sorgte dafür, daß sowohl ihre Sinnlichkeit, als ihr weltlicher Sinn fortwährend Nahrung erhielten. Er sorgte stets für gute Bedienung, für eine vortreffliche Küche, Landpartien und Blumensträuße. Die Königin all seiner Gedanken blieb aber Katharina.

Bei dieser rückte er nun seinem Ziele immer näher. Er führte eine Gelegenheit herbei, um sich scheinbar mit Recht über ihren Ungehorsam beklagen zu können, und nachdem Katharina von der Guiol gehörig vorbereit war, erschien sie demüthig bei Girard zur Beichte, bereit, jede Strafe auf sich zu nehmen, die er ihr auferlegen werde. Der Pater kündigte ihr nach einer scharfen Ermahnung denn auch an, daß sie Pönitenz für den Ungehorsam leisten müsse.

Am andern Morgen erschien er mit einer Disziplin in ihrem Zimmer und sagte: „Die Gerechtigkeit Gottes verlangt, daß, weil ihr euch geweigert habt, mit seinen Gaben euch bekleiden zu lassen, ihr euch jetzt nackt ausziehen sollt. Zwar hättet ihr verdient, daß die ganze Erde Zeuge davon wäre, doch gestattet der gnädige Gott, daß nur ich und diese Mauer, die nicht reden kann, Zeugen bleiben. Vorher aber schwört mir den Eid der Treue, daß ihr das Geheimniß bewahren wollt, denn die Entdeckung könnte mich und euch ins Verderben stürzen."

Das Fräulein that wie er befohlen hatte, und als sie sich bis aufs Hemd entkleidet hatte, gebot er ihr, sich auf das Bette zu legen. Nachdem es auch dies gethan, wobei er sie mit einem Kissen unterstützt hatte, gab er ihr einige sanfte Hiebe auf die Hüften, die er dann küßte. Nun zwang er sie, auch die letzte

Hülle zu entfernen, und sich demüthig vor ihn hinzustellen. Das Fräulein wurde ohnmächtig, aber als sie wieder zu sich kam, erklärte sie, gehorchen zu wollen und kniete ganz nackt vor ihm nieder. Darauf gab er ihr noch einige Streiche und ließ nun einer Begierde freien Lauf. Katharina setzte ihm keinen Widerstand entgegen und der satanische Jesuit erreichte das Ziel seiner Wünsche.

Von nun an betrachtete er das Fräulein ganz und gar als sein Eigenthum und verführte sie zu Handlungen der raffinirtesten Sinnlichkeit, wobei er sich jedoch stets sehr geschickt in ein heiliges Gewand zu kleiden wußte. Was er alles vornahm hier zu erzählen, ist nicht thunlich.

Wollten die Mutter oder der Bruder des Fräuleins ihn manchmal in seinen anbächtigen Beschäftigungen stören, dann warf er ihnen die Thür vor der Nase zu, und als sich einmal der Dominikaner darüber bei der Mutter beklagte, hieß sie ihn schweigen und wies ihn sogar zum Hause hinaus. So sehr war die blödsinnig bigotte Frau von der Heiligkeit des Jesuiten und der Tugend ihrer Tochter überzeugt.

Girard merkte sehr bald, daß Fräulein Cadière schwanger war, und unter einem Vorwand bewog er sie, einen Trank, den er bereitet hatte, einzunehmen. Es war dies ein abtreibendes Mittel, welches auch seine Wirkung that. Katharina fühlte sich durch den erfolgenden Blutverlust sehr geschwächt, so daß ihre Mutter, welche weit entfernt war, die Wahrheit auch nur zu ahnen, ihr sehr dringend rieth, einen Arzt zu Rathe zu ziehen, was aber Girard durch allerlei Gründe zu verhindern wußte.

Durch die Unvorsichtigkeit einer Magd wäre das Geheimniß fast entdeckt worden, und um sich dagegen und zugleich auch seine Beute zu sichern, beschloß Girard, Katharina als Nonne im St. Claraklofter zu Ollioulles unterzubringen. Er schrieb an die Aebtissin und machte ihr die hinreißendste Schilderung von der Tugend,

Frömmigkeit und Gottseligkeit seiner Pönitentin, so daß sie mit Freuden bereit war, Katharina aufzunehmen, wenn ihre Familie dazu die Einwilligung geben würde. Diese wurde sehr leicht erlangt, und das Fräulein reiste, mit den besten Empfehlungsbriefen versehen, nach Ollioulles ab, wo sie sehr gut aufgenommen wurde.

Der Jesuit wußte von der Aebtissin die Erlaubniß zu erhalten, seine Beichttochter besuchen und ihr schreiben zu dürfen. So schlau Girard aber sonst war, so beging er doch einige Unvorsichtigkeiten, welche die Nonnen und die Aebtissin mißtrauisch machten und die letztere veranlaßten, seine Besuche zuerst einzuschränken und dann gänzlich zu untersagen. Durch Vermittlung eines ihm befreundeten Geistlichen wurde dieses Verbot jedoch bald wieder aufgehoben und Girard genirte sich noch weniger wie früher. Er beobachtete Visionen, untersuchte die Stigmen und gab seiner Beichttochter die Disziplin auf die alte Weise.

Dies hätte Alles noch hingehen mögen, allein er schloß sich oft stundenlang mit Katharina ein, und da diese auf ihre besondere Heiligkeit stolz, hin und wieder mit ihren geistlichen Genüssen gegen andere Nonnen großthat, so kam man immer mehr und mehr auf den Gedanken, daß das Verhältniß zwischen Girard und seiner Beichttochter nicht ganz rein sein möchte. Die Aebtissin verordnete daher, daß beide bei ihren Unterredungen durch Klausur von einander getrennt bleiben sollten.

Girard achtete das jedoch wenig. Er schnitt mit einem Taschenmesser in die ihn von seiner Geliebten trennende Leinwand ein Loch und unterhielt sich durch dasselbe stundenlang mit ihr. Hatte er sich müde geküßt und wandelten ihn andere Gedanken an, dann befriedigte er seine Lüste auf eine Weise, deren nähere Andeutung widerlich sein würde. Dergleichen erlaubte er sich sogar im Sanktuarium, und wollte man ihn in gebührender Entfernung halten, dann wurde er sehr unwillig und schrie: „Was! ihr wollt mich von meiner Beichttochter trennen?" Der Jesuit ließ sich sogar das Essen vor die Klausur bringen; beide aßen Hand in Hand und es kam nicht selten vor, daß ihn Laienschwestern dabei überraschten, wenn er seinen Arm um den Leib des Fräuleins geschlungen hatte.

Der jesuitische Wollüstling fing aber bereits an, seines Opfers überdrüssig zu werden. Er erklärte sie daher für hinreichend heilig und beschloß, sie in ein entferntes Karthäuser-Nonnenkloster zu schicken. Die Nonnen setzten von diesem Vorhaben sogleich den Bischof von Toulon in Kenntniß, der es nicht dulden wollte, daß ein Mädchen, welches in der Welt für eine Heilige gehalten wurde, seine Diözese verließ. Er schrieb daher an Katharina und verbot ihr, in Zukunft dem Pater Girard zu beichten, oder sich an einen Ort zu begeben, wohin sie derselbe weisen würde und stellte ihr zugleich frei, zu ihrer Familie zurückzukehren. Er sandte ihr darauf einen Wagen und der Aumonier des Bischofs und Pater Cabière, ihr Bruder, brachten sie in ein Landhaus unweit Toulon.

Als Girard diese Nachricht erhielt, erschrack er nicht wenig, und es war sein erster Gedanke, sich die Schriften und Briefe zu verschaffen, welche die Cabière von ihm hatte. Dies gelang ihm auch durch Vermittlung einer andern Beichttochter, die er früher besonders geliebt hatte; nur ein einziger Brief blieb durch Zufall in Katharinens Händen zurück.

Diese wurde nun als eine Heilige der besondern Obhut des neuen Priors der Karmeliter zu Toulon übergeben. In der Beichte hörte dieser nun manche befremdende Dinge, die ihn, nebst einigen auf Girard bezüglichen schwärmerischen Aeußerungen, veranlaßten, tiefer nachzuforschen, und so entdeckte er denn ohne besondere Schwierigkeit den niederträchtigen Betrug, mit welchem man dies schwärmerische, unschuldige Mädchen und die Welt betrogen hatte. Er machte sogleich Anzeige bei dem Bischof, der selbst auf das Landhaus kam und Katharina über alle nähere Umstände befragte. Das arme Mädchen, dem nun die Augen so furchtbar geöffnet wurden, bat fußfällig und mit Thränen, die Ehre ihrer Familie zu berücksichtigen und die Sache zu unterdrücken.

Der Bischof versprach dies zwar, wurde aber bald durch andere Rücksichten umgestimmt und der Prozeß nach einigen Präliminarien bei dem für geistliche Sachen verordneten Kriminalgerichte zu Toulon anhängig gemacht. — Doch was wollte ein armes Mädchen ausrichten gegen die mächtigen Jesuiten, die selbst auf den Gerichtsbänken ihre Angehörigen sitzen hatten! Die Sache des Paters Girard wurde zu der des Ordens gemacht, welcher für diesen Prozeß über eine Million Francs opferte.

Es begann nun eine Reihe der nichtswürdigsten Ränke, um Fräulein Cadière als eine Lügnerin und Betrügerin und von den Feinden des Jesuitenordens bestochene Person hinzustellen, ja sie der Ketzerei und Zauberei zu beschuldigen, vermittelst welcher sie sich auf allerlei verbotenen Wegen den Heiligenschein habe verschaffen wollen. Fräulein Cadière bereute nun, leider zu spät, daß sie dem Pater ganz arglos die Briefe und Schriften ausgeliefert hatte, mit denen sie ihre besten Vertheidigungswaffen aus den Händen gab.

Der Prozeß nahm bald für sie eine recht schlimme Wendung. Der König hatte Kenntniß davon erhalten und durch ein Dekret des Staatsraths die allerstrengste Untersuchung anbefohlen. Die Sache kam nun vor den hohen Gerichtshof zu Aix. Der Karmeliterprior und der Dominikaner Cadière wurden als Mitschuldige und Mitbetrüger in den Prozeß verwickelt; die Nonnen zu Ollioulles wurden zu ungünstigen Aussagen gegen Fräulein Cadière durch die Jesuiten veranlaßt und die Aermste selbst duldete bei den den Jesuiten befreundeten Ursulinerinnen in diesem Ort ein hartes Schicksal. Sie war in eine Kammer eingesperrt worden, die früher einer Wahnsinnigen als Wohnung gedient hatte und die mit Moder und Gestank erfüllt war.

Man folterte physisch und moralisch auf alle nur erdenkliche Weise, gebrauchte List und Gewalt und erreichte endlich damit den beabsichtigten Zweck, sie zum Widerrufe zu bewegen.

Nun drangen aber die Jesuiten erst recht auf scharfe Untersuchung, denn nun schien ihr Sieg gewiß, und der erste Gerichtshof zu Aix fällte auch wirklich ein Urtheil, welches Fräulein Cabière sehr ungünstig war. Man brachte sie einstweilen als Gefangene in ein Kloster zu Aix; aber sie appellirte wegen Mißbrauch geistlicher Gewalt in dem eingeleiteten Verfahren und die Sache kam vor das Parlament.

Jetzt begannen die Intriguen der Jesuiten aufs Neue. Katharina behauptete, daß sie unschuldig von P. Girard auf die angegebene Weise mißhandelt und nur durch Drohungen und Ludlereien während des Kriminalverfahrens zum Widerruf gezwungen worden sei.

Der königliche Prokurator zeigte sich bei dem ganzen Verfahren durchweg parteiisch für die Jesuiten und trug endlich an auf: „**Lossprechung des P. Girard und auf die ordentliche und außerordentliche Folter, sodann aber auf Hinrichtung durch den Strick für Katharina Cablère.**"

Die vierundzwanzig Richter waren aber nicht dieser Meinung; jedoch waren ihre Ansichten getheilt. Zwölf davon sprachen sich dahin aus: **Johann Baptist Girard, in Anbetracht der an ihm sichtbar gewordenen Geistesschwäche, die ihn zum Gegenstand des Spottes seiner Beichtkinder gemacht, mit seiner Klage gegen dieselbe abzuweisen.** — Das Urtheil der andern, bessern Hälfte des Parlaments lautete aber sehr verschieden: **Johann Baptist Girard ist zum Tode durch Feuer zu verurtheilen, wegen vollkommen erwiesener geistlicher Blutschande, Fruchtabtreibung und Erniedrigung seiner geistlichen Würde durch schändliche Leidenschaften und Verbrechen** ꝛc.

Bei dieser Gleichheit der Stimmen entschied der Präsident, daß man beide Parteien ohne Strafe freilassen solle. Einige Richter wollten sich nicht damit begnügen, sondern trugen darauf an, daß man der Cabière wenigstens eine kleine Züchtigung möchte angedeihen lassen. Dagegen erhob sich aber ein edler Mann unter ihnen und rief: „Wir haben so eben vielleicht eines der größten Verbrechen freigesprochen, und sollten diesem Mädchen auch nur die geringste Strafe auferlegen? nein, eher sollte man diesen Palast in Flammen aufgehen lassen!" — Diese Worte machten Eindruck. Es wurde bestimmt, das Fräulein zu ihrer Mutter nach Hause zu entlassen und der Sorgfalt derselben zu empfehlen.

Das königliche Parlament hatte den Schurken zwar freigesprochen; aber in der öffentlichen Meinung war Girard gerichtet. Eine unzählbare Menschenmasse erwartete in den Straßen die Entscheidung des Gerichtshofes. Die Richter, welche gegen die Cabière gesprochen hatten, wurden mit Schimpf und Hohn empfangen; die Gegner Girards mit Beifall. Diesen selbst bewillkommte man mit Schimpfreden und Steinwürfen, so daß man ihn nur mit Schwierigkeit unverletzt durch die tobende Menge bringen konnte. Diese Wuth des Volkes erstreckte sich sogar auf den Küchenjungen, der ihm das Essen gebracht hatte und man zertrümmerte dessen Schüsseln, Teller und Flaschen.

Andererseits war man eifrig bemüht, Fräulein Cabière Theilnahme zu zeigen. Man wetteiferte darin, ihr die erlittenen Kränkungen und Mißhandlungen durch freundliche Bewirthung und Trost vergessen zu machen. Man pries ihre noch immer große Schönheit; — kurz sie wurde Mode, wie das ja aber auch mit interessanten Verbrecherinnen in Frankreich und anderswo noch heutzutage der Fall ist.

Die Theilnahme, welche sie erregte, brachte ihr jedoch Gefahr. Man gab ihr den wohlgemeinten Rath, Aix schleunigst zu verlaſſen und ſich verborgen zu halten. Sie reiſte ab, — aber von da an verlor ſich ihre Spur für ewig. Man hat nie erfahren, was aus ihr geworden iſt; aber die allgemeine Meinung ging zu jener Zeit dahin, daß ſie von den Jeſuiten heimlich aus dem Wege geſchafft worden wäre.

Girard ſtarb ebenfalls nach Verlauf eines Jahres. Die Jeſuiten gingen ernſtlich damit um, ihn zum Heiligen erheben zu laſſen und verglichen ihn hinſichtlich ſeines Schickſals mit — Chriſtus!

Eine ganz ähnliche Geſchichte wie mit Fräulein Cabière trug ſich kurz vor Aufhebung des Jeſuitenordens in Frankreich zwiſchen einem ſeiner Angehörigen und der Tochter eines Parlaments-Präſidenten zu, welche auch mit Hülfe des Geißelns verführt wurde. Um die Ehre des Ordens zu retten und die Unmöglichkeit der Anklage beweiſen zu können, hatte man einen Wundarzt erkauft und vereidigt, welcher den Schuldigen kaſtrirte. Das Geheimniß wurde indeſſen ſpäter entdeckt.

Trotz dieſer und anderer an den Tag gekommenen Niederträchtigkeiten — und unter Tauſenden wird vielleicht nur eine bekannt! — wurde den Jeſuiten nicht das Handwerk gelegt; überall wurden ſie als Beichtväter gerne geſehen, und beſonders die Frauen ließen ſich nach wie vor die angenehme Geißelung gefallen. Einer beſondern Blüthe hatten ſich dieſe Beichtinſtitute mit Geißelung fortwährend in Spanien und noch mehr in Portugal zu erfreuen. König Joſeph Emmanuel (1750—77) ließ ſich häufig diszipliniren und nur mit Mühe brachte ihn ſein Miniſter, der Marquis von Pombal, davon ab. Die Damen, an ihrer Spitze die Marquiſe Leonore de Tavora, waren nicht weniger närriſch wie der König.

Die Jeſuiten wurden bekanntlich durch Pombal vertrieben, allein ſeine Feindin, die Königin Donna Maria (1777—99) rief ſie wieder zu ſich und die angenehmen Beichtzerſtreuungen mit obligater Geißelung begannen ärger als zuvor. Der interessante und verschmitzte Pater Malagriba errichtete eine förmliche Bußanstalt unter den jungen Hofdamen. Man geißelte sich selbst in den Vorzimmern der Königin und diese soll an den frommen Uebungen selbst Theil genommen haben. — Manche Geschichte à la Girard mag hier im Verborgenen vorgegangen sein, denn die Hofdamen waren nach dem Zeugniß von Jesuiten auf das Geißeln so versessen, daß sie mit einer ordentlichen Wuth darnach verlangten, die kaum zu befriedigen und in Schranken zu halten war. Ja sogar fremde Prinzessinnen und die Damen der Gesandten wurden zu diesem wollüstig-unterhaltend-frommen Jesuitenspiel förmlich eingeladen.

Die Zahl der Beispiele von dem Mißbrauche des Beichtstuhls ist unendlich groß und es ließe sich ein umfassendes Werk damit füllen; da aber dieses Kapitel ein Ende haben muß, so beschließe ich es mit dem Bericht über eine seltsame Beicht- und Buß=anstalt, welche ein Kapuziner zur Zeit Napoleons I. errichtete. Ueber die zur Zeit Napoleons III. und seiner Kaiserin werde ich vielleicht einmal später zu berichten haben.

Der erwähnte Kapuziner hieß P. Achazius und lebte in einem Kloster zu Düren im jetzigen preußischen Regierungsbezirk Aachen. Der Kapuziner war abscheulich häßlich, aber er predigte vortrefflich, stand in dem Rufe ganz ausgezeichneter Frömmigkeit und erfreute sich trotz seiner faunischen Manieren des Zutrauens der Damen in so hohem Grade, daß sie ihn zum Direktor ihrer geistlichen Uebungen wählten. Am liebsten aber hatte es Pater Achazius mit Wittwen und Jungfrauen von reiferen Jahren zu thun.

Eine dieser letzteren hat er sich zu seinem Privatvergnügen erkoren. Er brachte ihr folgende höchst seltsame Lehre bei: Der Mensch sei unfähig, die Begierden des Herzens völlig zu zähmen; aber der Geist könne doch tugendhaft bleiben, während der Körper nach gewöhnlichen Begriffen zu sündigen scheine. Der Geist gehöre Gott; der Körper der Welt; von diesem letztern selbst mache der Himmel auf die obere Hälfte, die Welt auf die untere Anspruch. Die Seele sei daher rein zu bewahren, während man den Körper ruhig fortsündigen lasse.

Die noch immer hübsche alte Jungfer, welche diesen angenehmen Lehren ein sehr lernbegieriges Ohr lieh, ging bald in des Paters Ideen ein. Nach vollendeter Beichte mußte sie vor dem Kapuziner niederknien, Vergebung für ihre Sünden erflehen und ihm „des Teufels Antheil zeigen", das heißt sich bis zum jungfräulichen Centrum ihres Körpers von unten herauf entblößen. Als dies geschehen war, schritt er zum letzten Theil der Andacht und weihte die Dame feierlichst zum ersten Mitgliede des Ordens ein, den er zu stiften gedachte.

Diese fromme Jungfrau war nun bemüht, sowohl unter Personen ihres Alters, wie auch unter jungen Frauen und Mädchen Proselyten zu machen; — kurz sie diente dem Pater als Kupplerin. Die Zahl dieser abamitischen Ordensschwestern wurde bald ziemlich zahlreich und Achazius, unfähig einer so großen Menge frommer Damen zu genügen, zog rüstigere Kämpfer des Glaubens unter seinen geistlichen Brüdern mit in seine Bußanstalt, welche fröhlich gedieh und vielleicht heute noch bestehen würde, wenn das Geheimniß derselben nicht durch ein junges Mädchen aus Achazius' Schule entdeckt worden wäre, welche Nonne wurde, als solche die Bekanntschaft eines französischen Offiziers machte, und diesem die Sache mittheilte.

Es wurde nun eine genaue, gerichtliche Untersuchung angestellt, welche die merkwürdigsten Resultate ergab. Es kamen da Dinge ans Tageslicht, welche sich nicht wohl niederschreiben lassen. Eine liebenswürdige und anständige Dame, Gattin eines Papierfabrikanten, sagte in dem Verhöre aus, daß sie wie verhext gewesen und wie durch einen Trank verzaubert, zu dem häßlichen

Kapuzinerassen hingezogen worden sei, der sich Dinge mit ihr erlaubt hatte, deren Aufzählung dem abgehärtetsten Kriminalmenschen das Blut in die Wangen trieb. Die Geißelung spielte eine Hauptrolle. Achazius ließ die Ruthen oft in Essig legen und hieb die hier erwähnte Dame manchmal so stark damit, daß sie unter irgend einem Vorwand über drei Wochen lang das Bette hüten mußte.

Im Laufe der Untersuchung ergab sich, daß so viele Kapitel, Klöster und Familien dadurch kompromittirt wurden, daß Napoleon dem Generalprokurator aus politischen Gründen befahl, den Prozeß niederzuschlagen. P. Achazius nebst einigen seiner Mitarbeiter wurde eingesperrt.

Die Akten über diesen skandalösen Prozeß lagen später noch längere Zeit in Lüttich; wurden dann aber an die preußische Regierung nach Aachen abgeliefert. Es fehlten indessen schon manche wichtige Stücke und andere verloren sich später, weil die betheiligten Familien alles nur Mögliche thaten, die Denkmäler ihrer Schande zu vernichten. Auch die zu jener Zeit darüber erschienene Broschüre und Karrikaturen wußten die Pfaffen einzusammeln und zu vernichten. *)

Wir würden uns sehr täuschen, wenn wir der Meinung wären, daß sich in so kurzer Zeit die Zustände der römisch-katholischen Geistlichkeit geändert hätten. Es ist durchaus kein Grund vorhanden, das anzunehmen; sie sind heutzutage mit geringern Modifikationen wahrscheinlich noch dieselben, welche sie vor Jahrhunderten waren und werden sich nicht ändern, bis einst dem fluchwürdigen Cölibat und der Ohrenbeichte ein Ende gemacht wird.

---

*) Münchs Aletheia, 3. Buch, S. 323 u. f. w. Die berichteten Thatsachen hat Münch aus dem Munde des Staatsrathes Leclerq und des Professors Gall zu Lüttich, welche die Untersuchung geführt und die Anklageakte verfaßt hatten.

Ich bin nun mit diesem Buche zu Ende, obwohl keineswegs mit meinem Material, welches geradezu unerschöpflich ist. Ich halte es für unnütz, noch irgend welche Bemerkungen hinzuzufügen. Die Schlüsse, welche sich aus dem Inhalt der vorstehenden Blätter ziehen lassen, liegen zu klar auf der Hand, als daß es noch irgend welcher Hinweisungen bedürfte. Ich fordere nur die in römisch-katholischen Ländern lebenden Leser dieses Buches auf, sich in ihrem Kreise umzusehen, und wenn sie der guten Sache nützen wollen, mir auf den in diesem Buche behandelten Gegenstand bezügliche, authentische Mittheilungen zu machen. Schließlich bemerke ich noch, daß die Geistlichen die von mir erzählten Fälla als Lügen, Erfindungen oder Uebertreibungen darstellen werden und welse in Bezug darauf auf das hin, was ich darüber in der Vorrede sagte.

Wenn ich von dem Unwesen in der nicht römisch-katholischen Kirche nichts sagte, so geschah dies keineswegs aus Parteilichkeit, sondern einzig und allein, weil ich mich innerhalb der durch den Titel vorgezeichneten Grenzen halten mußte.

www.ingramcontent.com/pod-product-compliance
Lightning Source LLC
Chambersburg PA
CBHW031958300426
44117CB00008B/821